Statistik im Bachelor-Studium

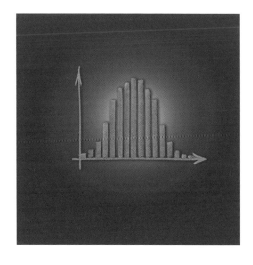

Max C. Wewel

# Statistik im Bachelor-Studium der BWL und VWL

## Methoden, Anwendung, Interpretation

## 2., erweiterte Auflage

Mit herausnehmbarer Formelsammlung

**PEARSON**

Higher Education

München • Harlow • Amsterdam • Madrid • Boston
San Francisco • Don Mills • Mexico City • Sydney
a part of Pearson plc worldwide

Bibliografische Information der Deutschen Nationalbibliothek
Die Deutsche Nationalbibliothek verzeichnet diese Publikation in der Deutschen Nationalbiblio-
grafie; detaillierte bibliografische Daten sind im Internet über http://dnb.dnb.de abrufbar.

10  9  8  7  6  5  4

14

ISBN 978-3-86894-054-1

© 2011 by Pearson Deutschland GmbH
Lilienthalstraße 2, 85399 Hallbergmoos/Germany
Alle Rechte vorbehalten
www.pearson.de
A part of Pearson plc worldwide

Programmleitung: Martin Milbradt, mmilbradt@pearson.de
Korrektorat: Barbara Decker, München
Einbandgestaltung: Thomas Arlt, tarlt@adesso21.net
Herstellung: Kunigunde Huber, khuber@pearson.de
Satz: mediaService, Siegen (www.media-service.tv)
Druck und Verarbeitung: Drukarnia Dimograf, Bielsko-Biała

Printed in Poland

*Für Claudio und Solvejg*

# Inhaltsübersicht

# Inhaltsverzeichnis

## Teil II     Wahrscheinlichkeitsrechnung     141

## Kapitel 5     Grundlagen der Wahrscheinlichkeitsrechnung     143

## Kapitel 6     Zufallsvariablen und Wahrscheinlichkeitsverteilungen     171

## Kapitel 7    Spezielle Wahrscheinlichkeitsverteilungen      193

# Teil III    Schließende Statistik                                    241

# Vorwort zur 2. Auflage

Aufgrund der zahlreichen positiven Rückmeldungen zur ersten Auflage und der anhaltend hohen Nachfrage wird die Grundkonzeption des Lehrbuchs beibehalten, eine kompakte Einführung in die Methodik der Statistik zu geben, die einen stark ausgeprägten Bezug zu ökonomischen Anwendungen mit einer hinreichenden formalen Exaktheit der Darstellung vereint. Dank der Hinweise von Kollegen und Studierenden konnten in den Nachdrucken der ersten Auflage (hoffentlich) die meisten Fehler korrigiert werden.

Die zweite Auflage enthält einige Erweiterungen, die von verschiedenen Benutzern des Lehrbuchs gewünscht wurden, weil sie an einigen Hochschulen zum Kanon der Statistik-Ausbildung im Bachelor-Studium gehören. So wurden zusätzliche Abschnitte über gleitende Durchschnitte, die Lognormalverteilung und die $F$-Verteilung in die Darstellung integriert. Vor allem aber wurde das letzte Kapitel um Testverfahren für mehrere Stichproben einschließlich der einfachen Varianzanalyse ergänzt. Dies erscheint vor allem mit Blick auf die starke Verwendung solcher Methoden in der Marktforschung sinnvoll.

Selbstverständlich können diese Erweiterungen bei begrenztem Zeitbudget ausgelassen werden, ohne dass dadurch das Verständnis des übrigen Stoffes leiden würde. Gleiches gilt auch für das Kapitel 3 (Prognoseverfahren), dessen Thematik insbesondere in volkswirtschaftlichen Studiengängen i.d.R. im Rahmen einer separaten Einführung in die Ökonometrie sehr viel ausführlicher behandelt wird, sowie für das Kapitel 4 (Indexzahlen), das eventuell für Betriebswirte entbehrlich erscheint. Insofern bietet das Lehrbuch die Möglichkeit einer optimalen Anpassung an die studiengangspezifischen Erfordernisse.

Für kritische Anmerkungen und Verbesserungsvorschläge bin ich weiterhin dankbar.

Max C. Wewel

Juli 2010

# Vorwort

Mit der Einführung von Bachelor und Master an den Hochschulen im deutschen Sprachraum verbindet sich – gerade für die wirtschaftswissenschaftlichen Studiengänge – die Hoffnung, dass sich durch die bessere internationale Vergleichbarkeit der Studienprogramme und -abschlüsse für die Absolventen günstigere Karrierechancen im Wettbewerb auf dem zunehmend globalen Arbeitsmarkt für Ökonomen eröffnen. Gleichzeitig zwingt das gestufte Hochschulstudium auch hierzulande zu einer stärkeren Profilbildung der Studiengänge und -abschlüsse. Dabei soll das relativ kurze **Bachelor-Studium** vor allem eine breit angelegte wissenschaftliche Grundlage für eine qualifizierte Berufstätigkeit in der Wirtschaft bieten, andererseits aber auch auf ein vertiefendes, stärker spezialisiertes und akademisch anspruchsvolles Master-Studium vorbereiten.

Auch für das Fach **Statistik**, das in den bisherigen wirtschaftswissenschaftlichen Diplomstudiengängen ein wichtiger Bestandteil der Grundausbildung war und im Hauptstudium zumeist nur den Rang eines Wahlpflichtfachs hatte, zeichnet sich durch den Übergang zum Bachelor und Master eine Restrukturierung des Curriculums ab. Während im Bachelor-Studium das **Verstehen, Erlernen und Anwenden grundlegender statistischer Methoden für die berufliche Praxis** im Vordergrund steht, sollte ein Master-Studium eine fortgeschrittene statistische Methodenkompetenz vermitteln, die auch zu eigenständigen empirischen Forschungsvorhaben befähigt.

Das vorliegende Lehrbuch ist gemäß seinem Titel auf die Anforderungen der Statistikausbildung in **wirtschaftswissenschaftlichen Bachelor-Studiengängen** zugeschnitten. Dies gilt im Hinblick auf die Breite und Tiefe der Stoffauswahl, den Anwendungsbezug sowie die didaktische Vorgehensweise.

### ■ Stoffauswahl

Die Stoffauswahl folgt der in einführenden Statistik-Kursen bewährten Dreiteilung in **Beschreibende Statistik, Wahrscheinlichkeitsrechnung** und **Schließende Statistik**, wobei jeweils eine angemessene theoretische Fundierung angestrebt wird. Dabei werden die deskriptiven Methoden – unter Einschluss elementarer Modelle der Regressions- und Zeitreihenanalyse – aufgrund ihrer großen Bedeutung in der Praxis etwas stärker gewichtet, während die Darstellung der Schätz- und Testverfahren nur einführenden Charakter besitzt. Eine Vertiefung der Stichprobentheorie dürfte i.d.R. dem Master-Studium vorbehalten bleiben, ebenso wie eine Einführung in die multivariate Statistik.

### ■ Formalisierung und mathematische Anforderungen

Bei der Behandlung der methodischen Konzepte wird der – aus Gründen der Klarheit und Exaktheit (z.B. bei der Definition statistischer Kenngrößen) unvermeidbare – **Formalismus auf ein Mindestmaß beschränkt**. Die Darstellung verzichtet i.A. auf mathematische Details, Beweise und Herleitungen, es sei denn, sie vermitteln Einsichten, die dem Verständnis der Methoden unmittelbar dienen. **Mathematische Vorkenntnisse**, die über die Schulmathematik hinausgehen, werden nicht vorausgesetzt. Wichtige **Formeln** sind zur besseren Identifizierung kapitelweise durchnummeriert. Ein **Symbolverzeichnis** im Vorsatz des Buches enthält die im Text verwendeten griechischen Buchstaben und mathematischen Symbole.

### ■ Didaktische Konzeption

Entsprechend der Zielsetzung, statistische Methodenkompetenz im Kontext ökonomischer Fragestellungen zu entwickeln, soll das Lehrbuch neben einem soliden Verstehen der statistischen Konzepte auch die **Kompetenz** entwickeln, **in Anwendungssituationen adäquate Methoden zu identifizieren und die Ergebnisse sachgerecht zu interpretieren**. Deshalb werden die Erklärungen der Methoden konsequent durch ausführliche, praxisbezogene Beispiele und Übungsaufgaben ergänzt. Besonderes Augenmerk wird auf die Interpretation statistischer Ergebnisse im Anwendungszusammenhang gelegt, wobei zur groben Orientierung erfahrungsmäßige **Faustregeln für die Interpretation** formuliert werden.

### ■ Praxisbezogene Beispiele

Die überwiegende Mehrheit der verwendeten Beispiele zeichnet sich durch einen klaren **betriebswirtschaftlichen oder volkswirtschaftlichen Anwendungsbezug** aus. In einigen Kapiteln ziehen sich wichtige Beispiele wie ein roter Faden durch die Darstellung: Sie werden unter verschiedenen Aspekten betrachtet, um eine **vergleichende Ergebnisinterpretation und Methodenbeurteilung** zu ermöglichen.

### ■ Übungsaufgaben

Am Ende eines jeden Kapitels werden verschiedenartige, zumeist recht **ausführliche Übungsaufgaben** gestellt, die zum Teil den Umfang einer Fallstudie erreichen und größtenteils ebenfalls einen **ökonomischen Anwendungsbezug** aufweisen. Sie beziehen sich – bei variierendem Schwierigkeitsgrad – auf die Inhalte des betreffenden Kapitels, setzen zum Teil aber auch Stoff der vorangehenden Kapitel voraus. Die **Ergebnisse** der Übungsaufgaben finden sich im Anhang B, **Musterlösungen** sämtlicher Aufgaben im Studentenbereich der Companion Website des Verlags (*www.pearson-studium.de*).

### ■ Formelsammlung

Das Lehrbuch wird ergänzt durch eine herausnehmbare Formelsammlung, die **sämtliche Formeln** (in der gleichen Nummerierung wie im Buch), wichtige **Übersichten** sowie die **statistischen Tabellen** des Buches enthält. Sie kann als kompaktes Nachschlagewerk genutzt werden und bildet somit ein **ideales Hilfsmittel bei der Bearbeitung statistischer Übungs- und Klausuraufgaben**.

### ■ Zusätzliche Lehrmaterialien

Zur Unterstützung der Lehre werden zu diesem Lehrbuch im Dozentenbereich der Companion Website ergänzende Materialien bereitgestellt. Hierzu zählen **alle Abbildungen und Tabellen** des Buches, wobei letztere auch als **leere Arbeitstabellen** angeboten werden. Der Einsatz solcher Vorlagen, die in den Lehrveranstaltungen unter Beteiligung der Studierenden komplettiert werden, hat sich über viele Jahren an der Hochschule für Wirtschaft und Umwelt in Nürtingen bewährt.

## Dank

Am langen Entstehungsprozess dieses Buches haben viele mitgewirkt. Ihnen allen bin ich zu Dank verpflichtet. Zuvorderst möchte ich meinem Lehrer Prof. Dr. Walter Piesch danken, dessen vorbildliche akademische Lehre im Fach Statistik mich nachhaltig beeinflusst hat. Für zahlreiche konkrete Verbesserungsvorschläge und kritische Anmerkungen zum Manuskript danke ich meinen Kollegen und Freunden Dr. habil. Rainer Hufnagel, Prof. Dr. Cornelia Niederdrenk-Felgner, Dr. Ulrich Scheurle, Dr. Karl-Heinz Tödter und Dr. Frauke Wolf. Mein Dank richtet sich auch an Dennis Brunotte und Christian Schneider vom Verlag Pearson Studium, die die Publikation des Buches mit viel Verständnis, guten Ideen und professionellem Einsatz vorangetrieben haben.

Besonders herzlich danke ich meiner Frau, Angela Schick-Wewel. Ohne ihre unermüdliche moralische und vielfältige praktische Unterstützung hätte ich das Projekt kaum realisieren können.

Alle, die mir in Zukunft Hinweise auf noch verbliebene Fehler und sicher noch mögliche Verbesserungen geben werden, schließe ich ebenfalls schon jetzt in meinen Dank ein.

Max C. Wewel                                                                                          Januar 2006


Im vorliegenden korrigierten Nachdruck wurden notwendige Korrekturen sowie einige kleinere Änderungen im Text und bei den Übungsaufgaben vorgenommen. Für zahlreiche Hinweise auf Fehler und Verbesserungsvorschläge danke ich insbesondere Prof. Dr. Angelika Kreitmeier sowie allen anderen aufmerksamen Lesern.

Max C. Wewel                                                                                          Januar 2008

# Einführung

ÜBERBLICK

0

# 0.1 Methoden und Aufgaben der Statistik

In der Umgangssprache versteht man unter „Statistik" im Allgemeinen eine Zusammenstellung von Daten, zumeist in numerischer Form. Man denkt etwa an die Bevölkerungsstatistik eines Landes, volkswirtschaftliche Gesamtrechnungen, die Umsatzstatistik eines Unternehmens oder die Kraftfahrzeugzulassungsstatistik. Darüber hinaus wird mit „Statistik" aber auch die wissenschaftliche Disziplin bezeichnet, die sich mit den Methoden der Erhebung, Aufbereitung und Analyse von statistischen Daten befasst. Diese **statistische Methodenlehre** ist Gegenstand des vorliegenden Lehrbuchs. Sie gliedert sich in zwei große Teilgebiete.

Die Methoden der **Beschreibenden (Deskriptiven) Statistik** behandeln die Auswertung von statistischen Vollerhebungen, bei denen alle Objekte der interessierenden Grundgesamtheit (z.B. die gesamte Belegschaft eines Betriebs) in die statistische Untersuchung einbezogen werden. Sieht man einmal von Erhebungsfehlern ab, so lassen sich in diesem Fall Aussagen über die Grundgesamtheit, etwa über den Mittelwert eines Merkmals (z.B. das durchschnittliche Bruttogehalt), mit Bestimmtheit machen.

Die Methoden der **Schließenden (Inferentiellen, Induktiven) Statistik** dienen hingegen der Auswertung von statistischen Stichprobenerhebungen, bei denen nur ein Teil der Grundgesamtheit, nämlich eine zufällig daraus ausgewählte Stichprobe, empirisch untersucht wird. Dies hat zur Folge, dass Aussagen über die Grundgesamtheit nicht mehr mit Bestimmtheit, sondern nur noch mit einer gewissen Wahrscheinlichkeit gemacht werden können. Die Methoden der Schließenden Statistik basieren somit auf der Wahrscheinlichkeitsrechnung.

Hieraus ergibt sich die Grobgliederung dieses Lehrbuchs in die drei Teile:

- **Beschreibende Statistik,**
- **Wahrscheinlichkeitsrechnung und**
- **Schließende Statistik.**

Innerhalb der statistischen Methodenlehre gibt es eine Vielzahl von Methoden. Welche Vorgehensweise bei der Erhebung und Analyse statischer Daten im konkreten Fall angewandt wird, hängt von der jeweiligen Problemstellung bzw. vom Zweck der Untersuchung ab. Dabei ist es durchaus möglich, dass ein und dieselbe Statistik mehrere Aufgaben zu erfüllen hat.

---

### Beispiele

- **Bevölkerungsstatistiken**, in denen unter anderem der Altersaufbau der Wohnbevölkerung eines Landes dargestellt wird, werden für Planungen im Bildungswesen (Entscheidungen über Einrichtung von Schulen, Hochschulen usw.), in der Rentenversicherung (Festsetzung von Beitragssätzen) sowie im Wohnungsbau benötigt.
- **Volkswirtschaftliche Gesamtrechnungen** dienen der Analyse und Prognose der gesamtwirtschaftlichen Entwicklung, ohne die eine effiziente Finanz-, Geld-, Lohn- und Arbeitsmarktpolitik nicht möglich ist.
- Ein Unternehmen führt eine differenzierte **Umsatzstatistik**, um sachgerechte Produktions- und Investitionsentscheidungen treffen zu können und erfolgversprechende Marketing-Strategien zu entwickeln.
- Die **Kraftfahrzeugzulassungsstatistik** liefert unter anderem wertvolle Informationen für die Verkehrsplanung sowie für energie- und umweltpolitische Entscheidungen.

---

Wie diese Beispiele zeigen, dienen statistische Erhebungen und die darauf basierenden Analysen letztlich immer der **informatorischen Fundierung von Entscheidungen**.

Die Aufgabe der statistischen Methodenlehre besteht nun in erster Linie darin, Werkzeuge bereitzustellen, mit denen die „richtigen" Daten gewonnen und aus ihnen die entscheidungsrelevanten Informationen herausgefiltert werden können.

Da statistische Untersuchungen stets Kosten verursachen, ist ihre Durchführung nur dann ökonomisch sinnvoll, wenn dadurch mindestens entsprechende Verbesserungen von Entscheidungen in Form von zusätzlichen Einnahmen oder Ausgabeneinsparungen verbunden sind. Dieser wirtschaftliche Aspekt sollte bei der Erstellung betrieblicher Statistiken ebenso beachtet werden wie bei der Vergabe von Consulting- und Marktforschungsaufträgen.

# 0.2 Ablauf statistischer Untersuchungen

Statistische Untersuchungen weisen einen idealtypischen Ablauf in **fünf Phasen** auf:

1. Planung,

2. Datengewinnung (Erhebung),

3. Datenaufbereitung,

4. Statistische Analyse,

5. Interpretation und Dokumentation.

Diese Phasen werden im Folgenden näher betrachtet.

### 1. Planung

Ausgangspunkt jeder statistischen Untersuchung ist der Informationsbedarf des Entscheidungsträgers. Demnach ist bei der Planung einer statistischen Untersuchung zunächst einmal zu klären, welche Informationen im Einzelnen für das zu lösende Entscheidungsproblem unter Abwägung von Kosten und Nutzen benötigt werden. Es ist zu fragen: Wer oder was soll im Hinblick auf welche Eigenschaften wie untersucht werden?

Zunächst ist die **statistische Masse (Grundgesamtheit)** zu definieren, für die Aussagen gewonnen werden sollen. Dann ist zu überlegen, welche **Merkmale** bei den Elementen der statistischen Masse erhoben und wie diese skaliert werden sollen. Ferner muss entschieden werden, welches **Erhebungsverfahren** (z.B. welche Art der Stichprobenziehung) und welche statistischen **Analysemethoden** zur Anwendung kommen sollen. Schließlich sind im Rahmen der Planung auch organisatorische und technische Fragen z.B. hinsichtlich der personellen und zeitlichen Planung sowie des EDV-Einsatzes zu klären.

### 2. Datengewinnung (Erhebung)

Nach Abschluss der Planungsphase beginnt die eigentliche statistische Arbeit mit der Gewinnung der für die Untersuchung erforderlichen Daten. Dabei kann man sich grundsätzlich für ein primär- oder ein sekundärstatistisches Vorgehen entscheiden.

Bei der **primärstatistischen Datengewinnung** wird eigens eine neue Erhebung durchgeführt. Dies ist vor allem dann notwendig, wenn die statistische Masse und/oder die erhobenen Merkmale sehr eng spezifiziert sind (z.B. bei Produkt- bzw. Markttests) oder eine hohe Aktualität der Informationen gefordert wird.

Primärstatistische Erhebungen können in Form von **Befragungen** (mündlich, schriftlich, telefonisch, online), **Beobachtungen** (z.B. in der Qualitätskontrolle), **Experimenten** (z.B. bei Produkt- und Markttests) sowie auf dem Wege der **automatischen Erfassung** (z.B. durch Scannerkassen) durchgeführt werden. Eine Sonderform der primärstatistischen Datengewinnung ist das in der Marktforschung häufig angewandte **Panel**, bei dem dieselben Merkmale bei denselben Stichprobenelementen (z.B. bestimmten Verbrauchern) in regelmäßigen Abständen über einen längeren Zeitraum erhoben werden.

Bei primärstatistischen Erhebungen stellt sich oft die Frage, ob eine Vollerhebung oder eine Teilerhebung durchgeführt werden soll. Sicherlich kann nur eine **Vollerhebung** vollständige Informationen über die untersuchte statistische Masse liefern. Allerdings wird diese Vollständigkeit bei großen Grundgesamtheiten meist auch mit hohen Kosten erkauft. In manchen Fällen ist eine Vollerhebung aber auch unmöglich (z.B. bei medizinischen Untersuchungen) oder unsinnig (z.B. bei Qualitätskontrollen, die mit einer Produktzerstörung verbunden sind).

In vielen Fällen ist daher eine **Stichprobenerhebung** sinnvoller, bei der ein Teil der statistischen Masse nach einem Zufallsprinzip ausgewählt und im Hinblick auf die interessierenden Merkmale untersucht wird. Stichprobenerhebungen zeichnen sich in der Regel durch geringere Kosten, höhere Aktualität und oft auch größere Sorgfalt bei der Datenerhebung aus. Diesen Vorteilen steht der Nachteil unvollständiger Daten und die damit verbundene Unsicherheit (Stichprobenfehler) gegenüber. Allerdings lässt sich diese Unsicherheit – bei Vorliegen eines klar definierten Zufallsprinzips – durch Wahrscheinlichkeitsaussagen beschreiben.

Wird zur Beschaffung der gewünschten Informationen auf bereits vorhandene Daten aus eigenen oder fremden früheren Erhebungen zurückgegriffen, so spricht man von **sekundärstatistischer Datengewinnung**. Sie ist im Allgemeinen dann möglich und wegen der geringeren Kosten vorzuziehen, wenn die Daten von allgemeinem Interesse sind, wie dies etwa bei volkswirtschaftlichen Daten der Fall ist.

Als mögliche Quellen kommen staatliche und nicht-staatliche Stellen in Betracht. Die wichtigsten Träger der **amtlichen** Wirtschaftsstatistik sind das Statistische Amt der EU (Eurostat; *http://epp.eurostat.ec.europa.eu*), das Statistische Bundesamt (*http://www.destatis.de*), die Statistischen Landesämter, die Statistischen Ämter der Kommunen, die Deutsche Bundesbank, die Bundesagentur für Arbeit, Ministerien sowie die Statistischen Ämter internationaler Organisationen (EZB, OECD, UNO, IWF etc.).

**Nicht-amtliche** Produzenten wirtschaftsstatistischer Daten sind vor allem Unternehmen, Wirtschaftsverbände, Gewerkschaften und Arbeitgeberverbände, Wirtschaftsforschungsinstitute (ZEW, DIW, Ifo, IfW etc.) sowie Markt- und Meinungsforschungsinstitute (Nielsen, GfK, Infratest etc.).

### 3. Datenaufbereitung

Die manchmal aus mehreren Erhebungen bzw. Quellen stammenden, primär- bzw. sekundärstatistisch gewonnenen Daten sind nun zusammenzuführen, zu ordnen, abzugleichen und auf ihre Vollständigkeit und Plausibilität hin zu überprüfen. Gegebenenfalls sollte man bei fehlenden, offensichtlich falschen oder unplausiblen Datensätzen versuchen, diese Mängel durch Nacherhebungen zu beseitigen. Wenn eine Datenberichtigung nicht möglich ist, bleibt nichts anderes übrig, als die unbrauchbaren Datensätze auszusondern.

Ferner umfasst die Phase der Datenaufbereitung auch die **EDV-Implementierung** der Daten, d.h. die Codierung und Speicherung in Datenbanken, wobei für die notwendige Datensicherung und die Beachtung der gesetzlichen Datenschutzbestimmungen zu sorgen ist. Das Ergebnis der Datenaufbereitung ist oft eine erste tabellarische und/ oder grafische Darstellung der Daten in Form von Häufigkeitsverteilungen.

### 4. Statistische Analyse

In dieser zentralen Arbeitsphase einer statistischen Untersuchung wird das aufbereitete Datenmaterial in systematischer Weise ausgewertet. Da sich dieses Lehrbuch schwerpunktmäßig mit dem in dieser Phase angewandten Instrumentarium befasst, soll an dieser Stelle nur darauf hingewiesen werden, dass die erforderlichen Rechnungen in der Praxis meist mit **Excel** oder ähnlichen Tabellenkalkulationsprogrammen durchgeführt werden, deren Statistik-Tools die gängigen Standardmethoden abdecken. Leistungsfähige **Statistik-Softwaresysteme** wie z.B. SPSS, SAS oder Stata beinhalten demgegenüber auch ausgefallenere Analysemethoden und sind somit außerordentlich vielseitig und flexibel einsetzbar.

### 5. Interpretation und Dokumentation

Mit der Anwendung der statistischen Analysemethoden und der Angabe der numerischen Ergebnisse ist eine statistische Untersuchung aber noch nicht abgeschlossen. Die Ergebnisse sind nämlich nur dann wirklich informativ, wenn sie anschließend im **Anwendungskontext** adäquat interpretiert werden. Die Bedeutung dieser „inhaltlichen Verarbeitung" der Ergebnisse wird in der Praxis umso eher verkannt, je einfacher sich die „algorithmische Vorarbeitung" der Daten aufgrund der Verfügbarkeit vorgefertigter Programmroutinen gestaltet.

Im Rahmen der Interpretation sollte nach Möglichkeit auch beurteilt werden, inwiefern die Ergebnisse überhaupt aussagefähig sind im Hinblick auf das anstehende Entscheidungsproblem. Zur Beurteilung dieser Frage ist auch eine sorgfältige Dokumentation der Vorgehensweise unverzichtbar. Schließlich müssen die Ergebnisse einerseits so korrekt wie möglich, andererseits aber in allgemein verständlicher Form präsentiert werden. Hier liegt oft eine letzte Hürde, denn letzten Endes hängt der Erfolg einer statistischen Untersuchung davon ab, dass der Entscheidungsträger die benötigten Informationen richtig versteht und für die Lösung seines Problems nutzen kann.

## 0.3    Einige statistische Grundbegriffe

Gegenstand einer statistischen Untersuchung sind bestimmte Objekte (z.B. Personen), bei denen man sich für gewisse Eigenschaften (z.B. Geschlecht, Alter, Beruf) interessiert. Diese Eigenschaften nennt man **statistische Merkmale**. Die Objekte heißen **Merkmalsträger (statistische Einheiten)**; sie werden im Allgemeinen durchnummeriert: $t = 1, ..., n$. Die Menge aller Merkmalsträger ist die **statistische Masse (Population, Grundgesamtheit)**. Sie muss durch sachliche, räumliche und zeitliche Identifikationsmerkmale eindeutig abgegrenzt werden.

---

**Beispiel**

### Personalerhebung

Bei einer Personalerhebung in einem Unternehmen sollen alle Vollzeitbeschäftigten sowie alle Teilzeitbeschäftigten mit einer regelmäßigen Arbeitszeit von mindestens 18 Wochenstunden (sachliche Abgrenzung) erfasst werden, die in der Zentrale oder einer Filiale in Deutschland (räumliche Abgrenzung) am Tag der Erhebung bereits mindestens sechs Monate lang in einem ununterbrochenen Beschäftigungsverhältnis (zeitliche Abgrenzung) standen.

---

Bei statistischen Massen unterscheidet man **Bestandsmassen (stocks),** die immer zu einem Zeit**punkt** erhoben werden, und **Bewegungsmassen (flows),** die nur in einem Zeit**intervall** erfasst werden können. Beispiele für Bestandsmassen sind die Mitarbeiter in einem Betrieb, die Unternehmen einer Branche oder die Konten einer Geschäftsbank, während die Neueinstellungen in einer Firma, die produzierten Einheiten in einem Betrieb oder die gemeldeten Schadensfälle bei einer Versicherung Bewegungsmassen sind. Wie aus diesen Beispielen zu ersehen ist, sind Veränderungen von Bestandsmassen immer Bewegungsmassen.

In einer statistischen Erhebung werden bei den Merkmalsträgern i.A. mehrere Merkmale erhoben. Die einzelnen Ergebnisse, die für ein Merkmal bei den Merkmalsträgern $t = 1, ..., n$ **tatsächlich festgestellt** werden, heißen

- **Beobachtungswerte**: $x_t$ $(t = 1, ..., n)$.

Demgegenüber heißen die für ein Merkmal **theoretisch möglichen** Werte

- **Merkmalsausprägungen**: $x_i$ $(i = 1, ..., m)$.

Man beachte im Folgenden stets den Unterschied in der Indizierung der Werte: Es gibt $n$ Beobachtungswerte (zu den $n$ Merkmalsträgern), während die Zahl der Merkmalsausprägungen $m$ vom jeweiligen statistischen Merkmal abhängt und mitunter sogar unendlich groß sein kann.

---

**Beispiel**

### Merkmal „Familienstand"

Beim Merkmal „Familienstand" gibt es $m = 4$ **Merkmalsausprägungen** (ledig, verheiratet, geschieden, verwitwet), während die **Anzahl der Beobachtungswerte** der **Anzahl der Merkmalsträger** ($n$) in der untersuchten statistischen Masse entspricht. Dabei werden die Merkmalsausprägungen (z.B. „ledig") im Allgemeinen mehrfach als Beobachtungswerte auftreten; es ist aber auch möglich, dass eine Merkmalsausprägung (z.B. „verwitwet") überhaupt nicht als Beobachtungswert vorkommt.

---

# 0.4 Merkmalsarten und Skalierung

Statistische Merkmale lassen sich in verschiedener Hinsicht klassifizieren. Die wichtigste Unterscheidung betrifft die **Skalierung** der Merkmale. Von ihr hängt nämlich entscheidend ab, welche statistischen Analysemethoden angewandt werden können.

Je nach den Relationen, die zwischen den Merkmalsausprägungen definiert sind, unterscheidet man:

- **qualitative** Merkmale,
- **komparative** Merkmale und
- **quantitative** Merkmale.

Bei einem **qualitativen Merkmal** existiert **keine allgemein anerkannte Rangfolge** der Merkmalsausprägungen, so dass diese auf einer horizontalen Achse an beliebigen, voneinander verschiedenen Punkten eingetragen werden können. Eine derartige Skala, bei der die Merkmalsausprägungen willkürlich angeordnet werden können, heißt **Nominalskala**.

Besitzt ein Merkmal nur zwei Merkmalsausprägungen (z.B. Geschlecht), so handelt es sich um ein **dichotomes** Merkmal. Eine Besonderheit mancher qualitativer Merkmale besteht darin, dass sie **häufbar** sind. Dies bedeutet, dass bei **einem** Merkmalsträger auch **mehrere** Merkmalsausprägungen beobachtet worden können (z.B. bei Doppelbeschäftigung, mehreren Wohnorten oder Staatsbürgerschaften). Zu beachten ist ferner, dass die Ausprägungen eines qualitativen Merkmals auch numerisch verschlüsselt werden können (z.B. Postleitzahlen).

| Merkmalsart | Relation zwischen den Merkmalsausprägungen | Skalierung | Beispiele |
|---|---|---|---|
| **qualitatives Merkmal** | Verschiedenheit $x_i \neq x_j$ | Nominalskala | Familienstand, Geschlecht, Beruf, Postleitzahl |
| **komparatives Merkmal** | Rangfolge $x_i < x_j$ | Ordinalskala | Handelsklasse, Schulnoten, Rating-Urteile |
| **quantitatives Merkmal** | Abstände $(x_i - x_j)$ sinnvoll | Intervallskala | Temperatur in [°C], Geburtsjahrgang |
| | Verhältnisse $(x_i : x_j)$ sinnvoll | Verhältnisskala | Preis, Umsatz, Einkommen, Alter |

Tabelle 0.1: Merkmalsarten und Skalierungen

Im Gegensatz zu qualitativen Merkmalen ist bei **komparativen Merkmalen** eine **eindeutige Rangfolge** der Merkmalsausprägungen definiert. Bei der Darstellung muss somit eine **Ordinalskala** gewählt werden, auf der diese Ordnung dadurch verdeutlicht wird, dass die Merkmalsausprägungen umso weiter rechts aufgetragen werden, je größer sie sind. Komparative Merkmale beinhalten oft gestufte Bewertungen (z.B. Schulnoten, Rating-Urteile).

Auch bei **quantitativen Merkmalen** ist die Rangfolge der Merkmalsausprägungen festgelegt. Darüber hinaus kann hier aber der **Abstand** und oft auch das **Verhältnis** zwischen zwei Merkmalsausprägungen sinnvoll interpretiert werden. Demnach ist eine **Intervallskala** oder – falls ein **natürlicher Nullpunkt** existiert – eine **Verhältnisskala** zu verwenden. Den Unterschied zwischen diesen beiden metrischen Skalen verdeutlicht das folgende Beispiel.

---

### Beispiel

## Temperatur

Im langjährigen Durchschnitt beträgt die Lufttemperatur in Frankfurt am Main 10 °C und in Helsinki 5 °C. Vergleicht man beide Temperaturen, so kann man zwar sagen, dass es im Durchschnitt in Frankfurt um 5 °C wärmer ist als in Helsinki (Aussage über den Temperatur**abstand**), nicht aber, dass es im Durchschnitt in Frankfurt „doppelt so warm" ist wie in Helsinki (Aussage über das Temperatur**verhältnis**).

Letztere Aussage ist deshalb nicht sinnvoll, weil der Nullpunkt auf der Celsius-Temperaturskala willkürlich (als Schmelzpunkt von $H_2O$) festgelegt ist und somit nur eine **Intervallskalierung** vorliegt. Würde man hingegen die Temperatur auf der Kelvin-Skala messen, die einen absoluten Nullpunkt (-273 °C) besitzt, so könnte man in der Tat sagen, dass es in Frankfurt (283 °K) etwa 1,8 % wärmer ist als in Helsinki (278 °K).

---

Bei quantitativen Merkmalen unterscheidet man weiter hinsichtlich der Anzahl der Merkmalsausprägungen

- **diskrete** Merkmale und
- **stetige** Merkmale.

Bei **diskreten** Merkmalen gibt es nur endlich viele oder höchstens abzählbar viele Merkmalsausprägungen, bei **stetigen** Merkmalen hingegen überabzählbar viele Merkmalsausprägungen.[1] Diese theoretische Unterscheidung ist für die statistische Analyse insofern von großer Bedeutung, als die Merkmalsausprägungen bei stetigen Merkmalen zu Klassen zusammengefasst werden.

In der Praxis wird eine **Klassierung** immer dann vorgenommen, wenn die Auflistung der einzelnen Merkmalsausprägungen unübersichtlich lang wäre. Man kann daher stark vereinfacht sagen, dass Merkmale mit überschaubar vielen Merkmalsausprägungen „diskret" und Merkmale mit sehr vielen Merkmalsausprägungen „stetig" behandelt werden.

---

1 Eine Menge heißt **abzählbar**, wenn sie bijektiv (eineindeutig) auf die Menge der natürlichen Zahlen ($\mathbb{N}$) abgebildet werden kann. **Überabzählbar** ist z.B. die Menge der reellen Zahlen ($\mathbb{R}$) oder ein reelles Intervall $[a;b] \subseteq \mathbb{R}$ .

# 0.5 Aufgaben

**Aufgabe 0.1**

Im Rahmen einer Hochschulevaluation sollen die 300 Studierenden eines Studiengangs die Qualität von 20 verschiedenen Lehrveranstaltungen jeweils mit Schulnoten bewerten.

a) Was sind in diesem Fall die Merkmalsträger?

b) Was sind die Merkmale und wie sind sie skaliert?

c) Wie lauten die Merkmalsausprägungen?

d) Wie viele Beobachtungswerte gibt es für jedes Merkmal?

**Aufgabe 0.2**

Die Befragung aus Aufgabe 0.1 wurde ausgewertet, indem für jede Lehrveranstaltung die Durchschnittsnote (arithmetisches Mittel) berechnet wurde.

a) Was sind nun die Merkmalsträger?

b) Wie viele Beobachtungswerte gibt es nun?

c) Wie würden Sie die Häufigkeitsverteilung der Durchschnittsnoten darstellen?

**Aufgabe 0.3**

Eine Kfz-Werkstatt möchte eine Befragung zur Zufriedenheit ihrer Kunden durchführen. Dabei sollen neben der Zufriedenheit auch Typ, Baujahr und Kilometerstand des Fahrzeugs sowie die Art der erbrachten Dienstleistung erhoben werden.

a) Wie könnte die statistische Masse abgegrenzt werden?

b) Mit welcher Skalierung würden Sie die Kundenzufriedenheit erheben?

c) Wie sind die übrigen Merkmale skaliert? Welche sind diskret und welche stetig?

**Aufgabe 0.4**

In einer Unternehmensbefragung werden u.a. die Merkmale „Standort", „Gründungsjahr", „Rechtsform", „Wirtschaftsbranche", „Zahl der Beschäftigten" und „Umsatz" erhoben.

a) Welche Merkmale sind nominal-, ordinal-, intervall- bzw. verhältnisskaliert?

b) Welche Merkmale sind häufbar?

c) Bei welchen Merkmalen würden Sie eine Klassierung vornehmen?

# TEIL I

## Beschreibende Statistik

# Eindimensionale Häufigkeitsverteilungen

**1**

**ÜBERBLICK**

## 1.1 Einführung und Beispiel

Die grundlegende Aufbereitungsform statistischer Daten ist die Darstellung in Form einer **Häufigkeitsverteilung**. Beziehen sich die Daten auf nur ein Merkmal der statistischen Erhebung, so handelt es sich um eine **eindimensionale** Häufigkeitsverteilung.

Die Datengewinnung liefert im Allgemeinen zunächst eine sog. **Urliste**, die die Beobachtungswerte in beliebiger Reihenfolge enthält. Falls mehrere Merkmale erhoben wurden, ergibt sich eine **Datenmatrix**, wobei sich jede Zeile auf einen Merkmalsträger und jede Spalte auf ein Merkmal bezieht.

In der Urliste wird nun gezählt, wie oft die verschiedenen Merkmalsausprägungen jeweils als Beobachtungswerte auftreten. Dabei kann man sich wie bei der manuellen Auszählung von Wahlergebnissen einer „Strichliste" bedienen. Eine Häufigkeitsverteilung entsteht dann durch Zuordnung der so ermittelten **Häufigkeiten** zu den einzelnen Merkmalsausprägungen (bei diskreten Merkmalen) bzw. zu den in Klassen zusammengefassten Merkmalsausprägungen (bei stetigen Merkmalen).

Eindimensionale Häufigkeitsverteilungen lassen sich tabellarisch oder grafisch darstellen und vermitteln so eine **übersichtliche Gesamtschau der Daten**. Dieser Vorteil der Häufigkeitsverteilung gegenüber der Urliste wird allerdings mit einem gewissen Informationsverlust erkauft, der darin besteht, dass die einzelnen Merkmalsträger, bei denen bestimmte Merkmalsausprägungen festgestellt wurden, nicht mehr identifiziert werden können.

Eine weitere Verdichtung des Datenmaterials findet im Rahmen der statistischen Analyse statt, wenn aus einer Häufigkeitsverteilung (oder direkt aus der Urliste) **statistische Kenngrößen** wie Mittelwerte oder Streuungsmaße berechnet werden. Im Laufe dieses statistischen Informationsverarbeitungsprozesses werden somit die Daten auf **problemspezifische Aussagen** hin fokussiert, während gleichzeitig der allgemeine Informationsgehalt abnimmt.

Grundsätzlich sollte vor jeder statistischen Analyse für jedes Merkmal die Merkmalsart bzw. die Skalierung bestimmt werden, um schwerwiegende methodische Fehler zu vermeiden.

Die Erstellung und Analyse von eindimensionalen Häufigkeitsverteilungen wird in diesem Kapitel weitgehend an folgendem Beispiel demonstriert.

---

### Beispiel

**Personalerhebung**

In der Personaldatei eines kleineren Unternehmens für Spezialsoftware werden für die insgesamt **n = 25 Beschäftigten** (= Merkmalsträger) u.a. die folgenden **Merkmale** erfasst:

- Personalnummer (= Geburtsdatum),
- derzeitige Abteilungszugehörigkeit,
- Ausbildung (höchster Schul- bzw. Hochschulabschluss),
- Jahr des Eintritts in die Firma und
- derzeitiges monatliches Bruttogehalt.

Die folgende Urliste weist die **Beobachtungswerte** dieser Merkmale aus.

| Personal-nummer | Abteilung | Ausbildung | Eintrittsjahr | Monatliches Bruttogehalt [€] |
|---|---|---|---|---|
| 560426 | Finanzen | Abitur | 2006 | 13200 |
| 590303 | Vertrieb | Mittlere Reife | 2008 | 13500 |
| 611117 | Entwicklung | Promotion | 2008 | 17600 |
| 620212 | Geschäftsführung | Diplom | 2006 | 18000 |
| 620624 | Entwicklung | Diplom | 2007 | 17400 |
| 640530 | Geschäftsführung | Mittlere Reife | 2009 | 7200 |
| 681212 | Entwicklung | Diplom | 2009 | 10800 |
| 700525 | Test/Anwendungen | Diplom | 2010 | 7200 |
| 711204 | Geschäftsführung | Diplom | 2007 | 13600 |
| 730119 | Finanzen | Diplom | 2009 | 9600 |
| 730523 | Entwicklung | Diplom | 2010 | 7400 |
| 730526 | Schulung | Promotion | 2009 | 18200 |
| 741222 | Vertrieb | Abitur | 2008 | 9600 |
| 750277 *) | Geschäftsführung | Mittlere Reife | 2010 | 2800 |
| 750705 | Schulung | Diplom | 2009 | 9200 |
| 760104 | Test/Anwendungen | Diplom | 2010 | 5000 |
| 760930 | Entwicklung | Diplom | 2010 | 4800 |
| 780522 | Finanzen | Abitur | 2010 | 6400 |
| 780920 | Entwicklung | Diplom | 2010 | 5400 |
| 790820 | Entwicklung | Diplom | 2010 | 6800 |
| 791112 *) | Schulung | Diplom | 2010 | 2400 |
| 811030 *) | Test/Anwendungen | Abitur | 2010 | 2000 |
| 820512 | Vertrieb | Diplom | 2010 | 5500 |
| 850624 | Vertrieb | Abitur | 2010 | 4000 |
| 890823 | Test/Anwendungen | Abitur | 2010 | 3400 |

*) Halbtagskräfte

Tabelle 1.1: Personaldatei (Urliste)

Die Personalnummer wird im Folgenden nicht weiter betrachtet; sie dient lediglich der Identifikation der Merkmalsträger. Bei den übrigen Merkmalen sind alle wichtigen Merkmalsarten vertreten, so dass die verschiedenen Darstellungs- und Analysemöglichkeiten an diesen Merkmalen aufgezeigt werden können.

| Merkmal | Anzahl der Merkmals-ausprägungen | Skalierung | Merkmalsart |
|---|---|---|---|
| Abteilung | $m = 6$ | Nominalskala | qualitativ (diskret) |
| Ausbildung | $m = 4$ | Ordinalskala | komparativ (diskret) |
| Eintrittsjahr | $m = 5$ | Intervallskala | quantitativ, diskret |
| Bruttogehalt | „sehr viele" | Verhältnisskala | quantitativ, stetig |

Tabelle 1.2: Merkmale in der Personaldatei und ihre Skalierung

## 1.2 Tabellarische und grafische Darstellungen

### 1.2.1 Gruppierte Häufigkeitsverteilungen

#### 1.2.1.1 Beliebige, insbesondere qualitative Merkmale

Bei einem **diskreten Merkmal** erhält man aus der Urliste eine **gruppierte Häufigkeitsverteilung**, indem man alle Beobachtungswerte, die einer bestimmten Merkmalsausprägung $x_i$ ($i = 1, ..., m$) entsprechen, zu einer Gruppe zusammenfasst und ihr die dazugehörige Häufigkeit zuordnet. Dabei geben die **absoluten Häufigkeiten**

$$n_i \quad (i = 1, ..., m) \qquad \text{mit} \qquad \sum_{i=1}^{m} n_i = n \qquad (1.1)$$

die **Anzahl** der Merkmalsträger und die **relativen Häufigkeiten**

$$h_i = \frac{n_i}{n} \quad (i = 1, ..., m) \qquad \text{mit} \qquad \sum_{i=1}^{m} h_i = 1 \qquad (1.2)$$

den **Anteil** der Merkmalsträger an, bei denen jeweils eine bestimmte Merkmalsausprägung $x_i$ beobachtet wird.

Eine **gruppierte Häufigkeitsverteilung** ist somit eine Zuordnung:

> **Merkmalsausprägungen $x_i$ → Häufigkeiten $n_i$ bzw. $h_i$** .

Absolute und relative Häufigkeiten enthalten im Wesentlichen die gleiche Information. Relative Häufigkeiten sind jedoch für den **Vergleich** von Verteilungen besser geeignet und werden deshalb im Allgemeinen (auch in diesem Lehrbuch) bevorzugt verwendet. Allerdings lassen die relativen Häufigkeiten nicht mehr die Größe der Population ($n$) erkennen.

---

### Beispiel

### Qualitatives Merkmal „Abteilungszugehörigkeit"

Für das qualitative Merkmal „Abteilungszugehörigkeit" ergibt sich mit einer „Strichlisten"-Auszählung folgende absolute bzw. relative gruppierte Häufigkeitsverteilung:

| Nr. | Merkmalsausprägungen | Strichliste | Häufigkeiten | |
|-----|----------------------|-------------|--------------|------|
| $i$ | $x_i$ | | $n_i$ | $h_i$ |
| 1 | E: Entwicklung | IIIII II | 7 | 0,28 |
| 2 | F: Finanzen | III | 3 | 0,12 |
| 3 | G: Geschäftsführung | IIII | 4 | 0,16 |
| 4 | S: Schulung | III | 3 | 0,12 |
| 5 | T: Test/Anwendungen | IIII | 4 | 0,16 |
| 6 | V: Vertrieb | IIII | 4 | 0,16 |
| (Summe) | | | 25 | 1,00 |

Tabelle 1.3: Häufigkeitsverteilung des Merkmals „Abteilungszugehörigkeit"

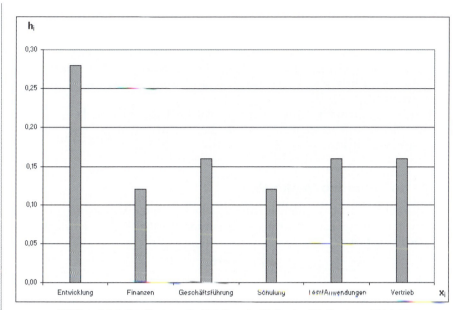

Abbildung 1.1: Balkendiagramm der Verteilung des Merkmals „Abteilungszugehörigkeit"

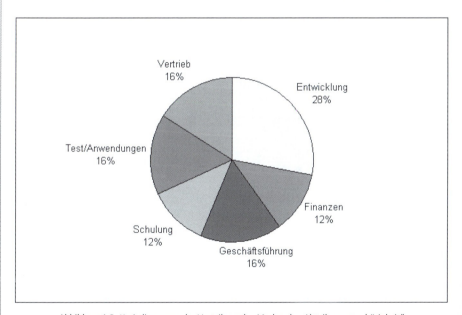

Abbildung 1.2: Kreisdiagramm der Verteilung des Merkmals „Abteilungszugehörigkeit"

Gruppierte Häufigkeitsverteilungen werden grafisch allgemein durch **Stab- oder Balkendiagramme** dargestellt, wie sie z.B. mit Excel sehr leicht erzeugt werden können. Dabei werden die Merkmalsausprägungen meist auf der horizontalen Achse aufgetragen, die je nach Merkmalsart eine Nominal-, Ordinal-, Intervall- oder Verhältnisskala aufweist. Die absoluten oder relativen Häufigkeiten werden dann in der anderen Richtung (meist vertikal) als Stäbe bzw. Balken bei den jeweiligen Merkmalsausprägungen wiedergegeben.

Eine grafische Alternative zum Stab- bzw. Balkendiagramm stellt bei qualitativen Merkmalen das **Kreisdiagramm** dar, bei dem die Winkel der Kreissektoren den relativen Häufigkeiten entsprechen.

### 1.2.1.2  Komparative Merkmale

Bei komparativen (und quantitativen) Merkmalen weisen die Merkmalsausprägungen eine eindeutige Rangfolge auf und werden deshalb grundsätzlich **aufsteigend der Größe nach geordnet**:

$$x_1 < x_2 < ... < x_m.$$

Dies erlaubt bei mindestens komparativen Merkmalen die folgende Unterscheidung: Eine Häufigkeitsverteilung ist **unimodal**, wenn die Folge der Häufigkeiten $h_1$, $h_2$, ... nur ein relatives Maximum aufweist, und sie ist **multimodal**, wenn in dieser Folge mehrere relative Maxima auftreten.

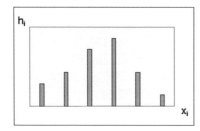
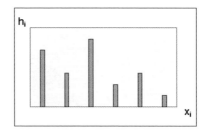

Abbildung 1.3: Unimodale Verteilung    Abbildung 1.4: Multimodale Verteilung

Weiterhin ist es aufgrund der Rangfolge der Merkmalsausprägungen sinnvoll, die Häufigkeiten zu kumulieren, d.h. aufzusummieren. Die **kumulierten absoluten Häufigkeiten**

$$N_i = \sum_{k=1}^{i} n_k = N_{i-1} + n_i \quad (i = 1, ..., m) \qquad (N_0 = 0) \tag{1.3}$$

bzw. die **kumulierten relativen Häufigkeiten**

$$H_i = \sum_{k=1}^{i} h_k = H_{i-1} + h_i \quad (i = 1, ..., m) \qquad (H_0 = 0) \tag{1.4}$$

geben an, welche Anzahl bzw. welcher Anteil der Beobachtungswerte **kleiner oder gleich** einer bestimmten Merkmalsausprägung $x_i$ ist. Die kumulierten Häufigkeiten können wie die einfachen Häufigkeiten in einem Stab- bzw. Balkendiagramm dargestellt werden.

**Beispiel**

## Komparatives Merkmal „Ausbildung"

Beim komparativen Merkmal „Ausbildung" ist die Kumulation der Häufigkeiten sinnvoll.

| $i$ | $x_i$ | $n_i$ | $h_i$ | $N_i$ | $H_i$ |
|------|------------------|------|------|------|------|
| 1 | M: Mittlere Reife | 3 | 0,12 | 3 | 0,12 |
| 2 | A: Abitur | 6 | 0,24 | 9 | 0,36 |
| 3 | D: Diplom | 14 | 0,56 | 23 | 0,92 |
| 4 | P: Promotion | 2 | 0,08 | 25 | 1,00 |
| (Summe) | | 25 | 1,00 | --- | --- |

Tabelle 1.4: Häufigkeitsverteilung des Merkmals „Ausbildung"

Aus den beiden letzten Spalten der Tabelle 1.4 geht z.B. hervor, dass neun Beschäftigte „höchstens" Abitur (d.h. keinen akademischen Abschluss) haben, oder dass 92 % der Beschäftigten „höchstens" ein Diplom haben. Da die Folge der $h_i$ nur ein relatives Maximum bei der Ausprägung „Diplom" hat, liegt eine **unimodale** Verteilung vor.

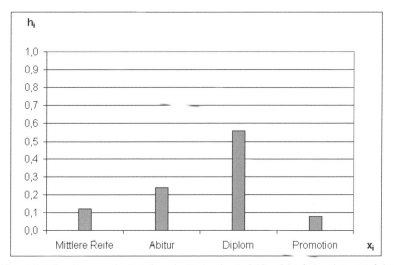

Abbildung 1.5: Balkendiagramm der Verteilung des Merkmals „Ausbildung" (einfache relative Häufigkeiten)

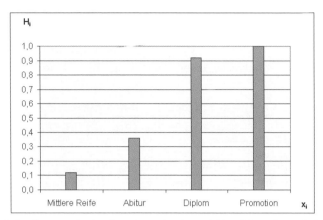

Abbildung 1.6: Balkendiagramm der Verteilung des Merkmals „Ausbildung" (kumulierte relative Häufigkeiten)

## 1.2.1.3 Quantitative Merkmale

Bei quantitativen Merkmalen sind die auf einer Intervall- oder Verhältnisskala dargestellten Merkmalsausprägungen reelle Zahlen: $x_i \in \mathbb{R}$. Das Stabdiagramm ist somit das
Bild einer reellen Funktion $h: \mathbb{R} \to [0;1]$ mit:

$$h(x) = \begin{cases} h_i & \text{für} \quad x = x_i \quad (i = 1, \dots, m) \\ 0 & \text{sonst} \end{cases} \tag{1.5}$$

Da Abstände auf beiden Skalen sinnvoll interpretiert werden können, lässt sich die
Symmetrie einer Verteilung definieren: Eine Häufigkeitsverteilung eines quantitativen
Merkmals ist **symmetrisch**, falls es ein Symmetriezentrum $\bar{x} \in \mathbb{R}$ gibt, so dass für alle
$\delta \in \mathbb{R}$ gilt:

$$h(\bar{x} + \delta) = h(\bar{x} - \delta) . \tag{1.6}$$

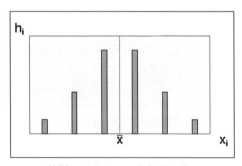

Abbildung 1.7: Symmetrische Verteilung

In der Praxis kommt die Symmetrie bei Häufigkeitsverteilungen höchstens näherungsweise vor. Wichtiger ist hier die folgende Charakterisierung: Eine asymmetrische, unimodale Verteilung eines quantitativen Merkmals heißt **linkssteil** (bzw. **rechtssteil**),
wenn sich die Beobachtungswerte am linken (bzw. rechten) Rand der Verteilung häufen.

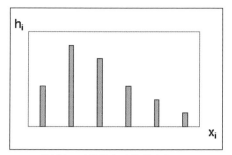

Abbildung 1.8: Linkssteile Verteilung

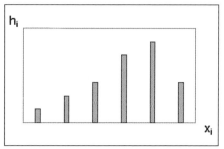

Abbildung 1.9: Rechtssteile Verteilung

## Beispiel

### Quantitatives Merkmal „Eintrittsjahr"

Für das diskrete quantitative Merkmal „Jahr des Eintritts in die Firma" ergibt sich folgende Häufigkeitsverteilung:

| $i$ | $x_i$ | $n_i$ | $h_i$ | $N_i$ | $H_i$ |
|---|---|---|---|---|---|
| 1 | 2006 | 2 | 0,08 | 2 | 0,08 |
| 2 | 2007 | 2 | 0,08 | 4 | 0,16 |
| 3 | 2008 | 3 | 0,12 | 7 | 0,28 |
| 4 | 2009 | 5 | 0,20 | 12 | 0,48 |
| 5 | 2010 | 13 | 0,52 | 25 | 1,00 |
| (Summe) | | 25 | 1,00 | --- | --- |

Tabelle 1.5: Häufigkeitsverteilung des Merkmals „Eintrittsjahr"

Aus der Folge der relativen Häufigkeiten geht hervor, dass dieses Merkmal **unimodal** und **rechtssteil** verteilt ist.

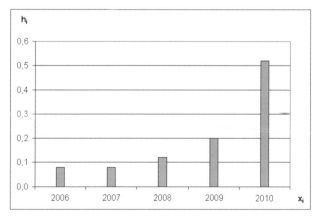

Abbildung 1.10: Balkendiagramm der Verteilung des Merkmals „Eintrittsjahr"

## 1.2.2 Klassierte Häufigkeitsverteilungen

### 1.2.2.1 Klassierung

Bei **stetigen quantitativen Merkmalen** existieren sehr viele verschiedene Merkmalsausprägungen, so dass in einer Erhebung kaum exakt gleiche Beobachtungswerte dieses Merkmals auftreten. Beispielsweise dürften von 1000 Unternehmen kaum zwei auf Euro und Cent genau die gleiche Bilanzsumme aufweisen. In einer gruppierten Häufigkeitsverteilung wären praktisch alle $n_i$ gleich 1.

Eine übersichtliche Darstellung der Häufigkeitsverteilung eines stetigen Merkmals wird erreicht, indem die sehr vielen Merkmalsausprägungen zu überschaubar vielen **Klassen**

$$K_i = \left[ a_i; b_i \right[ \qquad (i = 1, ..., m) \tag{1.7}$$

mit den **Klassenmitten**

$$x_i^* = \frac{a_i + b_i}{2} \qquad (i = 1, ..., m) \tag{1.8}$$

und den **Klassenbreiten**

$$w_i = b_i - a_i \qquad (i = 1, ..., m) \tag{1.9}$$

zusammengefasst werden. Damit jede Merkmalsausprägung $x$ bzw. jeder Beobachtungswert $x_t$ eindeutig einer bestimmten Klasse zugeordnet wird, dürfen sich weder Zwischenräume noch Überschneidungen zwischen den Klassen ergeben, d.h. es muss gelten:

$$a_{i+1} = b_i \quad (i = 1, ..., m{-}1).$$

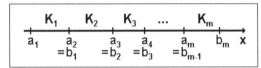

Abbildung 1.11: Klassierung

Ferner müssen die Klassen den gesamten Wertebereich des Merkmals voll abdecken. Dies ist besonders dann zu beachten, wenn die Klassierung bereits bei der **Erhebung** eines stetigen Merkmals vorgenommen wird. Dann ist es oft sinnvoll, mit einseitig unbeschränkten Randklassen zu arbeiten (z.B. Bilanzsumme „1 Mrd. € oder mehr"). Zur **Auswertung** der Erhebung müssen diese Randklassen jedoch „künstlich" geschlossen werden.

Ansonsten gibt es keine Vorschriften für die Klasseneinteilung. Insbesondere ist es nicht erforderlich, dass die Klassen die gleiche Breite besitzen. Auch die Anzahl der Klassen ist nicht allgemein festgelegt. Hier muss im Einzelfall ein Kompromiss zwischen guter Übersichtlichkeit (bei wenigen Klassen) und hohem Informationsgehalt (bei vielen Klassen) gefunden werden. Üblich sind fünf bis zehn Klassen.

Da die Klasseneinteilung immer zu einem gewissen Grade „willkürlich" vorgenommen wird, muss sehr sorgfältig darauf geachtet werden, dass sie keine gravierenden Auswirkungen auf die Untersuchungsergebnisse hat. Mit anderen Worten: Die Analysemethoden dürfen nicht empfindlich auf Änderungen der Klassierung reagieren.

In einer Häufigkeitsverteilung für ein stetiges quantitatives Merkmal werden die absoluten bzw. relativen Häufigkeiten der in den Klassen jeweils enthaltenen Beobachtungswerte bestimmt: die sog. **Klassenhäufigkeiten**.

Eine **klassierte Häufigkeitsverteilung** ist somit eine Zuordnung:

**Klassen $K_i$ → Häufigkeiten $n_i$ bzw. $h_i$** .

---

### Beispiel

## Quantitatives Merkmal „Bruttogehalt"

Zur Darstellung der Häufigkeitsverteilung des stetigen quantitativen Merkmals „Monatliches Bruttogehalt" werden fünf Klassen gebildet, die den Bereich von 0 € bis 20000 € abdecken. Dabei erscheint es sinnvoll, die Randklassen etwas breiter zu wählen als die mittleren Klassen, in denen die Beobachtungswerte am dichtesten liegen.

| $i$ | $K_i = [a_i;b_i[$ | $x_i^*$ | $w_i$ | $n_i$ | $h_i$ | $H_i$ |
|-----|-------------------|---------|-------|-------|-------|-------|
| 1 | [0; 3000[ | 1500 | 3000 | 3 | 0,12 | 0,12 |
| 2 | [3000; 5000[ | 4000 | 2000 | 3 | 0,12 | 0,24 |
| 3 | [5000; 7000[ | 6000 | 2000 | 5 | 0,20 | 0,44 |
| 4 | [7000; 10000[ | 8500 | 3000 | 6 | 0,24 | 0,68 |
| 5 | [10000; 20000[ | 15000 | 10000 | 8 | 0,32 | 1,00 |
| (Summe) | | --- | 20000 | 25 | 1,00 | --- |

Tabelle 1.6: Häufigkeitsverteilung des Merkmals „Bruttogehalt"

Zu beachten ist hier, dass sich die kumulierten Häufigkeiten $H_i$ bei einer klassierten Verteilung immer auf die Klassenobergrenzen beziehen. Beispielsweise haben 44 % der Beschäftigten ein Gehalt von weniger als 7000 €.

## 1.2.2.2 Annahmen über die Verteilung innerhalb der Klassen

Die Erstellung einer klassierten Häufigkeitsverteilung ist immer mit einem gewissen **Informationsverlust** verbunden, weil aus ihr nicht mehr ersichtlich ist, wo genau die Beobachtungswerte innerhalb der Klassen liegen. Daher müssen zur weiteren Analyse geeignete – d.h. möglichst einfache, aber dennoch plausible – **Annahmen über die Verteilung** der Beobachtungswerte **innerhalb der Klassen** getroffen worden. In Betracht kommen alternativ:

- die Annahme von **Einpunkt-Verteilungen** in den Klassen,
- die Annahme von **Rechteck-Verteilungen** in den Klassen.

Die einfachste Annahme ist diejenige von **Einpunkt-Verteilungen** in den Klassen, bei denen alle Beobachtungswerte jeweils in der betreffenden Klassenmitte liegen. Damit wird eine klassierte Verteilung zurückgeführt auf eine gruppierte Verteilung mit den

„Merkmalsausprägungen" $x_i^*$. Diese Annahme ist zwar eher unrealistisch, reicht aber dennoch für bestimmte Fragestellungen – wie z.B. zur Bestimmung von Mittelwerten – aus.

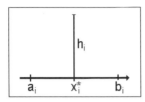

Abbildung 1.12: Einpunkt-Verteilung

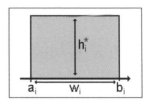

Abbildung 1.13: Rechteck-Verteilung

Ebenfalls recht einfach ist die Annahme von **Rechteck-Verteilungen** (stetigen Gleichverteilungen) in den Klassen, bei denen sich die Beobachtungswerte einer Klasse gleichmäßig über die gesamte Klassenbreite verteilen. Im Gegensatz zur Einpunkt-Verteilung wird hier der Tatsache Rechnung getragen, dass die Beobachtungswerte meist innerhalb einer Klasse streuen. Insofern ist sie wesentlich **realistischer** und gewährleistet damit, dass die Ergebnisse statistischer Analysen nicht über Gebühr von der „willkürlichen" Klasseneinteilung abhängen.

Deshalb werden im Folgenden – soweit nichts Gegenteiliges gesagt wird – stets Rechteck-Verteilungen innerhalb der Klassen bei der Analyse unterstellt.

### 1.2.2.3 Histogramm und Verteilungsfunktion

Bei der grafischen Darstellung der Rechteck-Verteilungen in den Klassen werden die **relativen Klassenhäufigkeiten** $h_i$ nicht wie im Stab- bzw. Balkendiagramm durch die Höhen, sondern durch die **Flächeninhalte** der Rechtecke beschrieben (Abbildung 1.13). Die Höhen der Rechtecke sind demnach gegeben durch:

$$h_i^* = \frac{h_i}{w_i} \quad (i = 1,...,m) \, . \tag{1.10}$$

Die **normierten relativen Häufigkeiten** $h_i^*$ beziehen die Häufigkeiten auf die jeweiligen Klassenbreiten, d.h. sie geben die relativen Häufigkeiten **je Einheit auf der x-Achse** an; sie beschreiben also, wie „dicht" die Beobachtungswerte in den Klassen liegen.

Die grafische Darstellung einer klassierten Verteilung durch Rechtecke mit den Klassenbreiten $w_i$ als Grundflächen und den normierten relativen Häufigkeiten $h_i^*$ als Höhen bezeichnet man als **Histogramm**. Die dazugehörige **Histogramm-Funktion $h^*(x)$** hat die Funktionsvorschrift:

$$h^*(x) = \begin{cases} h_i^* & \text{für} \quad a_i \leq x < b_i \quad (i = 1,...,m) \\ 0 & \text{sonst} \, . \end{cases} \tag{1.11}$$

Eine andere grafische Darstellungsmöglichkeit für klassierte Häufigkeitsverteilungen ist die **klassierte empirische Verteilungsfunktion $H(x)$**. Sie gibt für jeden reellen Wert $x$ an, welcher Anteil der Beobachtungswerte kleiner oder gleich $x$ ist.[1] Aufgrund der

---

1 Entsprechend kann auch eine **gruppierte empirische Verteilungsfunktion** definiert werden. Diese ist dann eine monoton steigende Treppenfunktion mit Sprungstellen an den Merkmalsausprägungen $x_i$.

Rechteck-Verteilungs-Annahme verläuft die empirische Verteilungsfunktion innerhalb der Klassen linear. Insgesamt ist $H(x)$ somit eine **stetige, stückweise lineare und monoton steigende Funktion**. Sie hat die Funktionsvorschrift:

$$H(x) = \begin{cases} 0 & \text{für} \quad x < a_1 \\ H_i - h_i^*(b_i - x) & \text{für} \quad a_i \le x < b_i \quad (i = 1,...,m) \\ 1 & \text{für} \quad x \ge b_m \end{cases} \tag{1.12}$$

Zwischen der Histogramm-Funktion und der empirischen Verteilungsfunktion gilt folgender Zusammenhang:

- $h^*(x)$ ist die Ableitung von $H(x)$ bzw.
- $H(x)$ ist eine Stammfunktion von $h^*(x)$.

## Beispiel

### Quantitatives Merkmal „Bruttogehalt"

Für das Merkmal „Monatliches Bruttogehalt" (vgl. Tabelle 1.6) ergibt sich:

| $i$ | $K_i = [a_i; b_i[$ | $w_i$ | $h_i$ | $h_i^*$ | $H_i$ |
|-----|---------------------|-------|-------|---------|-------|
| 1 | [ 0; 3000[ | 3000 | 0,12 | 0,000040 | 0,12 |
| 2 | [3000; 5000[ | 2000 | 0,12 | 0,000060 | 0,24 |
| 3 | [5000; 7000[ | 2000 | 0,20 | 0,000100 | 0,44 |
| 4 | [7000; 10000[ | 3000 | 0,24 | 0,000080 | 0,68 |
| 5 | [10000; 20000[ | 10000 | 0,32 | 0,000032 | 1,00 |
| (Summe) | | 20000 | 1,00 | --- | --- |

Tabelle 1.7: Daten für Histogramm und empirische Verteilungsfunktion

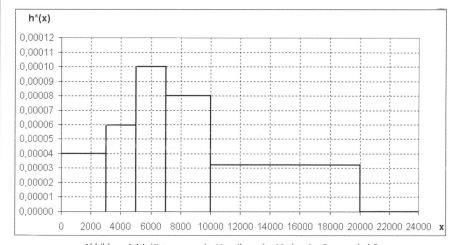

Abbildung 1.14: Histogramm der Verteilung des Merkmals „Bruttogehalt"

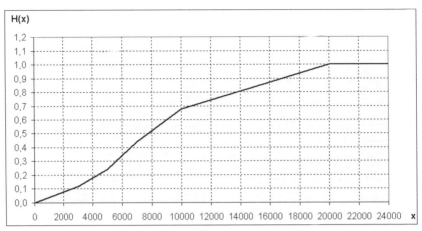

Abbildung 1.15: Empirische Verteilungsfunktion des Merkmals „Bruttogehalt"

# 1.3 Mittelwerte

## 1.3.1 Vorbemerkungen zu statistischen Maßzahlen

Mit der Datenaufbereitung in Form einer gruppierten bzw. klassierten Häufigkeitsverteilung ergibt sich eine übersichtliche Darstellung des in der Praxis oft sehr umfangreichen Datenmaterials. Sie ist bei der Präsentation oder Publikation von statistischen Daten regelmäßig anzutreffen und bildet insofern auch oft die Grundlage für die anschließenden statistischen Analysen.

Aufgabe der statistischen Datenanalyse ist es nun, aus dem Datenmaterial diejenigen spezifischen Informationen herauszufiltern, die für ein zu lösendes Entscheidungsproblem benötigt werden. Die gewünschten Informationen werden zumeist in Form statistischer Maßzahlen bereitgestellt, die entweder direkt aus den Beobachtungswerten oder aus einer vorliegenden gruppierten bzw. klassierten Häufigkeitsverteilung ermittelt werden.

Die Auswahl einer problemadäquaten Maßzahl und deren korrekte Interpretation im Anwendungskontext erfordert nicht nur fachspezifisches (z.B. betriebs- oder volkswirtschaftliches) Wissen, sondern auch ein gewisses mathematisches Verständnis. Als Auswahlkriterium für die „richtige" Maßzahl bzw. Analysemethode dient in erster Linie die **Skalierung** des untersuchten Merkmals.

Die wichtigsten statistischen Kenngrößen sind **Mittelwerte (Lagemaße)** und **Streuungsmaße**. Mittelwerte sollen eine Häufigkeitsverteilung durch einen „mittleren" Beobachtungswert charakterisieren, während Streuungsmaße die Unterschiedlichkeit der Beobachtungswerte beschreiben.

## 1.3.2 Arithmetisches Mittel

Das **arithmetische Mittel** ist der am häufigsten benutzte Mittelwert. Seine Anwendung ist jedoch auf **quantitative Merkmale** beschränkt. Das arithmetische Mittel ist nämlich ein summarisches Maß, das aus sämtlichen numerischen Beobachtungswerten berechnet wird:

$$\bar{x} = \frac{1}{n}\sum_{t=1}^{n}x_t = \frac{1}{n}\sum_{i=1}^{m}n_i x_i = \sum_{i=1}^{m}\frac{n_i}{n}x_i = \sum_{i=1}^{m}h_i x_i \ . \tag{1.13}$$

Diese Formel zeigt neben der direkten Berechnung aus den einzelnen Beobachtungswerten $x_t$ ($t = 1, \ldots, n$) die Berechnung aus einer gruppierten Häufigkeitsverteilung, bei der die Merkmalsausprägungen $x_i$ ($i = 1, \ldots, m$) mit den dazugehörigen Häufigkeiten $n_i$ bzw. $h_i$ gewichtet werden.

---

### Beispiel

## Quantitatives Merkmal „Eintrittsjahr"

Aus der Häufigkeitsverteilung des Eintrittsjahres (vgl. Tabelle 1.5) errechnet sich das arithmetische Mittel:

$$\bar{x} = 2009.$$

| $x_i$ | $h_i$ | $h_i x_i$ |
|---|---|---|
| 2006 | 0,08 | 160,48 |
| 2007 | 0,08 | 160,56 |
| 2008 | 0,12 | 240,96 |
| 2009 | 0,20 | 401,80 |
| 2010 | 0,52 | 1045,20 |
| --- | 1,00 | 2009,00 |

Tabelle 1.8: Berechnung des arithmetischen Mittels (gruppierte Verteilung)

---

Im Allgemeinen entspricht das arithmetische Mittel bei diskreten Merkmalen nicht – wie in diesem Beispiel – exakt einer Merkmalsausprägung, sondern liegt zwischen zwei Merkmalsausprägungen.

Bei **verhältnisskalierten Merkmalen** (wie z.B. Einkommen) gibt das arithmetische Mittel an, wie viel auf jeden Merkmalsträger entfiele, wenn die **Merkmalssumme X** (d.h. die Summe aller Beobachtungswerte, z.B. das Gesamteinkommen) gleichmäßig auf alle $n$ Merkmalsträger aufgeteilt würde. Bei **intervallskalierten Merkmalen** (wie z.B. Jahreszahlen) ist die Merkmalssumme jedoch i.A. keine sinnvolle Größe. In diesem Fall kann das arithmetische Mittel als der Zahlenwert interpretiert werden, bei dem die „**Abweichungssumme**" (d.h. die Summe aller Differenzen zu den Beobachtungswerten) gleich 0 ist:

$$\sum_{t=1}^{n}(x_t - \bar{x}) = \sum_{t=1}^{n}x_t - \sum_{t=1}^{n}\bar{x} = n\bar{x} - n\bar{x} = 0 \ .$$

Aus dieser Eigenschaft folgt, dass das arithmetische Mittel verhältnismäßig empfindlich auf „Ausreißer" in den Beobachtungswerten reagiert. Daher ist das arithmetische Mittel oft kein „repräsentativer" Wert für die Masse der Beobachtungswerte. Es fällt bei linkssteilen Verteilungen (mit Ausreißern am rechten Rand) oft überraschend hoch, bei rechtssteilen Verteilungen (mit Ausreißern am linken Rand) hingegen eher niedrig aus.

### 1.3.3    Mittelwerte für nicht-quantitative Merkmale

Bei qualitativen und komparativen Merkmalen lässt sich das arithmetische Mittel nicht verwenden. Streng genommen ist bei qualitativen Merkmalen schon der Begriff „Mittelwert" problematisch, weil es auf einer Nominalskala wegen der beliebigen Reihenfolge der Merkmalsausprägungen keine „Mitte" gibt. Allerdings kann man unter einem Mittelwert im weiteren Sinne eine für die Verteilung **„repräsentative" Merkmalsausprägung** verstehen.

Ein solcher Mittelwert ist der **dichteste Wert** oder **Modus** $\bar{x}_D$; er ist diejenige Merkmalsausprägung, die am häufigsten vorkommt:

$$\bar{x}_D = x_k \quad \text{mit} \quad h_k = \max_i h_i \ . \tag{1.14}$$

Der dichteste Wert ist unmittelbar aus dem Balkendiagramm ersichtlich. Er ist der einzige Mittelwert für **qualitative Merkmale**, wird aber auch bei allen anderen Merkmalsarten verwendet.

---

**Beispiel**

### Personalerhebung

Aus der Personalerhebung ergeben sich für die diskreten Merkmale folgende dichtesten Werte:

- Abteilungszugehörigkeit:    $\bar{x}_D = $ Entwicklung      (vgl. Abbildung 1.1)
- Ausbildung:    $\bar{x}_D = $ Diplom      (vgl. Abbildung 1.5)
- Eintrittsjahr:    $\bar{x}_D = 2010$      (vgl. Abbildung 1.10)

---

Für **komparative Merkmale** steht als weiterer Mittelwert der **Zentralwert** oder **Median** $\bar{x}_Z$ zur Verfügung. Die Beobachtungswerte lassen sich hier aufsteigend der Größe nach ordnen. Der Zentralwert ist dann diejenige Merkmalsausprägung $x_k$, die dem in der Mitte dieser Reihe stehenden Beobachtungswert entspricht. Er bildet also gewissermaßen die Trennlinie zwischen den 50 % „kleinen" und den 50 % „großen" Beobachtungswerten:

$$\bar{x}_Z = x_k \quad \text{mit} \quad H_k \geq 0,5 \quad \text{und} \quad H_{k-1} < 0,5 \ . \tag{1.15}$$

Der Zentralwert ist auch bei quantitativen Merkmalen anwendbar. Nach dem gleichen Konzept kann eine Häufigkeitsverteilung auch in vier gleiche Teile unterteilt werden. Die drei Trennlinien heißen dann **Quartile**. Das erste (dritte) Quartil $x_{Q1}$ ($x_{Q3}$) bildet somit die Grenze zwischen den 25 % (75 %) „kleinen" und den 75 % (25 %) „großen" Beobachtungswerten:

$$x_{Q1} = x_k \quad \text{mit} \quad H_k \geq 0,25 \quad \text{und} \quad H_{k-1} < 0,25 \qquad (1.16)$$

$$x_{Q3} = x_k \quad \text{mit} \quad H_k \geq 0,75 \quad \text{und} \quad H_{k-1} < 0,75. \qquad (1.17)$$

Das zweite Quartil $x_{Q2}$ ist identisch mit dem Zentralwert.

---

**Beispiel**

## Personalerhebung

Für das komparative Merkmal „Ausbildung" und das quantitative Merkmal „Eintrittjahr" aus der Personalerhebung ergeben sich folgende Quartile:

- **Ausbildung**: $x_{Q1} = $ Abitur $\quad \bar{x}_Z = $ Diplom $\quad x_{Q3} = $ Diplom $\quad$ (vgl. Tabelle 1.4)
- **Eintrittsjahr**: $x_{Q1} = 2008 \quad \bar{x}_Z = 2010 \quad x_{Q3} = 2010 \quad$ (vgl. Tabelle 1.5)

---

## 1.3.4 Mittelwertbestimmung bei klassierten Verteilungen

Grundsätzlich werden bei **stetigen quantitativen Merkmalen** dieselben Mittelwerte benutzt wie bei diskreten quantitativen Merkmalen. Allerdings besteht folgender Unterschied: Während es bei diskreten Merkmalen keine Rolle spielt, ob ein Mittelwert direkt aus den einzelnen Beobachtungswerten oder über die Häufigkeitsverteilung ermittelt wird, da bei der Gruppierung alle für die Mittelwertbestimmung relevanten Informationen erhalten bleiben, gehen solche bei der Klassierung verloren.

Weil die genauen Beobachtungswerte in einer **klassierten Verteilung** nicht mehr erkennbar sind, können Mittelwerte – ebenso wie andere statistische Kenngrößen – aus klassierten Daten nicht exakt berechnet, sondern nur approximativ geschätzt werden. Bei der Schätzung erweist sich die Annahme von **Rechteck-Verteilungen** innerhalb der Klassen als vorteilhaft.

Gemäß dieser Annahme werden zur Berechnung des **arithmetischen Mittels** bei klassierten Verteilungen statt der Merkmalsausprägungen $x_i$ die Klassenmitten $x_i^*$ verwendet:[2]

$$\bar{x} = \sum_{i=1}^{m} h_i x_i^* . \qquad (1.18)$$

Der **dichteste Wert** wird bei einer klassierten Verteilung in zwei Schritten bestimmt. Zunächst wird die **dichteste Klasse (Modalklasse)** ermittelt als diejenige mit der größten **normierten** relativen Häufigkeit. Sie ist unmittelbar aus dem Histogramm ersichtlich. Möchte man den Modus als reelle Zahl bestimmen, so erscheint es – unter der Annahme von Rechteck-Verteilungen innerhalb der Klassen – am sinnvollsten, die Klassenmitte der dichtesten Klasse zu wählen:

$$\bar{x}_D = x_k^* \quad \text{mit} \quad h_k^* = \max_i h_i^* . \qquad (1.19)$$

---

2 Diese Berechnung entspricht formal der Annahme von Einpunkt-Verteilungen innerhalb der Klassen, ist aber auch mit allen anderen **symmetrischen Verteilungen** (einschließlich der Rechteck-Verteilungen) innerhalb der Klassen kompatibel.

Auch der **Zentralwert** und die **Quartile** können aus einer klassierten Verteilung nicht exakt bestimmt, sondern nur geschätzt werden. Dies geschieht grafisch oder rechnerisch mit Hilfe der klassierten empirischen Verteilungsfunktion. Die Quartile sind nämlich diejenigen $x$-Werte, für die

$$H(x_{Q1}) = 0,25 \quad \text{bzw.} \quad H(x_{Q2}) = 0,5 \quad \text{bzw.} \quad H(x_{Q3}) = 0,75$$

gilt. Bei der Berechnung ist zuerst jeweils die Klasse $K_k$ zu bestimmen, in die das betreffende Quartil fällt. Die Feinberechnung erfolgt dann unter Beachtung des (aufgrund der angenommenen Rechteck-Verteilungen) linearen Verlaufs der empirischen Verteilungsfunktion. Für den Median ergibt sich folgender Ansatz:

$$H(\overline{x}_Z) \overset{(1.12)}{=} H_k - h_k^*(b_k - \overline{x}_Z) \overset{!}{=} 0,5 \quad \text{mit} \quad H_k > 0,5 \quad \text{und} \quad H_{k-1} \leq 0,5 .$$

Auflösen nach $\overline{x}_Z$ ergibt:

$$\overline{x}_Z = b_k - \frac{H_k - 0,5}{h_k^*} \quad \text{mit} \quad H_k > 0,5 \quad \text{und} \quad H_{k-1} \leq 0,5 . \tag{1.20}$$

Die entsprechenden Formeln für $x_{Q1}$ und $x_{Q3}$ lauten:

$$x_{Q1} = b_k - \frac{H_k - 0,25}{h_k^*} \quad \text{mit} \quad H_k > 0,25 \quad \text{und} \quad H_{k-1} \leq 0,25$$

und

$$x_{Q3} = b_k - \frac{H_k - 0,75}{h_k^*} \quad \text{mit} \quad H_k > 0,75 \quad \text{und} \quad H_{k-1} \leq 0,75 .$$

---

### Beispiel

## Quantitatives Merkmal „Bruttogehalt"

Aus der klassierten Häufigkeitsverteilung des monatlichen Bruttogehalts (vgl. Tabellen 1.6 und 1.7) werden die folgenden Mittelwerte geschätzt:

| $K_i$ | $x_i^*$ | $h_i$ | $h_i x_i^*$ | $h_i^*$ | $H_i$ |
|---|---|---|---|---|---|
| [0; 3000[ | 1500 | 0,12 | 180 | 0,000040 | 0,12 |
| [3000; 5000[ | 4000 | 0,12 | 480 | 0,000060 | 0,24 |
| [5000; 7000[ | 6000 | 0,20 | 1200 | 0,000100 | 0,44 |
| [7000; 10000[ | 8500 | 0,24 | 2040 | 0,000080 | 0,68 |
| [10000; 20000[ | 15000 | 0,32 | 4800 | 0,000032 | 1,00 |
| --- | --- | 1,00 | 8700 | --- | --- |

Tabelle 1.9: Mittelwertbestimmung beim Merkmal „Bruttogehalt"

■ arithmetisches Mittel:    $\bar{x} = 8700 \, [\text{€}]$

■ dichteste Klasse:    $K_3$

dichtester Wert:    $\bar{x}_D = x_3^* = 6000 \, [\text{€}]$

■ 1. Quartil:

$$x_{Q1} \in K_3 \qquad \Rightarrow \qquad x_{Q1} = 7000 - \frac{0{,}44 - 0{,}25}{0{,}0001} = 5100 \, [\text{€}]$$

■ Zentralwert:

$$\bar{x}_Z \in K_4 \qquad \Rightarrow \qquad \bar{x}_Z = 10000 - \frac{0{,}68 - 0{,}5}{0{,}00008} = 7750 \, [\text{€}]$$

■ 3. Quartil:

$$x_{Q3} \in K_5 \qquad \Rightarrow \qquad x_{Q3} = 20000 - \frac{1 - 0{,}75}{0{,}000032} = 12187{,}50 \, [\text{€}]$$

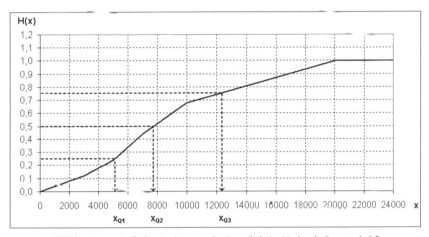

Abbildung 1.16: Grafische Bestimmung der Quartile beim Merkmal „Bruttogehalt"

Wie das Beispiel zeigt, können die verschiedenen Mittelwerte relativ stark voneinander abweichen. Dabei ist zu beachten, dass sich die Aussagen der Mittelwerte auch deutlich unterscheiden. Im obigen Beispiel sind sie wie folgt zu interpretieren:

■ **Die Bruttogehälter der Beschäftigten häufen sich am stärksten bei 6000 €.**

■ **Die Grenze zwischen den 50 % niedrigen und den 50 % hohen Bruttogehältern liegt bei 7750 €.**

■ **Bei gleichmäßiger Verteilung der Bruttogehaltssumme auf alle Beschäftigten ergäbe sich für jeden ein Betrag von 8700 €.**

Diese Aussagen machen deutlich, dass bei einem quantitativen Merkmal – etwa bei der Beurteilung des mittleren Gehaltsniveaus – keineswegs immer das arithmetische Mittel der adäquate Mittelwert ist. Letztlich hängt es entscheidend vom jeweiligen Informationsbedarf ab, welches statistische Maß im konkreten Fall am besten geeignet erscheint.

### 1.3.5 Lageregeln für unimodale Verteilungen quantitativer Merkmale

Generell kann eine Häufigkeitsverteilung eines komparativen bzw. quantitativen Merkmals sehr einfach und aussagekräftig durch die drei **Quartile** charakterisiert werden; sie vermitteln nämlich zugleich eine Vorstellung über die **Lage** und die **Streuung** der Verteilung.

Darüber hinaus lassen sich für **quantitative Merkmale** folgende Feststellungen hinsichtlich der Lage der Quartile treffen:

**1. Lageregel** (1.21)

■ Für **symmetrische** Verteilungen gilt: $\quad \overline{x}_Z = \dfrac{x_{Q1} + x_{Q3}}{2}$ .

■ Für unimodale **linkssteile** Verteilungen gilt: $\quad \overline{x}_Z < \dfrac{x_{Q1} + x_{Q3}}{2}$ .

■ Für unimodale **rechtssteile** Verteilungen gilt: $\quad \overline{x}_Z > \dfrac{x_{Q1} + x_{Q3}}{2}$ .

Ähnlich können für die verschiedenen Verteilungstypen Aussagen über die Lage der Mittelwerte gemacht werden:

**2. Lageregel** (1.22)

■ Für unimodale **symmetrische** Verteilungen gilt: $\quad \overline{x}_D = \overline{x}_Z = \overline{x}$ .

■ Für unimodale **linkssteile** Verteilungen gilt: $\quad \overline{x}_D \leq \overline{x}_Z \leq \overline{x}$ .

■ Für unimodale **rechtssteile** Verteilungen gilt: $\quad \overline{x}_D \geq \overline{x}_Z \geq \overline{x}$ .

Da es für die Begriffe „linkssteil" und „rechtssteil" keine allgemein gültige mathematische Definition gibt, kann man folgende **Konvention** treffen: Eine unimodale Verteilung eines quantitativen Merkmals ist eindeutig **linkssteil** bzw. **rechtssteil**, wenn die entsprechenden Aussagen beider Lageregeln erfüllt sind. In allen anderen Fällen kann mit den Lageregeln keine eindeutige Aussage über die Schiefe einer Verteilung gemacht werden.

---

**Beispiel**

## Quantitative Merkmale „Eintrittsjahr" und „Bruttogehalt"

Aus den Quartilen und Mittelwerten für die beiden unimodal verteilten, quantitativen Merkmale „Eintrittsjahr" und „monatliches Bruttogehalt" aus der Personalerhebung ergibt sich nach den beiden Lageregeln, dass ...

■ die Verteilung des Merkmals „Eintrittsjahr" eindeutig **rechtssteil** ist:

$$\bar{x}_Z = 2010 \quad > \quad \frac{x_{Q1} + x_{Q3}}{2} = \frac{2008 + 2010}{2} = 2009 \qquad \text{(1. Lageregel)}$$

$$\bar{x}_D = 2010 \quad \geq \quad \bar{x}_Z = 2010 \quad \geq \quad \bar{x} = 2009 \; ; \qquad \text{(2. Lageregel)}$$

■ die Verteilung des Merkmals „Bruttogehalt" eindeutig **linkssteil** ist:

$$\bar{x}_Z = 7750 \quad < \quad \frac{x_{Q1} + x_{Q3}}{2} = \frac{5100 + 12187,50}{2} = 8643,75 \quad \text{(1. Lageregel)}$$

$$\bar{x}_D = 6000 \quad \leq \quad \bar{x}_Z = 7750 \quad \leq \quad \bar{x} = 8700 \, . \qquad \text{(2. Lageregel)}$$

Diese Aussagen decken sich mit dem optischen Eindruck der Abbildungen 1.10 und 1.14.

---

## 1.3.6 Spezialmittelwerte für quantitative Merkmale

### 1.3.6.1 Geometrisches Mittel

Nicht immer ist es sinnvoll, die Beobachtungswerte eines quantitativen Merkmals arithmetisch zu mitteln. Zwei wichtige Sonderfälle sind die Mittelung von Wachstumsraten bzw. Wachstumsfaktoren und die Durchschnittsbildung bei Verhältniszahlen. Hierzu muss man auf spezielle Mittelwerte zurückgreifen: auf das geometrische Mittel bzw. auf das harmonische Mittel.

Das **geometrische Mittel** wird i.d.R. aus Beobachtungswerten $x_t$ (bzw. – sehr selten – aus Merkmalsausprägungen $x_i$ und dazugehörigen Häufigkeiten $h_i$) nach der Formel

$$\bar{x}_G \;=\; \sqrt[n]{\prod_{t=1}^{n} x_t} \quad \left(= \prod_{i=1}^{m} x_i^{h_i}\right) \tag{1.23}$$

berechnet und ist grundsätzlich bei der **Mittelung von Wachstumsfaktoren** zu verwenden. Ein Wachstumsfaktor gibt das Verhältnis zwischen dem Beobachtungswert der Periode $t$ und dem entsprechenden Wert der Vorperiode $t-1$ an. Beispielsweise besagt ein **Wachstumsfaktor** von 1,05, dass die betreffende Größe 1,05-mal so groß wie in der Vorperiode ist, mit anderen Worten: dass sie mit einer **Wachstumsrate** von 5 % gestiegen ist.

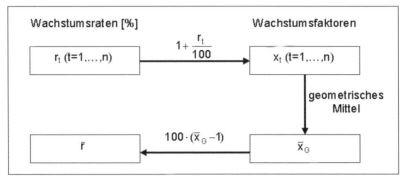

Abbildung 1.17: Berechnung einer mittleren Wachstumsrate

Sollen die Wachstums**raten** $r_t$ mehrerer (i.d.R. aufeinander folgender) Perioden gemittelt werden, so müssen diese zunächst in Wachstums**faktoren** $x_t$ umgerechnet werden, die dann geometrisch gemittelt werden. Der so berechnete mittlere Wachstums**faktor** $\overline{x}_G$ muss schließlich wieder in eine mittlere Wachstums**rate** $\overline{r}$ zurückgerechnet werden.

**Beispiel**

## Umsatz eines Unternehmens

Der Umsatz eines Unternehmens entwickelte sich in den Jahren 2006 bis 2009 jeweils mit folgenden jährlichen Veränderungs**raten**:

| Jahr | $t$ | 2006 | 2007 | 2008 | 2009 |
|---|---|---|---|---|---|
| **Umsatzänderung (Rate)** | $r_t$ | 8 % | 15 % | −4 % | 12 % |

Zur Berechnung der mittleren jährlichen Wachstumsrate werden die Veränderungsraten zunächst in Veränderungs**faktoren** umgerechnet:

| Umsatzänderung (Faktor) | $x_t$ | 1,08 | 1,15 | 0,96 | 1,12 |
|---|---|---|---|---|---|

Als geometrischen Mittel ergibt sich der **mittlere jährliche Wachstumsfaktor**

$$\overline{x}_G = \sqrt[4]{1,08 \cdot 1,15 \cdot 0,96 \cdot 1,12} = 1,075$$

und somit die mittlere jährliche Wachstumsrate

$$\overline{r} = 7,5\%.$$

Das (hier falsche) arithmetische Mittel der jährlichen Veränderungsraten würde eine deutlich überhöhte jährliche Wachstumsrate ergeben:

$$\overline{r} = \frac{8 + 15 - 4 + 12}{4} = 7,75\% \ .$$

### 1.3.6.2 Harmonisches Mittel

Das **harmonische Mittel** ist bei der Mittelung von **Verhältniszahlen** *a/b* zu verwenden, wenn sich die Gewichtung der einzelnen Werte (d.h. die Häufigkeiten) auf die **Zählergröße** *a* bezieht. Bezieht sich die Gewichtung hingegen auf die Nennergröße *b*, so muss arithmetisch gemittelt werden. Die Problematik sei an folgendem Beispiel verdeutlicht.

---

**Beispiel**

#### Pro-Kopf-Einkommen in der EU

Das Pro-Kopf-Einkommen eines Landes ist eine Verhältniszahl, nämlich das Bruttosozialprodukt (BSP) dividiert durch die Bevölkerungszahl des betreffenden Landes. Das Pro-Kopf-Einkommen in der Europäischen Union (EU) ist dann ein gewichteter Mittelwert der Pro-Kopf-Einkommen in den einzelnen EU-Mitgliedsstaaten. Als Gewichte können bei der Mittelung entweder die BSP-Anteile oder die Bevölkerungsanteile der Mitgliedsstaaten dienen. Bei der **BSP-Gewichtung** (Zählergröße) sind die Pro-Kopf-Einkommen der Mitgliedsländer **harmonisch**, bei der **Bevölkerungs-Gewichtung** (Nennergröße) hingegen **arithmetisch** zu mitteln.

---

Berechnet wird das harmonische Mittel nach der Formel

$$\overline{x}_H \;=\; \frac{n}{\sum\limits_{t=1}^{n}\dfrac{1}{x_t}} \;=\; \frac{1}{\sum\limits_{i=1}^{m}\dfrac{h_i}{x_i}} \;, \qquad (1.24)$$

wobei $x_t$ bzw. $x_i$ die zu mittelnden Verhältniszahlen sind und die Gewichtung durch die relativen Häufigkeiten $h_i$ gegeben ist. (Die erste Formel ist nur bei gleicher Gewichtung der Verhältniszahlen zu verwenden.)

Da die Art der Mittelung bei Verhältniszahlen davon abhängt, ob die Werte nach der Zähler- oder Nennergröße gewichtet werden, lässt sich die Formel (1.24) folgendermaßen erklären: Richtet sich bei der Mittelung der Verhältniszahlen *a/b* die Gewichtung nach der Zählergröße *a*, so bildet man einfach die Kehrwerte *b/a* dieser Verhältniszahlen. Bei den Kehrwerten liegt die Gewichtung dann auf der Nennergröße, so dass diese dann arithmetisch zu mitteln sind. Der **Kehrwert des** so berechneten **arithmetischen Mittels der Kehrwerte** hat dann wieder die ursprüngliche Dimension und entspricht genau dem harmonischen Mittel der Verhältniszahlen *a/b*.

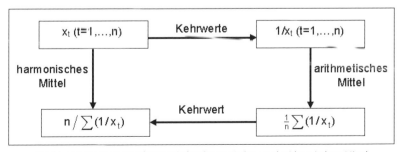

Abbildung 1.18: Zusammenhang zwischen harmonischem und arithmetischem Mittel

---

**Beispiel**

## Aktienkauf

Ein Anleger kauft am 01.01., am 01.04. und am 01.07. eines Jahres jeweils Aktien des Konzerns K. Der Kurs der K-Aktie betrug an diesen Börsentagen:

| Börsentag | $i$ | 01.01. | 01.04. | 01.07. |
|---|---|---|---|---|
| Kurs [€/Aktie] | $x_i$ | 200 | 250 | 400 |

Wie hoch ist der durchschnittliche Kaufpreis pro Aktie, wenn der Anleger ...

(1) am 01.01. und 01.04. jeweils 40 K-Aktien und am 01.07. noch einmal 20 K-Aktien kauft?

(2) am 01.01. und 01.04. für jeweils 10000 € und am 01.07. noch einmal für 4000 € K-Aktien kauft?

■ Im Fall (1) wird mit der **Zahl der Aktien** (Nennergröße) gewichtet:

| Aktienanteil | $h_i$ | 40/100 | 40/100 | 20/100 |
|---|---|---|---|---|

Demzufolge berechnet sich der Durchschnittspreis hier als **arithmetisches Mittel**:

$$\bar{x} = 0,4 \cdot 200 + 0,4 \cdot 250 + 0,2 \cdot 400 = 260 \ [\text{€/Aktie}].$$

■ Im Fall (2) wird mit dem **Wert der Aktien** (Zählergröße) gewichtet:

| Wertmäßiger Anteil | $h_i$ | 10/24 | 10/24 | 4/24 |
|---|---|---|---|---|

Demzufolge berechnet sich der Durchschnittspreis hier als **harmonisches Mittel**:

$$\bar{x}_H = \frac{1}{\dfrac{10/24}{200} + \dfrac{10/24}{250} + \dfrac{4/24}{400}} = 240 \ [\text{€/Aktie}].$$

Es wurden nämlich 24000 € für insgesamt 50 + 40 + 10 = 100 Aktien bezahlt. Das (hier falsche) arithmetische Mittel würde einen deutlich überhöhten Durchschnittspreis ergeben:

$$\bar{x} = \frac{10}{24} \cdot 200 + \frac{10}{24} \cdot 250 + \frac{4}{24} \cdot 400 = 254,17 \ [\text{€/Aktie}].$$

Generell führt eine unsachgemäße Anwendung des arithmetischen Mittels in Fällen, in denen korrekterweise das geometrische bzw. harmonische Mittel zu verwenden ist, zu einem systematisch überhöhten Mittelwert. Allgemein gilt nämlich die folgende **Mittelwertungleichung**:

$$\overline{x}_H \leq \overline{x}_G \leq \overline{x} \,. \tag{1.25}$$

## 1.4 Streuungsmaße

### 1.4.1 Streuungsmaße für quantitative Merkmale

Streuungsmaße bilden neben den Mittelwerten die zweite Gruppe statistischer Maßzahlen zur Charakterisierung von Häufigkeitsverteilungen. Sie informieren darüber, wie stark die Beobachtungswerte einer Verteilung auf der Skala der Merkmalsausprägungen streuen. Je nach Merkmalsart bzw. Skalierung wird der Begriff „Streuung" unterschiedlich interpretiert.

Grundlegend für die Streuungsmessung bei **quantitativen** Merkmalen ist der **Abstandsbegriff**, wobei sich die Streuungsmaße entweder auf den Abstand zwischen großen und kleinen Beobachtungswerten oder auf die Abstände der Beobachtungswerte zu einem Mittelwert beziehen. Zur ersten Gruppe zählt neben der **Spannweite**, die einfach den Abstand zwischen dem größten und kleinsten Beobachtungswert angibt und somit extrem ausreißerempfindlich ist, vor allem der **Quartilsabstand**

$$Q = x_{Q3} - x_{Q1} \,. \tag{1.26}$$

Er gibt an, wie groß in einer Verteilung der Abstand zwischen den beiden „Zentralwerten" der 50 % großen und der 50 % kleinen Beobachtungswerte ist, oder anders ausgedrückt: über welche Spannweite die Beobachtungswerte streuen, wenn die 25 % kleinsten und die 25 % größten Werte „abgeschnitten" werden. Er ist zwar ein etwas grobes, aber doch recht aussagefähiges und vor allem sehr einfaches Streuungsmaß.

---

**Beispiel**

### Personalerhebung

Für die quantitativen Merkmale „Eintrittsjahr" und „Bruttogehalt" aus der Personalerhebung ergeben sich folgende Quartilsabstände (vgl. Abschnitte 1.3.3 und 1.3.4):

- **Eintrittsjahr**: $Q = 2010 - 2008 = 2$ [Jahre]
- **Bruttogehalt**: $Q = 12187{,}50 - 5100 = 7087{,}50$ [€].

Dies bedeutet, dass die in der Einstellungs-Reihenfolge mittleren 50 % Beschäftigten innerhalb von zwei Jahren in die Firma eingetreten sind bzw. dass die Bruttogehälter der gehaltsmäßig mittleren 50 % Beschäftigten innerhalb einer Bandbreite von 7087,50 € liegen.

---

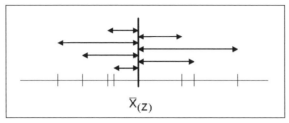

$$\overline{x}_{(Z)}$$

Abbildung 1.19: Streuung als Abweichung von einem Mittelwert

In der Regel wird die Streuung bei quantitativen Merkmalen mit Hilfe **summarischer Maße** beurteilt, die auf die durchschnittliche Abweichung der Beobachtungswerte von einem Mittelwert, z.B. $\overline{x}$ oder $\overline{x}_Z$, abstellen. Damit sich positive und negative Abweichungen nicht gegenseitig aufheben, müssen **absolute** oder **quadrierte Abweichungen** benutzt werden.

Die erste Möglichkeit führt zu der **mittleren absoluten Abweichung** der Beobachtungswerte vom arithmetischen Mittel bzw. vom Zentralwert:

$$d_{\overline{x}_{(Z)}} = \frac{1}{n}\sum_{t=1}^{n}\left| x_t - \overline{x}_{(Z)}\right| = \sum_{i=1}^{m} h_i \left| x_i - \overline{x}_{(Z)}\right|. \tag{1.27}$$

Sie gibt an, um wie viel die Beobachtungswerte $x_t$ im Durchschnitt vom Mittelwert $\overline{x}$ bzw. $\overline{x}_Z$ absolut abweichen. (Die erste Formel ist wieder für einzelne Beobachtungswerte, die zweite Formel für gruppierte Häufigkeitsverteilungen zu verwenden.) Für die beiden mittleren absoluten Abweichungen gilt allgemein: $d_{\overline{x}} \geq d_{\overline{x}_Z} \geq 0$ .

---

## Beispiel

### Quantitatives Merkmal „Eintrittsjahr"

Für das quantitative Merkmal „Eintrittsjahr" (vgl. Tabelle 1.8) ergeben sich die folgenden mittleren absoluten Abweichungen:

$$d_{\overline{x}} = 1,04 \text{ [Jahre]} \quad \text{und} \quad d_{\overline{x}_Z} = 1,00 \text{ [Jahre]}.$$

| $x_i$ | $h_i$ | $\left\| x_i - \overline{x}\right\|$ | $h_i\left\| x_i - \overline{x}\right\|$ | $\left\| x_i - \overline{x}_Z\right\|$ | $h_i\left\| x_i - \overline{x}_Z\right\|$ |
|---|---|---|---|---|---|
| 2006 | 0,08 | 3 | 0,24 | 4 | 0,32 |
| 2007 | 0,08 | 2 | 0,16 | 3 | 0,24 |
| 2008 | 0,12 | 1 | 0,12 | 2 | 0,24 |
| 2009 | 0,20 | 0 | 0 | 1 | 0,20 |
| 2010 | 0,52 | 1 | 0,52 | 0 | 0 |
| --- | 1,00 | --- | 1,04 | --- | 1,00 |

Tabelle 1.10: Berechnung der mittleren absoluten Abweichungen

Weitaus gebräuchlicher als die mittleren absoluten Abweichungen ist die **Varianz** – ein Streuungsmaß, das bei sehr vielen statistischen Fragestellungen (z.B. in der Korrelations-, Regressions- und Varianzanalyse; vgl. Abschnitte 2.5, 3.2 und 10.4) und als Parameter der Normalverteilung (vgl. Abschnitt 7.7) eine wichtige Rolle spielt. Die Varianz ist als **durchschnittliche quadrierte Abweichung** der Beobachtungswerte vom arithmetischen Mittel definiert:

$$\sigma^2 = \frac{1}{n}\sum_{t=1}^{n}(x_t - \overline{x})^2 = \sum_{i=1}^{m} h_i\,(x_i - \overline{x})^2. \tag{1.28}$$

In dieser Formel werden die **zentrierten** Beobachtungswerte $(x_t-\overline{x})$ bzw. Merkmalsausprägungen $(x_i-\overline{x})$ quadriert und anschließend arithmetisch gemittelt. Alternativ kann auch mit **nicht-zentrierten** Werten $x_t$ bzw. $x_i$ gearbeitet werden. Es gilt nämlich der **Verschiebungssatz**:

$$\sigma^2 = \frac{1}{n}\sum_{t=1}^{n}x_t^2 - \overline{x}^2 = \sum_{i=1}^{m} h_i x_i^2 - \overline{x}^2. \tag{1.29}$$

Die Äquivalenz der Formeln (1.28) und (1.29) lässt sich einfach nachweisen, etwa für Beobachtungswerte:

$$\sigma^2 = \frac{1}{n}\sum_{t=1}^{n}(x_t - \overline{x})^2 = \frac{1}{n}\sum_{t=1}^{n}x_t^2 - 2\,\overline{x}\frac{1}{n}\sum_{t=1}^{n}x_t + \overline{x}^2 \overset{(1.13)}{=} \frac{1}{n}\sum_{t=1}^{n}x_t^2 - 2\,\overline{x}^2 + \overline{x}^2 = \frac{1}{n}\sum_{t=1}^{n}x_t^2 - \overline{x}^2.$$

---

### Beispiel

## Quantitatives Merkmal „Eintrittsjahr"

Die folgende Tabelle zeigt für das quantitative Merkmal „Eintrittsjahr" in der Personalerhebung die Berechnung der Varianz sowohl mit zentrierten Merkmalsausprägungen als auch die – hier nicht zu empfehlende – Berechnung mit nicht-zentrierten Merkmalsausprägungen.

| $x_i$ | $h_i$ | $(x_i-\overline{x})^2$ | $h_i(x_i-\overline{x})^2$ | $x_i^2$ | $h_i x_i^2$ |
|---|---|---|---|---|---|
| 2006 | 0,08 | 9 | 0,72 | 4 024 036 | 321 922,88 |
| 2007 | 0,08 | 4 | 0,32 | 4 028 049 | 322 243,92 |
| 2008 | 0,12 | 1 | 0,12 | 4 032 064 | 483 847,68 |
| 2009 | 0,20 | 0 | 0 | 4 036 081 | 807 216,20 |
| 2010 | 0,52 | 1 | 0,52 | 4 040 100 | 2 100 852,00 |
| --- | 1,00 | --- | 1,68 | --- | 4 036 082,68 |

Tabelle 1.11: Berechnung der Varianz ohne und mit Verschiebungssatz

Man erhält die Varianz: $\qquad\sigma^2 = 1{,}68$ [Jahre$^2$] $(= 4\,036\,082{,}68 - (2009)^2)$
bzw. die Standardabweichung: $\quad\sigma = \sqrt{1{,}68} = 1{,}2961$ [Jahre].

Bei der manuellen Varianzberechnung erweist sich der Verschiebungssatz insbesondere dann als vorteilhaft, wenn $\bar{x}$ im Gegensatz zu den Merkmalsausprägungen keine „glatte" Zahl ist.

Da die Varianz ein quadratisches Maß ist, wird die Varianz immer in der **quadrierten Dimension** der Merkmalsausprägungen gemessen, z.B. ist die Varianz des Einkommens eine Größe in der Einheit [€²]. Um dies zu vermeiden, wird statt der Varianz oft deren Quadratwurzel, die **Standardabweichung**, verwendet:

$$\sigma = \sqrt{\sigma^2}. \tag{1.30}$$

Eine sachgerechte **Anwendung** und **Interpretation** der summarischen Streuungsmaße für quantitative Merkmale erfordert etwas Fingerspitzengefühl. Als absolute Zahlenwerte sind sie kaum interpretierbar, da sie proportional ($d_{\bar{x}}$ und $\sigma$) oder sogar quadratisch ($\sigma^2$) von der Größenordnung der Beobachtungswerte abhängen. Da sie die Streuung ohne Bezugsgröße messen, werden sie als **absolute Streuungsmaße** bezeichnet. Sie erlauben immerhin dann **Streuungsvergleiche**, wenn

- das betrachtete Merkmal nur **intervallskaliert** ist oder
- die Beobachtungswerte in den verglichenen Verteilungen ungefähr die **gleiche Größenordnung** aufweisen.

---

### Beispiel

### Intervallskaliertes Merkmal „Eintrittsjahr"

Wird die Streuung des Eintrittsjahres der Mitarbeiter einer Firma mit einem absoluten Streuungsmaß (z.B. $\sigma^2$) gemessen, so ist der absolute Zahlenwert dieses Maßes nicht interpretierbar. Da das Merkmal aber intervallskaliert ist, kann mit ihm die Streuung des Eintrittsjahres bei verschiedenen Firmen verglichen werden.

---

Sollen **Streuungsvergleiche** für **verhältnisskalierte Merkmale** angestellt werden, bei denen die Beobachtungswerte in den verglichenen Verteilungen **verschiedene Größenordnung** haben, so ist es meistens sinnvoll, die absoluten Streuungsmaße mit einem passenden Mittelwert zu normieren. Dadurch entsteht ein **relatives Streuungsmaß**. Am gebräuchlichsten ist der **Variationskoeffizient**:

$$V = \frac{\sigma}{\bar{x}}. \tag{1.31}$$

Daneben können aber z.B. auch die relativen Streuungsmaße $Q/\bar{x}_Z$ oder $d_{\bar{x}}/\bar{x}$ verwendet werden. Da die relativen Streuungsmaße **dimensionslos** sind, können mit ihnen sogar Streuungen von Verteilungen verglichen werden, bei denen das Merkmal in verschiedenen Einheiten gemessen wurde (z.B. Einkommen in € und \$). Relative Streuungsmaße sind i.A. jedoch nicht sinnvoll bei intervallskalierten Merkmalen, oder wenn auch negative Beobachtungswerte vorliegen.

## Beispiel

### Verhältnisskaliertes Merkmal „Einkommen"

Die mit einem **absoluten Streuungsmaß** gemessene Streuung von Erwerbseinkommen in einem Land kann als absoluter Zahlenwert nicht interpretiert werden. Da es sich um ein verhältnisskaliertes Merkmal handelt, ist aber auch ein Streuungsvergleich mit anderen Ländern nur eingeschränkt möglich, nämlich wenn die Einkommensniveaus ungefähr gleich sind (z.B. in Deutschland und Frankreich).

Soll aber z.B. die Streuung der Erwerbseinkommen in einem Industrieland mit derjenigen in einem Entwicklungsland verglichen werden, so muss wegen der unterschiedlichen Einkommensniveaus beider Länder ein **relatives Streuungsmaß** benutzt werden. (Bei Verwendung eines absoluten Streuungsmaßes würde man zu dem vermutlich falschen Schluss kommen, die Einkommen im Industrieland seien deutlich ungleicher verteilt als im Entwicklungsland.)

## 1.4.2 Streuungsmessung bei klassierten Verteilungen

Bei der Berechnung von Streuungsmaßen für stetige quantitative Merkmale werden wiederum **Rechteck-Verteilungen innerhalb der Klassen** zugrunde gelegt. Während diese Annahme bei der Berechnung des arithmetischen Mittels erlaubt, die Klassenmitten als „repräsentative" Merkmalsausprägungen der Klassen zu benutzen, ist ein solches Vorgehen bei der Berechnung von summarischen Streuungsmaßen nicht ganz korrekt, wenngleich in der Praxis vielfach so verfahren wird.

Dieser Sachverhalt wird im folgenden Exkurs für die **mittlere absolute Abweichung von $\bar{x}$** erläutert.

## Exkurs

### Interner Beitrag zur mittleren absoluten Abweichung von $\bar{x}$

Die **mittlere absolute Abweichung vom arithmetischen Mittel $\bar{x}$** berechnet sich im Falle einer gruppierten Verteilung nach der Formel (1.27). Ersetzt man hier die Merkmalsausprägungen $x_i$ durch die Klassenmitten $x_i^*$, so erhält man die sog. **externe Streuung**, die nur die Streuung **zwischen den Klassen** erfasst, weil sie auf der Annahme von Einpunkt-Verteilungen innerhalb der Klassen beruht.

Unter der realistischeren Annahme von **Rechteck-Verteilungen** in den Klassen wird die **Streuung** der klassierten Verteilung bei dieser Vorgehensweise jedoch **systematisch unterschätzt** (es sei denn, $\bar{x}$ befindet sich zufällig genau an einer Klassengrenze). Dies liegt daran, dass die Funktion der absoluten Abweichungen von $\bar{x}$,

$$d(x) = \left| x - \bar{x} \right| ,$$

in der Klasse $K_k$, in der sich $\bar{x}$ befindet, im Durchschnitt einen größeren Wert annimmt als in der Klassenmitte $x_k^*$. Der Fehler lässt sich besonders gut verdeutlichen, wenn $\bar{x}$ genau in der Klassenmitte liegt. Dann gilt nämlich $d(x_k^*) = d(\bar{x}) = 0$, obwohl die Funktion in der Klasse $K_k$ den mittleren Funktionswert $w_k/4$ besitzt (vgl. Abbildung 1.20).

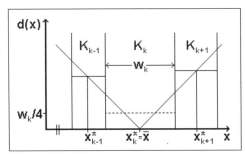

Abbildung 1.20: Interner Beitrag zur mittleren absoluten Abweichung von $\overline{x}$

Allgemein, d.h. bei beliebiger Lage von $\overline{x}$, lautet die Diskrepanz zwischen dem mittleren Funktionswert von $d$ in der Klasse $K_k$ und dem Funktionswert in der Klassenmitte:

$$\frac{\left(\frac{w_k}{2} - \left| x_k^* - \overline{x} \right|\right)^2}{w_k}.$$

Unter Berücksichtigung dieser Korrektur ergibt sich für die **mittlere absolute Abweichung von $\overline{x}$ bei einer klassierten Verteilung** die Formel:

$$d_{\overline{x}} = \sum_{i=1}^{m} h_i \left| x_i^* - \overline{x} \right| + h_k^* \left( \frac{w_k}{2} - \left| x_k^* - \overline{x} \right| \right)^2.$$

Der zweite Summand ist dabei der **interne Beitrag** zur Streuung. Er bezieht sich auf diejenige Klasse, die $\overline{x}$ enthält, und ist umso größer, je breiter diese Klasse, je höher ihre Häufigkeit und je geringer der Abstand zwischen $\overline{x}$ und $x_k^*$ ist.

Ähnlich wie bei der mittleren absoluten Abweichung ergibt sich auch bei der **Varianz** eine systematische Unterschätzung, wenn man im Fall einer klassierten Verteilung in den Formeln (1.28) bzw. (1.29) lediglich die Merkmalsausprägungen $x_i$ durch die Klassenmitten $x_i^*$ ersetzt. Dies würde wiederum der Annahme von **Einpunkt-Verteilungen** in den Klassen entsprechen und somit nur die **Streuung zwischen den Klassen** messen (**externe Varianz**).

Bei Annahme von **Rechteck-Verteilungen** in den Klassen ist zusätzlich die **Streuung innerhalb der Klassen** als **interne Varianz** zu berücksichtigen. Die Korrektur bezieht sich hier – im Gegensatz zum internen Beitrag bei der mittleren absoluten Abweichung – auf alle Klassen. Die konvex verlaufende Funktion der quadrierten Abweichungen

$$q(x) = (x - \overline{x})^2$$

weist in jeder Klasse im Durchschnitt einen höheren Wert auf als in der Klassenmitte. Die Diskrepanz hängt von der Klassenbreite $w_i$ ab und beträgt jeweils

$$\frac{1}{12} w_i^2 ,$$

was genau der Varianz der betreffenden Rechteck-Verteilung entspricht (vgl. Abschnitt 7.2.2.). Insofern kann die interne Varianz als **durchschnittliche Varianz der Rechteck-Verteilungen in den Klassen** gedeutet werden.

Die **Varianz einer klassierten Verteilung** berechnet sich demnach unter Berücksichtigung der Streuung innerhalb der Klassen nach der Formel:

$$\sigma^2 \; = \; \sigma^2_{ext} + \sigma^2_{int} \; = \; \sum_{i=1}^{m} h_i \, (x_i^* - \overline{x})^2 + \frac{1}{12} \sum_{i=1}^{m} h_i w_i^2 \; . \tag{1.32}$$

Die interne Varianz wächst mit der Breite der Klassen. Je gröber eine Verteilung klassiert wird, desto mehr wird die Streuung durch den externen Beitrag unterschätzt und desto stärker muss sie demnach durch den internen Beitrag korrigiert werden. Auch wenn der interne Beitrag – bei nicht allzu grober Klassierung – im Verhältnis zum externen Beitrag gering ausfällt, lässt sich auf diese Weise der Einfluss der Klasseneinteilung auf das Streuungsmaß abmildern.

Aus der gemäß (1.32) berechneten Varianz können auch bei klassierten Verteilungen nach den Formeln (1.30) und (1.31) **Standardabweichung** und **Variationskoeffizient** berechnet werden. Für den **Quartilsabstand** gilt unverändert die Formel (1.26), wobei die Rechteck-Verteilungs-Annahme bei der Bestimmung der Quartile zu beachten ist.

---

### Beispiel

## Quantitatives Merkmal „Bruttogehalt"

Für die klassierte Häufigkeitsverteilung des monatlichen Bruttogehalts (vgl. Tabelle 1.9) berechnet man unter der Annahme von Rechteck-Verteilungen in den Klassen folgende Streuungsmaße:

- **Quartilsabstand:**

  $$Q = 12187,50 - 5100 = 7087,50 \; [€]$$

- **mittlere absolute Abweichung von $\overline{x}$:**

  $$\overline{x} \in K_4 \quad \Rightarrow \quad d_{\overline{y}} = 4032 + 0,00008 \left(1500 - |8500 - 8700|\right)^2 = 4167,20 \; [€]$$

- **Varianz:**

  $$\sigma^2 = 23040000 + \frac{1}{12} \cdot 36520000 = 26083333 \; [€^2]$$

- **Standardabweichung:**

  $$\sigma = \sqrt{26083333} = 5107,18 \; [€]$$

- **Variationskoeffizient:**

  $$V = \frac{5107,18}{8700} = 0,5870$$

Da es sich beim Bruttogehalt um ein verhältnisskaliertes Merkmal mit nichtnegativen Merkmalsausprägungen handelt, eignet sich der **Variationskoeffizient** am besten für Streuungsvergleiche.

| $K_i$ | $x_i^*$ | $h_i$ | $h_i\|x_i^*-\overline{x}\|$ | $h_i(x_i^*-\overline{x})^2$ | $w_i$ | $h_i\,w_i^2$ |
|---|---|---|---|---|---|---|
| [0; 3000[ | 1500 | 0,12 | 864 | 6220800 | 3000 | 1080000 |
| [3000; 5000[ | 4000 | 0,12 | 564 | 2650800 | 2000 | 480000 |
| [5000; 7000[ | 6000 | 0,20 | 540 | 1458000 | 2000 | 800000 |
| [7000; 10000[ | 8500 | 0,24 | 48 | 9600 | 3000 | 2160000 |
| [10000; 20000[ | 15000 | 0,32 | 2016 | 12700800 | 10000 | 32000000 |
| --- | --- | 1,00 | 4032 | 23040000 | 20000 | 36520000 |

Tabelle 1.12: Berechnung der Streuungsmaße beim Merkmal „Bruttogehalt"

### 1.4.3 Streuungsmaße für nicht-quantitative Merkmale

#### 1.4.3.1 Dispersionsindex

Bei **qualitativen Merkmalen** sagt die Streuung oder **Dispersion** etwas darüber aus, wie gleichmäßig sich die Beobachtungswerte auf die (ungeordneten) Merkmalsausprägungen verteilen. In diesem Sinne ist die Dispersion **extrem gering**, wenn eine **Einpunkt-Verteilung** vorliegt, und **extrem stark**, wenn eine **diskrete Gleichverteilung** vorliegt, d.h. alle Merkmalsausprägungen gleich häufig auftreten.

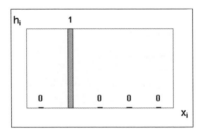

Abbildung 1.21: Minimale Dispersion (Einpunkt-Verteilung)

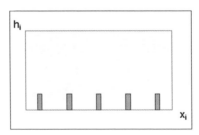

Abbildung 1.22: Maximale Dispersion (diskrete Gleichverteilung)

Auf diesem Streuungsbegriff basiert der **Dispersionsindex**. Er wird allein aus den relativen Häufigkeiten $h_i$ und der Anzahl $m$ ($\geq 2$) der Merkmalsausprägungen berechnet:

$$P = \frac{m}{m-1}\left(1-\sum_{i=1}^{m}h_i^2\right) = \frac{m}{m-1}\sum_{i=1}^{m}h_i(1-h_i) \quad (m\geq 2)\,. \tag{1.33}$$

Der Dispersionsindex, der ausschließlich bei **qualitativen** Merkmalen verwendet wird, ist ein auf das Einheitsintervall **normiertes Streuungsmaß**, d.h. es gilt die Ungleichung:

$$0 \leq P \leq 1 \ . \tag{1.34}$$

Wie man leicht erkennt, liegt der Dispersionsindex im Fall einer **Einpunkt-Verteilung** an der Untergrenze:

$$P \ = \ \frac{m}{m-1}(1-(1^2+0^2+...+0^2)) \ = \ 0$$

und im Fall einer **diskreten Gleichverteilung** an der Obergrenze:

$$P \ = \ \frac{m}{m-1}\left(1-\left(\underbrace{\left(\frac{1}{m}\right)^2+...+\left(\frac{1}{m}\right)^2}_{m-mal}\right)\right) \ = \ \frac{m}{m-1}\left(1-\frac{1}{m}\right) \ = \ 1 \ .$$

Beim Dispersionsindex ist allerdings zu beachten, dass dieses Maß sehr stark zu Werten in der Nähe von 1 tendiert, d.h. schon bei geringen Abweichungen von der Einpunkt-Verteilung nimmt P relativ hohe Werte an. Ein solches Phänomen, das bei einigen normierten Maßen auftritt, bezeichnet man als **Klumpung**.

Zur **Interpretation** eines normierten Maßes benötigt man in der Praxis – insbesondere bei stärkerer Klumpung – grobe Anhaltspunkte, wie ein bestimmter Zahlenwert zu interpretieren ist. Für die Interpretation des Dispersionsindex kann folgende **Faustregel** verwendet werden:

$$P < 0,8 \ \rightarrow \ \textbf{geringe Dispersion}$$
$$P > 0,9 \ \rightarrow \ \textbf{starke Dispersion} \ .$$

---

### Beispiel

## Qualitatives Merkmal „Abteilungszugehörigkeit"

Zur Beurteilung der Streuung des qualitativen Merkmals „Abteilungszugehörigkeit" in der Personalerhebung (vgl. Tabelle 1.3) berechnet man zunächst die Summe der quadrierten relativen Häufigkeiten.

| $x_i$ | $h_i$ | $h_i^2$ |
|---|---|---|
| F: Entwicklung | 0,28 | 0,0784 |
| F: Finanzen | 0,12 | 0,0144 |
| G: Geschäftsführung | 0,16 | 0,0256 |
| S: Schulung | 0,12 | 0,0144 |
| T: Test/Anwendungen | 0,16 | 0,0256 |
| V: Vertrieb | 0,16 | 0,0256 |
| --- | 1,00 | 0,1840 |

Tabelle 1.13: Berechnung des Dispersionsindex

Daraus ergibt sich der Dispersionsindex:

$$P = \frac{6}{5}(1 - 0,1840) = 0,9792 \, .$$

Selbst unter Beachtung der Klumpungstendenz ist dies ein hoher Wert, d.h. die Verteilung weist eine **hohe Dispersion** auf, was im Übrigen auch aus dem Stabdiagramm (Abbildung 1.1) ersichtlich ist: Die Verteilung hat weitaus stärkere Ähnlichkeit mit einer Gleichverteilung als mit einer Einpunkt-Verteilung.

### 1.4.3.2 Diversität

Bei **komparativen Merkmalen** ist der Begriff „Streuung" differenzierter zu deuten als bei qualitativen Merkmalen, weil man – aufgrund der Rangfolge der Merkmalsausprägungen – von einer „Mitte" und von „Rändern" der Verteilung sprechen kann. Die Streuung ist daher bei einem komparativen Merkmal umso größer, je mehr sich die Beobachtungswerte an den Rändern der Verteilung häufen. Während auch hier die Streuung für eine **Einpunkt-Verteilung am kleinsten** ist, ist sie nach diesem Konzept **am größten** bei einer **extremen Zweipunkt-Verteilung**, d.h. wenn die Beobachtungswerte zu gleichen Teilen auf die kleinste und die größte Merkmalsausprägung entfallen.

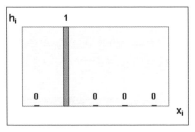

Abbildung 1.23: Minimale Diversität (Einpunkt-Verteilung)

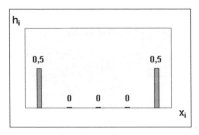

Abbildung 1.24: Maximale Diversität (extreme Zweipunkt-Verteilung)

Diesem Konzept entspricht die **Diversität**, ein Streuungsmaß, das von den kumulierten relativen Häufigkeiten $H_i$ Gebrauch macht:

$$D = \frac{4}{m-1} \sum_{i=1}^{m-1} H_i(1 - H_i) \quad (m \geq 2) \, . \tag{1.35}$$

Die Diversität wird ausschließlich zur Streuungsmessung bei **komparativen** Merkmalen verwendet. Auch sie ist auf das Einheitsintervall **normiert**:

$$0 \leq D \leq 1 \,. \tag{1.36}$$

Bei einer **Einpunkt-Verteilung** liegt die Diversität an der Untergrenze:

$$D = \frac{4}{m-1}(0 \cdot 1 + \ldots + 0 \cdot 1 + 1 \cdot 0 + \ldots + 1 \cdot 0) = 0$$

und bei einer **extremen Zweipunkt-Verteilung** an der Obergrenze:

$$D = \frac{4}{m-1}\underbrace{(0{,}5 \cdot 0{,}5 + \ldots + 0{,}5 \cdot 0{,}5)}_{(m-1)-mal} = \frac{4}{m-1}(0{,}25 \cdot (m-1)) = 1 \,.$$

Auch die Diversität tendiert eher zu großen Werten innerhalb des Einheitsintervalls, jedoch ist die Klumpung nicht so stark wie beim Dispersionsindex. Für die **Interpretation der** Diversität gilt folgende **Faustregel**:

$$D < 0{,}6 \;\rightarrow\; \textbf{geringe Diversität}$$
$$D > 0{,}8 \;\rightarrow\; \textbf{starke Diversität} \,.$$

## Beispiel

### Komparatives Merkmal „Ausbildung"

Zur Beurteilung der Streuung des komparativen Merkmals „Ausbildung" in der Personalerhebung (vgl. Tabelle 1.4) ist die Diversität geeignet. Die folgende Tabelle zeigt die Berechnung mit Hilfe der kumulierten relativen Häufigkeiten:

| $x_i$ | $h_i$ | $H_i$ | $H_i(1-H_i)$ |
|---|---|---|---|
| M: Mittlere Reife | 0,12 | 0,12 | 0,1056 |
| A: Abitur | 0,24 | 0,36 | 0,2304 |
| D: Diplom | 0,56 | 0,92 | 0,0736 |
| P: Promotion | 0,08 | 1,00 | (0) |
| --- | 1,00 | --- | 0,4096 |

Tabelle 1.14: Berechnung der Diversität

Daraus ergibt sich die Diversität:

$$D = \frac{4}{3} \cdot 0{,}4096 = 0{,}5461 \,.$$

Nach der obigen Faustregel ist dies eine **geringe Diversität** bzw. Streuung: Die unimodale Verteilung hat auch eher Ähnlichkeit mit einer Einpunkt-Verteilung als mit einer extremen Zweipunkt-Verteilung (vgl. Abbildung 1.5).

# 1.5    Konzentrationsanalyse

## 1.5.1    Konzentration

Die Streuung eines quantitativen Merkmals kann noch unter einem anderen Blickwinkel betrachtet werden, wenn das Merkmal **verhältnisskaliert** ist und **keine negativen Beobachtungswerte** auftreten. Bei solchen Merkmalen kann man analysieren, wie sich die Merkmalssumme auf die einzelnen Merkmalsträger verteilt. Liegt eine **ungleiche Verteilung der Merkmalssumme** auf die Merkmalsträger vor, so spricht man von **Konzentration** des betreffenden Merkmals. Besonders häufig werden Konzentrationsphänomene bei Einkommens-, Umsatz- oder Vermögensverteilungen untersucht.

---

**Beispiele**

### Einkommens- bzw. Umsatzkonzentration

Konzentration im oben beschriebenen Sinne liegt z.B. vor, wenn ...

- ◼ in einem Entwicklungsland auf die **80 % ärmsten Einwohner** (= Merkmalsträger) nur **20 % des Volkseinkommens** (= Merkmalssumme) entfallen.

- ◼ in einer Industriebranche die **10 % umsatzstärksten Unternehmen** (= Merkmalsträger) **70 % des Branchenumsatzes** (= Merkmalssumme) auf sich vereinen.

---

Für die statistische Konzentrationsanalyse werden folgende **Merkmalssummen** definiert:

- ◼ die **absoluten Merkmalssummen** der einzelnen Gruppen bzw. Klassen:

$$X_i = n_i \, x_i^{(*)} \quad (i = 1, ..., m) \,, \tag{1.37}$$

- ◼ die **totale Merkmalssumme** aller Gruppen bzw. Klassen:

$$X = \sum_{i=1}^{m} X_i = n \, \bar{x} = \sum_{t=1}^{n} x_t \,, \tag{1.38}$$

- ◼ die **relativen Merkmalssummen**, d.h. die Anteile der einzelnen Gruppen bzw. Klassen an der totalen Merkmalssumme:

$$l_i = \frac{X_i}{X} = \frac{h_i \, x_i^{(*)}}{\bar{x}} \quad (i = 1, ..., m) \,, \tag{1.39}$$

- ◼ die **kumulierten relativen Merkmalssummen** der Gruppen bzw. Klassen:

$$L_i = \sum_{k=1}^{i} l_k = L_{i-1} + l_i \quad (i = 1, ..., m) \quad (L_0 = 0) \,. \tag{1.40}$$

---

### Beispiel

## Quantitatives Merkmal „Bruttogehalt"

In der klassierten Häufigkeitsverteilung des verhältnisskalierten Merkmals „Bruttogehalt" (vgl. Tabelle 1.9) entspricht ...

- die **absolute** Merkmalssumme $X_i$ der **Summe der Gehälter in der $i$-ten Klasse**,
- die **totale** Merkmalssumme $X$ der **Gehaltssumme im Unternehmen** (= Summe der Gehälter in allen Klassen),
- die **relative** Merkmalssumme $l_i$ dem **Anteil der $i$-ten Klasse an der Gehaltssumme**,
- die **kumulierte relative** Merkmalssumme $L_i$ dem **Anteil der untersten $i$ Klassen** (d.h. der ersten bis $i$-ten Klasse) **an der Gehaltssumme**.

Die folgende Tabelle weist noch einmal die einfachen und kumulierten **relativen Häufigkeiten** aus und zeigt die Berechnung der einfachen und kumulierten **relativen Merkmalssummen**. (Sie bilden die Datenbasis für die Lorenz-Kurve in Abbildung 1.25)

Beispielsweise liest man aus dieser Tabelle, dass die **44 % Beschäftigten** mit Gehältern bis 7000 € nur knapp **21,4 % der Gehaltssumme** beziehen. (Umgekehrt haben dann die 56 % Beschäftigten mit Gehältern über 7000 € gut 78,6 % der Gehaltssumme.)

| $K_i$ | $h_i$ | $H_i$ | $h_i x_i^*$ | $l_i$ | $L_i$ |
|---|---|---|---|---|---|
| [0; 3000[ | 0,12 | 0,12 | 180 | 0,0207 | 0,0207 |
| [3000; 5000[ | 0,12 | 0,24 | 480 | 0,0552 | 0,0759 |
| [5000; 7000[ | 0,20 | 0,44 | 1200 | 0,1379 | 0,2138 |
| [7000; 10000[ | 0,24 | 0,68 | 2040 | 0,2345 | 0,4483 |
| [10000; 20000[ | 0,32 | 1,00 | 4800 | 0,5517 | 1,0000 |
| --- | 1,00 | --- | 8700 | 1,0000 | --- |

Tabelle 1.15: Häufigkeiten und Merkmalssummen beim Merkmal „Bruttogehalt"

## 1.5.2 Lorenz-Kurve

In der **Konzentrationsanalyse** werden immer gegenübergestellt:

| kumulierte relative | ↔ | kumulierte relative |
|---|---|---|
| Häufigkeiten ($H_i$) | | Merkmalssummen ($L_i$) |

Beide Größen beziehen sich auf dieselben statistischen Einheiten, nämlich auf diejenigen Merkmalsträger, deren Beobachtungswert kleiner oder gleich $x_i$ (bei Gruppierung) bzw. $b_i$ (bei Klassierung) ist. Aufgrund der Kumulation „von unten nach oben" (beginnend mit den kleinsten Beobachtungswerten) gilt grundsätzlich

$$L_i \le H_i \quad (i = 1, ..., m{-}1) \,.$$

Ferner ist immer $L_m = H_m = 1$ sowie durch Definition $L_0 = H_0 := 0$.

**Konzentration** zeigt sich in der **Diskrepanz zwischen $H_i$ und $L_i$**, die auftritt, wenn auf einen **relativ großen Teil der Merkmalsträger** (z.B. die 80 % ärmsten Einwohner bzw. die 90 % umsatzschwächsten Unternehmen) nur ein vergleichsweise **geringer Anteil der Merkmalssumme** (z.B. 20 % des Volkseinkommens bzw. 30 % des Branchenumsatzes) entfällt.

Die grafische Darstellung der Zuordnung $H_i \to L_i$ bzw. ihre Erweiterung zu einer stetigen Funktion $L = L(H)$ heißt **Lorenz-Kurve**.[3] Sie gibt für jeden Anteil $H$ der Merkmalsträger (mit den kleinsten Beobachtungswerten) an, welcher Anteil $L$ der Merkmalssumme auf ihn entfällt.

Verteilt sich die Merkmalssumme völlig gleichmäßig auf die Merkmalsträger, d.h. liegt eine **Einpunkt-Verteilung** und damit überhaupt **keine Konzentration** vor, so gilt $H \equiv L$, d.h. die Lorenz-Kurve ist die Winkelhalbierende.

Typischerweise verläuft die Lorenz-Kurve aber wegen $L(H) \le H$ unterhalb dieser Linie. Das Ausmaß der Konzentration zeigt sich dann in der **Konzentrationsfläche $K$** zwischen der Lorenz-Kurve und der Winkelhalbierenden. Diese Fläche wird extrem groß (näherungsweise 0,5), wenn die gesamte Merkmalssumme auf einen Merkmalsträger entfällt und alle übrigen Merkmalsträger leer ausgehen (maximale Konzentration).

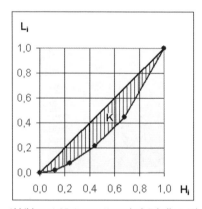

Abbildung 1.25: Lorenz-Kurve (vgl. Tabelle 1.15)

Bei einer **gruppierten Verteilung** entsteht die Lorenz-Kurve durch lineare Verbindung der Punkte $(H_i, L_i)$ $(i = 0,1, ..., m)$, weil die Beobachtungswerte innerhalb jeder Gruppe gleich groß sind und die Merkmalssumme somit gleichmäßig ansteigt. Da mit zunehmender kumulierter Häufigkeit immer größere Beobachtungswerte hinzukommen, nimmt der Anstieg von links nach rechts zu, d.h. die stückweise lineare Lorenz-Kurve zeigt insgesamt einen **konvexen** Verlauf.

Im Fall einer **klassierten Verteilung** verliefe die Lorenz-Kurve nur dann stückweise linear, wenn innerhalb der Klassen jeweils Einpunkt-Verteilungen vorlägen. Unter der Annahme von Rechteck-Verteilungen gibt es jedoch auch eine **interne Konzentration**, so dass die Lorenz-Kurve auch zwischen den Punkten $(H_i, L_i)$ konvex verläuft.

---

3 **Max Otto Lorenz** (1880–1962), amerikanischer Ökonom

### 1.5.3 Gini-Koeffizient

Aus der Darstellung der Lorenz-Kurve wurden verschiedene statistische Maße für die Konzentration entwickelt. Am bekanntesten ist der **Gini-Koeffizient**[4], der gerade der doppelten Konzentrationsfläche entspricht. Er berechnet sich nach der Formel

$$R = 1 - 2 \int_0^1 L(H)dH = 1 - \sum_{i=1}^m h_i (L_i + L_{i-1}), \qquad (1.41)$$

wobei im Falle einer klassierten Verteilung (mit Rechteck-Verteilungen in den Klassen) die interne Konzentration durch Addition des Korrekturterms

$$R_{\text{int}} = \frac{1}{6\bar{x}} \sum_{i=1}^m h_i^2 w_i \qquad (1.42)$$

berücksichtigt werden kann.

Der Gini-Koeffizient ist ein **normiertes** Konzentrationsmaß:

$$0 \leq R < 1. \qquad (1.43)$$

Als **Faustregel** für die Interpretation gilt:

$$R < 0{,}25 \;\rightarrow\; \textbf{geringe } \text{Konzentration}$$
$$R > 0{,}4 \;\rightarrow\; \textbf{starke } \text{Konzentration} \qquad .$$

---

### Beispiel

## Quantitatives Merkmal „Bruttogehalt"

Für die klassierte Verteilung des Merkmals „Bruttogehalt" (vgl. Tabelle 1.15 und Abbildung 1.25) berechnet man – unter der Annahme von Rechteck-Verteilungen innerhalb der Klassen – den **Gini-Koeffizienten** mit Hilfe der folgenden Tabelle.

| $K_i$ | $w_i$ | $h_i$ | $L_i$ | $h_i(L_i+L_{i-1})$ | $h_i^2 w_i$ |
|---|---|---|---|---|---|
| [0; 3000[ | 3000 | 0,12 | 0,0207 | 0,0025 | 43,2 |
| [3000; 5000[ | 2000 | 0,12 | 0,0759 | 0,0116 | 28,8 |
| [5000; 7000[ | 2000 | 0,20 | 0,2138 | 0,0579 | 80,0 |
| [7000; 10000[ | 3000 | 0,24 | 0,4483 | 0,1589 | 172,8 |
| [10000; 20000[ | 10000 | 0,32 | 1,0000 | 0,4634 | 1024,0 |
| --- | 20000 | 1,00 | --- | 0,6943 | 1348,8 |

Tabelle 1.16: Berechnung des Gini-Koeffizienten beim Merkmal „Bruttogehalt"

Man erhält für den Gini-Koeffizienten

$$R = R_{\text{ext}} + R_{\text{int}} = (1 - 0{,}6943) + \frac{1348{,}8}{6 \cdot 8700} = 0{,}3057 + 0{,}0258 = 0{,}3315,$$

was als **mäßige Konzentration** der Bruttogehälter zu interpretieren ist.

---

4 **Corrado Gini** (1884–1965), italienischer Statistiker

## 1.6 Zusammenfassende Übersicht

Die folgende Tabelle bietet einen Überblick über die in diesem Kapitel behandelten grafischen Darstellungen und statistischen Kenngrößen für eindimensionale Häufigkeitsverteilungen und zeigt, bei welchen Merkmalsskalierungen sie anwendbar sind.

| Darstellung bzw. Statistische Maßzahl | Skalierung des Merkmals | | | |
|---|---|---|---|---|
| | Nominal-skala | Ordinal-skala | Intervall-skala | Verhältnis-skala |
| **Grafiken** | | | | |
| Kreisdiagramm | x | | | |
| Balkendiagramm [1] | x | x | x | x |
| Histogramm [2] | | | x | x |
| Empirische Verteilungsfunktion | | | x | x |
| Lorenz-Kurve | | | | x |
| Boxplot [3] | | | x | x |
| **Mittelwerte** | | | | |
| Dichtester Wert | x | x | x | x |
| Zentralwert (Quartile) | | x | x | x |
| Arithmetisches Mittel | | | x | x |
| Geometrisches Mittel | | | | x |
| Harmonisches Mittel | | | | x |
| **Streuungsmaße** | | | | |
| Dispersionsindex | x | | | |
| Diversität | | x | | |
| Quartilsabstand | | | x | x |
| Mittlere absolute Abweichung | | | x | x |
| Varianz | | | x | x |
| Standardabweichung | | | x | x |
| Variationskoeffizient | | | | x |
| Gini-Koeffizient | | | | x |

1) nur bei diskreten Merkmalen – 2) nur bei stetigen Merkmalen – 3) vgl. Abschnitt 2.2

Tabelle 1.17: Darstellungs- und Analysemöglichkeiten für eindimensionale Häufigkeitsverteilungen

# 1.7 Aufgaben

## Aufgabe 1.1

Eine Branchenerhebung ergibt bei 20 Betrieben folgende Verteilung der Beschäftigtenzahl:

| Anzahl der Betriebe | Anzahl der Beschäftigten |
|:---:|:---:|
| 6 | 1 |
| 8 | 2 |
| 2 | 3 |
| 3 | 5 |
| 1 | 7 |

a) Was sind hier die Merkmalsträger und welches Merkmal wird bei ihnen erhoben?

b) Bestimmen Sie den dichtesten Wert, den Zentralwert sowie das arithmetische Mittel der Beschäftigtenzahl und beurteilen Sie den Verteilungstyp!

c) Berechnen Sie die Varianz, den Variationskoeffizienten und den Gini-Koeffizienten!

d) Was sagt der Gini-Koeffizient hier aus?

## Aufgabe 1.2

In einer Stadt gibt es je zwei Taxiunternehmen mit sechs, fünf, vier und drei Fahrzeugen, ferner vier Unternehmen mit zwei Taxis und acht Unternehmen mit nur einem Taxi.

a) Für welches Merkmal ist hier eine Häufigkeitsverteilung gegeben, und was sind die Merkmalsträger, die Beobachtungswerte und die Merkmalsausprägungen?

b) Stellen Sie die relative Häufigkeitsverteilung tabellarisch und grafisch dar!

c) Ermitteln Sie das arithmetische Mittel, den dichtesten Wert, den Zentralwert sowie das erste und dritte Quartil!

d) Beurteilen Sie den Verteilungstyp mit Hilfe der Lageregeln!

e) Berechnen Sie den Quartilsabstand, die mittlere absolute Abweichung vom Zentralwert und die Varianz!

f) Wie groß ist der Fahrzeuganteil der 25 % kleinsten bzw. der 25 % größten Taxiunternehmen?

## Aufgabe 1.3

Für ein Theater mit insgesamt 1800 Sitzplätzen wurde die Anzahl der verkauften Karten bei 500 Vorstellungen ermittelt. Dabei ergab sich folgende Häufigkeitsverteilung:

| Anzahl der verkauften Karten | Anzahl der Vorstellungen |
|:---:|:---:|
| 0 – 500 | 100 |
| 500 – 800 | 100 |
| 800 – 1000 | 200 |
| 1000 – 1200 | 50 |
| 1200 – 1800 | 50 |

a) Was sind hier die Merkmalsträger und welches Merkmal wird bei ihnen erhoben?

b) Bestimmen Sie die Quartile und das arithmetische Mittel der verkauften Karten je Vorstellung!

c) Wie viele Vorstellungen waren überdurchschnittlich besucht?

d) Bei wie vielen Vorstellungen waren mehr als die Hälfte der Plätze besetzt?

e) Wie viele Theaterkarten wurden insgesamt bei den 500 Vorstellungen verkauft?

f) Berechnen Sie die durchschnittliche absolute Abweichung vom arithmetischen Mittel, die Varianz und den Variationskoeffizienten!

**Aufgabe 1.4**

Drei Unternehmensgründer leiten zusammen mit sechs Juniorpartnern, denen sie ein Monatsgehalt von 6000 € bezahlen, ein Start-up-Unternehmen. Die Gründer entnehmen jeweils einen monatlichen Unternehmerlohn von 9000 €. Darüber hinaus sind in dem Unternehmen zwölf Projektleiter (Monatsgehalt je 4500 €) beschäftigt, die von 18 geprüften (je 1200 €) und 21 ungeprüften (je 600 €) studentischen Hilfskräften unterstützt werden.

a) Bestimmen Sie die Quartile, den Modus und das arithmetische Mittel der Gehälter!

b) Beurteilen Sie mit Hilfe der Lageregeln den Verteilungstyp!

c) Welche Mittelwerte ändern sich, wenn die Gründer sich selbst eine Gehaltserhöhung um 1000 € gönnen und alle übrigen Gehälter unverändert bleiben?

d) Berechnen Sie die Standardabweichung und den Variationskoeffizienten!

e) Beurteilen Sie die Konzentration der Entlohnung anhand des Gini-Koeffizienten!

f) Wie ändert sich tendenziell die Standardabweichung bzw. der Gini-Koeffizient, wenn die Gründer sich selbst eine Gehaltserhöhung um 1000 € gönnen und alle übrigen Gehälter unverändert bleiben?

g) Wie ändert sich tendenziell die Standardabweichung bzw. der Gini-Koeffizient, wenn alle (Gründer und Mitarbeiter) jeweils eine pauschale Gehaltserhöhung um 200 € erhalten?

**Aufgabe 1.5**

Für eine Schnellinventur werden die einzelnen Posten eines Lagers fünf Wertklassen zugeordnet:

| Wert des Postens<br>von ... bis unter ... [€] | Anzahl der Posten |
|---|---|
| 0 – 200 | 600 |
| 200 – 400 | 600 |
| 400 – 800 | 200 |
| 800 – 1200 | 200 |
| 1200 – 2000 | 400 |

a) Skizzieren Sie die relative Häufigkeitsverteilung und die empirische Verteilungsfunktion! Beurteilen Sie den Verteilungstyp!

b) Bestimmen Sie grafisch und rechnerisch den Zentralwert!

c) Ermitteln Sie den Durchschnittswert der Posten und den Gesamtwert des Lagers!

d) Berechnen Sie die Varianz, die Standardabweichung und den Variationskoeffizienten! Welches Maß eignet sich am besten für einen Streuungsvergleich?

e) Ermitteln und zeichnen Sie die Lorenz-Kurve und beurteilen Sie die Konzentration des Lagerwerts auf die einzelnen Posten mit Hilfe des Gini-Koeffizienten!

## Aufgabe 1.6
Der Wert der Fahrzeuge einer Autovermietung ist wie folgt verteilt:

| Fahrzeugwert [€] | Anzahl der Fahrzeuge |
|---|---|
| 0 – 10000 | 380 |
| 10000 – 20000 | 440 |
| 20000 – 50000 | 180 |

a) Was sind hier die Merkmalsträger und wie viele gibt es?

b) Warum wird die Verteilung des Fahrzeugwerts klassiert dargestellt?

c) Schätzen Sie den Gesamtwert des Fahrzeugbestandes!

d) Berechnen Sie die Varianz und den Variationskoeffizienten!

e) Schätzen Sie, wie viel Prozent der Fahrzeuge zwischen 15000 € und 25000 € wert sind! Wie hoch ist deren Wertanteil am gesamten Fahrzeugbestand?

f) Der Wert jedes Fahrzeugs sinkt im Folgejahr um 20 %. Welche absolute Häufigkeitsverteilung ergibt sich dann – bei gleicher Klasseneinteilung – im Folgejahr? (Gehen Sie von Rechteck-Verteilungen innerhalb der Klassen in der ursprünglichen Verteilung aus.)

## Aufgabe 1.7
Die folgende Tabelle weist die absoluten Bevölkerungszahlen und die Bevölkerungsdichte in den drei nordamerikanischen Ländern im Jahre 2005 aus:

| Land | Einwohner [Mio.] | Einwohner je km² |
|---|---|---|
| USA | 296 | 30 |
| Mexiko | 103 | 53 |
| Kanada | 32 | 3 |

a) Wie viele Menschen lebten 2005 in Nordamerika im Mittel pro Quadratkilometer?

b) Es wird erwartet, dass Mexiko im Jahr 2020 eine Bevölkerung von 120 Mio. Menschen haben wird. Wie hoch wäre dann die durchschnittliche jährliche Wachstumsrate der Bevölkerung?

c) Wie viele Menschen leben dann im Jahr 2020 in Mexiko durchschnittlich auf einem Quadratkilometer?

## Aufgabe 1.8

Die Umsatzentwicklung einer Industriebranche im Zeitraum 2006 bis 2009 ist der folgenden Tabelle zu entnehmen:

| Jahr | 2006 | 2007 | 2008 | 2009 |
|---|---|---|---|---|
| Gesamtumsatz der Branche [Mrd. €] | 14,1 | 14,4 | 15,4 | 16,5 |
| Umsatz je Unternehmen [Mio. €] | 47,2 | 48,5 | 52,1 | 56,4 |

a) Berechnen Sie die durchschnittliche jährliche Wachstumsrate der Unternehmensumsätze und des Branchenumsatzes von 2006 bis 2009!

b) Um wie viel Prozent hat sich im gleichen Zeitraum die Zahl der Unternehmen verändert?

c) Wie hoch war der durchschnittliche Jahresumsatz der Unternehmen in den Jahren 2006 bis 2009?

## Aufgabe 1.9

Ein Produkt wird in vier Ausführungen hergestellt, und zwar zu 20 % in „Standard", zu je 30 % in „Super" und „Extra" und zu 20 % in „Luxus".

a) Berechnen Sie den Dispersionsindex und die Diversität!

b) Vergleichen und interpretieren Sie die Ergebnisse!

c) Welches Maß halten Sie für sinnvoller?

## Aufgabe 1.10

Die folgende Tabelle zeigt die Diamantengewinnung im Jahre 2005 in den fünf wichtigen Förderländern, welche zusammen ca. 85 % der Weltproduktion auf sich vereinen.

| Land | Diamantengewinnung [Mio. Karat] |
|---|---|
| Russland | 42,8 |
| Australien | 30,7 |
| Kongo | 30,0 |
| Botswana | 24,8 |
| Südafrika | 15,8 |

a) Berechnen und interpretieren Sie den Dispersionsindex! Was sind bei dieser Betrachtung Merkmal und Merkmalsträger?

b) Beurteilen Sie anhand des Gini-Koeffizienten die Konzentration der Diamantengewinnung innerhalb dieser Ländergruppe! Was sind bei dieser Betrachtung Merkmal und Merkmalsträger?

c) Wie ist die Konzentration der Diamantenförderung weltweit zu beurteilen?

## Aufgabe 1.11

Ein Software-Haus bietet seinen Kunden eine gebührenpflichtige Hotline an. Die Bearbeitungszeit der in einem Monat eingegangenen 500 Anfragen war wie folgt verteilt:

| Bearbeitungszeit von ... bis unter ... [Min] | Anzahl der Anfragen |
|---|---|
| 0 - 30 | 100 |
| 30 - 60 | 200 |
| 60 - 120 | 150 |
| 120 - 240 | 50 |

a) Beurteilen Sie den Verteilungstyp des Merkmals „Bearbeitungszeit" und schätzen Sie die Anzahl der Anfragen mit einer Bearbeitungszeit zwischen 30 und 90 Minuten!

b) Bestimmen Sie den Zentralwert der Bearbeitungszeiten und die Gesamtbearbeitungsdauer aller Anfragen in diesem Monat!

c) Berechnen Sie den Gini-Koeffizienten und interpretieren Sie ihn im Anwendungszusammenhang!

d) Das Software-Haus berechnet den Kunden für jede Anfrage eine zeitunabhängige Grundgebühr von 50 € sowie zeitabhängige Gebühren von 5 € pro Minute. Schätzen Sie daraus die Monatseinnahmen der Hotline!

e) Wie viel Prozent der Gesamtbearbeitungszeit wurde für Anfragen aufgewandt, die jeweils in weniger als 60 Minuten bearbeitet wurden? Wie viel Prozent trugen diese Anfragen zum Umsatz der Hotline bei?

## Aufgabe 1.12

Eine Statistik über die Umsätze einer Wirtschaftsbranche weist folgende Häufigkeitsverteilung aus:

| Umsatz von ... bis unter ... [Mio. €] | Zahl der Unternehmen |
|---|---|
| 0 - 25 | 183 |
| 25 - 100 | 69 |
| 100 - 400 | 48 |

a) Bestimmen Sie den durchschnittlichen Umsatz der Unternehmen sowie die mittlere absolute Abweichung davon!

b) Beurteilen Sie die Konzentration anhand der Lorenz-Kurve!

c) Bestimmen Sie unter der Annahme von Rechteck-Verteilungen in den Klassen den Gesamtumsatz der 48 größten und den der 48 kleinsten Unternehmen!

# Zweidimensionale Häufigkeitsverteilungen

**2**

ÜBERBLICK

## 2.1    Einführung und Grundbegriffe

Bisher wurde bei der Auswertung einer statistischen Erhebung jedes Merkmal separat betrachtet. Oftmals soll eine statistische Untersuchung darüber hinaus aber auch Aufschluss über **Zusammenhänge zwischen verschiedenen Merkmalen** geben. Die hierfür benötigten Informationen sind zwar in der Urliste enthalten; sie gehen jedoch bei der isolierten Betrachtung der einzelnen Merkmale verloren. Aus den eindimensionalen Häufigkeitsverteilungen ist nämlich nicht mehr erkennbar, in welchen Kombinationen die Ausprägungen der verschiedenen Merkmale als Beobachtungswerte vorkommen. Um diese Informationen zu erhalten, muss die Urliste in Form einer **mehrdimensionalen Häufigkeitsverteilung** aufbereitet werden.

---

### Beispiel

### Personalerhebung

Die Urliste der Personaldaten (vgl. Tabelle 1.1) enthält für die 25 Beschäftigten jeweils die Kombination von Abteilungszugehörigkeit, Ausbildung, Eintrittsjahr und Bruttogehalt. Diese „vierdimensionalen Beobachtungswerte" enthalten alle notwendigen Informationen, um beispielsweise zu analysieren,

- in welchen Abteilungen der Anteil der Hochschulabsolventen am höchsten ist,
- ob es deutliche Gehaltsunterschiede zwischen den Abteilungen gibt, oder
- ob die Gehälter mit zunehmender Qualifikation und/oder längerer Betriebszugehörigkeit steigen.

Zur Klärung dieser Fragen bedarf es der Aufbereitung in Form mehrdimensionaler Häufigkeitsverteilungen, in denen dargestellt wird, wie häufig alle möglichen Kombinationen der Merkmalsausprägungen vorkommen.

---

Im Folgenden werden nur **zweidimensionale Häufigkeitsverteilungen** behandelt, weil diese übersichtlich in Matrixform dargestellt werden können. Sie erlauben allerdings auch nur Aussagen über den Zusammenhang zwischen **zwei Merkmalen $X$ und $Y$**.

Ferner wird in diesem Kapitel aus Vereinfachungsgründen immer von einer **gruppierten Darstellung** ausgegangen. Im Gegensatz zum vorangehenden Kapitel werden also für stetige Merkmale jetzt jeweils **Einpunkt-Verteilungen** in der Klassenmitte angenommen.

Analog zum eindimensionalen Fall werden bei der zweidimensionalen Betrachtung der Merkmale $X$ und $Y$ folgende Begriffe definiert:

- zweidimensionale **Beobachtungswerte** ( = bei den Merkmalsträgern festgestellte Kombinationen von $X$ und $Y$):

$$(x_t, y_t) \qquad (t = 1, ..., n) \, ; \tag{2.1}$$

- zweidimensionale **Merkmalsausprägungen** ( = theoretisch mögliche Kombinationen von $X$ und $Y$):

$$(x_i, y_j) \qquad ( i = 1, ..., p \, ; j = 1, ..., q) \, . \tag{2.2}$$

Da jede der $p$ Merkmalsausprägungen von $X$ mit jeder der $q$ Merkmalsausprägungen von $Y$ kombiniert werden kann, gibt es insgesamt $p \cdot q$ zweidimensionale Merkmalsausprägungen von $(X, Y)$.

■ zweidimensionale **absolute Häufigkeiten**:

$$n_{ij} \qquad (i = 1, ..., p\,;\, j = 1, ..., q)\,; \qquad (2.3)$$

■ zweidimensionale **relative Häufigkeiten**:

$$h_{ij} = \frac{n_{ij}}{n} \qquad (i = 1, ..., p\,;\, j = 1, ..., q)\,. \qquad (2.4)$$

Die zweidimensionalen Häufigkeiten $n_{ij}$ bzw. $h_{ij}$ beinhalten alle Informationen über den Zusammenhang zwischen den Merkmalen $X$ und $Y$. Diese Informationen lassen sich – wie gesagt – nicht aus den eindimensionalen Verteilungen dieser beiden Merkmale gewinnen. Umgekehrt können aber aus der zweidimensionalen Häufigkeitsverteilung die eindimensionalen **Randverteilungen** der beiden Merkmale abgeleitet werden. Man erhält

■ **absolute Randhäufigkeiten** von $X$ bzw. $Y$:

$$n_{i.} = \sum_{j=1}^{q} n_{ij} \ (i = 1, ..., p) \qquad \text{bzw.} \qquad n_{.j} = \sum_{i=1}^{p} n_{ij} \ (j = 1, ..., q)\,; \qquad (2.5)$$

■ **relative Randhäufigkeiten** von $X$ bzw. $Y$:

$$h_{i.} = \sum_{j=1}^{q} h_{ij} \ (i = 1, ..., p) \qquad \text{bzw.} \qquad h_{.j} = \sum_{i=1}^{p} h_{ij} \ (j = 1, ..., q)\,. \qquad (2.6)$$

## Beispiel

## Merkmale „Qualifikation" und „Bereichszugehörigkeit"

Bei der Erstellung der zweidimensionalen Häufigkeitsverteilung der Merkmale „Qualifikation" und „Abteilungszugehörigkeit" aus den vorliegenden Personaldaten (vgl. Tabelle 1.1) würden sich insgesamt $p \cdot q = 4 \cdot 6 = 24$ Merkmalsausprägungen ergeben. Da es ungefähr genauso viele Beobachtungswerte gibt ($n = 25$), sollte die Zahl der Merkmalsausprägungen aus Übersichtsgründen reduziert werden, z.B. indem

■ beim Merkmal „Qualifikation" nur **Nicht-Akademiker** (mit Mittlerer Reife oder Abitur) und **Akademiker** (mit Diplom oder Promotion) unterschieden werden und

■ die Abteilungen zu Geschäftsbereichen zusammengefasst werden, wobei **Bereich I** die Abteilungen „Geschäftsführung" und „Finanzen", **Bereich II** die Abteilungen „Entwicklung" und „Test/Anwendungen" und **Bereich III** die Abteilungen „Schulung" und „Vertrieb" umfasst.

Dann erhält man durch Auszählung der Urliste eine **zweidimensionale Häufigkeitsverteilung**, die in Matrixform oder auch als Balkendiagramm dargestellt werden kann:

| Bereich (x$_i$) (y$_j$) Qualifikation | I | II | III | n$_i.$ ↓ |
|---|---|---|---|---|
| Nicht-Akademiker | 4 | 2 | 3 | 9 |
| Akademiker | 3 | 9 | 4 | 16 |
| n$_{.j}$ → | 7 | 11 | 7 | 25 |

Tabelle 2.1: Absolute zweidimensionale Häufigkeitsverteilung

| Bereich (x$_i$) (y$_j$) Qualifikation | I | II | III | h$_i.$ ↓ |
|---|---|---|---|---|
| Nicht-Akademiker | 0,16 | 0,08 | 0,12 | 0,36 |
| Akademiker | 0,12 | 0,36 | 0,16 | 0,64 |
| h$_{.j}$ → | 0,28 | 0,44 | 0,28 | 1,00 |

Tabelle 2.2: Relative zweidimensionale Häufigkeitsverteilung

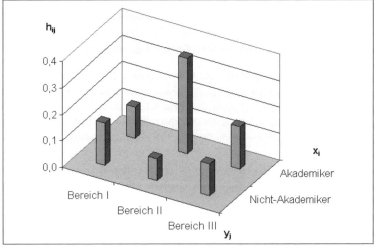

Abbildung 2.1: Balkendiagramm der zweidimensionalen Verteilung

Ausgehend von einer zweidimensionalen Häufigkeitsverteilung kann der Zusammenhang zwischen zwei Merkmalen mit einer Reihe von speziellen statistischen **Assoziationsmaßen** untersucht werden. Eine andere Möglichkeit besteht darin, die betreffende zweidimensionale Verteilung in mehrere **bedingte Häufigkeitsverteilungen** zu zerlegen und diese eindimensionalen Verteilungen dann mit den im vorangehenden Kapitel dargestellten Methoden miteinander zu vergleichen. Diese Möglichkeit soll hier zuerst erläutert werden.

## 2.2 Bedingte Häufigkeitsverteilungen

Zunächst muss festgelegt werden, welches der beiden betrachteten Merkmale das **Auswertungsmerkmal** sein soll, für das die bedingten Häufigkeitsverteilungen erstellt werden sollen. Dabei wird die Betrachtung jeweils auf diejenigen Beobachtungsfälle beschränkt, bei denen das andere Merkmal, das **Gruppierungsmerkmal**, eine ganz bestimmte Ausprägung zeigt. Auf diese Weise wird die zweidimensionale Verteilung in mehrere eindimensionale Verteilungen zerlegt: **Für jede Ausprägung des Gruppierungsmerkmals** ergibt sich **eine bedingte Verteilung des Auswertungsmerkmals**.

Die **bedingten Häufigkeiten** des Auswertungsmerkmals $X$ bzw. $Y$ (bei gegebener Ausprägung des Gruppierungsmerkmals $y_j$ bzw. $x_i$) lauten:

$$h_{i(j)} = \frac{n_{ij}}{n_{.j}} = \frac{h_{ij}}{h_{.j}} \; (i = 1, ..., p) \quad \text{bzw.} \quad h_{(i)j} = \frac{n_{ij}}{n_{i.}} = \frac{h_{ij}}{h_{i.}} \; (j = 1, ..., q) \, . \tag{2.7}$$

---

**Beispiel**

### Merkmale „Qualifikation" und „Bereichszugehörigkeit"

Aus der zweidimensionalen Verteilung in Tabelle 2.1 bzw. 2.2 gewinnt man folgende bedingte Haufigkeitsverteilungen für Qualifikation ($X$) bzw. Bereichszugehörigkeit ($Y$).

| (x$_i$)    Bereich (y$_j$) Qualifikation | I $h_{i(1)}$ | II $h_{i(2)}$ | III $h_{i(3)}$ |
|---|---|---|---|
| **Nicht-Akademiker** | 0,5714 | 0,1818 | 0,4286 |
| **Akademiker** | 0,4286 | 0,8182 | 0,5714 |
| (Summe) | 1,00 | 1,00 | 1,00 |

Tabelle 2.3: Bedingte Verteilungen der Qualifikation (X) nach Bereichen

| (y$_j$)    Qualifikation (x$_i$) Bereich | Nicht-Akademiker $h_{(1)j}$ | Akademiker $h_{(2)j}$ |
|---|---|---|
| I | 0,4444 | 0,1875 |
| II | 0,2222 | 0,5625 |
| III | 0,3333 | 0,2500 |
| (Summe) | 1,00 | 1,00 |

Tabelle 2.4: Bedingte Verteilungen der Bereichszugehörigkeit (Y) nach Qualifikation

Aus Tabelle 2.3 geht hervor, dass der Akademikeranteil im Bereich II am höchsten und im Bereich I am niedrigsten ist. Umgekehrt zeigt Tabelle 2.4, dass die meisten Nicht-Akademiker im Bereich I und die meisten Akademiker im Bereich II tätig sind. (Man beachte, dass diese Aussagen sich nicht nur unterscheiden, sondern sich auch nicht gegenseitig implizieren.)

Die bedingten Häufigkeitsverteilungen können mit allen bekannten Methoden für eindimensionale Verteilungen (Mittelwerte, Streuungsmaße etc.) analysiert werden. Wegen der besseren Auswertungsmöglichkeiten empfiehlt es sich daher, möglichst das höher skalierte (z.B. quantitative) Merkmal als Auswertungsmerkmal und das niedriger skalierte (z.B. qualitative) Merkmal zur Gruppierung zu verwenden. Durch Vergleich der verschiedenen bedingten Verteilungen desselben Auswertungsmerkmals gewinnt man einen guten Einblick in den Zusammenhang zwischen den beiden Merkmalen.

### Beispiel

## Merkmal „Bruttogehalt" nach Bereichen

Aus den Personaldaten (vgl. Tabelle 1.1) ermittelt man für die einzelnen Bereiche (Gruppierungsmerkmal) folgende Kenngrößen der **bedingten Verteilungen des monatlichen Bruttogehalts** (Auswertungsmerkmal).

| Kenngröße [€] | Bereich I | Bereich II | Bereich III |
|---|---|---|---|
| Maximum | 18000 | 17600 | 18200 |
| 3. Quartil | 13600 | 10800 | 13500 |
| Median | 9600 | 6800 | 9200 |
| 1. Quartil | 6400 | 4800 | 4000 |
| Minimum | 2800 | 2000 | 2400 |

Tabelle 2.5: Kenngrößen der bedingten Verteilungen des Bruttogehalts nach Bereichen

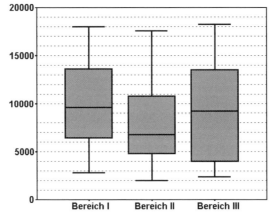

Abbildung 2.2: Boxplot der bedingten Verteilungen des Bruttogehalts nach Bereichen

Eine sehr übersichtliche grafische Vergleichsmöglichkeit für bedingte Häufigkeitsverteilungen eines **quantitativen** Auswertungsmerkmals bieten sog. **Boxplots**. Hier werden die Verteilungen jeweils durch eine vertikale Box dargestellt, deren Unter- und Oberkante durch das erste und dritte Quartil bestimmt wird. Der Median teilt die Box in zwei Teile. Die Höhe der Box entspricht somit dem Quartilsabstand und markiert den Bereich, in dem die mittleren 50 % Beobachtungswerte liegen. An den beiden Enden der Box befinden sich die sog. Whiskers (Schnurrhaare), die anzeigen, in welchem Bereich sich überhaupt Beobachtungswerte befinden. Daruber hinaus werden oftmals extreme Ausreißer in Boxplots gesondert markiert.

## 2.3 Unabhängigkeit zweier Merkmale

Im obigen Beispiel unterscheiden sich die bedingten Verteilungen der Auswertungsmerkmale „Qualifikation" und „Bruttogehalt" in den einzelnen Unternehmensbereichen mehr oder weniger deutlich, d.h. sie variieren mit der Ausprägung des Gruppierungsmerkmals. Mit anderen Worten: Die Beobachtungswerte der beiden Merkmale Qualifikation und Bereich bzw. Bruttogehalt und Bereich sind voneinander **abhängig**. Umgekehrt definiert man:

> Zwei **Merkmale $X$ und $Y$** sind genau dann **unabhängig verteilt**, wenn alle bedingten Verteilungen von $X$ bzw. $Y$ mit den jeweiligen Randverteilungen übereinstimmen, d.h. wenn für alle $i$ und $j$ gilt:
>
> $$h_{i(j)} = h_{i.} \quad \text{und} \quad h_{(i)j} = h_{.j} \,.$$

Aufgrund der Definition (2.7) für bedingten Häufigkeiten kann diese Aussage logisch äquivalent so ausgedrückt werden:

> Zwei **Merkmale $X$ und $Y$** sind genau dann **unabhängig verteilt**, wenn alle zweidimensionalen Häufigkeiten dem Produkt der jeweiligen Randhäufigkeiten entsprechen, d.h. für alle $i$ und $j$ gilt:
>
> $$h_{ij} = h_{i.} \cdot h_{.j} \,. \tag{2.8}$$

Die Unabhängigkeitsbedingung (2.8) ist in der Praxis so gut wie nie exakt, sondern höchstens näherungsweise erfüllt. Dennoch ist das Konzept der Unabhängigkeit sehr nützlich, weil es einen Extremfall beschreibt, mit dem empirisch festgestellte Zusammenhänge verglichen werden können.

---

### Beispiel

## Merkmale „Qualifikation" und „Bereichszugehörigkeit"

Die beiden Merkmale „Qualifikation" und „Bereich" wären **unabhängig verteilt**, wenn beispielsweise die folgende zweidimensionale Verteilung gelten würde.

| $(x_i)$ Qualifikation | Bereich $(y_j)$ | I | II | III | $h_{i.}$ ↓ |
|---|---|---|---|---|---|
| Nicht-Akademiker | | 0,16 | 0,16 | 0,08 | 0,4 |
| Akademiker | | 0,24 | 0,24 | 0,12 | 0,6 |
| $h_{.j}$ → | | 0,4 | 0,4 | 0,2 | 1,0 |

Tabelle 2.6: Unabhängige Verteilung von „Qualifikation" und „Bereich"

## 2.4    Kontingenzmaße

Wie bei den Maßzahlen zur Charakterisierung von eindimensionalen Häufigkeitsverteilungen richtet sich die Art der Messung des statistischen Zusammenhangs in einer zweidimensionalen Verteilung wiederum nach der Skalierung der beiden Merkmale. Falls **mindestens eines der betrachteten Merkmale qualitativ** ist, finden **Kontingenzmaße** Anwendung. Bei diesen Maßen wird die **Intensität des Zusammenhangs** anhand eines Vergleichs der empirischen (tatsächlichen) zweidimensionalen Häufigkeiten mit den „theoretischen" zweidimensionalen Häufigkeiten ermittelt, die sich bei Unabhängigkeit der beiden Merkmale aus den Randhäufigkeiten ergeben würden ($h_{i.}h_{.j}$).

Das Grundmaß ist die **mittlere quadratische Kontingenz**:

$$C = \sum_{i=1}^{p}\sum_{j=1}^{q} \frac{(h_{ij} - h_{i.}h_{.j})^2}{h_{i.}h_{.j}} \ . \tag{2.9}$$

Sie ist umso größer, je stärker die tatsächlichen relativen Häufigkeiten von den „theoretischen" relativen Häufigkeiten abweichen, wobei allgemein gilt:

$$0 \le C \le C_{\max} := \min\{p,q\} - 1 \ . \tag{2.10}$$

Diese ungünstige, von der Anzahl der Merkmalsausprägungen abhängige Normierung sowie die starke Klumpung des Maßes an der Untergrenze 0 werden durch eine geeignete Transformation der mittleren quadratischen Kontingenz vermieden. Ein derartiges transformiertes Maß ist der **korrigierte Kontingenzkoeffizient**

$$C^* = \sqrt{1 + \frac{1}{C_{\max}}} \cdot \sqrt{\frac{C}{1+C}} \tag{2.11}$$

mit der Normierung

$$0 \le C^* \le 1 \ . \tag{2.12}$$

Aus der Definition der Kontingenzmaße erkennt man, dass für die zweidimensionale Verteilung zweier Merkmale $X$ und $Y$ die Äquivalenz gilt:

$$X \text{ und } Y \text{ sind } \textbf{unabhängig verteilt} \quad \Leftrightarrow \quad C = C^* = 0 . \tag{2.13}$$

Die Kontingenzmaße erreichen demgegenüber ihren jeweiligen Maximalwert, wenn man von der Ausprägung eines Merkmals eindeutig auf die Ausprägung des anderen Merkmals schließen kann, d.h. wenn in jeder Zeile oder in jeder Spalte der zweidimensionalen Verteilung nur ein $h_{ij}$ größer als 0 ist.

## Beispiel

## Merkmale „Qualifikation" und „Bereichszugehörigkeit"

Der Zusammenhang zwischen Qualifikation und Bereichszugehörigkeit der Mitarbeiter (vgl. Tabelle 2.2) lässt sich mit Hilfe von Kontingenzmaßen analysieren, weil zumindest die Bereiche nominalskaliert sind. Die folgende Tabelle stellt die tatsächlichen Häufigkeiten $h_{ij}$ (jeweils oben) und „theoretischen" Häufigkeiten $h_{i.}h_{.j}$ (jeweils darunter) gegenüber.

| Bereich $(x_i)$ **Qualifikation** | $(y_j)$ | I | II | III | $h_{i.}$ ↓ |
|---|---|---|---|---|---|
| **Nicht-Akademiker** | | 0,16 <br> 0,1008 | 0,08 <br> 0,1584 | 0,12 <br> 0,1008 | 0,36 |
| **Akademiker** | | 0,12 <br> 0,1792 | 0,36 <br> 0,2816 | 0,16 <br> 0,1792 | 0,64 |
| $h_{.j}$ → | | 0,28 | 0,44 | 0,28 | 1,00 |

Tabelle 2.7: Empirische und „theoretische" Häufigkeiten bei Unabhängigkeit

Hieraus errechnet sich zunächst die mittlere quadratische Kontingenz

$$C = \frac{(0,16-0,1008)^2}{0,1008} + \frac{(0,08-0,1584)^2}{0,1584} + \frac{(0,12-0,1008)^2}{0,1008}$$
$$+ \frac{(0,12-0,1792)^2}{0,1792} + \frac{(0,36-0,2816)^2}{0,2816} + \frac{(0,16-0,1792)^2}{0,1792} = 0,1207$$

und daraus – wegen $C_{\max} = \min\{2,3\} - 1 = 1$ – der korrigierte Kontingenzkoeffizient

$$C^* = \sqrt{2} \cdot \sqrt{\frac{0,1207}{1,1207}} = 0,4641 .$$

Dieser Wert liegt ungefähr in der Mitte des Einheitsintervalls und besagt somit, dass zwischen den beiden Merkmalen ein **mäßig starker Zusammenhang** besteht.

Ein **extrem starker Zusammenhang** mit $C = C_{max}$ bzw. $C^* = 1$ bestünde demgegenüber bei der folgenden zweidimensionalen Verteilung.

| Bereich<br>$(x_i)$ $(y_j)$<br>Qualifikation | I | II | III | $h_{i.}$<br>↓ |
|---|---|---|---|---|
| Nicht-Akademiker | 0,4 | 0 | 0 | 0,4 |
| Akademiker | 0 | 0,4 | 0,2 | 0,6 |
| $h_{.j}$ → | 0,4 | 0,4 | 0,2 | 1,0 |

Tabelle 2.8: Extremer Zusammenhang (maximale Kontingenz)

In diesem Fall wären im Bereich I nur Nicht-Akademiker und in den Bereichen II und III nur Akademiker tätig, d.h. man könnte vom Arbeitsbereich eindeutig auf die Qualifikation schließen.

## 2.5 Korrelationsmaße

### 2.5.1 Positive und negative Korrelation

Der Zusammenhang zwischen zwei **komparativen** oder **quantitativen** Merkmalen wird mit **Korrelationsmaßen** beurteilt. Dabei wird sowohl die **Intensität** als auch die **Richtung** des Zusammenhangs gemessen. Zu unterscheiden sind nämlich positive und negative Korrelation.

■ **Positive Korrelation** liegt vor, wenn die zweidimensionalen Beobachtungswerte $(x_t, y_t)$ insgesamt eher **gleichsinnig** sind, d.h. wenn tendenziell gilt:

> Je **größer** $x_t$, desto **größer** auch $y_t$ .

■ Umgekehrt liegt **negative Korrelation** vor, wenn die Beobachtungswerte $(x_t, y_t)$ insgesamt eher **gegensinnig** sind, d.h. wenn tendenziell gilt:

> Je **größer** $x_t$, desto **kleiner** $y_t$ .

Zur Feststellung, welche Art von Korrelation vorliegt, genügt oftmals eine grafische Darstellung der zweidimensionalen Beobachtungswerte $(x_t, y_t)$ in einem Koordinatensystem. Dieses sog. **Streuungsdiagramm** setzt allerdings mindestens Intervallskalierung der beiden Merkmale voraus.

Abbildung 2.3: Streuungsdiagramm positiv korrelierter Beobachtungswerte

Abbildung 2.4: Streuungsdiagramm negativ korrelierter Beobachtungswerte

## 2.5.2 Kovarianz

Die grundlegende Kennzahl der Korrelationsanalyse für zwei **quantitative** Merkmale $X$ und $Y$ ist die **Kovarianz**. Sie ist wie folgt definiert:

$$\sigma_{xy} = \frac{1}{n}\sum_{t=1}^{n}(x_t - \overline{x})(y_t - \overline{y}) = \sum_{i=1}^{p}\sum_{j=1}^{q} h_{ij}(x_i - \overline{x})(y_j - \overline{y}). \tag{2.14}$$

Diese Definition weist eine große formale Ähnlichkeit mit der Varianz auf; entsprechend gibt es auch bei der Kovarianz einen **Verschiebungssatz**, der – je nach Zentrierung der Variablen – die Berechnung in drei Varianten erlaubt:

$$\sigma_{xy} = \frac{1}{n}\sum_{t=1}^{n}x_t y_t - \overline{x}\,\overline{y} = \sum_{i=1}^{p}\sum_{j=1}^{q} h_{ij}x_i y_j - \overline{x}\,\overline{y} \tag{2.15}$$

$$= \frac{1}{n}\sum_{t=1}^{n}x_t(y_t - \overline{y}) = \sum_{i=1}^{p}\sum_{j=1}^{q} h_{ij}x_i(y_j - \overline{y})$$

$$= \frac{1}{n}\sum_{t=1}^{n}(x_t - \overline{x})y_t = \sum_{i=1}^{p}\sum_{j=1}^{q} h_{ij}(x_i - \overline{x})y_j \,.$$

Im Gegensatz zur Varianz kann die Kovarianz allerdings auch negative Werte annehmen. Das Vorzeichen gibt nämlich Aufschluss über die **Richtung** des Zusammenhangs:

$$\sigma_{xy} > 0 \quad \rightarrow \quad \textbf{positive Korrelation}$$
$$\sigma_{xy} < 0 \quad \rightarrow \quad \textbf{negative Korrelation}$$
$$\sigma_{xy} = 0 \quad \rightarrow \quad \textbf{keine Korrelation}$$

Der absolute Zahlenwert der Kovarianz lässt sich wegen der wenig anschaulichen Dimension (Produkt der Dimensionen von $X$ und $Y$) und der fehlenden Normierung kaum interpretieren. Um eine Aussage über die **Intensität** des Zusammenhangs machen zu können, muss die Kovarianz mit den Standardabweichungen der beiden Merkmale normiert werden. Dies führt zur Definition des Korrelationskoeffizienten, der im folgenden Abschnitt dargestellt wird.

## 2.5.3 Korrelationskoeffizient nach Bravais/Pearson

Der **Korrelationskoeffizient nach Bravais/Pearson**[1] ist die mit den Standardabweichungen von $X$ und $Y$ normierte Kovarianz:

$$r = \frac{\sigma_{xy}}{\sigma_x \sigma_y} \,. \tag{2.16}$$

Diese Normierung bewirkt, dass der Korrelationskoeffizient **dimensionslos** ist und darüber hinaus gilt:

$$-1 \le r \le 1 \,. \tag{2.17}$$

---

[1] **Auguste Bravais** (1811–1863), französischer Physiker – **Karl Pearson** (1857–1936), englischer Statistiker

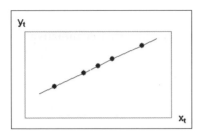

Abbildung 2.5: Extreme positive Korrelation

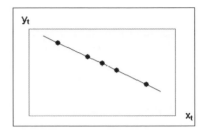

Abbildung 2.6: Extreme negative Korrelation

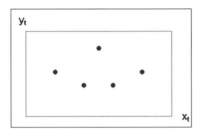

Abbildung 2.7: Unkorreliertheit
(keine unabhängige Verteilung)

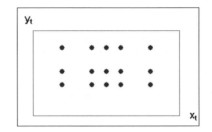

Abbildung 2.8: Unabhängigkeit
(somit auch Unkorreliertheit)

Die extremen Werte 1 bzw. $-1$ ergeben sich, wenn alle zweidimensionalen Beobachtungswerte im Streuungsdiagramm exakt auf einer steigenden bzw. fallenden Gerade liegen (vgl. Abbildungen 2.5 und 2.6). Ferner sind zwei **unabhängig verteilte Merkmale** $X$ und $Y$ **immer unkorreliert** (d.h. $r = 0$). Umgekehrt **müssen unkorrelierte Merkmale nicht unabhängig verteilt sein** (vgl. Abbildungen 2.7 und 2.8). Es gilt also nur einseitig die Implikation:

$$X \text{ und } Y \text{ sind unabhängig verteilt} \quad \Rightarrow \quad \sigma_{xy} = r = 0 \,. \qquad (2.18)$$

Zusammenfassend gilt für die Beurteilung der **Richtung** und **Intensität** der Korrelation folgende **Faustregel**:

| | | |
|---|---|---|
| $-1 \leq r < -0{,}6$ | $\rightarrow$ | **starke negative** Korrelation |
| $-0{,}6 \leq r < 0$ | $\rightarrow$ | **schwache negative** Korrelation |
| $r = 0$ | $\rightarrow$ | **keine** Korrelation |
| $0 < r \leq 0{,}6$ | $\rightarrow$ | **schwache positive** Korrelation |
| $0{,}6 < r \leq 1$ | $\rightarrow$ | **starke positive** Korrelation |

---

## Beispiel

## Korrelation von Aktienkursen

Im Rahmen der Wertpapieranalyse wird untersucht, ob die Kurse von Wertpapieren im Zeitablauf korreliert sind. Für zwei Aktien $X$ und $Y$ wurden an der Frankfurter Börse im Laufe eines Jahres folgende Kurse (Monatsendstände) festgestellt:

| Monat | Kurs von $X$ [€] | Kurs von $Y$ [€] |
|---|---|---|
| Januar | 27,90 | 43,00 |
| Februar | 28,20 | 46,10 |
| März | 27,50 | 43,40 |
| April | 28,30 | 43,80 |
| Mai | 28,20 | 47,30 |
| Juni | 28,70 | 47,80 |
| Juli | 27,90 | 43,20 |
| August | 27,30 | 45,20 |
| September | 29,10 | 47,40 |
| Oktober | 29,60 | 45,70 |
| November | 29,50 | 48,50 |
| Dezember | 29,80 | 50,60 |

Tabelle 2.9: Entwicklung zweier Aktienkurse

Daraus ergeben sich die Durchschnittskurse $\bar{x} = 28,50$ [€] und $\bar{y} = 46,00$ [€]. Zur Berechnung der Varianzen sowie der Kovarianz der Kurse von $X$ und $Y$ dient die folgende Arbeitstabelle.

| $t$ | $x_t - \bar{x}$ | $y_t - \bar{y}$ | $(x_t - \bar{x})^2$ | $(y_t - \bar{y})^2$ | $(x_t - \bar{x})(y_t - \bar{y})$ |
|---|---|---|---|---|---|
| 1 | −0,6 | −3,0 | 0,36 | 9,00 | 1,80 |
| 2 | −0,3 | 0,1 | 0,09 | 0,01 | −0,03 |
| 3 | −1,0 | −2,6 | 1,00 | 6,76 | 2,60 |
| 4 | −0,2 | −2,2 | 0,04 | 4,84 | 0,44 |
| 5 | −0,3 | 1,3 | 0,09 | 1,69 | −0,39 |
| 6 | 0,2 | 1,8 | 0,04 | 3,24 | 0,36 |
| 7 | −0,6 | −2,8 | 0,36 | 7,84 | 1,68 |
| 8 | −1,2 | −0,8 | 1,44 | 0,64 | 0,96 |
| 9 | 0,6 | 1,4 | 0,36 | 1,96 | 0,84 |
| 10 | 1,1 | −0,3 | 1,21 | 0,09 | −0,33 |
| 11 | 1,0 | 2,5 | 1,00 | 6,25 | 2,50 |
| 12 | 1,3 | 4,6 | 1,69 | 21,16 | 5,98 |
| --- | 0 | 0 | 7,68 | 63,48 | 16,41 |

Tabelle 2.10: Arbeitstabelle zur Berechnung des Korrelationskoeffizienten

Man erhält:

$$\sigma_x^2 = \frac{7,68}{12} = 0,64 \; [\text{€}^2] \quad \Rightarrow \quad \sigma_x = 0,8 \; [\text{€}]$$

$$\sigma_y^2 = \frac{63,48}{12} = 5,29 \; [\text{€}^2] \quad \Rightarrow \quad \sigma_y = 2,3 \; [\text{€}]$$

$$\sigma_{xy} = \frac{16,41}{12} = 1,3675 \; [\text{€}^2]$$

und somit:

$$r = \frac{1,3675}{0,8 \cdot 2,3} = 0,7432 \;.$$

Die beiden Aktienkurse weisen also eine **starke positive Korrelation** auf.

---

## Beispiel

## Merkmale „Bruttogehalt" und „Einstellungsjahr"

Bei den Mitarbeitern des Softwarehauses aus Kapitel 1 soll mit einer Korrelationsanalyse der Zusammenhang zwischen den beiden quantitativen Merkmalen „Bruttogehalt" und „Einstellungsjahr" auf der Grundlage der zweidimensionalen Häufigkeitsverteilung untersucht werden. Es wird vermutet, dass das Gehalt umso höher ist, je früher ein Mitarbeiter in die Firma eingetreten ist. Hinsichtlich der Daten ist dabei Folgendes zu beachten:

- Bei der Untersuchung des Zusammenhangs zwischen Gehalt und Eintrittsjahr stört die Tatsache, dass das Gehalt vom Umfang der Beschäftigung abhängig ist. Deshalb wird das Gehalt der Halbtagskräfte auf Vollzeitbeschäftigung hochgerechnet.
- Beim Bruttogehalt wird die bisher benutzte Klassierung beibehalten. Durch die Gehaltsverdoppelung bei den Halbtagskräften entfällt die unterste Gehaltsklasse.
- Aus Vereinfachungsgründen werden bei der Berechnung der Kovarianz die Klassenmitten als Merkmalsausprägungen verwendet, d.h. anstelle von Rechteck-Verteilungen werden Einpunkt-Verteilungen innerhalb der Klassen unterstellt.

Dann ergibt sich die folgende zweidimensionale Häufigkeitsverteilung:

| $x_i^*$ \ $y_j$ | 2006 | 2007 | 2008 | 2009 | 2010 | $h_{i.} \downarrow$ |
|---|---|---|---|---|---|---|
| 4000 | 0 | 0 | 0 | 0 | 0,20 | 0,20 |
| 6000 | 0 | 0 | 0 | 0 | 0,24 | 0,24 |
| 8500 | 0 | 0 | 0,04 | 0,12 | 0,08 | 0,24 |
| 15000 | 0,08 | 0,08 | 0,08 | 0,08 | 0 | 0,32 |
| $h_{.j} \rightarrow$ | 0,08 | 0,08 | 0,12 | 0,20 | 0,52 | 1,00 |

Tabelle 2.11: Zweidimensionale Verteilung von Bruttogehalt und Eintrittsjahr

Unter Verwendung **nicht-zentrierter x-Werte** und **zentrierter y-Werte** berechnet man gemäß Tabelle 2.12 die **Kovarianz**:

$$\sigma_{xy} = -4620 \; [\text{€} \cdot \text{Jahre}].$$

| $x_i^*$ $\quad$ $y_j - \bar{y}$ | -3 | -2 | -1 | 0 | 1 | (Summe) |
|---|---|---|---|---|---|---|
| 4000 | 0 | 0 | 0 | 0 | 800 | 800 |
| 6000 | 0 | 0 | 0 | 0 | 1440 | 1440 |
| 8500 | 0 | 0 | -340 | 0 | 680 | 340 |
| 15000 | -3600 | -2400 | -1200 | 0 | 0 | -7200 |
| (Summe) | -3600 | -2400 | -1540 | 0 | 2920 | -4620 |

Tabelle 2.12: Arbeitstabelle zur Berechnung der Kovarianz $(h_{ij} x_i^* (y_j - \bar{y}))$

Während die Verteilung des Merkmals „Eintrittsjahr" (Y) nicht verändert wurde und somit die Standardabweichung aus dem Abschnitt 1.4.1 übernommen werden kann, muss die Standardabweichung für die modifizierte Verteilung des Bruttogehalts (X) unter Beachtung der Einpunkt-Verteilungs-Annahme neu berechnet werden:

$$\bar{x} = 0{,}20 \cdot 4000 + 0{,}24 \cdot 6000 + 0{,}24 \cdot 8500 + 0{,}32 \cdot 15000 = 9080 \; [\text{€}]$$

$$\sigma^2_{x(ext)} = 0{,}20 \cdot (4000)^2 + 0{,}24 \cdot (6000)^2 + 0{,}24 \cdot (8500)^2 + 0{,}32 \cdot (15000)^2 - (9080)^2$$

$$= 18733600 \; [\text{€}^2]$$

$$\Rightarrow \quad \sigma_x = 4328{,}23 \; [\text{€}]$$

Damit erhält man den **Korrelationskoeffizienten nach Bravais/Pearson**:

$$r = \frac{-4620}{4328{,}23 \cdot 1{,}2961} = -0{,}8235.$$

Es liegt also eine **starke negative Korrelation** zwischen Bruttogehalt und Eintrittsjahr vor, d.h. die Vermutung, dass tendenziell früher eingetretene Mitarbeiter mehr verdienen, wird bestätigt.

## 2.5.4 Rangkorrelationskoeffizient nach Spearman

Die Kovarianz und der darauf basierende Korrelationskoeffizient nach Bravais/Pearson setzen voraus, dass die Merkmale, deren Zusammenhang untersucht wird, quantitativ sind. Ist hingegen zumindest eines der beiden Merkmale (d.h. X und/oder Y) nur **ordinalskaliert**, so wird stattdessen der **Rangkorrelationskoeffizient nach Spearman**[2] verwendet.

---

[2] **Charles Edward Spearman** (1863–1945), englischer Psychologe

In diesem Fall werden den Beobachtungswerten $x_t$ ($t = 1, ..., n$) bzw. $y_t$ ($t = 1, ..., n$) jeweils **Rangzahlen**

$$R(x_t) \quad \text{bzw.} \quad R(y_t) \tag{2.19}$$

zugewiesen, wobei jeweils der kleinste $x_t$- bzw. $y_t$-Wert die Rangzahl 1, der zweitkleinste $x_t$- bzw. $y_t$-Wert die Rangzahl 2 usw. und der größte $x_t$- bzw. $y_t$-Wert die Rangzahl $n$ erhält. Falls mehrere Beobachtungswerte eines Merkmals gleich groß sind (man spricht dann von „Bindungen"), erhalten diese alle als Rangzahl das arithmetische Mittel der betreffenden Rangzahlen. Sind z.B. die vier kleinsten Werte identisch, so haben sie alle die Rangzahl 2,5. Damit gilt für das arithmetische Mittel der Rangzahlen grundsätzlich:

$$\overline{R(x)} = \overline{R(y)} = \frac{n+1}{2} \, .$$

Den **Rangkorrelationskoeffizienten** erhält man nun einfach, indem man den Korrelationskoeffizienten nach Bravais/Pearson auf die Rangzahlen anwendet:

$$r_{Sp} = \frac{\sigma_{R(x)\,R(y)}}{\sigma_{R(x)}\,\sigma_{R(y)}} \, . \tag{2.20}$$

Falls keine Bindungen in den Daten auftreten, vereinfacht sich die Berechnung zu:

$$r_{Sp} = 1 - \frac{6 \sum\limits_{t=1}^{n} (\, R(x_t) - R(y_t)\,)^2}{n\,(n^2 - 1)} \, . \tag{2.21}$$

Somit gilt für den Rangkorrelationskoeffizienten ebenfalls die Normierung

$$-1 \leq r_{Sp} \leq 1 \tag{2.22}$$

und die im Abschnitt 2.5.3 angegebene Faustregel zur Interpretation der Richtung und Intensität der Korrelation.

■ **Extreme positive Rangkorrelation** ($r_{Sp} = 1$) liegt genau dann vor, wenn alle zweidimensionalen Beobachtungswerte $(x_t, y_t)$ streng **gleichsinnig** sind, d.h. wenn für alle $t$ gilt:

$$R(y_t) = R(x_t) \, .$$

■ Dagegen besteht **extreme negative Rangkorrelation** ($r_{Sp} = -1$) genau dann, wenn alle zweidimensionalen Beobachtungswerte $(x_t, y_t)$ streng **gegensinnig** sind, d.h. wenn für alle $t$ gilt:

$$R(y_t) = n + 1 - R(x_t) \, .$$

Im Unterschied zum Korrelationskoeffizienten von Bravais/Pearson, der auf **Korrelation i.S. eines linearen Zusammenhangs** abstellt, misst der Rangkorrelationskoeffizient nach Spearman **Korrelation i.S. eines monotonen Zusammenhangs**.

## Beispiel

# Merkmale „Bruttogehalt" und „Ausbildung"

Bei den sieben Mitarbeitern im Unternehmensbereich III (Schulung und Vertrieb) des Softwarehauses aus Kapitel 1 wird der Zusammenhang zwischen Bruttogehalt und Ausbildung untersucht. Da letztere ein komparatives Merkmal ist, ist der Rangkorrelationskoeffizient nach Spearman zu verwenden.

| $x_t$ | $y_t$ | $R(x_t)$ | $R(y_t)$ | $[R(x_t)]^2$ | $[R(y_t)]^2$ | $R(x_t) \cdot R(y_t)$ |
|---|---|---|---|---|---|---|
| 13500 | Mittlere Reife | 6 | 1 | 36 | 1 | 6 |
| 18200 | Promotion | 7 | 7 | 49 | 49 | 49 |
| 9600 | Abitur | 5 | 2,5 | 25 | 6,25 | 12,5 |
| 9200 | Diplom | 4 | 5 | 16 | 25 | 20 |
| 4800 | Diplom | 2 | 5 | 4 | 25 | 10 |
| 5500 | Diplom | 3 | 5 | 9 | 25 | 15 |
| 4000 | Abitur | 1 | 2,5 | 1 | 6,25 | 2,5 |
| --- | --- | 28 | 28 | 140 | 137,5 | 115 |

Tabelle 2.13: Arbeitstabelle zur Berechnung des Rangkorrelationskoeffizienten

Somit ergeben sich für die Rangzahlen ...

◼ die Mittelwerte

$$\overline{R(x)} = \overline{R(y)} = \frac{28}{7} = 4 \ ,$$

◼ die Standardabweichungen

$$\sigma_{R(x)} = \sqrt{\frac{140}{7} - 4^2} = 2 \ , \quad \sigma_{R(y)} = \sqrt{\frac{137,5}{7} - 4^2} = 1,9086 \quad \text{und}$$

◼ die Kovarianz

$$\sigma_{R(x)R(y)} = \frac{115}{7} - 4^2 = 0,4286 \ .$$

Der Rangkorrelationskoeffizient beträgt also

$$r_{Sp} = \frac{0,4286}{2 \cdot 1,9086} = 0,1123 \ ,$$

d.h. es liegt nur eine sehr **schwache positive Korrelation** vor. Man beachte hier, dass dieses Ergebnis deutlich durch den „Ausreißer" (Mitarbeiter mit zweithöchstem Gehalt und geringster Qualifikation) beeinflusst wird. Für die übrigen sechs Mitarbeiter ergäbe sich immerhin ein Rangkorrelationskoeffizient von 0,4629.

## 2.6   Aufgaben

### Aufgabe 2.1

Im Rahmen einer Verkehrsstudie wurde untersucht, ob die Einhaltung der Geschwindigkeit in einer Tempo-30-Zone davon abhängt, ob der Autofahrer Anlieger ist oder nicht. Folgende zweidimensionale Häufigkeitsverteilung wurde festgestellt:

| $x_i$ \ $y_j$ | Anlieger | Nicht-Anlieger |
|---|---|---|
| bis 30 km/h | 36 | 6 |
| über 30 km/h | 204 | 154 |

a) Wie viel Prozent der Anlieger halten sich an die Geschwindigkeitsbeschränkung?

b) Wie viel Prozent der „Verkehrssünder" sind Anlieger?

c) Beurteilen Sie den Zusammenhang zwischen beiden Merkmalen mit Hilfe des korrigierten Kontingenzkoeffizienten!

### Aufgabe 2.2

In einem Betrieb ergibt sich für die Merkmale Bruttogehalt ($X$) und Geschlecht ($Y$) folgende relative Häufigkeitsverteilung:

| $x_i$ \ $y_j$ | Männer | Frauen |
|---|---|---|
| 0 – 2000 [€] | 0,1 | 0,05 |
| 2000 – 4000 [€] | 0,1 | 0,1 |
| 4000 – 6000 [€] | 0,2 | 0,2 |
| 6000 – 10000 [€] | 0,2 | 0,05 |

a) Wie hoch ist der Frauenanteil unter den Geringverdienern mit einem Gehalt unter 4000 Euro bzw. unter den Spitzenverdienern mit Gehältern über 6000 Euro?

b) Wie viel Prozent der Männer bzw. der Frauen verdienen über 5000 Euro?

c) Bestimmen Sie für die Verteilung des Gehalts von Männern bzw. Frauen jeweils die drei Quartile!

d) Vergleichen Sie anhand des Quartilsabstandes die Streuung der Gehälter bei den Männern und Frauen!

e) Beurteilen Sie die Stärke des Zusammenhangs zwischen Gehalt und Geschlecht mit Hilfe des korrigierten Kontingenzkoeffizienten!

**Aufgabe 2.3**

Bei einer Untersuchung von 20 Haushalten nach Personenzahl ($X$) und Anzahl der PKWs ($Y$) ergab sich folgende ungeordnete Reihe von Beobachtungspaaren:

(1,1) (2,1) (3,2) (1,0) (1,1) (1,1) (2,1) (2,0) (2,2) (1,0)

(2,1) (2,1) (1,1) (3,2) (3,1) (4,0) (3,2) (1,1) (4,1) (1,1) .

a) Ermitteln Sie die absolute und relative Häufigkeitsverteilung in Matrixform!

b) Beantworten Sie folgende Fragen:

   – Wie viel Prozent der Haushalte besitzen keinen (einen, zwei) PKW?

   – Wie viel Prozent der 3-Personen-Haushalte haben höchstens einen PKW?

   – Wie viel Prozent der PKWs gehören den 3-Personen-Haushalten?

   – In wie viel Prozent der motorisierten Haushalte leben mehr als zwei Personen?

   – In wie viel Prozent der Haushalte gibt es mehr Personen als PKWs?

c) Berechnen Sie für die Merkmale jeweils das arithmetische Mittel und die Varianz!

d) Berechnen Sie die Kovarianz und beurteilen Sie die Korrelation!

**Aufgabe 2.4**

Im Rahmen einer Untersuchung zur Verwendung neuer Medien wurden 250 Personen verschiedener Altersgruppen (Merkmal $X$) gefragt, wie viele PCs sie in den letzten fünf Jahren für den privaten Gebrauch angeschafft haben (Merkmal $Y$).

| $x_i$ \ $y_j$ | 0 | 1 | 2 | 3 | 4 |
|---|---|---|---|---|---|
| 15 – 35 Jahre | 10 | 30 | 25 | 13 | 2 |
| 35 – 45 Jahre | 30 | 50 | 20 | 7 | 3 |
| 45 – 75 Jahre | 25 | 20 | 15 | 0 | 0 |

a) Ermitteln Sie die zweidimensionale relative Häufigkeitsverteilung und die Randverteilungen von $X$ und $Y$!

b) Schätzen Sie das Durchschnittsalter sowie die externe Varianz von $X$!

c) Berechnen Sie das arithmetische Mittel und die Varianz von $Y$!

d) Beantworten Sie folgende Fragen:

   – Wie viele PCs wurden von den Befragten insgesamt gekauft?

   – Wie viel Prozent dieser PCs entfielen auf die Gruppe der über 45-Jährigen?

   – Wie viele PCs haben die über 45-Jährigen im Durchschnitt gekauft?

   – Wie viel Prozent der Personen über 45 Jahre haben keinen PC gekauft?

   – Wie viel Prozent der Befragten sind über 45 Jahre alt und haben mindestens einen PC gekauft?

e) Beurteilen Sie den Zusammenhang zwischen $X$ und $Y$ anhand des Korrelationskoeffizienten nach Bravais/Pearson!

**Aufgabe 2.5**

Für ein Ranking betriebswirtschaftlicher Fakultäten haben Studenten und Professoren eine Bewertung mit Schulnoten (1 = „sehr gut", 2 = „gut" etc.) vorgenommen. Dabei ergaben sich für die 9 größten Fakultäten in Deutschland folgende Durchschnittsnoten:

| Universität | Studentenurteil ($x_t$) | Professorenurteil ($y_t$) |
|---|---|---|
| Köln | 3,0 | 2,3 |
| Frankfurt | 3,1 | 2,4 |
| Münster | 3,2 | 2,1 |
| Hamburg | 3,0 | 3,1 |
| Mannheim | 3,1 | 1,6 |
| Göttingen | 2,9 | 2,8 |
| München | 2,6 | 2,6 |
| Saarbrücken | 3,1 | 2,1 |
| Erlangen | 3,3 | 2,5 |

a) Was sind bei dieser Erhebung die Merkmalsträger? Bestimmen Sie für die Merkmale Studentenurteil ($X$) und Professorenurteil ($Y$) jeweils die drei Quartile!

b) Beurteilen Sie den Zusammenhang beider Urteile mit Hilfe des Rangkorrelationskoeffizienten!

# Prognoseverfahren

3

ÜBERBLICK

# 3.1 Einführung

## 3.1.1 Wissenschaftliche Prognosen

Die Analyse statistischer Daten dient nicht nur der Beschreibung, sondern auch der Vorhersage beobachtbarer Tatbestände. Dabei werden Erfahrungen aus der Vergangenheit in die Zukunft fortgeschrieben oder auf andere Objekte übertragen. Prognosen – genauer: **Ex-ante-Prognosen** – sind **Aussagen über unbekannte Beobachtungswerte** eines Merkmals, die sich entweder auf

- noch nicht untersuchte (zukünftige) Zeitperioden $t = n + 1, n + 2, ...$ oder
- noch nicht untersuchte Merkmalsträger $t = n + 1, n + 2, ...$

beziehen. Ex-ante-Prognosen sind demnach nicht zwangsläufig auf die Zukunft gerichtet; entscheidend ist vielmehr, dass die betreffenden Beobachtungswerte bei der Prognoseerstellung nicht benutzt werden (können).

Demgegenüber beziehen sich **Ex-post-Prognosen** auf bereits **bekannte Beobachtungswerte**, die bei der Prognoseerstellung verwendet werden. Ex-post-Prognosen können unmittelbar mit den entsprechenden tatsächlichen Beobachtungswerten verglichen werden und sind somit geeignet, die Güte des verwendeten Prognosemodells zu beurteilen.

Wissenschaftliche Prognosen müssen bestimmten **methodologischen Anforderungen** genügen. Hierzu gehört zuallererst, dass sie sich auf **einschlägige Erfahrungen** stützen müssen, d.h. auf bekannte Beobachtungswerte des betreffenden Merkmals, welche entweder

- in vergangenen Zeitperioden $t = 1, ..., n$ oder
- bei vergleichbaren Merkmalsträgern $t = 1, ..., n$

gesammelt wurden. Jede vernünftige Ex-ante-Prognose ist nämlich in gewisser Weise eine Übertragung von im **Schätzbereich** $t = 1, ..., n$ beobachteten Sachverhalten auf zukünftige oder vergleichbare Fälle im **Prognosebereich** $t = n + 1, n + 2, ...$ .

---

### Beispiele

- Eine Aussage über die **Gewinnentwicklung einer deutschen Aktiengesellschaft im kommenden Jahr** ist eine Ex-ante-Prognose, da sie sich auf eine noch nicht untersuchte Zeitperiode bezieht. Bei dieser Prognose ist die Gewinnentwicklung dieser Aktiengesellschaft in den vergangenen Jahren sicherlich eine unverzichtbare Erfahrungsgrundlage.

- Eine Aussage über die **monatlichen Unterhaltskosten eines neu auf den Markt gekommenen Kraftfahrzeugtyps**, dessen tatsächliche Kosten noch nicht ermittelt werden konnten, ist ebenfalls eine Ex-ante-Prognose, da sie sich auf einen noch nicht untersuchten Merkmalsträger bezieht. Als Erfahrungsgrundlage wird man hier Kostenerhebungen bei vergleichbaren Fahrzeugtypen verwenden.

Neben der empirischen Grundlage wird von einer wissenschaftlichen Prognose gefordert, dass sie **intersubjektiv nachprüfbar** ist, d.h. es muss – unabhängig von der Person – durch weitere Beobachtungen grundsätzlich feststellbar sein, ob die Prognose **wahr** oder **falsch** ist. Zumindest muss ein Vergleich der prognostizierten mit den später tatsächlich beobachteten Werten prinzipiell möglich sein.

Ferner sollten in einer wissenschaftlich seriösen Prognose die ihr zugrundeliegenden **Annahmen ex ante spezifiziert** werden. Anderenfalls kann sich der Prognostiker bei falschen Prognosen ex post immer damit herausreden, dass die (zunächst nicht spezifizierten) Annahmen seiner Prognose eben nicht eingetroffen seien. Tatsächlich ist gerade bei Wirtschaftsprognosen eine derartige „Immunisierungsstrategie" häufig anzutreffen.

Schließlich sollte nach Möglichkeit auch die **Ableitung der Prognose intersubjektiv nachvollziehbar** sein. Dies eröffnet die Möglichkeit, die Prognosemethode selbst einer kritischen Diskussion zu unterziehen, was etwa bei subjektiven Einschätzungen überhaupt nicht möglich ist. Dieser Transparenz-Grundsatz legt die **Verwendung mathematisch-statistisch fundierter Prognoseverfahren** nahe.

## 3.1.2    Datenbasis und statistische Prognosemodelle

In der empirischen Wirtschaftsforschung unterscheidet man nach der verwendeten **Datenbasis**

- ◾ Längsschnittanalysen und
- ◾ Querschnittanalysen.

Bei einer **Längsschnittanalyse** werden bestimmte Merkmale bei ein und demselben Merkmalsträger in verschiedenen Zeitperioden untersucht. Die Datenbasis besteht in diesem Fall aus zeitlich geordneten Beobachtungsreihen (Zeitreihen). Demgegenüber werden bei einer **Querschnittanalyse** bestimmte Merkmale bei verschiedenen Merkmalsträgern in ein und derselben Zeitperiode untersucht. Die Datenbasis umfasst dann ungeordnete Beobachtungswerte, da die Merkmalsträger keine Reihenfolge aufweisen.

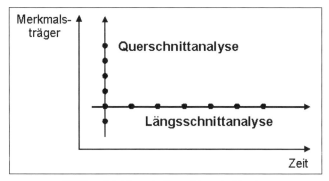

Abbildung 3.1: Längsschnitt- und Querschnittanalyse

---

> ## Beispiel
>
> ### Prognose eines Landtagswahlergebnisses
>
> Vor einer Landtagswahl sollen die Stimmenanteile der Parteien prognostiziert werden.
>
> - In einer **Längsschnittanalyse** würde man die Ergebnisse bei zurückliegenden Landtagswahlen in diesem Bundesland als Erfahrungsgrundlage nutzen.
>
> - In einer **Querschnittanalyse** würde man hingegen die aktuellen Ergebnisse bei Landtagswahlen in anderen Bundesländern (z.B. innerhalb der letzten 12 Monate) als Erfahrungsgrundlage nutzen.
>
> Beide methodischen Ansätze haben hier ihre Vor- und Nachteile. Am besten ist es in diesem Fall sicherlich, beide Ansätze in einem Prognosemodell zu verbinden.

Im Folgenden werden zwei **statistische Modelle** zur Erstellung von Prognosen behandelt:

- die Regressionsanalyse und
- die Zeitreihenanalyse.

**Modelle der Regressionsanalyse** basieren auf der Annahme, dass das zu prognostizierende (abhängige) Merkmal eine Funktion von einem oder mehreren anderen (unabhängigen) Merkmalen ist. Diese Funktion, zu deren Schätzung **sowohl Längsschnitt- als auch Querschnittdaten** verwendet werden können, bildet die Grundlage für **bedingte Prognosen**. Aus methodologischer Sicht erscheinen solche „Wenn-dann-Aussagen" wegen der expliziten Annahmen-Spezifikation sowie der damit verbundenen Möglichkeit, Prognosen für alternative Szenarien zu erstellen, besonders vorteilhaft. Je nach Funktionstyp und Zahl der unabhängigen Variablen unterscheidet man lineare und nicht-lineare Modelle der Einfach- und Mehrfachregression. Im folgenden wird nur das **lineare Einfachregressionsmodell** behandelt.

**Zeitreihenanalytische Modelle** setzen demgegenüber **Längsschnittdaten** (Zeitreihen) voraus. Die Grundannahme lautet, dass die zu prognostizierenden Zeitreihen bestimmte Regelmäßigkeiten aufweisen, die sich in die Zukunft fortschreiben lassen. Insofern handelt es sich dann um **unbedingte Prognosen**.

Besonders einfach sind die sog. **Zeitreihenzerlegungsmodelle**, bei denen eine Zeitreihe additiv (oder multiplikativ) in verschiedene Komponenten (Trend, Saisonfigur etc.) zerlegt wird. Ein solches Modell wird in diesem Kapitel vorgestellt. Neben den Zerlegungsmodellen gibt es in der Zeitreihenanalyse noch zahlreiche andere Ansätze (Glättungsverfahren, Box-Jenkins-Verfahren, Spektralanalyse etc.). Die in der empirischen Wirtschaftsforschung vielfach verwendeten ökonometrischen Modelle verbinden regressions- und zeitreihenanalytische Methoden.

### 3.1.3 Beispiel: Umsatzprognose

Um die Gemeinsamkeiten bzw. Unterschiede der Regressionsanalyse und Zeitreihenzerlegung zu verdeutlichen, sollen beide Ansätze am gleichen Beispiel einer betriebli-
chen Umsatzprognose aufgezeigt werden.

---

**Beispiel**

## Umsatzprognose

In einem Betrieb soll zu Beginn des Jahres 2011 eine **Ex-ante-Umsatzprognose**
für die vier Quartale dieses Jahres erstellt werden. Dabei stehen dem Unternehmen die Quartalsdaten der Umsätze in den zurückliegenden Jahren 2008 bis 2010
zur Verfügung.

Während diese Informationen für eine Zeitreihenanalyse ausreichen, benötigt
man für eine Regressionsanalyse weitere Daten, da man den **Umsatz** (= abhängige
Variable) durch mindestens ein anderes Merkmal erklären will. Als Hypothese
mag dabei die Vorstellung dienen, dass der Umsatz von der Höhe der **Werbeausgaben** (= unabhängige Variable) abhängt. Für diese beiden Merkmale liegen folgende Quartalsdaten vor.

| Quartal | Umsatz [Mio. €] | Werbeausgaben [1000 €] |
|---|---|---|
| **Schätzbereich** | **beobachtete Werte** | |
| 2008 / 1 | 3,0 | 8 |
| 2008 / 2 | 2,7 | 9 |
| 2008 / 3 | 2,5 | 9 |
| 2008 / 4 | 3,0 | 10 |
| 2009 / 1 | 3,0 | 13 |
| 2009 / 2 | 2,9 | 9 |
| 2009 / 3 | 3,2 | 11 |
| 2009 / 4 | 3,7 | 11 |
| 2010 / 1 | 3,6 | 13 |
| 2010 / 2 | 3,4 | 12 |
| 2010 / 3 | 3,6 | 12 |
| 2010 / 4 | 3,8 | 15 |
| **Prognosebereich** | **Prognose** | **geplante Werte** |
| 2011 / 1 | ? | 19 |
| 2011 / 2 | ? | 13 |
| 2011 / 3 | ? | 17 |
| 2011 / 4 | ? | 21 |

Tabelle 3.1: Daten zur Umsatzprognose

## 3.2 Regressionsanalyse

### 3.2.1 Problemstellung

Die Regressionsanalyse stellt eine Weiterentwicklung der Korrelationsanalyse dar (vgl. Abschnitt 2.5), wobei hier grundsätzlich vorausgesetzt wird, dass die beiden betrachteten Merkmale $X$ und $Y$ **quantitativ** sind. Während die Merkmale in der Korrelationsanalyse völlig gleich behandelt werden, wird in der Regressionsanalyse unterstellt, dass das erste Merkmal ($X$) unabhängig ist und das zweite Merkmal ($Y$) vom ersten Merkmal abhängig ist. Diesen Zusammenhang beschreibt die **Regressionsfunktion**

$$y = f(x) .$$

Welches Merkmal unabhängig und welches abhängig ist, richtet sich i.a. nach der vermuteten Kausalität. Sehr oft ist die im Modell **erklärte (abhängige) Variable $Y$** eine Zielgröße (Gewinn, Umsatz etc.) und die **erklärende (unabhängige) Variable $X$** eine Instrumentgröße (Absatzpreis, Werbeausgaben etc.). Als Regressionsfunktion wird meist eine lineare Funktion gewählt, weil dies die einfachste Form der Abhängigkeit ist und alle differenzierbaren Funktionen lokal durch eine lineare Funktion angenähert werden können.

Ohnehin haben Regressionsfunktionen immer nur approximativen Charakter, weil sich Zusammenhänge zwischen ökonomischen Merkmalen, die i.d.R. das Verhalten von Wirtschaftssubjekten (Produzenten, Konsumenten etc.) wiederspiegeln, naturgemäß nicht durch einfache Funktionen exakt beschreiben lassen. Dies bedeutet, dass beim Einsetzen von tatsächlichen zweidimensionalen Beobachtungswerten

$$(x_t, y_t) \quad ( t = 1, 2, \ldots ) \tag{3.1}$$

– seien sie aus dem Schätz- oder Prognosebereich – fast immer eine **Abweichung** (bzw. ein **Fehler** oder eine **Störung**) $u_t$ zwischen dem Beobachtungswert der abhängigen Variablen $y_t$ und dem Funktionswert $f(x_t)$ auftritt. Unter Berücksichtigung dieser empirischen Abweichung lautet das **allgemeine Regressionsmodell**

$$y_t = f(x_t) + u_t \quad ( t = 1, 2, \ldots ) \tag{3.2}$$

bzw. das **lineare Regressionsmodell**

$$y_t = a + b\, x_t + u_t \quad ( t = 1, 2, \ldots ) . \tag{3.3}$$

Im Rahmen einer Regressionsanalyse sind nun im wesentlichen zwei Probleme zu behandeln:

- **Schätzproblem:** Wie kann die Regressionsfunktion bzw. – im linearen Fall – wie können die beiden Regressionskoeffizienten $a$ und $b$ optimal passend zu den vorliegenden Beobachtungswerten des Schätzbereichs numerisch bestimmt werden?

- **Beurteilungsproblem:** Wie lässt sich die Aussagefähigkeit der so geschätzten Regressionsfunktion und damit die Güte der aus ihr abgeleiteten Prognosen beurteilen?

## 3.2.2 Bestimmung der Regressionskoeffizienten

Empirischer Ausgangspunkt des Schätzproblems der Regressionsanalyse sind die zweidimensionalen Beobachtungswerte des Schätzbereichs

$$(x_t, y_t) \quad (t = 1, ..., n),$$

welche in einem Streuungsdiagramm veranschaulicht werden können. Die Regressionsfunktion soll den unterstellten linearen Zusammenhang zwischen diesen Beobachtungswerten der beiden Merkmale $X$ und $Y$ „optimal" beschreiben.

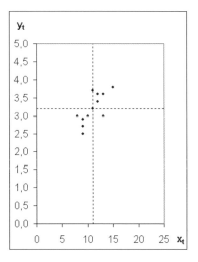

Abbildung 3.2: Streuungsdiagramm zur Umsatzprognose (vgl. Tabelle 3.1)

Als Optimalitätskriterium wird das sog. **Kleinst-Quadrate-Prinzip** (oder kurz: KQ-Prinzip) angewandt, nach dem die Summe der quadrierten Fehler im Schätzbereich minimiert wird. Für das lineare Regressionsmodell bedeutet das:

$$\sum_{t=1}^{n} u_t^2 = \sum_{t=1}^{n} (y_t - a - b x_t)^2 =: q(a,b) \rightarrow \min! \tag{3.4}$$

Im Streuungsdiagramm wird also diejenige Gerade gesucht, für die die Summe der quadrierten senkrechten Abstände zu den zweidimensionalen Beobachtungswerten am kleinsten ist.

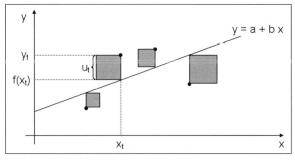

Abbildung 3.3: Kleinst-Quadrate-Prinzip

---

**Exkurs**

## Ableitung der Kleinst-Quadrate-Schätzungen

Gesucht wird das lokale (und zugleich globale) Minimum der Funktion

$$q(a,b) = \sum_{t=1}^{n}(a+b\,x_t - y_t)^2 \, .$$

Die **notwendigen Bedingungen** für ein lokales Extremum sind die **Normalgleichungen**:

$$q_a(\hat{a},\hat{b}) = 2\sum_{t=1}^{n}(\hat{a}+\hat{b}\,x_t - y_t) = 2\left(n\hat{a}+\hat{b}\sum_{t=1}^{n}x_t - \sum_{t=1}^{n}y_t\right) \overset{!}{=} 0$$

$$\Leftrightarrow \quad \hat{a}+\hat{b}\,\overline{x}-\overline{y} = 0 \quad \Leftrightarrow \quad \boxed{\hat{a} = \overline{y}-\hat{b}\,\overline{x}}$$

$$q_b(\hat{a},\hat{b}) = 2\sum_{t=1}^{n}(\hat{a}+\hat{b}\,x_t - y_t)\,x_t = 2\left(\hat{a}\sum_{t=1}^{n}x_t + \hat{b}\sum_{t=1}^{n}x_t^2 - \sum_{t=1}^{n}x_t y_t\right) \overset{!}{=} 0$$

$$\Leftrightarrow \quad \underbrace{(\overline{y}-\hat{b}\,\overline{x})}_{\hat{a}}\,\overline{x}+\hat{b}\,\frac{1}{n}\sum_{t=1}^{n}x_t^2 - \frac{1}{n}\sum_{t=1}^{n}x_t y_t = 0$$

$$\Leftrightarrow \quad \hat{b}\left(\frac{1}{n}\sum_{t=1}^{n}x_t^2 - \overline{x}^2\right) = \frac{1}{n}\sum_{t=1}^{n}x_t y_t - \overline{x}\,\overline{y} \quad \Leftrightarrow \quad \boxed{\hat{b} = \frac{\sigma_{xy}}{\sigma_x^2}} \, .$$

Die **hinreichenden Zusatzbedingungen** für ein lokales Minimum sind erfüllt:

$$q_{aa}(\hat{a},\hat{b}) = 2n > 0 \qquad \text{und} \qquad q_{bb}(\hat{a},\hat{b}) = 2\sum_{t=1}^{n}x_t^2 > 0 \qquad \text{sowie}$$

$$q_{aa}(\hat{a},\hat{b})\,q_{bb}(\hat{a},\hat{b})-(q_{ab}(\hat{a},\hat{b}))^2 = 4n\sum_{t=1}^{n}x_t^2 - \left(2\sum_{t=1}^{n}x_t\right)^2 = 4n^2\left(\frac{1}{n}\sum_{t=1}^{n}x_t^2 - \overline{x}^2\right)$$

$$= 4n^2\,\sigma_x^2 > 0 \, .$$

Nach dem Kleinst-Quadrate-Prinzip lautet die **geschätzte Regressionsgerade** also

$$\hat{y}_t = \hat{a}+\hat{b}\,x_t \tag{3.5}$$

mit den Regressionskoeffizienten

$$\hat{b} = \frac{\sigma_{xy}}{\sigma_x^2} \tag{3.6}$$

und

$$\hat{a} = \overline{y}-\hat{b}\,\overline{x} \, . \tag{3.7}$$

Die Schätzformel (3.6) für den Anstieg der Regressionsgerade zeigt folgenden Zusammenhang zur Korrelation der Merkmale $X$ und $Y$:

| | | |
|---|---|---|
| **steigende** Regressionsgerade | ⇔ | **positive** Korrelation |
| **fallende** Regressionsgerade | ⇔ | **negative** Korrelation |
| **horizontale** Regressionsgerade | ⇔ | **keine** Korrelation |

.

Ferner erkennt man durch Auflösen der Schätzformel (3.7) nach $\bar{y}$, dass die geschätzte Regressionsgerade durch den **Schwerpunkt** $(\bar{x}, \bar{y})$ geht.

Setzt man nun in die geschätzte Regressionsgerade (3.5) bekannte bzw. angenommene Werte $x_t$ der unabhängigen Variablen ein, so erhält man **bedingte Prognosewerte** $\hat{y}_t$ für die abhängige Variable. Soweit es sich um Ex-post-Prognosen handelt, können diese mit den (bei der Schätzung benutzten) Beobachtungswerten verglichen werden. Die dabei auftretenden Differenzen heißen **Ex-post-Prognosefehler** oder kurz **Residuen**:

$$\hat{u}_t = y_t - \hat{y}_t \qquad (t = 1, ..., n). \tag{3.8}$$

Für die **Ex-post-Prognosewerte** $\hat{y}_t$ **($t = 1, ..., n$)** gilt im linearen Regressionsmodell aufgrund der o.g. Schwerpunkt-Eigenschaft:

$$\bar{\hat{y}} = \frac{1}{n}\sum_{t=1}^{n}\hat{y}_t = \frac{1}{n}\sum_{t=1}^{n}(\hat{a}+\hat{b}x_t) = \hat{a}+\hat{b}\bar{x} \overset{(3.7)}{=} \bar{y},$$

d.h. die Ex-post-Prognosewerte $\hat{y}_t$ ($t = 1, ..., n$) entsprechen im Mittel den Beobachtungswerten $y_t$ ($t = 1, ..., n$). Es treten also **keine systematischen Prognosefehler** auf. Für die Residuen gilt:

$$\bar{\hat{u}} = \bar{y} - \bar{\hat{y}} = 0.$$

---

## Beispiel

### Umsatzprognose

Aus den Daten in Tabelle 3.1 soll die künftige Umsatzentwicklung des Unternehmens mit Hilfe eines Regressionsmodells prognostiziert werden, bei dem unterstellt wird, dass der **Umsatz des Unternehmens (Y)** näherungsweise eine lineare Funktion der im gleichen Zeitraum getätigten **Werbeausgaben (X)** ist. Zur Schätzung der Regressionskoeffizienten dient die folgende Arbeitstabelle.

| Quartal | $t$ | $x_t$ | $x_t-\bar{x}$ | $(x_t-\bar{x})^2$ | $y_t$ | $y_t-\bar{y}$ | $(x_t-\bar{x})(y_t-\bar{y})$ |
|---------|-----|-------|---------------|-------------------|-------|---------------|------------------------------|
| 2008 / 1 | 1 | 8 | -3 | 9 | 3,0 | 0,2 | 0,6 |
| 2008 / 2 | 2 | 9 | -2 | 4 | 2,7 | -0,5 | 1,0 |
| 2008 / 3 | 3 | 9 | -2 | 4 | 2,5 | -0,7 | 1,4 |
| 2008 / 4 | 4 | 10 | -1 | 1 | 3,0 | -0,2 | 0,2 |
| 2009 / 1 | 5 | 13 | 2 | 4 | 3,0 | -0,2 | -0,4 |
| 2009 / 2 | 6 | 9 | -2 | 4 | 2,9 | -0,3 | 0,6 |
| 2009 / 3 | 7 | 11 | 0 | 0 | 3,2 | 0 | 0 |
| 2009 / 4 | 8 | 11 | 0 | 0 | 3,7 | 0,5 | 0 |
| 2010 / 1 | 9 | 13 | 2 | 4 | 3,6 | 0,4 | 0,8 |
| 2010 / 2 | 10 | 12 | 1 | 1 | 3,4 | 0,2 | 0,2 |
| 2010 / 3 | 11 | 12 | 1 | 1 | 3,6 | 0,4 | 0,4 |
| 2010 / 4 | 12 | 15 | 4 | 16 | 3,8 | 0,6 | 2,4 |
| --- | --- | 132 | 0 | 48 | 38,4 | 0 | 7,2 |

Tabelle 3.2: Schätzung der Regressionsgerade nach dem Kleinst-Quadrate-Prinzip

Man erhält: $\quad \bar{x} = \dfrac{132}{12} = 11\,[10^3\ \text{€}] \qquad \sigma_x^2 = \dfrac{48}{12} = 4\,[10^6\ \text{€}^2]$

$$\bar{y} = \dfrac{38,4}{12} = 3,2\,[10^6\ \text{€}] \qquad \sigma_{xy} = \dfrac{7,2}{12} = 0,6\,[10^9\ \text{€}^2]$$

und somit: $\quad \hat{b} = \dfrac{0,6}{4} = 0,15\,[10^3] \qquad \hat{a} = 3,2 - 0,15 \cdot 11 = 1,55\,[10^6\ \text{€}]$

Die **geschätzte Regressionsgerade** lautet also: $\quad \hat{y}_t = \textbf{1,55} + \textbf{0,15}\ \textbf{x}_t$ .

Die Regressionskoeffizienten $\hat{b}$ und $\hat{a}$ lassen sich hier so interpretieren, dass ...

- jeder zusätzlich für Werbung ausgegebene Euro den Umsatz um ca. 150 € erhöht und

- ohne Werbeausgaben nur mit einem Quartalsumsatz von 1,55 Mio. € zu rechnen ist.

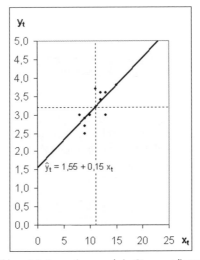

Abbildung 3.4: Regressionsgerade im Streuungsdiagramm

Die geschätzte Regressionsgerade kann nun zu **bedingten Prognosen** genutzt werden. Für die ersten vier Quartale im Prognosebereich (vgl. Tabelle 3.1) ergeben sich die folgenden Ex-ante-Prognosewerte.

| Quartal | $t$ | $x_t$ | $\hat{y}_t$ |
|---------|-----|-------|-------------|
| 2011 / 1 | 13 | 19 | 4,4 |
| 2011 / 2 | 14 | 13 | 3,5 |
| 2011 / 3 | 15 | 17 | 4,1 |
| 2011 / 4 | 16 | 21 | 4,7 |

Tabelle 3.3: Ex-ante-Prognosen mit dem Regressionsmodell

### 3.2.3 Beurteilung des Regressionsmodells

Nach dem Kleinst-Quadrate-Prinzip kann gemäß den Formeln (3.6) und (3.7) immer eine optimale lineare Regressionsfunktion bestimmt werden, selbst wenn aus dem Streuungsdiagramm klar hervorgeht, dass zwischen den Beobachtungswerten der beiden Merkmale, $x_t$ und $y_t$, überhaupt kein Zusammenhang besteht. Daher ist es notwendig, das Schätzergebnis einer kritischen Prüfung zu unterziehen.

Die geschätzte Regressionsgerade und die daraus abgeleiteten Prognosen sind offenbar **umso zuverlässiger, je kleiner die Residuen** betragsmäßig sind. Ein Maß für die absolute Größe der Residuen ist deren Varianz:

$$\sigma_{\hat{u}}^2 = \frac{1}{n}\sum_{t=1}^{n}\hat{u}_t^2 \ .$$

Sie hängt allerdings von der Dimension der abhängigen Variablen $Y$ ab und muss noch geeignet normiert werden. Hierzu bietet sich die im linearen Regressionsmodell allgemein gültige **Streuungszerlegung** an:

$$\sigma_y^2 = \sigma_{\hat{y}}^2 + \sigma_{\hat{u}}^2 \ . \tag{3.9}$$

Diese Beziehung besagt, dass die **Varianz der Beobachtungswerte** $\sigma_y^2$ additiv zerlegt werden kann in

■ die **Varianz der Ex-post-Prognosewerte** $\sigma_{\hat{y}}^2$ (= **erklärte Streuung**) und

■ die **Varianz der Residuen** $\sigma_{\hat{u}}^2$ (= **Reststreuung**).

Die Varianz der Ex-post-Prognosewerte $\sigma_{\hat{y}}^2$ wird als **erklärte Streuung** bezeichnet, weil sie derjenige Teil der Streuung der $y_t$-Werte ist, der aufgrund der Regressionsgerade aus der Streuung der $x_t$-Werte resultiert oder – anders ausgedrückt – mit der Streuung der $x_t$-Werte erklärt werden kann. Es gilt der folgende in Abbildung 3.5 verdeutlichte Zusammenhang:

$$\sigma_{\hat{y}}^2 \ = \ \hat{b}^2\sigma_x^2 \ \overset{(3.6)}{=} \ \left(\frac{\sigma_{xy}}{\sigma_x^2}\right)^2\sigma_x^2 \ = \ \frac{\sigma_{xy}^2}{\sigma_x^2} \ .$$

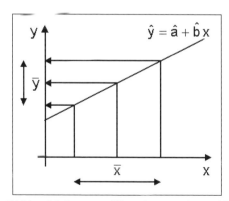

Abbildung 3.5: Streuungserklärung im Regressionsmodell

Im günstigsten Fall liegt ein **perfekter linearer Zusammenhang** zwischen den $x_t$- und $y_t$-Werten vor (vgl. Abbildung 3.6). Dann liegen alle zweidimensionalen Beobachtungswerte auf der geschätzten Regressionsgerade. Die Ex-post-Prognosewerte $\hat{y}_t$ sind mit den Beobachtungswerten $y_t$ identisch. Für die Varianzen in der Streuungszerlegung gilt somit:

$$\sigma_{\hat{y}}^2 = \sigma_y^2 \quad \text{und} \quad \sigma_{\hat{u}}^2 = 0 \,.$$

In diesem Fall wird die Streuung der $y_t$-Werte mit dem Regressionsmodell also **vollständig** durch die Streuung der $x_t$-Werte erklärt.

Umgekehrt ist die Situation, wenn überhaupt **kein linearer Zusammenhang** erkennbar ist (vgl. Abbildung 3.7). Im ungünstigsten Fall völlig unkorrelierter $x_t$- und $y_t$-Werte verläuft die Regressionsgerade horizontal. Alle Ex-post-Prognosewerte $\hat{y}_t$ entsprechen dann dem arithmetischen Mittel $\bar{y}$ und es gilt für die Varianzen in der Streuungszerlegung:

$$\sigma_{\hat{y}}^2 = 0 \quad \text{und} \quad \sigma_{\hat{u}}^2 = \sigma_y^2 \,,$$

d.h. die Streuung der $y_t$-Werte bleibt **vollständig unerklärt**, weil sie nicht auf die Streuung der $x_t$-Werte zurückgeführt werden kann.

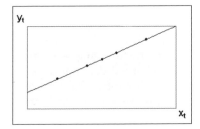

Abbildung 3.6: Perfekter linearer Zusammenhang     Abbildung 3.7: Kein linearer Zusammenhang

Als Ergebnis dieser Überlegungen ist festzuhalten, dass ein Regressionsmodell umso besser ist, je größer der Anteil der erklärten Streuung an der Gesamtstreuung ist. Dieser Anteil heißt **Bestimmtheitsmaß** und entspricht dem Quadrat des Korrelationskoeffizienten nach Bravais/Pearson:

$$r^2 = \frac{\sigma_{\hat{y}}^2}{\sigma_y^2} = \frac{\sigma_{xy}^2}{\sigma_x^2 \cdot \sigma_y^2} = 1 - \frac{\sigma_{\hat{u}}^2}{\sigma_y^2} \,. \tag{3.10}$$

Das Bestimmtheitsmaß ist auf das Einheitsintervall normiert:

$$0 \le r^2 \le 1 \,. \tag{3.11}$$

Als sehr grobe Orientierung für die Interpretation mag die folgende **Faustregel** dienen:

$$0 \leq r^2 < \frac{1}{3} \quad \rightarrow \quad \text{\textbf{kein linearer Zusammenhang}} \text{ zwischen } X \text{ und } Y$$

$$\frac{1}{3} \leq r^2 \leq \frac{2}{3} \quad \rightarrow \quad \text{\textbf{schwach ausgeprägter linearer Zusammenhang}} \text{ zwischen } X \text{ und } Y$$

$$\frac{2}{3} < r^2 \leq 1 \quad \rightarrow \quad \text{\textbf{stark ausgeprägter linearer Zusammenhang}} \text{ zwischen } X \text{ und } Y.$$

## Beispiel

### Umsatzprognose

In Fortführung des Beispiels aus Tabelle 3.1 werden zur Beurteilung des Regressionsmodells die Ex-post-Prognosewerte und Residuen sowie die Komponenten der **Streuungszerlegung** ermittelt (vgl. Tabelle 3.4). Dabei ergibt sich wegen

$$\sigma_y^2 = \frac{1,92}{12} = 0,16 \ [10^{12} \ \text{€}^2] \quad \sigma_{\hat{y}}^2 = \frac{1,08}{12} = 0,09 \ [10^{12} \ \text{€}^2] \quad \sigma_{\hat{u}}^2 = \frac{0,84}{12} = 0,07 \ [10^{12} \ \text{€}^2]$$

das **Bestimmtheitsmaß** $\quad r^2 = \dfrac{0,09}{0,16} = 0,5625 \ ,$

d.h. **56,25 % der Streuung des Umsatzes können** mit dem Regressionsmodell durch die Streuung der Werbeausgaben **erklärt werden**. Somit ist der unterstellte lineare Zusammenhang nur mäßig stark ausgeprägt.

Man sollte daher versuchen, das Regressionsmodell z.B. durch Verwendung eines anderen Funktionstyps oder durch zusätzliche erklärende Variablen zu verbessern (nicht-lineares bzw. multiples Regressionsmodell).

| Quartal | $t$ | $y_t$ | $\hat{y}_t$ | $\hat{u}_t$ | $(y_t - \bar{y})^2$ | $(\hat{y}_t - \bar{y})^2$ | $\hat{u}_t^2$ |
|---------|-----|-------|-------------|-------------|---------------------|---------------------------|---------------|
| 2008 / 1 | 1 | 3,0 | 2,75 | 0,25 | 0,04 | 0,2025 | 0,0625 |
| 2008 / 2 | 2 | 2,7 | 2,9 | -0,2 | 0,25 | 0,09 | 0,04 |
| 2008 / 3 | 3 | 2,5 | 2,9 | -0,4 | 0,49 | 0,09 | 0,16 |
| 2008 / 4 | 4 | 3,0 | 3,05 | -0,05 | 0,04 | 0,0225 | 0,0025 |
| | | | | | | | |
| 2009 / 1 | 5 | 3,0 | 3,5 | -0,5 | 0,04 | 0,09 | 0,25 |
| 2009 / 2 | 6 | 2,9 | 2,9 | 0 | 0,09 | 0,09 | 0 |
| 2009 / 3 | 7 | 3,2 | 3,2 | 0 | 0 | 0 | 0 |
| 2009 / 4 | 8 | 3,7 | 3,2 | 0,5 | 0,25 | 0 | 0,25 |
| | | | | | | | |
| 2010 / 1 | 9 | 3,6 | 3,5 | 0,1 | 0,16 | 0,09 | 0,01 |
| 2010 / 2 | 10 | 3,4 | 3,35 | 0,05 | 0,04 | 0,0225 | 0,0025 |
| 2010 / 3 | 11 | 3,6 | 3,35 | 0,25 | 0,16 | 0,0225 | 0,0625 |
| 2010 / 4 | 12 | 3,8 | 3,8 | 0 | 0,36 | 0,36 | 0 |
| --- | --- | 38,4 | 38,4 | 0 | 1,92 | 1,08 | 0,84 |

Tabelle 3.4: Ex-post-Prognosewerte, Residuen und Streuungszerlegung

## 3.3 Zeitreihenanalyse

### 3.3.1 Problemstellung

Eine **Zeitreihe** ist eine Folge von zeitlich hintereinander, meist in regelmäßigen Abständen bei demselben Merkmalsträger erhobenen Beobachtungswerten eines Merkmals:

$$y_t \ (t=1,...,n \ , \ n+1, n+2, ... ). \tag{3.12}$$

Typische Beispiele für Zeitreihen sind

- die täglichen Schlusskurse eines börsengehandelten Wertpapiers,
- die monatlich festgestellten Arbeitslosenzahlen in Deutschland,
- die Quartalsumsätze eines Unternehmens oder
- die jährlichen Produktionsmengen eines Stahlwerks.

Üblicherweise werden solche Zeitreihen in einem **Zeitreihendiagramm** grafisch dargestellt, wobei die lineare Verbindung aufeinander folgender Werte nur der besseren Veranschaulichung dient.

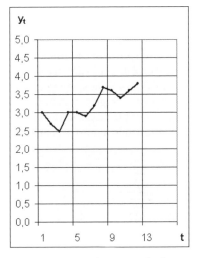

Abbildung 3.8: Zeitreihendiagramm der Umsatzreihe (Daten aus Tabelle 3.1)

In der **Zeitreihenanalyse** werden Zeitreihen auf Gesetzmäßigkeiten untersucht, die sich aus der zeitlichen Abfolge der Beobachtungswerte ergeben. Die einfachsten Verfahren zielen darauf ab, den Zeitreihenverlauf – so gut es geht – auf **systematische Komponenten** wie Trend und Saisoneinflüsse zurückzuführen. Neben den systematischen Komponenten wird noch eine **Restkomponente** berücksichtigt, in der alle nicht-systematischen („zufälligen") Einflüsse auf die Zeitreihe zusammengefasst werden.

Das **additive Modell der Zeitreihenzerlegung** lautet:

$$y_t \ = \ g_t + s_t + r_t \quad (t = 1, 2, ... ), \tag{3.13}$$

wobei die Zeitreihe $y_t$ in

■ eine **glatte Komponente (Trend)** $g_t$,

■ eine **zyklische Komponente (z.B. Saisonfigur)** $s_t$ und

■ eine **Restkomponente** $r_t$

zerlegt wird.

Wie in der Regressionsanalyse sind auch bei der Zeitreihenanalyse zwei Probleme zu behandeln:

■ **Schätzproblem:** Wie lassen sich die systematischen Komponenten $g_t$ und $s_t$ aus den vorliegenden Zeitreihenwerten schätzen?

■ **Beurteilungsproblem:** Wie lässt sich die Güte bzw. Aussagefähigkeit der Zeitreihenzerlegung beurteilen?

## 3.3.2    Bestimmung der glatten Komponente

Bei der Zeitreihenzerlegung beginnt man mit der glatten Komponente, indem man einen bestimmten Funktionstyp für die Trendfunktion unterstellt. Die einfachste Annahme ist die einer **linearen Trendfunktion**

$$g_t = a + bt .$$

Durch Einsetzen in die Modellgleichung (3.13) erhält man die Gleichung

$$y_t = a + bt + (s_t + r_t) ,$$

die dem linearen Regressionsmodell entspricht, wenn man die Werte der unabhängigen Variablen $x_t$ durch die Zeitperioden $t$ und die Störungen $u_t$ durch die kombinierte Saison- und Restkomponente $s_t + r_t$ ersetzt. Demnach können die Koeffizienten $a$ und $b$ der linearen Trendfunktion wieder nach dem **Kleinst-Quadrate-Prinzip** geschätzt werden:

$$\sum_{t=1}^{n}(s_t + r_t)^2 = \sum_{t=1}^{n}(y_t - a - bt)^2 =: q(a,b) \to \text{min!}$$

Das Ergebnis ist **die geschätzte Trendgerade**

$$\hat{g}_t = \hat{a} + \hat{b}\,t \tag{3.14}$$

mit den analog zu (3.6) und (3.7) bestimmten Koeffizienten

$$\hat{b} = \frac{\sigma_{ty}}{\sigma_t^2} \tag{3.15}$$

und
$$\hat{a} = \bar{y} - \hat{b}\,\frac{n+1}{2}. \tag{3.16}$$

Da die Werte von $t$ die Zahlen $1, ..., n$ sind, gilt bei der Berechnung:

$$\bar{t} = \frac{1}{n}\sum_{t=1}^{n} t = \frac{n+1}{2}$$

sowie
$$\sigma_t^2 = \frac{1}{n}\sum_{t=1}^{n}t^2 - \left(\frac{n+1}{2}\right)^2 = \frac{(n+1)(2n+1)}{6} - \frac{(n+1)^2}{4}$$ (3.17)

$$= \frac{(n+1)\left((4n+2)-(3n+3)\right)}{12} = \frac{(n+1)(n-1)}{12} = \frac{n^2-1}{12}$$

und
$$\sigma_{ty} = \frac{1}{n}\sum_{t=1}^{n}t\,(y_t - \bar{y}) = \frac{1}{n}\sum_{t=1}^{n}t\,y_t - \frac{n+1}{2}\,\bar{y}.$$ (3.18)

Die so geschätzte Trendgerade liefert **Trendprognosewerte** $\hat{g}_t$ für die Zeitreihe. Sie sollten als Ex-ante-Prognosen aber nur verwendet werden, wenn die Zeitreihe offensichtlich keine oder nur geringe zyklische Bewegungen aufweist.

Infolge der Schwerpunkt-Eigenschaft der Trendgerade sind die **Ex-post-Trendprognosewerte** $\hat{g}_t$ **($t = 1, ..., n$) frei von systematischen Prognosefehlern**, d.h. es gilt: $\bar{\hat{g}} = \bar{y}$ .

---

**Beispiel**

## Umsatzprognose

Aus den Daten in Tabelle 3.1 soll die künftige Umsatzentwicklung des Unternehmens mit Hilfe des additiven Zeitreihenzerlegungsmodells prognostiziert werden. Zunächst wird die lineare Trendfunktion bestimmt.

| Quartal | $t$ | $y_t$ | $y_t - \bar{y}$ | $t(y_t - \bar{y})$ | $\hat{g}_t$ | $y_t - \hat{g}_t$ |
|---------|-----|-------|-----------------|--------------------|-------------|-------------------|
| 2008 / 1 | 1 | 3,0 | -0,2 | -0,2 | 2,65 | 0,35 |
| 2008 / 2 | 2 | 2,7 | -0,5 | -1,0 | 2,75 | -0,05 |
| 2008 / 3 | 3 | 2,5 | -0,7 | -2,1 | 2,85 | -0,35 |
| 2008 / 4 | 4 | 3,0 | -0,2 | -0,8 | 2,95 | 0,05 |
| 2009 / 1 | 5 | 3,0 | -0,2 | -1,0 | 3,05 | -0,05 |
| 2009 / 2 | 6 | 2,9 | -0,3 | -1,8 | 3,15 | -0,25 |
| 2009 / 3 | 7 | 3,2 | 0 | 0 | 3,25 | -0,05 |
| 2009 / 4 | 8 | 3,7 | 0,5 | 4,0 | 3,35 | 0,35 |
| 2010 / 1 | 9 | 3,6 | 0,4 | 3,6 | 3,45 | 0,15 |
| 2010 / 2 | 10 | 3,4 | 0,2 | 2,0 | 3,55 | -0,15 |
| 2010 / 3 | 11 | 3,6 | 0,4 | 4,4 | 3,65 | -0,05 |
| 2010 / 4 | 12 | 3,8 | 0,6 | 7,2 | 3,75 | 0,05 |
| --- | --- | 38,4 | 0 | 14,3 | 38,4 | 0 |

Tabelle 3.5: Schätzung der linearen Trendfunktion

Man erhält: $\sigma_t^2 = \dfrac{12^2-1}{12} = 11{,}92 \ [\text{Quartale}^2] \qquad \sigma_{ty} = \dfrac{14{,}3}{12} = 1{,}192 \ [10^6\text{€}\cdot\text{Quartale}]$

und somit: $\hat{b} = \dfrac{1{,}192}{11{,}92} = 0{,}1 \ [10^6 \ \text{€ /Quartal}] \qquad \hat{a} = 3{,}2 - 0{,}1\cdot\dfrac{13}{2} = 2{,}55 \ [10^6 \ \text{€}].$

Die geschätzte lineare Trendfunktion lautet also:

$$\hat{g}_t = 2{,}55 + 0{,}1\,t\;,$$

woraus hervorgeht, dass der trendbedingte Anstieg des Umsatzes auf 100000 € pro Quartal geschätzt wird. Die beiden letzten Spalten der Tabelle 3.5 enthalten die **Ex-post-Trendprognosewerte** sowie die **Ex-post-Trendprognosefehler**; Tabelle 3.6 weist die **Ex-ante-Trendprognosen** für die ersten vier Quartale im Prognosebereich aus.

| Quartal | $t$ | $\hat{g}_t$ |
|---------|-----|-------------|
| 2011 / 1 | 13 | 3,85 |
| 2011 / 2 | 14 | 3,95 |
| 2011 / 3 | 15 | 4,05 |
| 2011 / 4 | 16 | 4,15 |

Tabelle 3.6: Ex-ante-Trendprognosen

### 3.3.3 Bestimmung der zyklischen Komponente

Eine Zeitreihe kann sehr unterschiedliche zyklische Bewegungen aufweisen. Bei ökonomischen Zeitreihen sind insbesondere jahreszeitliche oder konjunkturbedingte Schwankungen zu unterscheiden. Deshalb muss zunächst geklärt werden, welche Art von Zyklus bei einer Zeitreihe geschätzt werden soll. Entsprechend ist die **Zykluslänge $k$** festzulegen, d.h. die Anzahl der Zeitperioden, aus denen ein Zyklus besteht.

Bei **saisonalen Zyklen** ergibt sich die Zykluslänge unmittelbar aus der Anzahl der Perioden pro Jahr, z.B. $k = 4$ bei Quartalswerten und $k = 12$ bei Monatswerten. Ist die Zykluslänge nicht eindeutig vorgegeben (z.B. bei Konjunkturzyklen), so muss man notfalls mit verschiedenen $k$-Werten „experimentieren". Nach Möglichkeit sollte der Schätzzeitraum so gewählt werden, dass alle Zyklusphasen gleichmäßig repräsentiert werden, d.h. $n$ sollte möglichst ein ganzzahliges Vielfaches von $k$ sein. Der Schätzzeitraum umfasst dann

$$m = \frac{n}{k}$$

Zyklen.

Die einfachste Annahme für die Schätzung einer zyklischen Komponente ist diejenige eines **konstanten Zyklus**, bei dem sich die zyklische Komponente alle $k$ Perioden exakt wiederholt. Für alle Perioden $t$ gilt dann:

$$s_t = s_{t+k}\;.$$

Da die zyklische Komponente $s_t$ in den Trendprognosefehlern ($y_t - \hat{g}_t$) enthalten ist, liegt es nahe, sie als **durchschnittlichen Ex-post-Trendprognosefehler in entsprechenden Zyklusphasen** zu schätzen:

$$\hat{s}_t = \hat{s}_{t+k} = \hat{s}_{t+2k} = \ldots = \frac{1}{m}\sum_{j=0}^{m-1}(y_{t+jk} - \hat{g}_{t+jk}) \quad (t = 1,\ldots,k)\,. \tag{3.19}$$

Damit ist schließlich auch die **Restkomponente** im additiven Modell (3.13) bestimmt:

$$\hat{r}_t = y_t - \hat{g}_t - \hat{s}_t \quad (t = 1, \ldots, n) \, . \tag{3.20}$$

Sie stellt den **Ex-post-Prognosefehler** dar, da **Prognosewerte** mit diesem Modell als Summe der geschätzten systematischen Komponenten berechnet werden:

$$\hat{y}_t = \hat{g}_t + \hat{s}_t \, . \tag{3.21}$$

Weil sich die Saisoneinflüsse über den gesamten Zyklus ausgleichen ($\overline{\hat{s}} = 0$), sind die so berechneten **Ex-post-Prognosewerte** wiederum **frei von systematischen Prognosefehlern**, d.h. es gilt:

$$\overline{\hat{r}} = \overline{y} - \overline{\hat{g}} - \overline{\hat{s}} = 0 \, .$$

---

**Beispiel**

## Umsatzprognose

Nachdem für die Umsatzreihe aus Tabelle 3.1 die lineare Trendfunktion bestimmt wurde (s.o.), werden nun die **saisonalen Einflüsse** geschätzt. Da es sich um Quartalswerte handelt, beträgt die Zykluslänge $k = 4$ Perioden. Der Schätzzeitraum umfasst $n = 12$ Quartale und somit $m = 3$ ganze Zyklen.

Ausgangspunkt für die Schätzung der Saisonfigur sind die Ex-post-Trendprognosefehler, wie sie in Tabelle 3.5 berechnet wurden.

| Quartal | $t$ | $y_t$ | $\hat{g}_t$ | $y_t - \hat{g}_t$ | $\hat{s}_t$ | $\hat{g}_t + \hat{s}_t$ | $\hat{r}_t$ |
|---------|-----|-------|-------------|--------------------|-------------|--------------------------|-------------|
| 2008 / 1 | 1 | 3,0 | 2,65 | 0,35 | 0,15 | 2,8 | 0,2 |
| 2008 / 2 | 2 | 2,7 | 2,75 | -0,05 | -0,15 | 2,6 | 0,1 |
| 2008 / 3 | 3 | 2,5 | 2,85 | -0,35 | -0,15 | 2,7 | -0,2 |
| 2008 / 4 | 4 | 3,0 | 2,95 | 0,05 | 0,15 | 3,1 | -0,1 |
| 2009 / 1 | 5 | 3,0 | 3,05 | -0,05 | 0,15 | 3,2 | -0,2 |
| 2009 / 2 | 6 | 2,9 | 3,15 | -0,25 | -0,15 | 3,0 | -0,1 |
| 2009 / 3 | 7 | 3,2 | 3,25 | -0,05 | -0,15 | 3,1 | 0,1 |
| 2009 / 4 | 8 | 3,7 | 3,35 | 0,35 | 0,15 | 3,5 | 0,2 |
| 2010 / 1 | 9 | 3,6 | 3,45 | 0,15 | 0,15 | 3,6 | 0 |
| 2010 / 2 | 10 | 3,4 | 3,55 | -0,15 | -0,15 | 3,4 | 0 |
| 2010 / 3 | 11 | 3,6 | 3,65 | -0,05 | -0,15 | 3,5 | 0,1 |
| 2010 / 4 | 12 | 3,8 | 3,75 | 0,05 | 0,15 | 3,9 | -0,1 |
| --- | --- | 38,4 | 38,4 | 0 | 0 | 38,4 | 0 |

Tabelle 3.7: Schätzung der Saisonfigur und der Restkomponente

Die konstanten **Saisoneinflüsse** in den vier Quartalen werden gemäß (3.19) berechnet:

$$\hat{s}_1 = \hat{s}_5 = \hat{s}_9 = \frac{1}{3}\Big[ (y_1 - \hat{g}_1) + (y_5 - \hat{g}_5) + (y_9 - \hat{g}_9) \Big]$$

$$= \frac{1}{3}(0,35 - 0,05 + 0,15) = 0,15 \ [10^6 \, €]$$

$$\hat{s}_2 = \hat{s}_6 = \hat{s}_{10} = \frac{1}{3}\left[(y_2 - \hat{g}_2) + (y_6 - \hat{g}_6) + (y_{10} - \hat{g}_{10})\right]$$

$$= \frac{1}{3}(-0,05 - 0,25 - 0,15) = -0,15 \quad [10^6 \text{€}]$$

$$\hat{s}_3 = \hat{s}_7 = \hat{s}_{11} = \frac{1}{3}\left[(y_3 - \hat{g}_3) + (y_7 - \hat{g}_7) + (y_{11} - \hat{g}_{11})\right]$$

$$= \frac{1}{3}(-0,35 - 0,05 - 0,05) = -0,15 \quad [10^0 \text{€}]$$

$$\hat{s}_4 = \hat{s}_8 = \hat{s}_{12} = \frac{1}{3}\left[(y_4 - \hat{g}_4) + (y_8 - \hat{g}_8) + (y_{12} - \hat{g}_{12})\right]$$

$$= \frac{1}{3}(0,05 + 0,35 + 0,05) = 0,15 \quad [10^6 \text{€}] \ .$$

Dies bedeutet, dass die Umsätze saisonbedingt **im ersten und vierten Quartal** eines Jahres jeweils um **150 000 € über dem Trendwert** und **im zweiten und dritten Quartal** jeweils um **150 000 € unter dem Trendwert** liegen. Deshalb sollten die Ex-ante-Trendprognosen aus Tabelle 3.6 um diese Saisoneinflüsse korrigiert werden (vgl. Tabelle 3.8 und Abbildung 3.9).

| Quartal | $t$ | $\hat{y}_t$ |
|---|---|---|
| 2011 / 1 | 13 | 4,0 |
| 2011 / 2 | 14 | 3,8 |
| 2011 / 3 | 15 | 3,9 |
| 2011 / 4 | 16 | 4,3 |

Tabelle 3.8: Ex-ante-Prognosen unter Berücksichtigung der Saisoneinflüsse

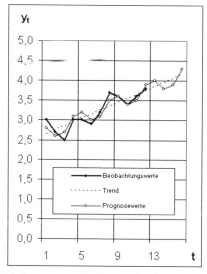

Abbildung 3.9: Prognosewerte der Umsatzreihe ohne und mit Saisonfigur

### 3.3.4 Beurteilung der Zeitreihenzerlegung

Im hier betrachteten additiven Zeitreihenmodell gilt – analog zum linearen Regressionsmodell – die **Streuungszerlegung**

$$\sigma_y^2 = \sigma_g^2 + \sigma_{\hat{s}}^2 + \sigma_{\hat{r}}^2 ,$$
(3.22)

wobei nun

■ die Varianz der beiden systematischen Komponenten $\sigma_g^2$ und $\sigma_{\hat{s}}^2$ als **erklärte Streuung** und

■ die Varianz der Restkomponente $\sigma_{\hat{r}}^2$ als **Reststreuung**

bezeichnet werden.

Die Güte des Zeitreihenmodells und der aus ihm abgeleiteten Prognosen kann daher wieder anhand des Anteils der erklärten Streuung an der Gesamtstreuung beurteilt werden. Je nach Einbeziehung der zyklischen Komponente gibt es zwei **Bestimmtheitsmaße**:

$$r_g^2 = \frac{\sigma_g^2}{\sigma_y^2} = \frac{\sigma_{ty}^2}{\sigma_t^2 \cdot \sigma_y^2}$$
(3.23)

und

$$r_{g+\hat{s}}^2 = \frac{\sigma_g^2 + \sigma_{\hat{s}}^2}{\sigma_y^2} .$$
(3.24)

Während das Bestimmtheitsmaß (3.23) **nur** den Erklärungsanteil der **Trendfunktion** angibt, enthält (3.24) **zusätzlich** noch den Erklärungsanteil der **zyklischen Komponente**.

---

**Beispiel**

## Umsatzprognose

Im Fall der additiven Zerlegung der Umsatz-Zeitreihe erhält man die folgende **Streuungszerlegung** (vgl. Tabelle 3.9):

$$\sigma_y^2 = \frac{1,92}{12} = 0,16 \ [10^{12}\, \text{E}^2] \qquad \sigma_g^2 = \frac{1,43}{12} = 0,11917 \ [10^{12}\, \text{E}^2]$$

$$\sigma_{\hat{s}}^2 = \frac{0,27}{12} = 0,0225 \ [10^{12}\, \text{E}^2] \qquad \sigma_{\hat{r}}^2 = \frac{0,22}{12} = 0,01833 \ [10^{12}\, \text{E}^2]$$

und damit die **Bestimmtheitsmaße**

$$r_g^2 = \frac{0,11917}{0,16} = 0,7448 \qquad \text{und} \qquad r_{g+\hat{s}}^2 = \frac{0,11917 + 0,0225}{0,16} = 0,8854 .$$

Somit wird die **Streuung des Umsatzes zu 74,48 % durch den linearen Trend und zu weiteren 14,06 % durch die konstante Saisonfigur erklärt**. Mit einem Bestimmtheitsmaß von insgesamt 88,54 % liefert die additive Zeitreihenzerlegung mithin eine gute bis sehr gute Erklärung des Zeitreihenverlaufs (was auch aus Abbildung 3.9 hervorgeht).

| $t$ | $y_t$ | $(y_t - \bar{y})^2$ | $\hat{g}_t$ | $(\hat{g}_t - \bar{\hat{g}})^2$ | $\hat{s}_t$ | $\hat{s}_t^2$ | $\hat{r}_t$ | $\hat{r}_t^2$ |
|---|---|---|---|---|---|---|---|---|
| 1 | 3,0 | 0,04 | 2,65 | 0,3025 | 0,15 | 0,0225 | 0,2 | 0,04 |
| 2 | 2,7 | 0,25 | 2,75 | 0,2025 | -0,15 | 0,0225 | 0,1 | 0,01 |
| 3 | 2,5 | 0,49 | 2,85 | 0,1225 | -0,15 | 0,0225 | -0,2 | 0,04 |
| 4 | 3,0 | 0,04 | 2,95 | 0,0625 | 0,15 | 0,0225 | -0,1 | 0,01 |
| 5 | 3,0 | 0,04 | 3,05 | 0,0225 | 0,15 | 0,0225 | -0,2 | 0,04 |
| 6 | 2,9 | 0,09 | 3,15 | 0,0025 | -0,15 | 0,0225 | -0,1 | 0,01 |
| 7 | 3,2 | 0 | 3,25 | 0,0025 | -0,15 | 0,0225 | 0,1 | 0,01 |
| 8 | 3,7 | 0,25 | 3,35 | 0,0225 | 0,15 | 0,0225 | 0,2 | 0,04 |
| 9 | 3,6 | 0,16 | 3,45 | 0,0625 | 0,15 | 0,0225 | 0 | 0 |
| 10 | 3,4 | 0,04 | 3,55 | 0,1225 | -0,15 | 0,0225 | 0 | 0 |
| 11 | 3,6 | 0,16 | 3,65 | 0,2025 | -0,15 | 0,0225 | 0,1 | 0,01 |
| 12 | 3,8 | 0,36 | 3,75 | 0,3025 | 0,15 | 0,0225 | -0,1 | 0,01 |
| --- | 38,4 | 1,92 | 38,4 | 1,43 | 0 | 0,27 | 0 | 0,22 |

Tabelle 3.9: Streuungszerlegung im additiven Zeitreihenmodell

## 3.3.5 Saisonbereinigung

In der empirischen Wirtschaftsforschung wird die Zeitreihenanalyse oft zur Saisonbereinigung verwendet. Zahlreiche ökonomische Zeitreihen wie z.B. die Arbeitslosenzahlen oder die Nachfrage nach bestimmten Konsumgütern weisen nämlich ausgeprägte saisonale Schwankungen auf. Dadurch wird die Beurteilung der Veränderungen besonders am „aktuellen Rand" erschwert. So ist z.B. fraglich, inwieweit ein Anstieg der Beschäftigung im Frühling oder eine Umsatzsteigerung in der Vorweihnachtszeit auf konjunkturelle Belebungen hinweisen oder nur Ausdruck jährlich wiederkehrender Saisoneinflüsse sind.

Zur Analyse der längerfristigen Entwicklungstendenzen empfiehlt es sich daher, den Saisoneinfluss aus der „Ursprungsreihe" $y_t$ ($t = 1, ..., n$) zu eliminieren. Diesen Vorgang nennt man **Saisonbereinigung**. Allgemein bezeichnet man die Elimination kurzfristiger Schwankungen aus Zeitreihen auch als **Glättung** von Zeitreihen.

Die Saisonbereinigung setzt eine **Schätzung der saisonalen Einflüsse** $\hat{s}_t$ ($t = 1, ..., n$) voraus, z.B. mit Hilfe des oben dargestellten Modells der additiven Zeitreihenzerlegung. Die **saisonbereinigte Zeitreihe** $\hat{y}_t^s$ ($t = 1, ..., n$) erhält man dann durch Subtraktion der geschätzten Saisoneinflüsse von den Ursprungswerten:

$$\hat{y}_t^s = y_t - \hat{s}_t \qquad (t = 1, ..., n) .$$

(3.25)

## Saisonbereinigter Umsatz

Die in diesem Kapitel verwendete Umsatz-Zeitreihe weist, wie die Analysen in den vorangehenden Abschnitten gezeigt haben, deutliche jahreszeitliche Schwankungen auf. Zur Beurteilung des Unternehmenserfolgs erscheint es daher sinnvoll, die Saisoneinflüsse aus der Umsatzreihe „herauszurechnen".

Die nachfolgende Tabelle 3.10 enthält sowohl die **Ursprungswerte** $y_t$ sowie die **saisonbereinigten Umsätze** $\hat{y}_t^s$. Aus dem dazugehörigen Zeitreihendiagramm (Abbildung 3.10) erkennt man, dass die saisonbereinigte Reihe deutlich „glatter" verläuft als die Ursprungsreihe; sie enthält keine systematischen Schwankungen mehr.

| Quartal | $t$ | $y_t$ | $\hat{s}_t$ | $\hat{y}_t^s$ |
|---------|-----|-------|-------------|---------------|
| 2008 / 1 | 1 | 3,0 | 0,15 | 2,85 |
| 2008 / 2 | 2 | 2,7 | -0,15 | 2,85 |
| 2008 / 3 | 3 | 2,5 | -0,15 | 2,65 |
| 2008 / 4 | 4 | 3,0 | 0,15 | 2,85 |
| 2009 / 1 | 5 | 3,0 | 0,15 | 2,85 |
| 2009 / 2 | 6 | 2,9 | -0,15 | 3,05 |
| 2009 / 3 | 7 | 3,2 | -0,15 | 3,35 |
| 2009 / 4 | 8 | 3,7 | 0,15 | 3,55 |
| 2010 / 1 | 9 | 3,6 | 0,15 | 3,45 |
| 2010 / 2 | 10 | 3,4 | -0,15 | 3,55 |
| 2010 / 3 | 11 | 3,6 | -0,15 | 3,75 |
| 2010 / 4 | 12 | 3,8 | 0,15 | 3,65 |
| --- | --- | 38,4 | 0 | 38,4 |

Tabelle 3.10: Saisonbereinigung

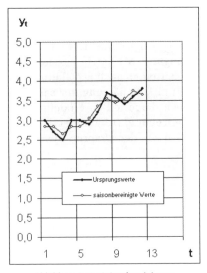

Abbildung 3.10: Saisonbereinigung

## 3.3.6  Glättung durch gleitende Durchschnitte

Eine einfache Methode der Glättung von historischen Zeitreihen besteht darin, kurzfristige zufällige, saisonale oder auch konjunkturelle Schwankungen zu eliminieren, indem man die Zeitreihenwerte über mehrere, aufeinander folgende Perioden mittelt. Die Ursprungswerte $y_t$ werden dabei ersetzt durch **gleitende Durchschnitte** $\bar{y}_t^{(k)}$, wobei die Zahl $k$ deren „Länge", d.h. die Anzahl der Perioden bei der Durchschnittsbildung angibt. Sollen durch die Glättung systematische Zyklusschwankungen ausgeglichen werden, so muss $k$ der Zykluslänge entsprechen (siehe Abschnitt 3.3.3). Generell nimmt die glättende Wirkung mit steigendem $k$ zu.

Je nachdem, aus welchen Perioden die Zeitreihenwerte bei der Mittelung stammen, können gleitende Durchschnitte **nachlaufend** (d.h. nur unter Einbeziehung von früheren Perioden), **zentriert** (d.h. unter Einbeziehung gleich vieler früherer wie späterer Perioden) oder auch **vorlaufend** (d.h. nur unter Einbeziehung späterer Perioden) definiert werden. Für analytische Zwecke wie die Bereinigung einer Zeitreihe von zyklischen Schwankungen werden zumeist zentrierte Durchschnitte verwendet, gelegentlich aber auch nachlaufende Durchschnitte, etwa bei der Analyse von Aktienkursen (z.B. 30-Tage- bzw. 200-Tage-Durchschnitte). Vorlaufende Durchschnitte sind jedoch in der Praxis selten.

■ **Nachlaufende gleitende Durchschnitte** der Länge $k$ ($\leq n$) sind allgemein definiert durch:

$$\bar{y}_t^{(k)} = \frac{1}{k}\sum_{j=0}^{k-1} y_{t-j} \quad (t = k,...,n)\,,\tag{3.26}$$

so dass beispielsweise nachlaufende gleitende Dreier-Durchschnitte berechnet werden nach der Formel:

$$\bar{y}_t^{(3)} = \frac{1}{3}\sum_{j=0}^{2} y_{t-j} = \frac{y_t + y_{t-1} + y_{t-2}}{3} \quad (t = 3,...,n)\,.$$

■ Bei **zentrierten gleitenden Durchschnitten** ist zu unterscheiden, ob ihre Länge $k$ ($\leq n$) ungeradzahlig oder geradzahlig ist. Die allgemeine Definition lautet:

$$\ddot{y}_t^{(k)} = \begin{cases} \dfrac{1}{k}\displaystyle\sum_{j=-\frac{k-1}{2}}^{\frac{k-1}{2}} y_{t+j} & \textit{falls } k \textit{ ungerade} \\[2mm] \dfrac{1}{k}\left(\dfrac{1}{2}y_{t-\frac{k}{2}} + \displaystyle\sum_{j=-\frac{k-2}{2}}^{\frac{k-2}{2}} y_{t+j} + \dfrac{1}{2}y_{t+\frac{k}{2}}\right) & \textit{falls } k \textit{ gerade}\,. \end{cases}\tag{3.27}$$

Zentrierte gleitende Dreier- bzw. Vierer-Durchschnitte werden z.B. gebildet durch:

$$\ddot{y}_t^{(3)} = \frac{1}{3}\sum_{j=-1}^{1} y_{t+j} = \frac{y_{t-1} + y_t + y_{t+1}}{3} \quad (t = 2,...,n-1)$$

bzw.

$$\ddot{y}_t^{(4)} = \frac{1}{4}\left(\frac{1}{2}y_{t-2} + \sum_{j=-1}^{1} y_{t+j} + \frac{1}{2}y_{t+2}\right) = \frac{\frac{1}{2}y_{t-2} + y_{t-1} + y_t + y_{t+1} + \frac{1}{2}y_{t+2}}{4} \quad (t = 3,...,n-2)\,.$$

---

## Beispiel

### Glättung der Umsatz-Zeitreihe

Berechnet man für die vierteljährliche Umsatz-Zeitreihe **zentrierte gleitende Vier-Quartale-Durchschnitte**, so erhält man auf sehr einfache Weise eine **saisonbereinigte Reihe** der Quartalsumsätze.

| Quartal | $t$ | $y_t$ | $\bar{\bar{y}}_t^{(4)}$ |
|---------|-----|-------|----------------|
| 2008 / 1 | 1 | 3,0 | --- |
| 2008 / 2 | 2 | 2,7 | --- |
| 2008 / 3 | 3 | 2,5 | 2,8000 |
| 2008 / 4 | 4 | 3,0 | 2,8250 |
| 2009 / 1 | 5 | 3,0 | 2,9375 |
| 2009 / 2 | 6 | 2,9 | 3,1125 |
| 2009 / 3 | 7 | 3,2 | 3,2750 |
| 2009 / 4 | 8 | 3,7 | 3,4125 |
| 2010 / 1 | 9 | 3,6 | 3,5250 |
| 2010 / 2 | 10 | 3,4 | 3,5875 |
| 2010 / 3 | 11 | 3,6 | --- |
| 2010 / 4 | 12 | 3,8 | --- |

Tabelle 3.11: Gleitende Vier-Quartale-Durchschnitte

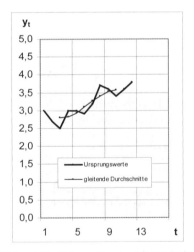

Abbildung 3.11: Gleitende Vier-Quartale-Durchschnitte

Wie das Beispiel zeigt, sind zentrierte gleitende Durchschnitte wegen der fehlenden Werte am Ende des Beobachtungszeitraums nicht geeignet, Entwicklungen am „aktuellen Rand" zu beurteilen. Im Übrigen sind gleitende Durchschnitte generell **rein deskriptiver Natur**; sie besitzen – anders als eine Trendfunktion – keinen darüber hinausgehenden Hypothesen-Charakter und bieten insofern keinen Ansatzpunkt zur Prognose der künftigen Entwicklung.

# 3.4 Aufgaben

### Aufgabe 3.1

Der Personalchef eines Unternehmens vermutet einen Zusammenhang zwischen der Beschäftigung in der Region und der Zahl der Krankmeldungen in seinem Betrieb. Die durchschnittlichen Arbeitslosenzahlen im betreffenden Arbeitsamtsbezirk ($X$) und die Zahl der Krankmeldungen ($Y$) betrugen in den letzten zwölf Jahren:

| Arbeitslose [1000] | 5 | 6 | 6 | 7 | 17 | 15 | 15 | 13 | 12 | 9 | 8 | 7 |
|---|---|---|---|---|---|---|---|---|---|---|---|---|
| Krankmeldungen [100] | 18 | 16 | 14 | 13 | 2 | 3 | 4 | 6 | 7 | 10 | 7 | 8 |

a) Berechnen Sie für die beiden Zeitreihen jeweils die Standardabweichung, die Kovarianz und den Korrelationskoeffizienten! Beurteilen Sie die Korrelation der beiden Merkmale!

b) Bestimmen Sie nach der Methode der kleinsten Quadrate die Koeffizienten der Regressionsgerade und zeichnen Sie die Gerade in das Streuungsdiagramm ein!

c) Berechnen und interpretieren Sie das Bestimmtheitsmaß!

### Aufgabe 3.2

Ein Professor meint, dass bei den Studierenden des Studiengangs BWL ein starker Zusammenhang zwischen der Mathematiknote im ersten Semester ($X$) und der Examensnote ($Y$) besteht. Bei 20 Absolventen ergab sich folgende zweidimensionale Verteilung dieser beiden (als intervallskaliert betrachteten) Noten:

| $x_i$ \ $y_j$ | 1 | 2 | 3 | 4 |
|---|---|---|---|---|
| 1 | 1 | 1 | 0 | 0 |
| 2 | 2 | 1 | 1 | 0 |
| 3 | 0 | 3 | 2 | 1 |
| 4 | 0 | 5 | 2 | 1 |

a) Bestimmen Sie die Durchschnittsnoten, die Varianzen von $X$ und $Y$ sowie die Kovarianz!

b) Schätzen Sie die Regressionsgerade $y = a + b\,x$ nach der Methode der kleinsten Quadrate!

c) Wie beurteilen Sie das Ergebnis der Regressionsanalyse? Was besagt hier das Bestimmtheitsmaß?

d) Bestimmen Sie die Varianzen der Ex-post-Prognosewerte und der Residuen, $\sigma_{\hat{y}}^2$ und $\sigma_{\hat{u}}^2$!

e) Prognostizieren sie die Examensnote eines Studierenden, der in der Mathematik-Klausur eine 1 bzw. eine 4 hatte.

## Aufgabe 3.3

Andreas interessiert sich für den Kauf eines Gebrauchtwagens vom Typ „Smart". In der Samstagsausgabe der Regionalzeitung findet er acht passende Angebote:

| Tachostand [1000 km] | 14 | 9 | 30 | 37 | 17 | 6 | 20 | 27 |
|---|---|---|---|---|---|---|---|---|
| Preis [1000 €] | 11,7 | 12,0 | 9,6 | 9,3 | 10,8 | 12,3 | 10,2 | 10,5 |

a) Andreas nimmt an, dass der Preis ($Y$) linear vom Tachostand ($X$) abhängt. Schätzen Sie die Regressionsgerade nach der Methode der kleinsten Quadrate!

b) Beurteilen Sie die Güte der Regression anhand des Bestimmtheitsmaßes!

c) Andreas erfährt von seinem Freund Simon, dass dieser ihm seinen gebrauchten „Smart" mit Tachostand 40000 km zum Freundschaftspreis von 9000 € verkaufen würde. Wie beurteilen Sie das Angebot?

## Aufgabe 3.4

Die Absatzzahlen eines europäischen Nutzfahrzeug-Herstellers auf dem nordamerikanischen Markt entwickelten sich in den Jahren 2006 bis 2010 wie folgt:

| Halbjahr | I/06 | II/06 | I/07 | II/07 | I/08 | II/08 | I/09 | II/09 | I/10 | II/10 |
|---|---|---|---|---|---|---|---|---|---|---|
| Absatz [1000 Stück] | 33 | 33 | 31 | 29 | 25 | 23 | 21 | 20 | 18 | 17 |

a) Berechnen Sie die Trendgerade für die Absatzentwicklung und beurteilen Sie die Güte der Anpassung mit Hilfe des Bestimmtheitsmaßes!

b) Ermitteln Sie die Halbjahres-Saisonfigur! Wie beurteilen Sie deren Beitrag zur Erklärung des Zeitreihenverlaufs?

c) Geben Sie Prognosewerte für das erste und zweite Halbjahr 2011 ohne und mit Berücksichtigung des Saisoneinflusses an!

d) Halten Sie eine Saisonbereinigung der Absatzzahlen für sinnvoll? (Begründung?)

## Aufgabe 3.5

Die Beschäftigtenzahl (Quartalsdurchschnitte) einer Straßenbaufirma entwickelte sich in den Jahren 2006 bis 2008 wie folgt:

| Quartal | I/06 | II/06 | III/06 | IV/06 | I/07 | II/07 | III/07 | IV/07 | I/08 | II/08 | III/08 | IV/08 |
|---|---|---|---|---|---|---|---|---|---|---|---|---|
| Beschäftigte | 124 | 172 | 202 | 186 | 144 | 189 | 233 | 206 | 173 | 195 | 252 | 204 |

a) Wie viele Mitarbeiter beschäftigte die Firma im Durchschnitt der Jahre 2006 bis 2008, und wie hoch war die Standardabweichung der Quartalswerte?

b) Berechnen Sie die Trendgerade und beurteilen Sie die Güte der Anpassung mit dem Bestimmtheitsmaß!

c) Ermitteln Sie die Saisonfigur und beurteilen Sie deren Beitrag zur Erklärung der Beschäftigungsschwankungen!

d) Erstellen Sie Ex-ante-Prognosen für die Quartale des Jahres 2009!

## Aufgabe 3.6

Ein Spielzeughersteller hatte in den Jahren 2006 und 2007 die folgenden vierteljährlichen Umsatzzahlen zu verzeichnen:

| Quartal | I/06 | II/06 | III/06 | IV/06 | I/07 | II/07 | III/07 | IV/07 |
|---|---|---|---|---|---|---|---|---|
| Umsatz [1000 €] | 143,5 | 145,0 | 155,0 | 194,5 | 150,5 | 150,0 | 161,0 | 200,5 |

a) Bestimmen Sie die Trendgerade für die Umsatzentwicklung und erklären Sie, was der geschätzte Koeffizient $\hat{b}$ hier aussagt!

b) Berechnen Sie die konstante Saisonfigur bei additiver Zeitreihenzerlegung!

c) Beurteilen Sie die Erklärungsgüte des additiven Modells der Zeitreihenzerlegung!

d) Um wie viel Prozent ist der saisonbereinigte Umsatz im letzten Quartal 2007 gegenüber dem Vorquartal gestiegen?

e) Berechnen Sie – soweit möglich – die zentrierten gleitenden Vier-Quartale-Durchschnitte der Umsatzzeitreihe!

## Aufgabe 3.7

Ein Unternehmen führt für seine Mitarbeiter eine freiwillige Fortbildung durch, die jeweils am Montag-, Mittwoch- und Freitagabend stattfindet. In den ersten vier Wochen ergaben sich folgende Teilnehmerzahlen:

| Woche | 1 | 1 | 1 | 2 | 2 | 2 | 3 | 3 | 3 | 4 | 4 | 4 |
|---|---|---|---|---|---|---|---|---|---|---|---|---|
| Tag | Mo | Mi | Fr | Mo | Mi | Fr | Mo | Mi | Fr | Mo | Mi | Fr |
| Teilnehmerzahl | 95 | 99 | 55 | 79 | 87 | 51 | 63 | 75 | 39 | 59 | 67 | 35 |

a) Berechnen Sie die Trendgerade für die Teilnehmerzahl und das dazugehörige Bestimmtheitsmaß!

b) Bestimmen Sie mit Hilfe der geschätzten Trendwerte die „Saisoneinflüsse" der Wochentage $\hat{s}_{Mo}$, $\hat{s}_{Mi}$ und $\hat{s}_{Fr}$!

c) Zu wie viel Prozent wird die Fluktuation der Teilnehmerzahl durch Trend und Saisonfigur erklärt? Wie beurteilen Sie die Erklärungsgüte des Zeitreihenmodells insgesamt?

d) Bestimmen Sie für die Wochen zwei bis vier die nachlaufenden gleitenden Dreier-Durchschnitte der Teilnehmerzahlen!

e) Prognostizieren Sie mit dem Zerlegungsmodell die Teilnehmerzahlen am Montag, Mittwoch und Freitag der fünften Woche!

# Indexzahlen

4

ÜBERBLICK

# 4.1    Einführung und Grundbegriffe

Indexzahlen sind spezielle Mittelwerte, mit denen die Entwicklung mehrerer Zeitreihen zusammenfassend dargestellt wird. In einer Volkswirtschaft werden vor allem **Preisindizes** stark beachtet, die die durchschnittliche Preisentwicklung einer bestimmten Gütergruppe beschreiben. Daneben gibt es aber noch zahlreiche andere wichtige ökonomische Indexzahlen, z.B. Aktienkursindizes (DAX, Euro-Stoxx, Dow Jones, Nikkei etc.), Produktionsindizes oder Umsatzindizes.

Index-Berechnungen setzen immer das Vorliegen von **Zeitreihen** voraus, die im vorangehenden Kapitel als Folgen von zeitlich hintereinander bei demselben Merkmalsträger erhobenen Beobachtungswerten eines Merkmals definiert wurden. Oftmals wird die Entwicklung einer bestimmten ökonomischen Größe, z.B. eines Preises, nicht durch die Zeitreihenwerte $y_t$ selbst, sondern durch **Messzahlen** $m_{0t}$ beschrieben, bei denen die Zeitreihenwerte $y_t$ jeweils zu einem bestimmten Basiswert $y_0$ der Zeitreihe ins Verhältnis gesetzt werden:

$$m_{0t} = \frac{y_t}{y_0} \ . \tag{4.1}$$

Bei einer Messzahl wird die Periode **0** als **Basisperiode** und die Periode $t$ als **Berichtsperiode** bezeichnet.

---

## Beispiel

### Energiepreisentwicklung

Ein Industriebetrieb bezieht Energielieferungen in Form von Öl, Gas und Elektrizität. Die Preise, die dafür im Basisjahr 0 bzw. im Berichtsjahr $t$ zu entrichten waren, weist die folgende Tabelle aus.

| $i$ | Energie | Preis im Basisjahr $p_{i0}$ | Preis im Berichtsjahr $p_{it}$ | Preismesszahl $p_{it}/p_{i0}$ |
|---|---|---|---|---|
| 1 | Öl | 0,12 [€/Liter] | 0,30 [€/Liter] | 2,5 |
| 2 | Gas | 0,28 [€/m³] | 0,42 [€/m³] | 1,5 |
| 3 | Elektrizität | 0,08 [€/kWh] | 0,06 [€/kWh] | 0,75 |

Tabelle 4.1: Energiepreise im Basis- und Berichtsjahr

Die **Preismesszahlen** in diesem Beispiel sagen aus, dass der Ölpreis zwischen dem Basis- und Berichtsjahr um den Faktor 2,5 (d.h. um 150 %) und der Gaspreis um den Faktor 1,5 (d.h. um 50 %) gestiegen ist, während sich der Strompreis um den Faktor 0,75 verändert hat (d.h. um 25 % gefallen ist).

---

Eine **Indexzahl** (oder kurz: ein Index) ist ein **gewichteter Mittelwert von gleichartigen Messzahlen** $m_{i0t}$ ($i = 1, ..., n$), die sich auf verschiedene Güter $i$, aber jeweils auf **dieselbe Basisperiode 0** und **dieselbe Berichtsperiode $t$** beziehen. Die Mittelung der

Messzahlen kann dabei auf unterschiedliche Weise vorgenommen werden, beispielsweise als gewichtetes arithmetisches Mittel:

$$I_{0t} = \overline{m}_{0t} \quad ( \text{ z.B.} \quad I_{0t} = \sum_{i=1}^{n} g_i \, m_{i0t} ) \, . \tag{4.2}$$

---

### Beispiel

## Verbraucherpreisindex

Der monatlich vom Statistischen Bundesamt veröffentlichte Verbraucherpreisindex (VPI) dürfte der in Deutschland meistbeachtete Preisindex sein. Er beschreibt die Preisentwicklung der von den privaten Haushalten konsumierten Güter und dient als Berechnungsgrundlage der Inflationsrate. Im VPI werden die Preismesszahlen von ca. 750 Waren (Lebensmittel, Bekleidung, Mieten, Kraftfahrzeuge etc.) und Dienstleistungen (Friseur, Reinigung, Versicherungen etc.) gemittelt, wobei die einzelnen Posten nach ihrem Anteil an den Gesamtausgaben der Haushalte gewichtet werden. Als Basisjahr wird derzeit das Jahr 2005 verwendet (vgl. Tabelle 4.2).

Man beachte, dass Indexzahlen in Veröffentlichungen i.d.R. mit dem Faktor 100 multipliziert werden (daher die Angabe „2005 = 100"). Eine Indexzahl von über (unter) 100 besagt also, dass sich die betreffenden Preise gegenüber dem Basisjahr erhöht (ermäßigt) haben.

| Jahr | $VPI_{2005,\,t}$ | Inflationsrate |
|------|------------------|----------------|
| 2005 | 100,0 | 1,7 % |
| 2006 | 101,6 | 1,6 % |
| 2007 | 103,9 | 2,3 % |
| 2008 | 106,6 | 2,6 % |
| 2009 | 107,0 | 0,4 % |

Tabelle 4.2: Verbraucherpreisindex in Deutschland (2005 = 100)
Quelle: Statistisches Bundesamt

---

Grundsätzlich werden in der Wirtschaftsstatistik drei Index-Arten unterschieden:

- Ein **Preisindex** beschreibt die durchschnittliche Preisentwicklung einer Gütergruppe.
- Ein **Mengenindex** beschreibt die durchschnittliche Mengenentwicklung einer Gütergruppe.
- Ein **Wertindex** oder **Umsatzindex** beschreibt die durchschnittliche Wert- bzw. Umsatzentwicklung; er beinhaltet also sowohl eine Preis- als auch eine Mengenkomponente.

## 4.2 Preisindizes

### 4.2.1 Preisindex-Berechnung mit Warenkorb

Preisindizes basieren zumeist auf der Vorstellung eines **Warenkorbs**, der insgesamt $n$ Güter in genau festgelegten Mengen enthält. Ein **Preisindex** $P_{0t}$ gibt dann an, um welchen Faktor sich der Preis dieses Warenkorbs zwischen der Basisperiode 0 und der Berichtsperiode $t$ verändert hat.

Bezeichnet man die Güterpreise der Basisperiode mit $p_{i0}$ ($i = 1, ..., n$), die Güterpreise der Berichtsperiode mit $p_{it}$ ($i = 1, ..., n$) und die festen Gütermengen mit $q_i$ ($i = 1, ..., n$), so ergibt sich die Preisindex-Formel

$$P_{0t} = \frac{\sum\limits_{i=1}^{n} p_{it} q_i}{\sum\limits_{i=1}^{n} p_{i0} q_i},$$

bei der im Zähler bzw. Nenner die Ausgaben für den Warenkorb in der Basis- bzw. in der Berichtsperiode stehen („**Warenkorb-Formel**"). Die **mengenmäßige Zusammensetzung** des Warenkorbs muss in der Basis- und Berichtsperiode **identisch** sein, damit die Preisänderung des Warenkorbs eindeutig den Güterpreis-Änderungen zugeschrieben werden kann.

Üblicherweise wird bei einem Preisindex ein Mengengerüst verwendet, das den empirischen Verhältnissen (z.B. dem tatsächlichen privaten Verbrauch) entspricht, wobei allerdings zu beachten ist, dass sich diese über die Zeit ändern. Insbesondere unterscheidet man zwei **Index-Konzepte**:

■ **Preisindex nach Laspeyres**[1]

Das Mengengerüst entspricht den empirischen Verhältnissen in der **Basisperiode** ($q_i = q_{i0}$). Die „Warenkorb-Formel" lautet somit:

$$P_{0t}^L = \frac{\sum\limits_{i=1}^{n} p_{it} q_{i0}}{\sum\limits_{i=1}^{n} p_{i0} q_{i0}}. \tag{4.3}$$

■ **Preisindex nach Paasche**[2]

Das Mengengerüst entspricht den empirischen Verhältnissen in der **Berichtsperiode** ($q_i = q_{it}$). Dann ergibt sich die „Warenkorb-Formel":

$$P_{0t}^P = \frac{\sum\limits_{i=1}^{n} p_{it} q_{it}}{\sum\limits_{i=1}^{n} p_{i0} q_{it}}. \tag{4.4}$$

In der Praxis weichen die numerischen Werte der nach den beiden Konzepten berechneten Preisindizes i.A. leicht von einander ab, wobei der Laspeyres-Preisindex meist etwas höher ausfällt als der entsprechende Paasche-Preisindex (vgl. Abschnitt 4.2.3).

---

1 **Ernst Louis Étienne Laspeyres** (1834–1913), deutscher Ökonom
2 **Hermann Paasche** (1851–1925), deutscher Ökonom

---

## Beispiel

### Energiepreisentwicklung

Für den Industriebetrieb, dessen Bezugspreise für Energie in Tabelle 4.1 angegeben wurden, soll ein Preisindex für Energielieferungen bestimmt werden. Die gelieferten Energiemengen und die damit gebildeten Mengenmesszahlen zeigt die folgende Tabelle.

| $i$ | Energie | Liefermenge im Basisjahr | Liefermenge im Berichtsjahr | Mengenmesszahl |
|---|---|---|---|---|
| | | $q_{i0}$ | $q_{it}$ | $q_{it} / q_{i0}$ |
| 1 | Öl | 70000 [Liter] | 84000 [Liter] | 1,2 |
| 2 | Gas | 10000 [m³] | 24000 [m³] | 2,4 |
| 3 | Elektrizität | 280000 [kWh] | 420000 [kWh] | 1,5 |

Tabelle 4.3: Energiemengen im Basis- und Berichtsjahr

Nun zur Berechnung des **Preisindex**.

- Der Preisindex **nach Laspeyres** basiert auf den Liefermengen des Basisjahres:

$$P_{0t}^L = \frac{0,30 \cdot 70000 + 0,42 \cdot 10000 + 0,06 \cdot 280000}{0,12 \cdot 70000 + 0,28 \cdot 10000 + 0,08 \cdot 280000} = \frac{42000}{33600} = 1,25 \ .$$

- Der Preisindex **nach Paasche** basiert auf den Liefermengen der Berichtsperiode:

$$P_{0t}^P = \frac{0,30 \cdot 84000 + 0,42 \cdot 24000 + 0,06 \cdot 420000}{0,12 \cdot 84000 + 0,28 \cdot 24000 + 0,08 \cdot 420000} = \frac{60480}{50400} = 1,2 \ .$$

Somit haben sich die Preise bei den Energielieferungen zwischen dem Basis- und Berichtsjahr – je nach verwendetem Index-Konzept – um 25 % bzw. 20 % erhöht.

## 4.2.2 Preisindex-Berechnung als Mittelwert

Neben den oben angegebenen „Warenkorb-Formeln", mit denen die Preisindizes nach Laspeyres und Paasche sehr anschaulich beschrieben werden, gibt es eine zweite Berechnungsmöglichkeit für diese beiden Preisindizes. Gemäß der eingangs in diesem Kapitel angegebenen Index-Definition können sie auch als **Mittelwerte von** entsprechenden **Preismesszahlen** ($p_{it} / p_{i0}$) bestimmt werden („Mittelwert-Formel"), wobei im Einzelnen Folgendes gilt:

- Der **Preisindex nach Laspeyres** ist ein gewichtetes **arithmetisches Mittel** der Preismesszahlen, bei dem die Umsatzanteile in der **Basisperiode** zur Gewichtung herangezogen werden:

$$P_{0t}^L = \sum_{i=1}^{n} g_i^L \frac{p_{it}}{p_{i0}} = \sum_{i=1}^{n} \frac{p_{i0} q_{i0}}{\sum_{i=1}^{n} p_{i0} q_{i0}} \cdot \frac{p_{it}}{p_{i0}} = \frac{\sum_{i=1}^{n} p_{it} q_{i0}}{\sum_{i=1}^{n} p_{i0} q_{i0}} \ . \tag{4.5}$$

- Der **Preisindex nach Paasche** ist hingegen ein gewichtetes **harmonisches Mittel** der Preismesszahlen, bei dem die Umsatzanteile in der **Berichtsperiode** zur Gewichtung benutzt werden:

$$P_{0t}^P = \frac{1}{\sum\limits_{i=1}^{n} g_i^P \frac{p_{i0}}{p_{it}}} = \frac{1}{\sum\limits_{i=1}^{n} \frac{p_{it}q_{it}}{\sum\limits_{i=1}^{n} p_{it}q_{it}} \cdot \frac{p_{i0}}{p_{it}}} = \frac{\sum\limits_{i=1}^{n} p_{it}q_{it}}{\sum\limits_{i=1}^{n} p_{i0}q_{it}} \ . \tag{4.6}$$

Dass beim Laspeyres- und Paasche-Index unterschiedliche Mittelwerte benutzt werden, ergibt sich aus der Tatsache, dass hier Verhältniszahlen (Messzahlen) gemittelt werden, deren **Gewichtung**

- beim Laspeyres-Index

$$g_i^L = \frac{p_{i0}q_{i0}}{\sum\limits_{i=1}^{n} p_{i0}q_{i0}} \tag{4.7}$$

auf die **Basisperiode** (im **Nenner** der Messzahlen) und

- beim Paasche-Index

$$g_i^P = \frac{p_{it}q_{it}}{\sum\limits_{i=1}^{n} p_{it}q_{it}} \tag{4.8}$$

auf die **Berichtsperiode** (im **Zähler** der Messzahlen) bezogen ist (vgl. Abschnitt 1.3.6.2).

Die Formeln (4.5) und (4.6) zeigen, wie sich die „Mittelwert-Formeln" in die entsprechenden „Warenkorb-Formeln" überführen lassen. Welche Formel zur Berechnung verwendet wird, hängt von den bereitgestellten Daten ab. Die **„Mittelwert-Formel"** bietet sich an, wenn die Preismesszahlen und Umsätze bzw. Umsatzanteile gegeben sind, während man die **„Warenkorb-Formel"** verwendet, wenn die einzelnen Preise und Mengen bekannt sind.

## Beispiel

### Energiepreisentwicklung

Aus den Tabellen 4.1 und 4.3 ergeben sich die folgenden Umsätze bzw. Umsatzanteile.

| $i$ | Energie | Umsatz im Basisjahr | Umsatzanteil im Basisjahr | Umsatz im Berichtsjahr | Umsatzanteil im Berichtsjahr |
|-----|---------|---------------------|---------------------------|------------------------|------------------------------|
| | | $p_{i0} \cdot q_{i0}$ | $g_i^L$ | $p_{it} \cdot q_{it}$ | $g_i^P$ |
| 1 | Öl | 8400 [€] | 3/12 | 25200 [€] | 5/12 |
| 2 | Gas | 2800 [€] | 1/12 | 10080 [€] | 2/12 |
| 3 | Elektrizität | 22400 [€] | 8/12 | 25200 [€] | 5/12 |
| Σ | Energie | 33600 [€] | 1 | 60480 [€] | 1 |

Tabelle 4.4: Energieumsätze im Basis- und Berichtsjahr

Mit Hilfe der „Mittelwert-Formeln" berechnet man dann auf alternative Weise

- ◼ den **Preisindex nach Laspeyres**:

$$P_{0t}^L = \frac{3}{12} \cdot 2,5 + \frac{1}{12} \cdot 1,5 + \frac{8}{12} \cdot 0,75 = 1,25 \quad \text{bzw.}$$

- ◼ den **Preisindex nach Paasche**:

$$P_{0t}^P = \frac{1}{\dfrac{5/12}{2,5} + \dfrac{2/12}{1,5} + \dfrac{5/12}{0,75}} = 1,2 \ .$$

## 4.2.3 Praktische Verwendung der Indexkonzepte

Zur Beschreibung der Preisentwicklung über einen längeren Zeitraum werden **Preis-index-Zeitreihen** $P_{0t}$ ($t = 0$, 1, 2, ...) gebildet, in denen die Berichtsperiode variiert, während die Basisperiode 0 konstant bleibt. Ein Beispiel hierfür ist die in Tabelle 4.2 ausgewiesene Zeitreihe des Verbraucherpreisindex.

Liegt einer solchen Preisindex-Zeitreihe – wie beim VPI – das **Laspeyres-Konzept** zugrunde, so lässt sich die Reihe besonders leicht interpretieren, weil bei der Berechnung **in allen Berichtsperioden derselbe Warenkorb** (nämlich derjenige der Basisperiode) benutzt wird. Allerdings ist bei Laspeyres-Indexreihen von Zeit zu Zeit eine **Aktualisie-rung des Warenkorbs** erforderlich, weil sich die relevanten Warenkörbe z.B. aufgrund neuer Produkte und Konsumgewohnheiten im Zeitablauf verändern.

Bei einer nach dem **Paasche-Konzept** berechneten Preisindex-Zeitreihe wird dem-gegenüber **in jeder Berichtsperiode ein anderer** (nämlich der jeweils aktuelle) **Waren-korb** verwendet. Dies hat zur Folge, dass sich für zwei Berichtsperioden bei identischen Einzelpreisen aller Güter in diesen beiden Perioden – allein aufgrund von Gewichts-verschiebungen im Warenkorb - verschiedene Preisindex-Werte ergeben können. D.h. **Preisindex**-Bewegungen können bei Verwendung des Paasche-Konzepts auch Ausdruck von **Mengenänderungen** sein.

Vergleicht man die Zahlenwerte entsprechender Laspeyres- und Paasche-Preisindizes, so ist sehr oft festzustellen, dass der Laspeyres-Index etwas über dem Paasche-Index liegt. Dieser sog. **Laspeyres-Effekt** beruht darauf, dass die Konsumenten unter Konkur-renzbedingungen zwischen dem Basis- und Berichtsjahr bereits Mengenanpassungen zugunsten derjenigen Güter vornehmen, die sich relativ verbilligen. Diese werden im Laspeyres-Index stärker gewichtet als im entsprechenden Paasche-Index.

Wegen der besseren Interpretierbarkeit werden in der amtlichen Statistik im Allge-meinen Laspeyres-Indizes bevorzugt. Paasche-Indizes werden jedoch oft zur Deflatio-nierung eingesetzt (vgl. Abschnitt 4.6).

Als „Kompromiss" zwischen beiden Indexkonzepten wird gelegentlich der **Preis-index nach Fisher**[3] angesehen, der als **geometrisches Mittel** entsprechender Laspeyres- und Paasche-Indizes berechnet wird.

$$P_{0t}^F = \sqrt{P_{0t}^L \cdot P_{0t}^P} \ . \tag{4.9}$$

Nachteilig ist an dieser Konstruktion jedoch, dass ein klares Warenkorb- bzw. Gewich-tungskonzept fehlt.

---

3 **Irving Fisher** (1867–1947), amerikanischer Ökonom

---

> ## Beispiel
>
> ### Energiepreisentwicklung
>
> Als **Preisindex nach Fisher** erhält man im obigen Beispiel den „Kompromisswert"
>
> $$P_{0t}^F = \sqrt{1,25 \cdot 1,2} = 1,2247 \ .$$

## 4.3 Mengenindizes

**Mengenindizes** sind gewichtete **Mittelwerte von Mengenmesszahlen**. Sie beschreiben demnach die mengenmäßige Entwicklung eines Warenkorbs. Formal kann ein Mengenindex auch definiert werden als Verhältnis zwischen den Summen der bewerteten Gütermengen in der Berichts- und Basisperiode, wobei die Bewertung mit **denselben Preisen** erfolgt:

$$Q_{0t} = \frac{\sum\limits_{i=1}^{n} p_i \, q_{it}}{\sum\limits_{i=1}^{n} p_i \, q_{i0}} \ .$$

Grundsätzlich lassen sich die beim Preisindex dargestellten Konzepte – mit vertauschten Rollen zwischen Preisen und Mengen – auf Mengenindizes übertragen. Für die Mengenindizes nach Laspeyres und Paasche gibt es demnach wieder je eine „Mittelwert-Formel" und eine „Warenkorb-Formel". Im Einzelnen gilt:

■ Der **Mengenindex nach Laspeyres** ist ein gewichtetes **arithmetisches Mittel** der Mengenmesszahlen, bei dem **die Umsatzanteile in der Basisperiode** zur Gewichtung herangezogen werden:

$$Q_{0t}^L = \sum_{i=1}^{n} g_i^L \frac{q_{it}}{q_{i0}} = \sum_{i=1}^{n} \frac{p_{i0} q_{i0}}{\sum\limits_{i=1}^{n} p_{i0} q_{i0}} \cdot \frac{q_{it}}{q_{i0}} = \frac{\sum\limits_{i=1}^{n} p_{i0} q_{it}}{\sum\limits_{i=1}^{n} p_{i0} q_{i0}} \ . \tag{4.10}$$

■ Der **Mengenindex nach Paasche** ist ein gewichtetes **harmonisches Mittel** der Mengenmesszahlen, bei dem die Umsatzanteile in der **Berichtsperiode** die Gewichtung bilden:

$$Q_{0t}^P = \frac{1}{\sum\limits_{i=1}^{n} g_i^P \frac{q_{i0}}{q_{it}}} = \frac{1}{\sum\limits_{i=1}^{n} \frac{p_{it} q_{it}}{\sum\limits_{i=1}^{n} p_{it} q_{it}} \cdot \frac{q_{i0}}{q_{it}}} = \frac{\sum\limits_{i=1}^{n} p_{it} q_{it}}{\sum\limits_{i=1}^{n} p_{it} q_{i0}} \ . \tag{4.11}$$

■ Der **Mengenindex nach Fisher** ist das **geometrische Mittel** aus den entsprechenden Laspeyres- und Paasche-Mengenindizes:

$$Q_{0t}^F = \sqrt{Q_{0t}^L \cdot Q_{0t}^P} \ . \tag{4.12}$$

---

### Beispiel

## Mengenmäßige Entwicklung der Energielieferungen

Aus den Mengenmesszahlen in Tabelle 4.3 und den Umsätzen in Tabelle 4.4 erhält man für das bekannte Beispiel

- den **Mengenindex nach Laspeyres**:

$$Q_{0t}^L = \frac{3}{12} \cdot 1,2 + \frac{1}{12} \cdot 2,4 + \frac{0}{12} \cdot 1,5 = 1,5 \ ,$$

- den **Mengenindex nach Paasche**:

$$Q_{0t}^P = \frac{1}{\frac{5/12}{1,2} + \frac{2/12}{2,4} + \frac{5/12}{1,5}} = 1,44 \ ,$$

- den **Mengenindex nach Fisher**:

$$Q_{0t}^F = \sqrt{1,5 \cdot 1,44} = 1,4697 \ .$$

Somit sind die Energielieferungen zwischen dem Basis- und Berichtsjahr mengenmäßig – je nach verwendetem Indexkonzept – um 44 % bis 50 % gestiegen. (Alternativ lassen sich die Laspeyres- und Paasche-Mengenindizes nach den „Warenkorb-Formeln" direkt aus den Mengen und Preisen berechnen.)

## 4.4  Wertindex (Umsatzindex)

Der **Wert- bzw. Umsatzindex** gibt an, wie sich der Wert (Umsatz) der produzierten bzw. konsumierten Güter insgesamt zwischen Basis- und Berichtsperiode verändert hat. In ihm werden also **Preis- und Mengenänderungen** gleichzeitig berücksichtigt. Die Formel lautet:

$$W_{0t} = \frac{\sum_{i=1}^{n} p_{it} q_{it}}{\sum_{i=1}^{n} p_{i0} q_{i0}} \ . \tag{4.13}$$

Auch der Wertindex lässt sich als Mittelwert beschreiben, und zwar entweder

- als **arithmetisches Mittel** der Umsatz-Messzahlen mit der **Laspeyres-Gewichtung** (4.7) oder

- als **harmonisches Mittel** der Umsatz-Messzahlen mit der **Paasche-Gewichtung** (4.8):

$$W_{0t} = \sum_{i=1}^{n} g_i^L \frac{p_{it} q_{it}}{p_{i0} q_{i0}} = \frac{1}{\sum_{i=1}^{n} g_i^P \frac{p_{i0} q_{i0}}{p_{it} q_{it}}} \ . \tag{4.14}$$

---

**Beispiel**

## Wertmäßige Entwicklung der Energielieferungen

Aus den Umsatzangaben in Tabelle 4.4 ergibt sich der **Wertindex** nach den Formeln (4.13) bzw. (4.14) entweder

- als Verhältnis der Gesamtumsätze:

$$W_{0t} = \frac{60480}{33600} = 1,8 \text{ oder}$$

- als arithmetisches Mittel:

$$W_{0t} = \frac{3}{12} \cdot 3 + \frac{1}{12} \cdot 3,6 + \frac{8}{12} \cdot 1,125 = 1,8 \text{ oder}$$

- als harmonisches Mittel:

$$W_{0t} = \frac{1}{\dfrac{5/12}{3} + \dfrac{2/12}{3,6} + \dfrac{5/12}{1,125}} = 1,8 .$$

Die Energielieferungen haben also zwischen dem Basis- und Berichtsjahr wertmäßig um 80 % zugenommen. (Die in den „Mittelwert-Formeln" benutzten Umsatzmesszahlen gewinnt man entweder direkt aus der Tabelle 4.4 oder durch Multiplikation der entsprechenden Preis- und Mengenmesszahlen aus den Tabellen 4.1 und 4.3.)

---

# 4.5 Index-Anwendungen

## 4.5.1 Zusammenhänge zwischen den Indizes

Ein Umsatz ist als Produkt aus einem Preis $p_i$ und einer Menge $q_i$ definiert. Entsprechend ist auch eine **Umsatzmesszahl** das Produkt aus einer **Preismesszahl** und einer **Mengenmesszahl**:

$$\frac{p_{it}q_{it}}{p_{i0}q_{i0}} = \frac{p_{it}}{p_{i0}} \cdot \frac{q_{it}}{q_{i0}} .$$

Intuitiv erscheint es daher nahe liegend, dass eine derartige Beziehung auch zwischen Preis-, Mengen- und Umsatzindex gilt. Allerdings muss dabei genau auf die verwendeten Indexkonzepte geachtet werden. Für den **Wertindex** gelten folgende Produktzerlegungen:

$$W_{0t} = P_{0t}^L \cdot Q_{0t}^P = P_{0t}^P \cdot Q_{0t}^L = P_{0t}^F \cdot Q_{0t}^F , \tag{4.15}$$

d.h. er ist ein Produkt aus

- einem **Laspeyres-Preisindex** und einem **Paasche-Mengenindex** bzw.
- einem **Paasche-Preisindex** und einem **Laspeyres-Mengenindex** bzw.
- einem **Fisher-Preisindex** und einem **Fisher-Mengenindex**.

Die Richtigkeit dieser Aussagen erkennt man unmittelbar, wenn man für die einzelnen Indizes die „Warenkorb-Formeln" einsetzt und die resultierenden Brüche kürzt. Das folgende Schema veranschaulicht die Zusammenhänge zwischen den drei Index-Arten.

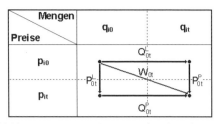

Abbildung 4.1: Zusammenhänge zwischen den Index-Arten

## 4.5.2 Deflationierung nominaler Zeitreihen

Eine wichtige Anwendung von Preisindizes ist die Deflationierung von ökonomischen Zeitreihen wie Einkommen, Vermögen, Umsätzen etc. Diese Größen werden **nominal** – d.h. in **jeweils aktuellen Preisen** – erhoben und veröffentlicht. Für Analysezwecke ist man aber oft mehr an den entsprechenden **realen** – d.h. in **konstanten Preisen** ausgedrückten – Größen interessiert, bei denen die Preissteigerungen „herausgerechnet" wurden. Die Inflationsbereinigung oder **Deflationierung** wird in der Weise vorgenommen, dass die nominale Zeitreihe $Y_t^n$ mit Hilfe einer geeigneten Preisindex-Zeitreihe $P_{0t}$ in die entsprechende reale Zeitreihe $Y_t^r$ umgerechnet wird. Die Formel dafür lautet:

$$Y_t^r = \frac{Y_t^n}{P_{0t}} \; . \tag{4.16}$$

**Beispiel**

### Verfügbares Einkommen der privaten Haushalte

Das Statistischen Bundesamt veröffentlicht im Rahmen seiner volkswirtschaftlichen Gesamtrechnungen eine Zeitreihe für das **nominale verfügbare Einkommen** der privaten Haushalte ($Y_t^n$). Will man diese Reihe zur Beurteilung der Wohlstandsentwicklung im privaten Sektor verwenden, so muss sie mit einem geeigneten Preisindex ($P_{0t}$) – etwa mit dem VPI – deflationiert werden. Das Ergebnis ist dann das **reale verfügbare Einkommen** der privaten Haushalte ($Y_t^r$), ausgedrückt in Preisen des Basisjahres (z.B. 2005); vgl. Tabelle 4.5. Dabei zeigt sich z.B., dass das verfügbare Einkommen der privaten Haushalte im Jahr 2007 **nominal** zwar um 1,6 % gegenüber dem Vorjahr gestiegen, **real** jedoch um 0,7 % gesunken ist. Die Differenz entspricht der Inflationsrate von 2,3 % im Jahr 2007.

| Jahr | $Y_t^n$ [Mrd. €] | $VPI_{2000,\,t}$ | $Y_t^r$ [Mrd. €] |
|------|------------------|-------------------|-------------------|
| 2005 | 1463,7 | 100,0 | 1463,7 |
| 2006 | 1493,3 | 101,6 | 1469,8 |
| 2007 | 1517,1 | 103,9 | 1460,2 |
| 2008 | 1558,1 | 106,6 | 1461,6 |
| 2009 | 1560,6 | 107,0 | 1458,5 |

Tabelle 4.5: Verfügbares Einkommen der privaten Haushalte
in jeweiligen Preisen und in konstanten Preisen von 2005
Quelle: Statistisches Bundesamt

### 4.5.3 Umbasierung und Verkettung von Indizes

Die Umstellung einer vorhandenen Index-Zeitreihe auf ein neues Basisjahr bezeichnet man als **Umbasierung**. Umbasierungen sind z.B. erforderlich,

- wenn bei **Warenkorb-Aktualisierungen** zurückliegende Index-Werte (die auf einem früheren Warenkorb basieren) an die auf dem neuen Warenkorb basierenden Index-Werte angeglichen werden müssen oder

- wenn mehrere Indexreihen – etwa für einen internationalen Vergleich der Preisentwicklung – auf eine **gemeinsame Basisperiode** bezogen werden müssen.

Die **Umbasierung** einer gegebenen Indexreihe $I_{0t}$ von der **alten Basisperiode 0** auf eine **neue Basisperiode** $\tau$ erfolgt nach der einfachen Rechenvorschrift

$$\tilde{I}_{\tau t} = \frac{I_{0t}}{I_{0\tau}} \,. \tag{4.17}$$

---

### Beispiel

## Verbraucherpreisindex

Die Gewichte des Verbraucherpreisindex werden vom Statistischen Bundesamt alle fünf Jahre der aktuellen Verbrauchsstruktur der privaten Haushalte angepasst. Im Zuge dieser Aktualisierungen wird die vorhandene Indexreihe jeweils auf das neue Basisjahr umbasiert. Bei der Umbasierung vom **alten Basisjahr 2000** auf das **neue Basisjahr 2005** musste die alte Indexreihe gemäß dem Indexstand im neuen Basisjahr ($VPI_{2000,2005} = 108{,}3$) durch die Zahl 1,083 dividiert werden. Umgekehrt müssen die neuen Indexwerte zur Verlängerung der alten Indexreihe mit 1,083 multipliziert werden.

| Jahr | $VPI_{2000,t}$ | $VPI_{2005,t}$ |
|------|----------------|----------------|
| 2000 | **100,0** | (92,3) |
| 2001 | 102,0 | (94,2) |
| 2002 | 103,4 | (95,5) |
| 2003 | 104,5 | (96,5) |
| 2004 | 106,2 | (98,1) |
| 2005 | **108,3** | **100,0** |
| 2006 | (110,0) | 101,6 |
| 2007 | (112,5) | 103,9 |
| 2008 | (115,4) | 106,6 |
| 2009 | (115,9) | 107,0 |

Tabelle 4.6: Umbasierung (Verkettung) des VPI in Deutschland

Im Allgemeinen ist ein umbasierter Index nicht mehr vom gleichen Typ wie der ursprüngliche Index, was in der Formel (4.17) durch die Tilde „~" auf dem „$I$" zum Ausdruck gebracht wird. Beispielsweise handelt es sich bei den umbasierten (eingeklammerten) VPI-Werten in Tabelle 4.6 nicht mehr um Laspeyres-Indizes, da sie lediglich auf das neue „Basisjahr" normiert sind, nicht aber den Warenkorb dieses **Referenzjahres** benutzen. Die Indexreihen $\text{VPI}_{2000,t}$ und $\text{VPI}_{2005,t}$ ($t = 2000, ...., 2009$) sind vielmehr **verkettete Indexreihen**, die im ersten Fall aus einer „Vorwärts-Rechnung" und im zweiten Fall aus einer „Rückwärts-Rechnung" des ursprünglichen Index resultieren.

Die **Verkettung** zweier Indexreihen $I_{0t}^{alt}$ ($t = 0, ..., \tau$) und $I_{\tau t}^{neu}$ ($t = \tau, \tau+1, ...$) erfolgt (bei „Vorwärts-Rechnung") allgemein nach der Vorschrift

$$\tilde{I}_{0t} = \begin{cases} I_{0t}^{alt} & \text{für} \quad t \le \tau \\ I_{0\tau}^{alt} \cdot I_{\tau t}^{neu} & \text{für} \quad t > \tau. \end{cases} \tag{4.18}$$

Durch wiederholte Anwendung können auch mehr als zwei Indexreihen zu einer langen Indexreihe verkettet werden, mit der z.B. die Preisentwicklung über Jahrzehnte (mit mehrfach angepassten Warenkörben) beschrieben wird.

Im Extremfall wird die Anpassung der Gewichtung jährlich vorgenommen. Dann ergibt sich ein Index $\tilde{I}_{0t}$, der ausschließlich auf der Basis von **Indizes für Vorjahresvergleiche** $I_{t-1,t}$ berechnet wird:

$$\tilde{I}_{0t} = \tilde{I}_{0,t-1} \cdot I_{t-1,t} = \prod_{\tau=1}^{t} I_{\tau-1,\tau} \quad (t = 1, 2, ...). \tag{4.19}$$

Wiederum ist zu beachten, dass die Verkettung von Laspeyres- bzw. Paasche-Indizes nicht wieder einen Index des gleichen Typs ergibt. Nur beim **Wertindex** liefert die Verkettung wieder einen Wertindex, wie sich durch Einsetzen der Formel (4.13) und anschließendes Herauskürzen der Umsätze der Jahre 1, ..., $t - 1$ leicht zeigen lässt:

$$W_{0t} = W_{0,t-1} \cdot W_{t-1,t} = \prod_{\tau=1}^{t} W_{\tau-1,\tau} \quad (t = 1, 2, ...). \tag{4.20}$$

Neuerdings verwendet das Statistische Bundesamt – internationalen Vereinbarungen folgend – in der Volkswirtschaftlichen Gesamtrechnung zur Berechnung von realen Aggregaten (Konsum, Investitionen etc.) Mengenindizes, die als **Verkettung von Laspeyres-Mengenindizes auf Vorjahrespreisbasis** entstehen:

$$\tilde{Q}_{0t}^{L} = \tilde{Q}_{0,t-1}^{L} \cdot Q_{t-1,t}^{L} = \prod_{\tau=1}^{t} Q_{\tau-1,\tau}^{L}.$$

Der implizite Deflator zur Beschreibung der Preisentwicklung ist dann aufgrund der Beziehungen (4.15) und (4.20) eine **Verkettung von Paasche-Preisindizes für Vorjahresvergleiche**:

$$\tilde{P}_{0t}^{P} = \frac{W_{0t}}{\tilde{Q}_{0t}^{L}} = \frac{W_{0,t-1} \cdot W_{t-1,t}}{\tilde{Q}_{0,t-1}^{L} \cdot Q_{t-1,t}^{L}} = \tilde{P}_{0,t-1}^{P} \cdot P_{t-1,t}^{P} = \prod_{\tau=1}^{t} P_{\tau-1,\tau}^{P}.$$

## 4.6    Aufgaben

### Aufgabe 4.1

Ein Versandhandel führt die Sortimentsbereiche Kleidung, Körperpflege und Sport-artikel. Folgende Angaben liegen über die Umsatz- und Preisentwicklung vor:

| Sortimentsbereich | Umsatz 2000 [Mio. €] | Umsatzsteigerung 2000 – 2010 | Preissteigerung 2000 – 2010 |
|---|---|---|---|
| Kleidung | 10,0 | 64 % | 4 % |
| Körperpflege | 5,5 | 100 % | 17 % |
| Sportartikel | 4,5 | 180 % | 41 % |

Berechnen Sie

a) den Umsatzindex $W_{2000,\,2010}$,

b) den Preisindex $P_{2000,\,2010}$ nach Laspeyres und Paasche sowie

c) den Mengenindex $Q_{2000,\,2010}$ nach Laspeyres und Paasche!

### Aufgabe 4.2

Ein Unternehmen benötigt zur Herstellung seiner Produkte drei Rohstoffe, welche in den Jahren 2000, 2004 und 2008 zu folgenden Preisen und Mengen beschafft wurden.

| Rohstoff | Preise [€/t] | | | Mengen [t] | | |
|---|---|---|---|---|---|---|
| $i$ | $p_{i,2000}$ | $p_{i,2004}$ | $p_{i,2008}$ | $q_{i,2000}$ | $q_{i,2004}$ | $q_{i,2008}$ |
| 1 | 3,20 | 4,00 | 4,60 | 5 | 4,5 | 5 |
| 2 | 1,60 | 2,00 | 2,40 | 10 | 12 | 15 |
| 3 | 21,00 | 23,00 | 24,00 | 2 | 1,8 | 2,2 |

a) Berechnen Sie
   - die Preisindizes $P_{2000,\,2004}$ und $P_{2000,\,2008}$ nach Laspeyres und Paasche,
   - die Mengenindizes $Q_{2000,\,2004}$ und $Q_{2000,\,2008}$ nach Laspeyres und Paasche sowie
   - die Wertindizes $W_{2000,\,2004}$ und $W_{2000,\,2008}$!

b) Warum lassen sich die Laspeyres-Preisindizes $P^L_{2000,\,2004}$ und $P^L_{2000,\,2008}$ besser mit-einander vergleichen als die entsprechenden Paasche-Indizes?

c) Um wie viel Prozent sind
   - die gesamten Rohstoffausgaben bzw.
   - die Ausgaben für die einzelnen Rohstoffe

   in den Jahren 2000 bis 2008 durchschnittlich pro Jahr gestiegen?

d) Berechnen Sie den Mengenindex $\tilde{Q}^L_{2000,2008}$, der durch Verkettung der Laspeyres-Mengenindizes $Q^L_{2000,\,2004}$ und $Q^L_{2004,\,2008}$ entsteht.

## Aufgabe 4.3

Ein Unternehmen verwendet bei der Umsatzplanung Preis- und Mengenindizes, in die drei Produktlinien ($i$ = 1,2,3) eingehen. Bekannt sind die Umsatzanteile ($g_i$) der Produktlinien im Basisjahr 2000 sowie die Preis- und Mengenentwicklung bis zum Jahr 2006.

| $i$ | $g_{i,2000}$ | $p_{i,2006}\,/\,p_{i,2000}$ | $q_{i,2006}\,/\,q_{i,2000}$ |
|---|---|---|---|
| 1 | 0,3 | 1,4 | 1,5 |
| 2 | 0,2 | 1,5 | 1,2 |
| 3 | 0,5 | 1,0 | 1,62 |

a) Bestimmen Sie
   – den Preisindex $P_{2000,\,2006}$ und den Mengenindex $Q_{2000,\,2006}$ nach Laspeyres,
   – den Umsatzindex $W_{2000,\,2006}$ sowie
   – den Preisindex $P_{2000,\,2006}$ und den Mengenindex $Q_{2000,\,2006}$ nach Paasche!

b) Um wie viel Prozent
   – sind die Umsätze der einzelnen Produktlinien bzw.
   – ist der Gesamtumsatz aller Produkte

   im betrachteten Zeitraum durchschnittlich pro Jahr gestiegen?

c) Welche prozentualen Umsatzanteile hatten die Produktlinien im Jahr 2006?

## Aufgabe 4.4

Über die Entwicklung des Wohnungsbaus in einer Region liegen folgende Daten vor:

| Jahr | 2000 | 2001 | 2002 | 2003 | 2004 | 2005 | 2006 | 2007 |
|---|---|---|---|---|---|---|---|---|
| Wohnungsbauinves-titionen in jeweiligen Preisen [Mrd. €] | 10,7 | 11,1 | 12,4 | 14,5 | 17,6 | 20,4 | 21,8 | 20,9 |
| Baupreisindex (2000 = 100) | 100,0 | 102,0 | 109,2 | 119,9 | 133,6 | 148,0 | 160,1 | 171,8 |

a) In welchem Jahr
   – sind die Baupreise am stärksten gestiegen?
   – waren die realen Wohnungsbauinvestitionen am höchsten?

b) Um wie viel Prozent sind die realen Wohnungsbauinvestitionen von 2000 bis 2007 gestiegen?

c) Basieren Sie den Baupreisindex um auf das Basisjahr 2005!

## Aufgabe 4.5

Für eine Volkswirtschaft ist die folgende Preis- und Mengenentwicklung bei Konsum-
und Investitionsgütern gegeben:

| Jahr | Konsumgüter | | Investitionsgüter | |
|------|------|------|------|------|
| $t$ | $p_{1t}$ | $q_{1t}$ | $p_{2t}$ | $q_{2t}$ |
| 2005 | 2,0 | 250 | 1,5 | 200 |
| 2006 | 1,9 | 280 | 1,7 | 190 |
| 2007 | 1,8 | 320 | 2,1 | 160 |
| 2008 | 1,7 | 360 | 2,4 | 170 |

a) Bestimmen Sie das nominale (= wertmäßige) Sozialprodukt als Summe der Ausgaben für Konsum- und Investitionsgüter sowie den Wertindex $W_{2005,t}$ für die Jahre
2005 bis 2008!

b) Ermitteln Sie das reale (= mengenmäßige) Sozialprodukt nach dem Laspeyres-Fest-
preis-Konzept (d.h. jeweilige Mengen bewertet mit Preisen des Basisjahres 2005)
sowie den Laspeyres-Mengenindex $Q^L_{2005,t}$ und den dazugehörigen Deflator des
Sozialprodukts (= Paasche-Preisindex) $P^P_{2005,t}$ für die Jahre 2005 bis 2008!

c) Berechnen Sie für die Jahre 2005 bis 2008 den verketteten Laspeyres-Mengenindex
$\tilde{Q}^L_{2005,t}$ und den verketteten Paasche-Preisindex $\tilde{P}^P_{2005,t}$ nach dem Vorjahrespreis-Kon-
zept (Bewertung mit Preisen des Vorjahres mit dem Referenzjahr 2005) sowie das
daraus resultierende reale Sozialprodukt in diesen Jahren!

# TEIL II

## Wahrscheinlichkeitsrechnung

# Grundlagen der Wahrscheinlichkeitsrechnung

**5**

**ÜBERBLICK**

## 5.1 Zufallsprozesse und Ereignisse

### 5.1.1 Definitionen und Beispiele

Die Wahrscheinlichkeitsrechnung befasst sich mit den Gesetzmäßigkeiten von Zufallsprozessen. Ein **Zufallsprozess** ist – im Gegensatz zu einem deterministischen Prozess – ein Vorgang, bei dessen Wiederholung unter (scheinbar) gleichen Bedingungen verschiedene Ergebnisse eintreten können. Als typische Beispiele für Zufallsprozesse werden etwa das Werfen einer Münze (mit den Ergebnissen „Kopf" und „Zahl") oder das Würfeln (mit den sechs verschiedenen Augenzahlen) angesehen.

Welches Ergebnis bei einem solchen Prozess im Einzelfall eintritt, hängt vom „Zufall" ab – eine Formulierung, die besagt, dass die systematischen Einflussfaktoren unbekannt oder zumindest in ihrer Wirkung nicht abschätzbar sind. Ob ein Phänomen als Zufallsprozess interpretiert wird, hängt also letztlich von der Wahrnehmung bzw. dem Kenntnisstand des Beobachters ab.

Zur Erläuterung wichtiger Begriffe und Zusammenhänge werden im Folgenden fünf sehr unterschiedliche Zufallsprozesse betrachtet:

| Beispiele |
|---|
| ■ **Beispiel 1:** Würfeln mit **einem** Würfel |
| ■ **Beispiel 2:** Würfeln mit **zwei** (verschieden farbigen) Würfeln |
| ■ **Beispiel 3:** Krankmeldungen an einem Arbeitstag in einer Abteilung mit drei Mitarbeitern X, Y und Z |
| ■ **Beispiel 4:** Ziehen einer Stichprobe vom Umfang 2 aus einer Grundgesamtheit mit 5 Elementen **mit** Zurücklegen |
| ■ **Beispiel 5:** Ziehen einer Stichprobe vom Umfang 2 aus einer Grundgesamtheit mit 5 Elementen **ohne** Zurücklegen |

Der erste wichtige Begriff ist die **Ergebnismenge** $\Omega$. Sie enthält alle möglichen Ergebnisse $e_i$ eines Zufallsprozesses:

$$\Omega = \left\{ e_1, e_2, \dots \right\}. \tag{5.1}$$

Für die oben genannten Beispiele können die Ergebnismengen wie folgt beschrieben werden:

| Beispiele |
|---|
| ■ **Beispiel 1:** $\Omega_1 = \{1, 2, 3, 4, 5, 6\}$ |
| ■ **Beispiel 2:** $\Omega_2 = \{2, 3, 4, 5, 6, 7, 8, 9, 10, 11, 12\}$ oder $\Omega_2' = \{(1, 1), (1, 2), \dots, (1, 6), (2, 1), (2, 2), \dots, (2, 6), \dots, (6, 1), (6, 2), \dots, (6, 6)\}$ |
| ■ **Beispiel 3:** $\Omega_3 = \{0, 1, 2, 3\}$ oder $\Omega_3' = \{-, X, Y, Z, XY, XZ, YZ, XYZ\}$ |
| ■ **Beispiel 4:** $\Omega_4 = \{(1, 1), (1, 2), (1, 3), (1, 4), (1, 5), (2, 2), (2, 3), (2, 4), (2, 5), (3, 3), (3, 4), (3, 5), (4, 4), (4, 5), (5, 5)\}$ |
| ■ **Beispiel 5:** $\Omega_5 = \{(1, 2), (1, 3), (1, 4), (1, 5), (2, 3), (2, 4), (2, 5), (3, 4), (3, 5), (4, 5)\}$ |

Die Ergebnismenge lässt sich auf unterschiedliche Weise beschreiben. In den Beispielen 2 und 3 ist die zweite Menge ($\Omega$') jeweils eine „Verfeinerung" der ersten Menge ($\Omega$), weil die Ergebnisse in $\Omega$ (zum Teil) in mehrere Ergebnisse in $\Omega$' aufgespalten werden. Entsprechend können auch die Ergebnismengen $\Omega_4$ und $\Omega_5$ verfeinert werden, indem man die Reihenfolge der Ziehung unterscheidet.

In der Wahrscheinlichkeitsrechnung interessiert man sich nicht nur für die Ergebnisse eines Zufallsprozesses, sondern allgemein für Ereignisse. Definiert wird ein **Ereignis** $A$ bei einem Zufallsprozess als eine Teilmenge der Ergebnismenge:

$$A \quad (\subseteq \Omega). \tag{5.2}$$

## Beispiele

- **Beispiel 1**: Würfeln einer geraden Augenzahl: $A = \{2, 4, 6\} \subseteq \Omega_1$
- **Beispiel 2**: Würfeln eines Paschs: $B = \{(1, 1), (2, 2), ..., (6, 6)\} \subseteq \Omega_2$
- **Beispiel 3**: Höchstens ein Mitarbeiter ist krank: $C = \{0, 1\} \subseteq \Omega_3$
  oder $C = \{-, X, Y, Z\} \subseteq \Omega_3'$
- **Beispiel 3**: Die Mitarbeiter X und Y sind krank: $D = \{XY, XYZ\} \subseteq \Omega_3'$

Nach der obigen Definition gibt es bei jedem Zufallsprozess folgende Ereignisse:

- das **sichere Ereignis** $\Omega$ (das **alle** Ergebnisse umfasst),
- das **unmögliche Ereignis** { } (das **kein** Ergebnis enthält) sowie
- die **Elementarereignisse** $E_i$, welche **genau ein** Ergebnis beinhalten:

$$E_i = \{e_i\} \qquad (i = 1, 2, ...). \tag{5.3}$$

Weiterhin sagt man, dass ein Ereignis $A$ ein **Teilereignis** eines Ereignisses $B$ ist ($A \subseteq B$), wenn alle Ergebnisse, die zu $A$ gehören, auch in $B$ enthalten sind, d.h. die Implikation $e_i \in A \Rightarrow e_i \in B$ gilt. Beispielsweise ist das Ereignis „Pasch" beim Würfeln mit zwei Würfeln ein Teilereignis von „Gerade Augenzahl".

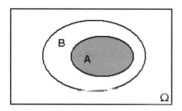

Abbildung 5.1: Teilereignis

Die Menge aller Ereignisse, die für die Ergebnismenge $\Omega$ definiert werden können, bilden das **Ereignissystem** $Z(\Omega)$ eines Zufallsprozesses:

$$Z(\Omega) = \{ A \mid A \subseteq \Omega \}. \tag{5.4}$$

Allgemein wird die Menge aller Teilmengen einer Menge $\Omega$ in der Mathematik auch als **Potenzmenge von** $\Omega$ bezeichnet. Die Mächtigkeit (d.h. die Anzahl der Elemente) von $Z(\Omega)$ hängt wie folgt von der Mächtigkeit von $\Omega$ ab:

$$|Z(\Omega)| = 2^{|\Omega|}.$$

---

**Beispiel**

### Beispiel 3 (Krankmeldungen)

Legt man bei den Krankmeldungen in der Abteilung die Ergebnismenge $\Omega_3 = \{0, 1, 2, 3\}$ zugrunde, so gibt es **vier Elementarereignisse**:

$$E_1 = \{0\}, \quad E_2 = \{1\}, \quad E_3 = \{2\}, \quad E_4 = \{3\}$$

sowie 16 (= $2^4$) Ereignisse insgesamt. Das Ereignissystem lautet:
$Z(\Omega_3) = \{\{\}, \{0\}, \{1\}, \{2\}, \{3\}, \{0, 1\}, \{0, 2\}, \{0, 3\}, \{1, 2\}, \{1, 3\}, \{2, 3\}, \{0, 1, 2\}, \{0, 1, 3\},$
$\{0, 2, 3\}, \{1, 2, 3\}, \Omega_3\}$.

---

## 5.1.2 Mengenoperationen auf einem Ereignissystem

### 5.1.2.1 Gegenereignis

Das **Gegenereignis** (Komplementärereignis) $\overline{A}$ zu einem Ereignis $A$ enthält alle Ergebnisse, die nicht im Ereignis A enthalten sind:

$$\overline{A} = \left\{ e_i \in \Omega \,\middle|\, e_i \notin A \right\}. \tag{5.5}$$

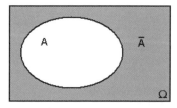

Abbildung 5.2: Gegenereignis

---

**Beispiele (siehe oben)**

- **Beispiel 1**: Würfeln einer ungeraden Augenzahl: $\overline{A} = \{1, 3, 5\}$
- **Beispiel 3**: Mindestens zwei Mitarbeiter sind krank: $\overline{C} = \{2, 3\}$
- **Beispiel 3**: Mitarbeiter X oder Y ist nicht krank: $\overline{D} = \{-, X, Y, Z, XZ, YZ\}$

---

Allgemein gilt:
- $\overline{\overline{A}} = A$ für jedes Ereignis $A \in Z(\Omega)$,
- $\overline{\Omega} = \{\}$,
- $\overline{\{\}} = \Omega$.

## 5.1.2.2 Vereinigung von Ereignissen

Die **Vereinigung** zweier Ereignisse $A$ und $B$ enthält alle Ergebnisse, die im Ereignis $A$ **oder** im Ereignis $B$ (d.h. in mindestens einem der beiden Ereignisse) enthalten sind:

$$A \cup B = \left\{ e_i \in \Omega \mid e_i \in A \text{ oder } e_i \in B \right\} \tag{5.6}$$

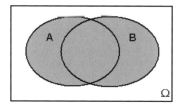

Abbildung 5.3: Vereinigung zweier Ereignisse

**Beispiel**

### Beispiel 1 (Würfeln mit einem Würfel)

Die Vereinigung der Ereignisse „Gerade Augenzahl" $A = \{2, 4, 6\}$ und „Mindestens fünf Augen" $B = \{5, 6\}$ ist das Ereignis „Gerade Augenzahl **oder** mindestens fünf Augen" $A \cup B = \{2, 4, 5, 6\}$.

Für jedes Ereignis $A \in Z(\Omega)$ gilt:

- $A \cup \Omega = \Omega$,
- $A \cup \{\} = A$,
- $A \cup \overline{A} = \Omega$.

## 5.1.2.3 Durchschnitt von Ereignissen

Der **Durchschnitt** zweier Ereignisse $A$ und $B$ enthält alle Ergebnisse, die im Ereignis $A$ **und** im Ereignis $B$ enthalten sind:

$$A \cap B = \left\{ e_i \in \Omega \mid e_i \in A \text{ und } e_i \in B \right\} \tag{5.7}$$

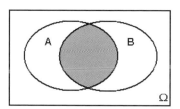

Abbildung 5.4: Durchschnitt zweier Ereignisse

## Beispiel 1 (Würfeln mit einem Würfel)

Der Durchschnitt der Ereignisse „Gerade Augenzahl" $A = \{2, 4, 6\}$ und „Mindestens fünf Augen" $B = \{5, 6\}$ ist das Ereignis „Gerade Augenzahl und mindestens fünf Augen" $A \cap B = \{6\}$.

Für jedes Ereignis $A \in Z(\Omega)$ gilt:

- $A \cap \Omega = A$,
- $A \cap \{\} = \{\}$,
- $A \cap \overline{A} = \{\}$.

Allgemein sind zwei Ereignisse $A$ und $B$ **unvereinbar**, wenn gilt:

$$A \cap B = \{\} . \tag{5.8}$$

## Beispiel 2 (Würfeln mit zwei Würfeln)

Beim Würfeln mit zwei Würfeln sind die Ereignisse „Ungerade Augenzahl" und „Pasch" unvereinbar.

### 5.1.2.4 Differenz zweier Ereignisse

Die **Differenz** zweier Ereignisse $A$ und $B$ („$A$ ohne $B$") enthält alle Ergebnisse, die im Ereignis $A$ enthalten sind, jedoch nicht im Ereignis $B$:

$$A \setminus B = \left\{ e_i \in \Omega \mid e_i \in A \text{ und } e_i \notin B \right\} = A \cap \overline{B} . \tag{5.9}$$

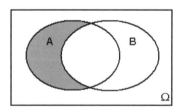

Abbildung 5.5: Differenz zweier Ereignisse

## Beispiel 1 (Würfeln mit einem Würfel)

Die Differenz der Ereignisse „Gerade Augenzahl" $A = \{2, 4, 6\}$ und „Mindestens fünf Augen" $B = \{5, 6\}$ ist das Ereignis „Gerade Augenzahl und weniger als fünf Augen" $A \setminus B = \{2, 4\}$ bzw. – bei Umkehrung der Reihenfolge – das Ereignis „Mindestens fünf Augen und ungerade Augenzahl" $B \setminus A = \{5\}$.

Für jedes Ereignis $A \in Z(\Omega)$ gilt:

- $\Omega \setminus A = \bar{A}$ und $A \setminus \Omega = \{\,\}$,
- $\{\,\} \setminus A = \{\,\}$ und $A \setminus \{\,\} = A$,
- $A \setminus \bar{A} = A$ und $\bar{A} \setminus A = \bar{A}$.

## 5.1.2.5 Wichtige Gesetze für Mengenoperationen

Für die Verknüpfung von Mengen bzw. Ereignissen gelten folgende Regeln:

- **Kommutativgesetze** für Vereinigung und Durchschnitt:

$$A \cup B = B \cup A \qquad \text{und} \qquad A \cap B = B \cap A \,,$$

- **Assoziativgesetze** für Vereinigung und Durchschnitt:

$$(A \cup B) \cup C = A \cup (B \cup C) \qquad \text{und} \qquad (A \cap B) \cap C = A \cap (B \cap C) \,,$$

- **Distributivgesetze**:

$$(A \cup B) \cap C = (A \cap C) \cup (B \cap C) \qquad \text{und} \qquad (A \cap B) \cup C = (A \cup C) \cap (B \cup C) \,,$$

- **De Morgan'sche Gesetze**:[1]

$$\overline{A \cup B} = \bar{A} \cap \bar{B} \qquad \text{und} \qquad \overline{A \cap B} = \bar{A} \cup \bar{B} \,.$$

Während Kommutativ-, Assoziativ- und Distributivgesetze aus der Arithmetik bekannt sind, beinhalten die De Morgan'sche Gesetze die einfache logische Regel:

- Die **Verneinung einer Oder-Aussage** ist eine **Und-Aussage** bzw.
- die **Verneinung einer Und-Aussage** ist eine **Oder-Aussage**.

---

### Beispiel

### Beispiel 1 (Würfeln mit einem Würfel)

Ausgangspunkt seien wieder die beiden Ereignisse „Gerade Augenzahl" $A = \{2, 4, 6\}$ und „Mindestens fünf Augen" $B = \{5, 6\}$ mit den Gegenereignissen „Ungerade Augenzahl" $\bar{A} = \{1, 3, 5\}$ und „Höchstens vier Augen" $\bar{B} = \{1, 2, 3, 4\}$. Das Gegenereignis zum Ereignis „Gerade Augenzahl **oder** mindestens fünf Augen" $A \cup B = \{2, 4, 5, 6\}$ lautet dann „Ungerade Augenzahl **und** höchstens vier Augen" $\bar{A} \cap \bar{B} = \{1, 3\}$, und das Gegenereignis zu „Gerade Augenzahl **und** mindestens fünf Augen" $A \cap B = \{6\}$ ist „Ungerade Augenzahl **oder** höchstens vier Augen" $\bar{A} \cup \bar{B} = \{1, 2, 3, 4, 5\}$.

---

1 **Augustus de Morgan** (1806–1871), britischer Mathematiker

## 5.2 Wahrscheinlichkeiten

### 5.2.1 Wahrscheinlichkeitsbegriffe

Bei Zufallsprozessen interessiert man sich im Allgemeinen dafür, ob bestimmte Ereignisse mit hoher oder geringer Wahrscheinlichkeit eintreten. In der Alltagssprache sagt man dann, ein Ereignis sei „wahrscheinlich" oder „unwahrscheinlich". Weil eine solche Aussage jedoch sehr vage ist, versucht man die Wahrscheinlichkeit zu quantifizieren, d.h. als numerische Größe zwischen 0 („fast unmöglich") und 1 („fast sicher") auszudrücken.

Damit stellt sich die Frage, wie man überhaupt zu Quantifizierungen der Wahrscheinlichkeit gelangt. In der Entwicklung der Wahrscheinlichkeitsrechnung gab es hierzu verschiedene Ansätze. Betrachten wir hierzu folgende **Beispiele** für Wahrscheinlichkeitsurteile:

(1) Die Wahrscheinlichkeit, dass es im nächsten Mai in Frankfurt schneien wird, ist geringer als 5 %.

(2) Die Wahrscheinlichkeit, dass man beim Lotto drei oder mehr richtige Zahlen tippt, beträgt knapp 2 %.

(3) Der Bewerber X wird bei der Ausschreibung der Stelle Y mit einer Wahrscheinlichkeit von 80 % zum Bewerbungsgespräch eingeladen.

Im **Fall (1)** ist die Quantifizierung der Wahrscheinlichkeit am einfachsten. Man studiert die langjährigen Wetteraufzeichnungen von Frankfurt und stellt fest, dass es dort im Beobachtungszeitraum in weniger als 5 % aller Jahre im Mai Schnee gab. Die Wahrscheinlichkeit entspricht also der **relativen Häufigkeit** in einer langen statistischen Beobachtungsreihe. Dem Wahrscheinlichkeitsurteil liegt somit ein **statistischer Wahrscheinlichkeitsbegriff** zugrunde. Nach diesem Konzept würde man z.B. auch die Wahrscheinlichkeiten für Krankmeldungen in einem Betrieb oder Maschinenausfälle in der Produktion bestimmen.

Im **Fall (2)** lässt sich die Wahrscheinlichkeit auch ohne jahrelange Lotto-Erfahrungen bestimmen. Aufgrund der Annahme, dass beim Lotto-Spiel alle 49 Zahlen mit der **gleichen Wahrscheinlichkeit** gezogen werden, kann die Wahrscheinlichkeit mit Hilfe kombinatorischer Formeln berechnet werden. Das Wahrscheinlichkeitsurteil basiert auf dem **klassischen** oder **mathematischen Wahrscheinlichkeitsbegriff**, der auch bei vielen Glücksspielen (Würfeln, Roulette usw.) und bei der Stichprobenziehung verwendet wird.

Am schwierigsten ist sicher die Quantifizierung der Wahrscheinlichkeit im **Fall (3)**, da die Wahrscheinlichkeit hier von den individuellen Profilen des Bewerbers einerseits und der ausgeschriebenen Stelle andererseits abhängen. Langjährige Beobachtungen des Bewerbers und des Arbeitsmarktes dürften ebenso wie kombinatorische Überlegungen in diesem Fall kaum zu brauchbaren Wahrscheinlichkeitsurteilen führen. Am vernünftigsten wäre es in einem solchen Fall, einen Experten, etwa einen Personalberater, nach seiner – zweifellos subjektiven – Einschätzung zu fragen. Ein solches Wahrscheinlichkeitsurteil stützt sich also auf einen **subjektiven Wahrscheinlichkeitsbegriff**.

Diese drei Wahrscheinlichkeitskonzepte stehen für verschiedene Sichtweisen der Wahrscheinlichkeit und unterstützen sich gegenseitig. So sollte eine nach einem mathematischen Modell bestimmte Wahrscheinlichkeit in einer entsprechenden, langen Beobachtungsreihe bestätigt werden. Ähnliches gilt für subjektive Wahrscheinlichkeitsurteile von Experten. Umgekehrt stützen die Experten – beispielsweise bei der Konjunkturprognose oder Bonitätsbeurteilung – ihre Urteile ebenfalls auf Erfahrungen und/oder Modellrechnungen.

## 5.2.2 Axiome der Wahrscheinlichkeitsrechnung

Unabhängig vom zugrunde liegenden Wahrscheinlichkeitsbegriff werden an ein Wahrscheinlichkeitsmaß bestimmte mathematische Minimalforderungen (Axiome) gestellt. Diese von Kolmogorov[2] erstmals formulierten Axiome markieren den Beginn der modernen Wahrscheinlichkeitstheorie.

Ein **Wahrscheinlichkeitsmaß** ist demnach definiert als eine Abbildung

$$P: \quad Z(\Omega) \to \mathbb{R} \tag{5.10}$$

mit den folgenden Eigenschaften:

- **Axiom 1** (Nicht-Negativität)

$$P(A) \geq 0 \qquad \text{für alle } A \in Z(\Omega), \tag{5.11}$$

- **Axiom 2** (Normierung)

$$P(\Omega) = 1, \tag{5.12}$$

- **Axiom 3** (Additivität)

$$P(A \cup B) = P(A) + P(B) \qquad \text{für alle } A, B \in Z(\Omega) \text{ mit } A \cap B = \{\,\}. \tag{5.13}$$

## 5.2.3 Folgerungen aus den Axiomen

### 5.2.3.1 Elementare Sätze für Wahrscheinlichkeiten

Die Axiome 1 bis 3 beinhalten in komprimierter Form die Gesetze der Wahrscheinlichkeitsrechnung; aus ihnen werden alle weiteren Rechenregeln abgeleitet. Besonders wichtig sind die folgenden elementaren Sätze für das Rechnen mit Wahrscheinlichkeiten.

- Satz über die **Wahrscheinlichkeit für das Gegenereignis**:

$$P(\bar{A}) = 1 - P(A). \tag{5.14}$$

Beweis: $\quad P(A) + P(\bar{A}) \overset{\text{Axiom 3}}{=} P(A \cup \bar{A}) = P(\Omega) \overset{\text{Axiom 2}}{=} 1.$

- Folgerung (Spezialfall A = $\Omega$):

$$P(\{\,\}) = 1 - P(\Omega) = 0. \tag{5.15}$$

- Satz über die **Wahrscheinlichkeit für die Differenz zweier Ereignisse**:

$$P(A \setminus B) = P(A) - P(A \cap B). \tag{5.16}$$

Beweis: $\quad P(A \cap B) + P(A \setminus B) = P(A \cap B) + P(A \cap \bar{B})$

$$\overset{\text{Axiom 3}}{=} P((A \cap B) \cup (A \cap \bar{B})) = P(A \cap (B \cup \bar{B})) = P(A \cap \Omega) = P(A).$$

---

2 **Andrej Nikolajevich Kolmogorov** (1903–1987), russischer Mathematiker

■ **Additionssätze für Wahrscheinlichkeiten:**

$$P(A \cup B) = P(A) + P(B) - P(A \cap B),$$ (5.17)

$$P(A \cap B) = P(A) + P(B) - P(A \cup B).$$

Beweis: $P(A \cup B) = P((A \cap B) \cup (A \setminus B) \cup (B \setminus A))$

$$\overset{\text{Axiom 3}}{=} P(A \cap B) + P(A \setminus B) + P(B \setminus A)$$

$$\overset{(5.16)}{=} P(A \cap B) + P(A) - P(A \cap B) + P(B) - P(A \cap B)$$

$$= P(A) + P(B) - P(A \cap B).$$

■ Satz über die **Wahrscheinlichkeit von Teilereignissen:**

$$A \subseteq B \quad \Rightarrow \quad P(A) \leq P(B).$$ (5.18)

Beweis: $P(B) = P(A \cup (B \setminus A)) \overset{\text{Axiom 3}}{=} P(A) + P(B \setminus A) \overset{\text{Axiom 1}}{\geq} P(A).$

## 5.2.3.2  Bedeutung der Elementarereignisse

Nach der oben gegebenen Definition muss ein Wahrscheinlichkeitsmaß allen Ereignissen $A \in Z(\Omega)$ eines Zufallsprozesses Wahrscheinlichkeiten $P(A)$ zuordnen. Aufgrund der Axiome 1 bis 3 ist ein Wahrscheinlichkeitsmaß $P$ aber bereits vollständig definiert, wenn die **Wahrscheinlichkeiten der Elementarereignisse** $P(E_i)$ mit

$$P(E_i) \geq 0 \quad \text{für alle } i \quad \text{und} \quad \sum_i P(E_i) = 1$$

vorgegeben werden. Die Wahrscheinlichkeiten aller übrigen Ereignisse können dann nämlich mit Hilfe der Axiome aus diesen abgeleitet werden. Dies soll nachfolgend begründet werden.

Jede Ergebnismenge $\Omega$ (mit mehr als einem Ergebnis) lässt sich in Teilmengen zerlegen. Man sagt: Die Ereignisse $B_1$, $B_2$, ... $\in Z(\Omega)$ bilden eine **Zerlegung** $(B_i)$ der Ergebnismenge $\Omega$, falls die Ereignisse $B_i$ folgende Eigenschaften erfüllen:

$$\bigcup_i B_i = \Omega \quad \text{und} \quad B_i \cap B_j = \{\} \quad \text{für alle } i \neq j.$$ (5.19)

| Beispiel |
|---|

### Beispiel 3 (Krankmeldungen)

Die Ergebnismenge $\Omega_3 = \{0, 1, 2, 3\}$ kann z.B. in die Ereignisse $B_1 = \{0, 1\}$, $B_2 = \{2\}$ und $B_3 = \{3\}$ zerlegt werden.

Wegen des Axioms 3 gilt für jede Zerlegung $(B_i)$ einer Ergebnismenge $\Omega$, dass sich die Wahrscheinlichkeiten der Zerlegungsereignisse zu 1 addieren:

$$\sum_i P(B_i) = P(\Omega) = 1.$$

Die feinste Zerlegung von $\Omega$ ist immer diejenige in die **Elementarereignisse** ($E_i$). In diesem Fall kann jedes beliebige Ereignis $A$ ($\neq \{\}$) aus entsprechenden Elementarereignissen $E_{Ai}$ zusammengesetzt werden:

$$A = \bigcup_i E_{Ai} \; .$$

Somit lässt sich wiederum aufgrund des Axioms 3 die Wahrscheinlichkeit für das Ereignis $A$ bestimmen:

$$P(A) = \sum_i P(E_{Ai}) \; .$$

---

### Beispiel

### Beispiel 3 (Krankmeldungen)

Die Wahrscheinlichkeiten für die Krankmeldungen der drei Mitarbeiter X, Y und Z lassen sich am ehesten statistisch aus den relativen Häufigkeiten der Krankenstände in der Vergangenheit (z.B. aus den letzten 1000 Arbeitstagen) schätzen. Auf diese Weise mögen sich folgende Wahrscheinlichkeiten für die **acht Elementarereignisse** ergeben, aus denen die Ergebnismenge $\Omega_3'$ zusammengesetzt ist.

| $E_i$ | $\{-\}$ | $\{X\}$ | $\{Y\}$ | $\{Z\}$ | $\{XY\}$ | $\{XZ\}$ | $\{YZ\}$ | $\{XYZ\}$ | $\Sigma$ |
|---|---|---|---|---|---|---|---|---|---|
| $P(E_i)$ | 0,751 | 0,100 | 0,063 | 0,061 | 0,011 | 0,008 | 0,005 | 0,001 | 1,000 |

Tabelle 5.1: Wahrscheinlichkeiten für die Elementarereignisse

Durch die Wahrscheinlichkeiten in Tabelle 5.1 ist ein Wahrscheinlichkeitsmaß auf dem Ereignissystem vollständig definiert, d.h. es lassen sich die Wahrscheinlichkeiten für **alle 256** (= $2^8$) **möglichen Ereignisse** dieses Zufallsprozesses bestimmen.

So erhält man z.B.:

- $P(\text{X krank}) = P(\{X, XY, XZ, XYZ\}) = 0{,}100 + 0{,}011 + 0{,}008 + 0{,}001 = 0{,}12$
- $P(\text{Y krank}) = P(\{Y, XY, YZ, XYZ\}) = 0{,}063 + 0{,}011 + 0{,}005 + 0{,}001 = 0{,}08$
- $P(\text{Z krank}) = P(\{Z, XZ, YZ, XYZ\}) = 0{,}061 + 0{,}008 + 0{,}005 + 0{,}001 = 0{,}075$
- $P(\text{X und Y krank}) = P(\{XY, XYZ\}) = 0{,}011 + 0{,}001 = 0{,}012$
- $P(\text{X oder Y krank}) = P(\{X, Y, XY, XZ, YZ, XYZ\})$

$$= 0{,}100 + 0{,}063 + 0{,}011 + 0{,}008 + 0{,}005 + 0{,}001 = 0{,}188 \; .$$

Alternativ kann die letzte Wahrscheinlichkeit mit dem **Additionssatz** (5.17) berechnet werden:

- $P(\text{X oder Y krank}) = P(\text{X krank}) + P(\text{Y krank}) - P(\text{X und Y krank})$

$$= 0{,}12 + 0{,}08 - 0{,}012 = 0{,}188 \; .$$

## 5.2.4 Bedingte Wahrscheinlichkeiten

### 5.2.4.1 Problem und Definition

Bisher wurde bei den Wahrscheinlichkeitsaussagen davon ausgegangen, dass keinerlei Informationen über den Ausgang des betreffenden Zufallsprozesses vorliegen bzw. keine Annahmen über deren Ausgang gemacht werden. Eine solche Wahrscheinlichkeit $P(A)$ bezeichnet man daher als **unbedingte Wahrscheinlichkeit** oder **Apriori-Wahrscheinlichkeit** für das Ereignis $A$.

Wahrscheinlichkeitsaussagen sind aber i.A. zu revidieren, wenn man erfährt bzw. annimmt, dass bei dem Zufallsprozess ein anderes Ereignis $B$ eingetreten ist bzw. eintritt. Die neue Wahrscheinlichkeit – $P(A \mid B)$ – ist dann die **bedingte Wahrscheinlichkeit** oder **Aposteriori-Wahrscheinlichkeit** für das Ereignis $A$ unter der Bedingung $B$.

---

### Beispiel

### Beispiel 1 (Würfeln mit einem Würfel)

Beim Würfeln mit einem regulären Würfel hat das Würfeln einer Sechs (Ereignis $A = \{6\}$) die **unbedingte** oder **Apriori-Wahrscheinlichkeit**

$$P(A) = \frac{1}{6} \, .$$

Sobald man aber weiß oder annimmt, dass eine gerade Augenzahl (Ereignis $B = \{2, 4, 6\}$) bzw. eine ungerade Augenzahl (Ereignis $\bar{B} = \{1, 3, 5\}$) gewürfelt wurde, ist diese Wahrscheinlichkeitsaussage nicht länger haltbar, da die Sechs dann eines von nur noch drei möglichen Ergebnissen ist bzw. überhaupt nicht mehr möglich ist. Die **bedingten** oder **Aposteriori-Wahrscheinlichkeiten** sind also

$$P(A \mid B) = \frac{1}{3} \quad \text{bzw.} \quad P(A \mid \bar{B}) = 0 \, .$$

---

Allgemein wird die **bedingte Wahrscheinlichkeit** eines Ereignisses $A$ unter der Bedingung $B$ nach der Formel

$$P(A \mid B) = \frac{P(A \cap B)}{P(B)} \tag{5.20}$$

bestimmt. Durch Umformung ergibt sich der **allgemeine Multiplikationssatz für Wahrscheinlichkeiten**:

$$P(A \cap B) = P(A) \cdot P(B \mid A) = P(B) \cdot P(A \mid B) \, , \tag{5.21}$$

mit dem sich die Wahrscheinlichkeit für den Durchschnitt von Ereignissen berechnen lässt.

### 5.2.4.2 Stochastische Unabhängigkeit von Ereignissen

Zwei **Ereignisse** $A$ und $B$ heißen **stochastisch unabhängig**, wenn die wechselseitig bedingten Wahrscheinlichkeiten von $A$ und $B$ mit den entsprechenden Apriori-Wahrscheinlichkeiten übereinstimmen:

$$P(A \mid B) = P(A) \quad \text{bzw.} \quad P(B \mid A) = P(B) \, .$$

Dies ist nach der Definition (5.20) gleichbedeutend mit der folgenden **Bedingung für die stochastische Unabhängigkeit zweier Ereignisse**:

$$P(A \cap B) = P(A) \cdot P(B) \ . \tag{5.22}$$

Diese Gleichung lässt sich in zweifacher Hinsicht verwenden:

■ Wenn die Wahrscheinlichkeiten $P(A)$, $P(B)$ und $P(A \cap B)$ bekannt sind, kann man anhand dieser Bedingung prüfen, ob zwei Ereignisse A und B stochastisch unabhängig sind.

■ Wenn man umgekehrt die stochastische Unabhängigkeit der Ereignisse $A$ und $B$ voraussetzen darf, kann man mit der Gleichung (5.22) auf einfache Weise die Wahrscheinlichkeit für den Durchschnitt von $A$ und $B$ berechnen (spezieller Multiplikationssatz).

---

### Beispiel

## Beispiel 3 (Krankmeldungen)

Seitens der Personalabteilung des Unternehmens besteht Interesse an der Frage, ob die Krankmeldungen der Mitarbeiter X, Y und Z paarweise stochastisch unabhängig sind. Wie bereits dargelegt, lassen sich alle Wahrscheinlichkeiten für diesen Zufallsprozess aus der Tabelle 5.1 ableiten. Es gilt:

■ $P(\text{X und Y krank}) = P(\{XY, XYZ\}) = 0{,}011 + 0{,}001 = 0{,}012$

  $\neq P(\text{X krank}) \cdot P(\text{Y krank}) = 0{,}12 \cdot 0{,}08 = 0{,}0096$

■ $P(\text{X und Z krank}) = P(\{XZ, XYZ\}) = 0{,}008 + 0{,}001 = 0{,}009$

  $= P(\text{X krank}) \cdot P(\text{Z krank}) = 0{,}12 \cdot 0{,}075 = 0{,}009$

■ $P(\text{Y und Z krank}) = P(\{YZ, XYZ\}) = 0{,}005 + 0{,}001 = 0{,}006$

  $= P(\text{Y krank}) \cdot P(\text{Z krank}) = 0{,}08 \cdot 0{,}075 = 0{,}006.$

Demnach sind die Krankmeldungen von **X und Y stochastisch abhängig**, während die Krankmeldungen von **X und Z** sowie von **Y und Z stochastisch unabhängig** sind.

  Damit stellt sich die Frage, wie eine Krankmeldung von X die Wahrscheinlichkeit einer Krankmeldung von Y verändert und umgekehrt. Die Antwort liefern die bedingten Wahrscheinlichkeiten:

■ $P(\text{X krank} \mid \text{Y krank}) = \dfrac{P(\text{X und Y krank})}{P(\text{Y krank})} = \dfrac{0{,}012}{0{,}08} = 0{,}15 > P(\text{X krank}) = 0{,}12$

■ $P(\text{Y krank} \mid \text{X krank}) = \dfrac{P(\text{X und Y krank})}{P(\text{X krank})} = \dfrac{0{,}012}{0{,}12} = 0{,}10 > P(\text{Y krank}) = 0{,}08 \ .$

Es besteht hier also offenbar eine Art „Ansteckungseffekt". Dieses Beispiel zeigt, dass die stochastische Unabhängigkeit **keine transitive Relation** ist, d.h. wenn die Ereignisse $A$ und $B$ sowie $B$ und $C$ jeweils paarweise stochastisch unabhängig sind (X und Z sowie Y und Z stecken sich nicht gegenseitig an), muss dies nicht zwangsläufig auch für die Ereignisse $A$ und $C$ gelten. (X und Y stecken sich an!)

### 5.2.4.3 Satz über die totale Wahrscheinlichkeit

In einigen Anwendungsfällen ist es einfacher, für ein Ereignis $A$ bedingte Wahrscheinlichkeiten $P(A|B_i)$ unter alternativen Bedingungen $B_i$ zu ermitteln als dessen unbedingte Wahrscheinlichkeit $P(A)$.

---

**Beispiel**

**Ziehung der Zusatzzahl im Lotto**

Beim Zahlenlotto werden aus der Urne mit 49 durchnummerierten Kugeln insgesamt sieben Kugeln ohne Zurücklegen gezogen, wobei die letzte Ziehung die Zusatzzahl bestimmt. Interessiert man sich für die Wahrscheinlichkeit, dass die Zusatzzahl 1 gezogen wird (Ereignis $A$), so erscheint es vorteilhaft zu wissen, ob die Zahl 1 in den ersten sechs Ziehungen bereits gezogen wurde (Ereignis $B_1$) oder noch nicht gezogen wurde (Ereignis $B_2$). Die entsprechenden **bedingten Wahrscheinlichkeiten** für die Zusatzzahl 1 sind nämlich:

$$P(A|B_1) = 0 \quad \text{und} \quad P(A|B_2) = \frac{1}{43}.$$

---

Sofern die Bedingungen $B_i$ eine Zerlegung der Ergebnismenge $\Omega$ des Zufallsprozesses bilden (vgl. Abschnitt 5.2.3.2), kann man die unbedingte Wahrscheinlichkeit $P(A)$ nach dem **Satz über die totale Wahrscheinlichkeit** wie folgt bestimmen:

$$P(A) = \sum_i P(B_i) \cdot P(A|B_i). \tag{5.23}$$

Beweis:
$$P(A) = P(A \cap \Omega) \overset{(5.19)}{=} P(A \cap (B_1 \cup B_2 \cup \ldots)) = P((A \cap B_1) \cup (A \cap B_2) \cup \ldots)$$

$$\overset{(5.13)}{=} \sum_i P(A \cap B_i) \overset{(5.21)}{=} \sum_i P(B_i) \cdot P(A|B_i).$$

Nach dem Satz über die totale (unbedingte) Wahrscheinlichkeit wird $P(A)$ als **gewichteter Mittelwert der bedingten Wahrscheinlichkeiten** $P(A|B_i)$ berechnet. Die folgende Abbildung mag diesen Zusammenhang verdeutlichen.

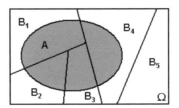

Abbildung 5.6: Satz über die totale Wahrscheinlichkeit

---

### Beispiel

## Ziehung der Zusatzzahl im Lotto

Bei der Ziehung der Lottozahlen ist die Wahrscheinlichkeit dafür, dass die Zahl 1 bei den ersten sechs Ziehungen gezogen wird ($B_1$) bzw. nicht gezogen wird ($B_2$)

$$P(B_1) = \frac{6}{49} \quad \text{und} \quad P(B_2) = \frac{43}{49} \; (=1 - P(B_1)) \, .$$

Nach dem Satz über die totale Wahrscheinlichkeit ergibt sich daraus die **unbedingte Wahrscheinlichkeit** für die Zusatzzahl 1:

$$P(A) = P(B_1) \cdot P(A \,|\, B_1) + P(B_2) \cdot P(A \,|\, B_2) = \frac{6}{49} \cdot 0 + \frac{43}{49} \cdot \frac{1}{43} = \frac{1}{49} \, .$$

Dieses Ergebnis ist insofern nicht verblüffend, als **a priori** – d.h. vor dem ersten Zug – jede der 49 möglichen Zahlen die gleiche Wahrscheinlichkeit besitzt, als Zusatzzahl gezogen zu werden.

---

### Beispiel

## Zulieferer mit Qualitätsunterschieden

Ein Fahrzeughersteller stattet seine Fahrzeuge mit Klimaanlagen aus, die er von drei verschiedenen Zulieferern A, B und C bezieht. Die Lieferanteile und die Mängelquoten der drei Zulieferer sind bekannt.

| Zulieferer | Lieferanteil | Mängelquote |
|:---:|:---:|:---:|
| A | 50 % | 5 % |
| B | 30 % | 9 % |
| C | 20 % | 24 % |

Tabelle 5.2: Lieferanteile und Mängelquoten

Gesucht ist die Wahrscheinlichkeit, dass ein zufällig ausgewähltes Fahrzeug dieses Herstellers eine mangelhafte Klimaanlage besitzt (Ereignis $M$).

Wenn man weiß, von welchem Zulieferer die Klimaanlage stammt, kann die **bedingte Wahrscheinlichkeit** für dieses Ereignis sofort angegeben werden, da sie der jeweiligen Mängelquote entspricht:

$$P(M\,|\,A) = 0{,}05 \qquad P(M\,|\,B) = 0{,}09 \qquad P(M\,|\,C) = 0{,}24 \, .$$

Nun ist jedes Fahrzeug mit einer Klimaanlage ausgestattet, die entweder von A oder B oder C stammt, d.h. die Ereignisse $A$, $B$ und $C$ bilden eine Zerlegung der Ergebnismenge. Deshalb kann die **unbedingte Wahrscheinlichkeit** für das Ereignis $M$ nach dem Satz über die totale Wahrscheinlichkeit berechnet werden:

$$P(M) = P(A) \cdot P(M\,|\,A) + P(B) \cdot P(M\,|\,B) + P(C) \cdot P(M\,|\,C)$$
$$= 0{,}5 \cdot 0{,}05 + 0{,}3 \cdot 0{,}09 + 0{,}2 \cdot 0{,}24 = 0{,}025 + 0{,}027 + 0{,}048 = 0{,}1 \, .$$

## 5.2.4.4 Satz von Bayes

Der Satz von Bayes[3] baut auf dem Satz über die totale Wahrscheinlichkeit auf und dient dazu, aus gegebenen **Apriori-Wahrscheinlichkeiten** $P(B_k)$ **Aposteriori-Wahrscheinlichkeiten** $P(B_k|A)$ zu berechnen. Die sog. **Bayes-Formel** beschreibt, wie unbedingte Wahrscheinlichkeiten unter dem Eindruck einer Information A revidiert werden müssen. Sie lautet:

$$P(B_k|A) = \frac{P(B_k) \cdot P(A|B_k)}{\sum_i P(B_i) \cdot P(A|B_i)} \, . \tag{5.24}$$

Beweis:
$$P(B_k|A) \overset{(5.20)}{=} \frac{P(B_k \cap A)}{P(A)} \overset{\substack{(5.21)\\(5.23)}}{=} \frac{P(B_k) \cdot P(A|B_k)}{\sum_i P(B_i) \cdot P(A|B_i)} \, .$$

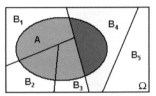

Abbildung 5.7: Satz von Bayes (für $P(B_4|A)$)

---

## Beispiel

### Zulieferer mit Qualitätsunterschieden

Im obigen Beispiel des Fahrzeugherstellers sind die **Apriori-Wahrscheinlichkeiten** dafür, dass die Klimaanlage bei einem zufällig ausgewählten Fahrzeug vom Zulieferer A bzw. B bzw. C stammt:

$$P(A) = 0{,}5 \quad P(B) = 0{,}3 \quad P(C) = 0{,}2 \, .$$

Wenn sich die Klimaanlage eines Fahrzeugs als mangelhaft herausstellt (Information $M$), sind diese Wahrscheinlichkeiten zu revidieren. Die Bayes-Formel liefert die **Aposteriori-Wahrscheinlichkeiten**:

$$P(A|M) = \frac{P(A) \cdot P(M|A)}{P(M)} = \frac{0{,}5 \cdot 0{,}05}{0{,}1} = 0{,}25 \, ,$$

$$P(B|M) = \frac{P(B) \cdot P(M|B)}{P(M)} = \frac{0{,}3 \cdot 0{,}09}{0{,}1} = 0{,}27 \, ,$$

$$P(C|M) = \frac{P(C) \cdot P(M|C)}{P(M)} = \frac{0{,}2 \cdot 0{,}24}{0{,}1} = 0{,}48 \, .$$

Die Feststellung einer mangelhaften Klimaanlage erhöht somit die Wahrscheinlichkeit, dass die Anlage von C stammt, und vermindert die Wahrscheinlichkeit, dass sie von A bzw. B stammt.

---

3 **Thomas Bayes** (1702–1761), englischer Mathematiker

**Beispiel**

## Urnenmodell mit drei Kugeln

Das Urnenmodell wird in der Statistik benutzt, um Stichprobenziehungen zu veranschaulichen. Man zieht zufällig Kugeln aus einer Urne, die schwarze und weiße Kugeln enthält.

Im Folgenden wird nun angenommen, dass sich in der Urne nur **drei Kugeln** befinden, von denen a priori nicht bekannt ist, wie viele schwarz bzw. weiß sind. Demnach können **vier** – sich gegenseitig ausschließende und insgesamt alle Möglichkeiten ausschöpfende – **Hypothesen** aufgestellt werden:

> $H_k$ ($k = 0, 1, 2, 3$): In der Urne sind genau $k$ **Kugeln schwarz** und demnach ($3 - k$) Kugeln weiß.

Die Wahrscheinlichkeit dieser vier Hypothesen soll nun untersucht werden.

- **A priori** erscheinen alle vier Hypothesen gleich wahrscheinlich, d.h. es gilt:

$$P_0(H_k) = \frac{1}{4} \qquad \text{für } k = 0, 1, 2, 3 \,.$$

- Nun greift jemand **zum ersten Mal** blind in die Urne und zieht dabei eine **schwarze Kugel (Ereignis $S_1$)**. Aufgrund dieser Information ist die Hypothese $H_0$ unmöglich, d.h. $P_1(H_0) = 0$. Aber auch die übrigen Hypothesen-Wahrscheinlichkeiten $P_0(H_k)$ müssen nach der Bayes-Formel

$$P_1(H_k) := P_0(H_k \mid S_1) = \frac{P_0(H_k) \cdot P(S_1 \mid H_k)}{P_0(S_1)} \qquad \text{mit}$$

$$P_0(S_1) = \sum_i P_0(H_i) \cdot P(S_1 \mid H_i) = \frac{1}{4} \cdot 0 + \frac{1}{4} \cdot \frac{1}{3} + \frac{1}{4} \cdot \frac{2}{3} + \frac{1}{4} \cdot 1 = \frac{1}{2} \text{ revidiert werden.}$$

**Nach dem ersten Zug** ergeben sich die **Aposteriori-Wahrscheinlichkeiten $P_1(.)$**:

$$P_1(H_0) = \frac{\frac{1}{4} \cdot 0}{\frac{1}{2}} = 0, \quad P_1(H_1) = \frac{\frac{1}{4} \cdot \frac{1}{3}}{\frac{1}{2}} = \frac{1}{6}, \quad P_1(H_2) = \frac{\frac{1}{4} \cdot \frac{2}{3}}{\frac{1}{2}} = \frac{1}{3}, \quad P_1(H_3) = \frac{\frac{1}{4} \cdot 1}{\frac{1}{2}} = \frac{1}{2}.$$

Aufgrund der schwarzen Kugel beim ersten Zug sinkt die Wahrscheinlichkeit für die Hypothesen $H_0$ und $H_1$ und es steigt die Wahrscheinlichkeit für $H_2$ und $H_3$.

- Die schwarze Kugel wird wieder zurückgelegt und es wird **zum zweiten Mal** blind in die Urne gegriffen. Diesmal erhält man eine **weiße Kugel (Ereignis $W_2$)**. Aufgrund dieser neuen Information ist auch die Hypothese $H_3$ unmöglich, d.h. $P_2(H_3) = 0$. Wieder werden alle Hypothesen-Wahrscheinlichkeiten nach der Bayes-Formel

$$P_2(H_k) := P_1(H_k \mid W_2) = \frac{P_1(H_k) \cdot P(W_2 \mid H_k)}{P_1(W_2)} \qquad \text{mit}$$

$$P_1(W_2) = \sum_i P_1(H_i) \cdot P(W_2 \mid H_i) = 0 \cdot 1 + \frac{1}{6} \cdot \frac{2}{3} + \frac{1}{3} \cdot \frac{1}{3} + \frac{1}{2} \cdot 0 = \frac{2}{9} \text{ revidiert.}$$

**Nach dem zweiten Zug** ergeben sich die **Aposteriori-Wahrscheinlichkeiten $P_2(.)$:**

$$P_2(H_0) = \frac{0 \cdot 1}{\dfrac{2}{9}} = 0 \;, \quad P_2(H_1) = \frac{\dfrac{1}{6} \cdot \dfrac{2}{3}}{\dfrac{2}{9}} = \frac{1}{2} \;, \quad P_2(H_2) = \frac{\dfrac{1}{3} \cdot \dfrac{1}{3}}{\dfrac{2}{9}} = \frac{1}{2} \;, \quad P_2(H_3) = \frac{\dfrac{1}{2} \cdot 0}{\dfrac{2}{9}} = 0 \;.$$

Nachdem einmal eine schwarze und einmal eine weiße Kugel gezogen wurde, sind die beiden noch möglichen Hypothesen $H_1$ und $H_2$ gleich wahrscheinlich.

■ Nun wird die weiße Kugel wieder zurückgelegt und es wird **zum dritten Mal** blind in die Urne gegriffen. Das Ergebnis ist noch einmal eine **weiße Kugel (Ereignis $W_3$)**. Die Revision der Hypothesen-Wahrscheinlichkeiten nach der Bayes-Formel

$$P_3(H_k) := P_2(H_k \,|\, W_3) = \frac{P_2(H_k) \cdot P(W_3 \,|\, H_k)}{P_2(W_3)} \quad \text{mit}$$

$$P_2(W_3) \;=\; \sum_i P_2(H_i) \cdot P(W_3 \,|\, H_i) \;=\; 0 \cdot 1 + \frac{1}{2} \cdot \frac{2}{3} + \frac{1}{2} \cdot \frac{1}{3} + 0 \cdot 0 \;=\; \frac{1}{2}$$

ergibt **nach dem dritten Zug** die **Aposteriori-Wahrscheinlichkeiten $P_3(.)$:**

$$P_3(H_0) = \frac{0 \cdot 1}{\dfrac{1}{2}} = 0 \;, \quad P_3(H_1) = \frac{\dfrac{1}{2} \cdot \dfrac{2}{3}}{\dfrac{1}{2}} = \frac{2}{3} \;, \quad P_3(H_2) = \frac{\dfrac{1}{2} \cdot \dfrac{1}{3}}{\dfrac{1}{2}} = \frac{1}{3} \;, \quad P_3(H_3) = \frac{0 \cdot 0}{\dfrac{1}{2}} = 0 \;.$$

Nachdem einmal eine schwarze und zweimal eine weiße Kugel gezogen wurden, ist die Hypothese $H_1$ wahrscheinlicher als $H_2$.

■ Die Ziehung mit Zurücklegen kann beliebig fortgesetzt werden. Auf lange Sicht tritt einer der beiden folgenden Fälle ein:

(1) In ungefähr einem Drittel der Züge wird eine schwarze und in zwei Dritteln der Züge eine weiße Kugel gezogen. Dann gilt: $\lim\limits_{n \to \infty} P_n(H_1) = 1$ und $\lim\limits_{n \to \infty} P_n(H_2) = 0$.

(2) In ungefähr zwei Dritteln der Züge wird eine schwarze und in einem Drittel der Züge eine weiße Kugel gezogen. Dann gilt: $\lim\limits_{n \to \infty} P_n(H_1) = 0$ und $\lim\limits_{n \to \infty} P_n(H_2) = 1$.

# 5.3 Laplace-Prozesse und Kombinatorik

## 5.3.1 Laplace-Prozesse

Unter einem **Laplace-Prozess**[4] versteht man einen Zufallsprozess, bei dem **alle Elementarereignisse gleich wahrscheinlich** sind, d.h. bei dem gilt:

$$P(E_i) = \frac{1}{|\Omega|} \quad \text{für alle } E_i \in Z(\Omega) . \tag{5.25}$$

Nach den Überlegungen aus Abschnitt 5.2.3.2 lässt sich dann die Wahrscheinlichkeit für ein **beliebiges Ereignis** $A \in Z(\Omega)$ nach der sog. **Laplace-Formel** bestimmen:

$$P(A) = \frac{|A|}{|\Omega|} \quad \begin{array}{l} \leftarrow \text{„Anzahl der \textbf{günstigen} Fälle“} \\ \leftarrow \text{„Anzahl der \textbf{möglichen} Fälle“.} \end{array} \tag{5.26}$$

Auf dieser Formel basieren alle Wahrscheinlichkeitsberechnungen nach dem **klassischen Wahrscheinlichkeitsbegriff**. So einfach diese Formel erscheint, muss doch mit Nachdruck darauf hingewiesen werden, dass vor ihrer Anwendung jeweils zu prüfen ist,

- ob der betrachtete Zufallsprozess überhaupt als Laplace-Prozess interpretiert werden kann und

- ob die Ergebnismenge so formuliert wurde, dass tatsächlich alle Elementarereignisse gleich wahrscheinlich sind.

Zur Verdeutlichung dieser Problematik betrachten wir noch einmal die Beispiele 1 bis 5 aus Abschnitt 5.1.1.

---

### Beispiele

#### Beispiel 1 (Würfeln mit einem Würfel)

Es handelt sich um einen typischen **Laplace-Prozess**, bei dem jedes der **sechs** Elementarereignisse $E_i \subseteq \Omega_1$ die Wahrscheinlichkeit $P(E_i) = 1/6$ besitzt.

#### Beispiel 2 (Würfeln mit zwei Würfeln)

Auch dieser Zufallsprozess kann als **Laplace-Prozess** verstanden werden, wenn die Ergebnismenge so formuliert wird, dass die Elementarereignisse gleich wahrscheinlich sind. Dies ist der Fall, wenn die $6 \cdot 6 = 36$ **Augenzahl-Paare** als Ergebnisse unterschieden werden ($\Omega_2'$). Die Wahrscheinlichkeit für jedes dieser Paare beträgt 1/36. Werden jedoch die **11** möglichen **Augenzahl-Summen** als Ergebnisse betrachtet ($\Omega_2$), so liegt **kein Laplace-Prozess** vor, da z.B. die Wahrscheinlichkeit dafür, dass eine Zwölf (d.h. zwei Sechsen) gewürfelt wird, nicht 1/11, sondern eben 1/36 beträgt.

---

4 **Pierre-Simon Marquis de Laplace** (1749–1827), französischer Mathematiker

## Beispiel 3 (Krankmeldungen von drei Mitarbeitern)

Bei diesem Zufallsprozess sind die Elementarereignisse im Fall beider Ergebnismengen ($\Omega_3$ und $\Omega_3'$) nicht gleich wahrscheinlich, da beispielsweise das Ereignis, dass alle drei Personen krank sind ({3} bzw. {XYZ}) wesentlich unwahrscheinlicher ist als das Ereignis, dass keine Person krank ist ({0} bzw. {–}). Wahrscheinlichkeiten dafür, dass Personen krank werden, können aber generell wohl nur **empirisch** ermittelt, vielleicht noch subjektiv geschätzt, aber mit Sicherheit **nicht kombinatorisch** berechnet werden. Daher ist dieser Zufallsprozess definitiv **kein Laplace-Prozess**.

## Beispiele 4 und 5 (Stichprobenziehung mit und ohne Zurücklegen)

Werden bei der Stichprobenziehung alle Elemente der Grundgesamtheit mit der gleichen Wahrscheinlichkeit ausgewählt (uneingeschränkte Zufallsauswahl), so liegt grundsätzlich ein **Laplace-Prozess** vor. Allerdings muss bei den Ergebnissen die **Reihenfolge** der Ziehung **unterschieden** werden. Bei der Ziehung von 2 aus 5 Elementen gibt es dann

- $5 \cdot 5 = 25$ gleich wahrscheinliche Stichproben im Fall **mit Zurücklegen** und
- $5 \cdot 4 = 20$ gleich wahrscheinliche Stichproben im Fall **ohne Zurücklegen**.

Wird die **Reihenfolge** der Ziehung jedoch **nicht unterschieden** (Ergebnismengen $\Omega_4$ und $\Omega_5$), so sind

- die **15 Stichproben** im Fall **mit Zurücklegen nicht gleich wahrscheinlich**, weil z.B. die Stichprobe {(1,1)} nur mit einer Wahrscheinlichkeit von 1/25 und die Stichprobe {(1,2)} (mit zwei möglichen Reihenfolgen) mit einer Wahrscheinlichkeit von 2/25 gezogen wird, während
- die **10 Stichproben** im Fall **ohne Zurücklegen gleich wahrscheinlich** sind, weil es hier für alle Stichproben jeweils zwei mögliche Reihenfolgen gibt.

Die Laplace-Formel ist bei Stichprobenziehungen mit Zurücklegen also nur anwendbar, wenn bei den Ergebnissen die Reihenfolge der Ziehung unterschieden wird.

Stichprobenziehungen, bei denen die Elemente der Grundgesamtheit mit gleicher Wahrscheinlichkeit ausgewählt werden, sind generell als Laplace-Prozesse darstellbar. Allerdings steigt die Zahl der gleich wahrscheinlichen Ergebnisse sehr stark an, wenn der Stichprobenumfang und/oder die Grundgesamtheit größer werden. In diesen Fällen benötigt man allgemeine **kombinatorische Formeln**, um die Anzahl der Möglichkeiten zu bestimmen.

## 5.3.2 Kombinatorik

### 5.3.2.1 Problemstellung

Kombinatorische Fragestellungen können meist anhand des **Modells der Stichproben-ziehung** behandelt werden. Man stellt sich eine Urne vor, die eine Grundgesamtheit von $N$ unterscheidbaren Elementen enthält, und fragt, **wie viele verschiedene Stichproben** mit $n$ Elementen aus dieser Urne gezogen werden können.

Dabei muss zunächst einmal geklärt werden, ob zwei Stichproben, die sich nicht in den gezogenen Elementen, aber in der **Reihenfolge der Ziehung** unterscheiden, als dieselbe Stichprobe oder als zwei verschiedene Stichproben angesehen werden. Unterscheidet man die Reihenfolge der Ziehung, so interessiert man sich für die Anzahl der **Variationen**. Spielt hingegen die Reihenfolge keine Rolle, sondern nur die Menge der insgesamt gezogenen Elemente, so fragt man nach der Anzahl der **Kombinationen**. Die Anzahl der Variationen ist (bei gegebenen Zahlen $N$ und $n$) i.d.R. sehr viel höher als die Anzahl der Kombinationen.

Außerdem hängt die Zahl der Variationen bzw. Kombinationen davon ab, ob die Stichprobe **mit Zurücklegen** oder **ohne Zurücklegen** gezogen wird. Wenn – bei gegebenen Zahlen $N$ und $n$ – eine wiederholte Ziehung der Elemente möglich ist, gibt es offenbar mehr Möglichkeiten als wenn Wiederholungen ausgeschlossen sind (vgl. Beispiele 4 und 5).

Zu beachten ist, dass der Stichprobenumfang $n$ bei der Ziehung mit Zurücklegen unbegrenzt ist, während er bei der Ziehung ohne Zurücklegen durch $N$ nach oben begrenzt ist. Wird die Urne bei der Ziehung **ohne Zurücklegen** komplett geleert (d.h. $n = N$), so unterscheiden sich die Stichproben ausschließlich in der Reihenfolge. Man spricht dann von der Anzahl der **Permutationen** (als Sonderfall der Variationen).

Kombinatorische Formeln beinhalten Fakultäten und Binomialkoeffizienten, weshalb diese Begriffe im Folgenden kurz dargestellt werden.

### 5.3.2.2 Fakultäten und Binomialkoeffizienten

- Die **Fakultät** ($N!$) einer natürlichen Zahl $N$ ist definiert als das Produkt aller natürlichen Zahlen, die kleiner oder gleich $N$ sind:

$$N! = 1 \cdot 2 \cdot ... \cdot N \ . \tag{5.27}$$

Außerdem wird $0! = 1$ definiert.

Es gilt also: $1! = 1$, $2! = 1 \cdot 2 = 2$, $3! = 1 \cdot 2 \cdot 3 = 6$, $4! = 1 \cdot 2 \cdot 3 \cdot 4 = 24$ usw.

- Die **Binomialkoeffizienten**

$$\binom{N}{n},$$

die im binomischen Lehrsatz

$$(a+b)^N = \sum_{n=0}^{N} \binom{N}{n} a^n \, b^{N-n}$$

auftreten, sind für die natürlichen Zahlen $N$ und $n$ (einschließlich 0) mit $n \leq N$ wie folgt definiert:

$$\binom{N}{n} = \frac{N!}{n! \cdot (N-n)!} \ . \tag{5.28}$$

**Beispiele**

$$\binom{5}{2} = \frac{5!}{2! \cdot 3!} = \frac{5 \cdot 4 \cdot 3 \cdot 2 \cdot 1}{2 \cdot 1 \cdot 3 \cdot 2 \cdot 1} = \frac{5 \cdot 4}{1 \cdot 2} = 10$$

$$\binom{8}{3} = \frac{8!}{3! \cdot 5!} = \frac{8 \cdot 7 \cdot 6}{1 \cdot 2 \cdot 3} = 56$$

Allgemein gilt:
$$\binom{N}{n} = \binom{N}{N-n}$$

sowie
$$\binom{N}{0} = \binom{N}{N} = \frac{N!}{0! \cdot N!} = 1 \, .$$

### 5.3.2.3 Kombinatorische Formeln

Die kombinatorischen Formeln, nach denen die Anzahl der Variationen bzw. Kombinationen bei der Stichprobenziehung $n$ aus $N$ mit und ohne Zurücklegen berechnet wird, sind in der folgenden Tabelle zusammengefasst.

|  | **Variationen** (Stichproben **mit** Berücksichtigung der Reihenfolge) | **Kombinationen** (Stichproben **ohne** Berücksichtigung der Reihenfolge) |
|---|---|---|
| **Stichprobe mit Zurücklegen** | $V_n^N = N^n$ (5.29) | $K_n^N = \binom{N+n-1}{n}$ (5.32) **Stichproben sind nicht gleich wahrscheinlich!** |
| **Stichprobe ohne Zurücklegen ($n \leq N$)** | $\tilde{V}_n^N = \dfrac{N!}{(N-n)!}$ (5.30) | $\tilde{K}_n^N = \binom{N}{n}$ (5.33) |
| Sonderfall: $n = N$ | $P^N = \tilde{V}_N^N = N!$ (5.31) **(Permutationen)** | $\tilde{K}_N^N = 1$ |

Tabelle 5.3: Kombinatorische Formeln

Bei Laplace-Prozessen lassen sich viele Wahrscheinlichkeiten mit Hilfe der kombinatorischen Formeln berechnen. Vorsicht ist allerdings immer geboten, wenn **Wiederholungen** möglich sind (Stichproben mit Zurücklegen). Hier sind **nur** die **Variationen**, nicht aber die Kombinationen **gleich wahrscheinlich** und damit für Berechnungen nach der Laplace-Formel verwendbar (vgl. Beispiel 4 in Abschnitt 5.3.1).

## 5.3.2.4 Beispiele zur Kombinatorik

Bei der Anwendung kombinatorischer Formeln empfiehlt es sich, die jeweilige konkrete Problemstellung auf das **Modell der Stichprobenziehung** zu übertragen, indem man sich fragt:

- Was ist beim betrachteten Problem als Stichprobenzug zu deuten?
- Wie groß ist die Anzahl $N$ der Elemente in der Urne?
- Wie groß ist der Stichprobenumfang $n$?
- Wird mit oder ohne Zurücklegen (Wiederholungen) gearbeitet?
- Ist die Reihenfolge bedeutsam?

---

### Beispiele

#### Toto-Tipps

Beim Fußball-Toto muss ein Teilnehmer die Ergebnisse von 13 Bundesliga-Spielen voraussagen, wobei er auf Unentschieden (0), Heimsieg (1) oder Auswärtssieg (2) tippen kann. Wie viele Tipp-Möglichkeiten gibt es?

Jeder Tipp kann hier als eine Ziehung aus einer Urne mit den drei Elementen 0, 1, 2 gedeutet werden, d.h. es gilt $N = 3$. Für jedes Spiel wird einmal gezogen, d.h. der Stichprobenumfang beträgt $n = 13$. Wiederholungen sind möglich, weil mehrere Spiele den gleichen Ausgang haben können. Die Reihenfolge ist wichtig, da sich jeder Zug auf ein ganz bestimmtes Spiel bezieht. Die Tipp-Möglichkeiten sind also **Variationen mit Zurücklegen**.

Nach Formel (5.29) gibt es $3^{13} =$ **1594323 Tipp-Möglichkeiten.**

#### Lotto-Tipps

Beim Zahlenlotto müssen auf dem Lottoschein sechs der Zahlen 1, 2, ..., 49 angekreuzt werden. Wie viele verschiedene Lotto-Tipps gibt es?

Jedes Kreuz entspricht dem Ziehen aus einer Urne mit $N = 49$ Elementen. Der Stichprobenumfang ist $n = 6$. Es gibt keine Wiederholungen, da eine Zahl nur einmal angekreuzt werden kann. Die Reihenfolge des Ankreuzens ist unwichtig. Die Tipp-Möglichkeiten sind also **Kombinationen ohne Zurücklegen**.

Nach Formel (5.33) gibt es $\binom{49}{6} =$ **13983816 Tipp-Möglichkeiten** beim Lotto.

#### Kundenbesuche

Ein Außendienstmitarbeiter muss an einem Tag fünf Kunden besuchen. Wie viele Reihenfolgen gibt es für seine Besuche?

Die Grundgesamtheit besteht aus den $N = 5$ Kunden. Bei jedem Stichprobenzug wird bestimmt, welcher Kunde als nächster besucht wird. Da alle Kunden besucht werden, ist auch der Stichprobenumfang $n = 5$. Kein Kunde wird doppelt besucht, d.h. es gibt keine Wiederholungen. Die Reihenfolge der Ziehung ist wichtig – nur um sie geht es ja!

Nach Formel (5.31) gibt es $5! =$ **120 Permutationen.**

## Preisverteilung

In einer Skat-Runde wurden fünf identische Flaschen Champagner gestiftet. Es wird beschlossen, dass in den nächsten Spielen immer derjenige eine Flasche erhält, der sein Spiel gewinnt, bis alle fünf Flaschen verteilt sind. Wie viele Möglichkeiten gibt es, die fünf Flaschen auf die drei Spieler zu verteilen?

Die Grundgesamtheit besteht aus den $N = 3$ Spielern. Aus ihr wird $n = 5$ mal ein Gewinner gezogen. Da ein Spieler mehrfach gewinnen kann, gibt es Wiederholungen. Wegen des einheitlichen Gewinns ist die Reihenfolge unwichtig. Es handelt sich also um **Kombinationen mit Zurücklegen**.

Nach Formel (5.32) gibt es $\binom{3+5-1}{5} = \binom{7}{5} = 21$ **Möglichkeiten** der Verteilung.

## Auftragsvergabe

In einer Taxizentrale gehen gleichzeitig Aufträge für drei sofort zu erledigende, verschiedene Fahrten ein. Wie viele Möglichkeiten gibt es, diese an die 15 gerade freien Taxis zu vergeben?

Die $N = 15$ Taxis bilden die Grundgesamtheit, aus der eine Stichprobe vom Umfang $n = 3$ gezogen wird. Da ein Taxi nicht mehrere Fahrten gleichzeitig durchführen kann, gibt es bei der Ziehung keine Wiederholungen. Die Reihenfolge der Ziehung ist wichtig, weil es sich um verschiedene Fahrten handelt.

Nach Formel (5.30) für **Variationen ohne Zurücklegen** gibt es $\frac{15!}{(15-3)!} = 15 \cdot 14 \cdot 13$ = **2730 Möglichkeiten** der Auftragsvergabe.

### 5.3.3 Beispiel: Geburtstagsproblem

Ein bekanntes Beispiel für die Anwendung der Kombinatorik im Rahmen eines komplexeren Laplace-Prozesses ist das sog. **Geburtstagsproblem**.

---

**Beispiel**

## Geburtstagsproblem

**Wie groß ist die Wahrscheinlichkeit, dass von n zufällig ausgewählten Personen mindestens zwei am gleichen Tag Geburtstag haben?**

Dieses **Ereignis** wird nachfolgend mit $A_n$ bezeichnet. Vereinfachend wird angenommen, dass sich die Geburten gleichmäßig über das Jahr verteilen. Außerdem sollen Schalttage unberücksichtigt bleiben, d.h. es wird von 365 Tagen in einem Jahr ausgegangen.

Offensichtlich gilt dann für die fragliche Wahrscheinlichkeit:

- $P(A_n)$ nimmt mit der Personenzahl $n$ zu.
- Für $n > 365$ gilt: $P(A_n) = 1$.

---

Generell sind zur Berechnung von Wahrscheinlichkeiten bei Laplace-Prozessen folgende Schritte durchzuführen:

(1) Ergebnismenge $\Omega$ so formulieren, dass **alle Elementarereignisse gleich wahrscheinlich** sind;

(2) Anzahl aller möglichen Ergebnisse $|\Omega|$ bestimmen;

(3) Anzahl der günstigen Ergebnisse $|A|$ bestimmen;

(4) Laplace-Formel (5.26) anwenden.

Zunächst soll das Geburtstagsproblem für den übersichtlichen Fall von $n = 3$ **Personen** gelöst werden. Eine geeignete Darstellung von $\Omega_3$ ergibt sich, wenn man die Geburtstage der drei Personen in Form von Zahlentripeln $(x_1, x_2, x_3)$ beschreibt, wobei jeder Geburtstag $x_i$ aus der Menge der mit 1 bis 365 durchnummerierten Tage eines Jahres stammen kann. Somit ergibt sich:

(1) $\Omega_3 = \left\{ (x_1, x_2, x_3) \mid x_i \in \{1, 2, \ldots, 365\} \text{ für } i = 1,2,3 \right\}$ und

(2) $|\Omega_3| = 365^3 = 48\,627\,125$ (Variationen mit Zurücklegen).

Anstatt im Schritt (3) die Anzahl der günstigen Ergebnisse $|A_3|$ zu bestimmen, ist es einfacher, die Anzahl der „ungünstigen" Ergebnisse $|\overline{A}_3|$ (d.h. alle drei Personen haben an verschiedenen Tagen Geburtstag) zu berechnen:

(3) $|\overline{A}_3| = \dfrac{365!}{(365-3)!} = 365 \cdot 364 \cdot 363 = 48\,228\,180$ (Variationen ohne Zurücklegen).

Folglich erhält man das Ergebnis:

(4) $P(A_3) = 1 - P(\overline{A}_3) = 1 - \dfrac{\dfrac{365!}{(365-3)!}}{365^3} = 1 - \dfrac{48\,228\,180}{48\,627\,125} = 0,0082$ .

Die Formel lässt sich unmittelbar auf eine **beliebige Personenzahl $n$** verallgemeinern:

$$P(A_n) = 1 - P(\overline{A}_n) = 1 - \dfrac{\dfrac{365!}{(365-n)!}}{365^n} \ .$$

Wie die Tabelle 5.4 zeigt, steigt $P(A_n)$ bei zunehmender Personenzahl überraschend schnell auf Werte nahe bei 1 an. Plausibel erscheinen die Wahrscheinlichkeiten aber spätestens dann, wenn man sie auf statistischem Wege überprüft: Sicher gibt es auch in Ihrem eigenen Geburtstagskalender Tage, an denen es zwei oder mehr Einträge gibt – vorausgesetzt, es sind entsprechend viele Geburtstage darin verzeichnet!

| $n$ | 5 | 10 | 15 | 20 | 25 | 30 | 35 | 40 | 50 | 60 |
|---|---|---|---|---|---|---|---|---|---|---|
| $P(A_n)$ | 0,0271 | 0,1169 | 0,2529 | 0,4114 | 0,5687 | 0,7063 | 0,8144 | 0,8912 | 0,9704 | 0,9941 |

Tabelle 5.4: $P(A_n)$ in Abhängigkeit von der Personenzahl $n$

## 5.4    Aufgaben

**Aufgabe 5.1**

Betrachtet wird der Zufallsprozess „Werfen von zwei Würfeln" sowie die dabei auftretenden Ereignisse:

- ◼ $A$: Mindestens ein Würfel zeigt eine Sechs.
- ◼ $B$: Die Augenzahl beider Würfel ist gleich (Pasch).
- ◼ $C$: Beide Würfel zeigen ungerade Augenzahl.

Alternativ werden die Ergebnismengen

- ◼ $\Omega_1 = \{(G, G), (G, U), (U, G), (U, U)\}$ sowie
- ◼ $\Omega_2 = \{(1, 1), (1, 2), ..., (1, 6), (2, 1), (2, 2), ..., (2, 6), ..., (6, 1), (6, 2), ..., (6,6)\}$

vorgeschlagen, wobei $G$ „Gerade Augenzahl" und $U$ „Ungerade Augenzahl" bedeutet.

a) Ist der Zufallsprozess mit der Ergebnismenge $\Omega_1$ ein Laplace-Prozess?

b) Bestimmen Sie das Ereignissystem zur Ergebnismenge $\Omega_1$!

c) Geben Sie die Ereignisse $A$, $B$, $C$, $\bar{A}$, $\bar{C}$, $B \cup C$, $B \cap C$, $B \backslash C$, $C \backslash B$, $\overline{A \cup C}$ und $\bar{A} \cap \bar{B} \cap \bar{C}$ verbal sowie in aufzählender Schreibweise (als Teilmenge von $\Omega_2$) an und bestimmen Sie deren Wahrscheinlichkeiten!

**Aufgabe 5.2**

Berechnen Sie die Wahrscheinlichkeit dafür, dass ...

a) bei vier Würfen mit einem Würfel mindestens eine Sechs auftritt.

b) bei 24 Würfen mit zwei Würfeln mindestens eine Zwölf auftritt.

**Aufgabe 5.3**

In der Vorrunde einer Fußballmeisterschaft gibt es in einer Gruppe drei Spiele der Mannschaften A, B und C (jeder gegen jeden). Jedes Spiel endet mit dem Sieg einer Mannschaft (notfalls nach Elfmeterschießen). Gruppensieger wird, wer seine beiden Spiele gewinnt. Gewinnt jedoch jede der drei Mannschaften ein Vorrundenspiel, so wird der Gruppensieger durch Los ermittelt, wobei dann jedes Team die gleiche Chance hat. Nach Auswertung von Expertenmeinungen werden die Gewinn-Wahrscheinlichkeiten $P(G)$ in den einzelnen Spielen wie folgt geschätzt:

| | | | |
|---|---|---|---|
| **Spiel 1: A gegen B** | $P(G_{A1}) = 0{,}8$ | $P(G_{B1}) = 0{,}2$ | --- |
| **Spiel 2: A gegen C** | $P(G_{A2}) = 0{,}7$ | --- | $P(G_{C2}) = 0{,}3$ |
| **Spiel 3: B gegen C** | --- | $P(G_{B3}) = 0{,}4$ | $P(G_{C3}) = 0{,}6$ |

a) Wie groß sind die Wahrscheinlichkeiten für folgende Ereignisse?

  – $G_A$, $G_B$ bzw. $G_C$: Mannschaft A, B bzw. C gewinnt beide Vorrundenspiele.

  – $L$: Der Gruppensieger wird durch Los ermittelt.

  – $S_A$, $S_B$ bzw. $S_C$: Mannschaft A, B bzw. C wird Gruppensieger.

b) Das Spiel 1 endet mit einem Sieg des Außenseiters B. Wie groß sind jetzt die Wahrscheinlichkeiten der o.g. Ereignisse?

**Aufgabe 5.4**

Ein Kraftfahrzeughersteller fertigt Automobile in drei Baureihen: A-Klasse, B-Klasse und C-Klasse. Für diese Baureihen werden jeweils drei Ausstattungsvarianten L, LX und GLX angeboten. Von den verkauften Fahrzeugen sind 30 % A-Klasse, 50 % B-Klasse und 20 % C-Klasse. Der Anteil der GLX-Version beträgt in der A-Klasse 20 %, in der B-Klasse 44 % und in der C-Klasse 60 %.

a) Wie groß ist die Wahrscheinlichkeit, dass ein zufällig aus der Gesamtproduktion ausgewähltes Fahrzeug die GLX-Ausstattung besitzt?

b) Ein Bekannter schwärmt von der traumhaften GLX-Ausstattung seines neuen Fahrzeugs, ohne jedoch dessen Baureihe zu erwähnen. Mit welcher Wahrscheinlichkeit handelt es sich um ein Fahrzeug der A-Klasse, B-Klasse bzw. C-Klasse?

**Aufgabe 5.5**

In einem Statistik-Kurs wurden das Lernverhalten und der Erfolg in der Abschlussklausur untersucht. Dabei wurde festgestellt, dass sich 60% der Teilnehmer regelmäßig in Lerngruppen trafen, um die Vorlesung nachzuarbeiten (= Ereignis $L$). Von diesen bestanden 95% die Abschlussklausur (= Ereignis $B$), während die Durchfallquote insgesamt 25% betrug. 70% aller Kursteilnehmer besuchten ein freiwilliges Tutorium (= Ereignis $T$). Bei den Tutoriumsbesuchern war die Durchfallquote um 10 Prozentpunkte geringer als bei den Teilnehmern, die kein Tutorium besucht hatten. 42% aller Teilnehmer gaben an, regelmäßig ein Tutorium und eine Lerngruppe besucht zu haben.

a) Drücken Sie die obigen Untersuchungsergebnisse in Form von Wahrscheinlichkeiten aus! Verwenden Sie dabei die Bezeichnungen $B$, $L$ und $T$ für die Ereignisse! Welche Ereignisse sind stochastisch unabhängig?

b) Wie groß ist die Wahrscheinlichkeit, dass ein Studierender die Klausur bestanden hat, wenn er ein Tutorium (bzw. kein Tutorium) besucht hat?

c) Wie groß ist die Wahrscheinlichkeit, dass ein zufällig ausgewählter Teilnehmer …

  – in einer Lerngruppe gearbeitet und die Klausur bestanden hat?

  – zwar in einer Lerngruppe gearbeitet, aber die Klausur nicht bestanden hat?

  – nicht in einer Lerngruppe gearbeitet, aber trotzdem die Klausur bestanden hat?

  – weder in einer Lerngruppe gearbeitet noch die Klausur bestanden hat?

d) Wie groß ist die Wahrscheinlichkeit, dass ein Teilnehmer die Klausur bestanden hat, wenn er die Vorlesung nicht in einer Lerngruppe nachgearbeitet hat?

**Aufgabe 5.6**

In einem zweistufigen Produktionsprozess werden aus Rohlingen Werkzeuge hergestellt. In der ersten Produktionsstufe werden 40 % der Rohlinge auf der alten Maschine $M_1$ (Fehlerquote: 8 %) und 60 % auf der neuen Maschine $M_2$ (Fehlerquote: 3 %) bearbeitet. Danach werden bei einer ersten Prüfung die fehlerhaften Stücke aussortiert. Nur die einwandfreien Stücke werden in der zweiten Stufe auf der Maschine $M_3$ (Fehlerquote: 4 %) weiterverarbeitet. Nach nochmaliger Prüfung und Aussonderung der fehlerhaften Stücke werden die einwandfreien Werkzeuge verpackt.

a) Wie groß ist bei der ersten Prüfung die Wahrscheinlichkeit, dass …

  – ein zufällig ausgewähltes Stück fehlerhaft ist?

  – ein fehlerhaftes Stück auf der Maschine $M_1$ bzw. $M_2$ bearbeitet wurde?

b) Wie groß ist unter der Annahme, dass die Maschinen in der ersten und zweiten Stufe unabhängig voneinander arbeiten, die Wahrscheinlichkeit, dass aus einem Rohling ein einwandfreies Werkzeug hergestellt wird?

c) Die Maschine $M_1$ soll durch eine neue Maschine ersetzt werden. Welche Fehlerquote darf die neue Maschine haben, wenn die Fehlerquote im gesamten Prozess bei höchstens 6,5 % liegen soll?

### Aufgabe 5.7

In einer Schublade befinden sich sechs schwarze, vier braune und zwei graue Socken. Im Dunkeln greift jemand zwei Socken heraus. Wie groß ist die Wahrscheinlichkeit, dass ...

- keine Socke braun ist?
- mindestens eine Socke braun ist?
- beide Socken braun sind?
- beide Socken die gleiche Farbe haben?

### Aufgabe 5.8

Auf einem Wanderparkplatz stehen nebeneinander drei Fahrzeuge. Wie groß ist die Wahrscheinlichkeit, dass ...

- genau zwei Fahrzeuge die Endziffer „0" auf dem Kfz-Kennzeichen haben?
- genau zwei Fahrzeuge die gleiche Endziffer auf dem Kfz-Kennzeichen haben?
- alle drei Fahrzeuge die gleiche Endziffer auf dem Kfz-Kennzeichen haben?
- alle drei Fahrzeuge verschiedene Endziffern auf dem Kfz-Kennzeichen haben?

### Aufgabe 5.9

Wie groß ist die Wahrscheinlichkeit, dass von sieben zufällig ausgewählten Personen ...

- keine an einem Sonntag geboren wurde?
- genau eine an einem Sonntag geboren wurde?
- mindestens zwei an einem Sonntag geboren wurden?
- alle an verschiedenen Wochentagen geboren wurden?

### Aufgabe 5.10

Ab welcher Personenzahl $n_0$ lohnt es sich, im Geburtstagsproblem auf das Eintreten des Ereignisses $A_n$ zu wetten, d.h. ab welcher Personenzahl ist $P(A_n) > 0,5$?

# Zufallsvariablen und Wahrscheinlichkeitsverteilungen

**6**

ÜBERBLICK

## 6.1 Diskrete und stetige Zufallsvariablen

### 6.1.1 Einführung und Beispiele

Bei vielen Zufallsprozessen sind die Ergebnisse **numerische Größen** (z.B. beim Würfeln), oder zumindest können den nicht-numerischen Ergebnissen (z.B. wirtschaftlichen Szenarien) Zahlen zugeordnet werden (z.B. Umsätze, Kosten, Gewinne). In solchen Fällen arbeitet man mit Zufallsvariablen.

Formal ist eine **Zufallsvariable** definiert als eine Funktion $X$, die den Elementen der Ergebnismenge $\Omega$ eindeutig Werte aus einem reellen Wertebereich W zuordnet:[1]

$$X: \quad \Omega \rightarrow W \subseteq \mathbb{R} \; . \tag{6.1}$$

Meistens interessiert man sich bei der Betrachtung einer Zufallsvariablen $X$ nicht mehr für die Ergebnismenge $\Omega$, sondern nur noch für den **Wertebereich W**. Wie bei den Merkmalen in der Beschreibenden Statistik unterscheidet man **diskrete** und **stetige Zufallsvariablen** je nachdem, ob der Wertebereich eine abzählbare oder eine überabzählbare Menge ist. Jede Zufallsvariable besitzt eine **Wahrscheinlichkeitsverteilung**, die angibt, mit welcher Wahrscheinlichkeit einzelne Werte bzw. Teilmengen des Wertebereichs im Zufallsprozess realisiert werden.

---

### Beispiele

- **Anzahl der Krankmeldungen** (Beispiel 3 aus Kapitel 5):
  $X: \quad \Omega = \{-, X, Y, Z, XY, XZ, YZ, XYZ\} \quad \rightarrow \quad W = \{0, 1, 2, 3\}$

- **Anzahl der Kunden in einem Geschäft**:
  $X: \quad \Omega = \{ \dots \} \quad \rightarrow \quad W = \mathbb{N}_0 = \{0, 1, 2, \dots\}$     (**diskrete** Zufallsvariable!)

- **Brenndauer einer Glühbirne** [Stunden]:
  $X: \quad \Omega = \{ \dots \} \quad \rightarrow \quad W = \mathbb{R}_0^+ = [0; \infty[$     (**stetige** Zufallsvariable!)

---

Zu den Zufallsvariablen zählen auch **Stichprobenfunktionen**, die in der Schließenden Statistik eine wichtige Rolle spielen.

---

### Beispiel

### Stichprobenmittelwert

Mit einer Stichprobenerhebung sollen Erkenntnisse über das Einkommen einer bestimmten Personengruppe gewonnen werden. Dazu wird nach einem genau definierten Zufallsprozess (Stichprobenplan) eine Teilmenge dieser Personengruppe ausgewählt (= Ergebnis des Zufallsprozesses). Aus deren Einkommensangaben wird dann das arithmetische Mittel berechnet, welches je nach Stichprobe unterschiedliche numerische Werte annimmt. Dieser **Stichprobenmittelwert** ist also eine **Zufallsvariable** $\bar{X}$.

---

[1] Zufallsvariablen werden im Folgenden grundsätzlich durch **Großbuchstaben** $X, Y, Z$ etc. gekennzeichnet.

Ein weiteres Beispiel für eine Zufallsvariable soll im folgenden Abschnitt näher betrachtet werden.

## Umsatz bei unsicherer Auftragslage

Der Umsatz eines Unternehmens ist bestimmt durch das Auftragsvolumen weniger Großaufträge. Für das nächste Jahr hofft die Geschäftsleitung, drei – von einander unabhängige – Großaufträge A, B und C zu erhalten, wobei sie die Erfolgsaussichten bei der Akquisition unterschiedlich einschätzt.

| Auftrag | Auftragsvolumen [Mio. €] | Wahrscheinlichkeit des Auftrags |
|---------|--------------------------|--------------------------------|
| A | 10 | 0,8 |
| B | 14 | 0,5 |
| C | 24 | 0,75 |

Tabelle 6.1: Volumen und Wahrscheinlichkeit der Aufträge

Der Umsatz ist dann eine **Zufallsvariable X**, die von der unsicheren Auftragslage (= Ergebnis des Zufallsprozesses) abhängt.

Aufgrund der Annahme, dass die Aufträge stochastisch unabhängig sind, ist es möglich, die Wahrscheinlichkeit der einzelnen Auftragslagen zu bestimmen (vgl. Tabelle 6.2). Beispielsweise berechnet sich die Wahrscheinlichkeit dafür, dass nur der Auftrag C erteilt wird (und nicht die Aufträge A und B), wie folgt:

$$P(C) = (1 - 0,8) \cdot (1 - 0,5) \cdot 0,75 = 0,075 \ .$$

Aus Tabelle 6.2 ist auch der **Wertebereich** von $X$ zu erkennen:

$$W = \{0, 10, 14, 24, 34, 38, 48\} \ .$$

| Auftragslage (Ergebnisse $e_j$) | Umsatz $X(e_j)$ [Mio. €] | $P(\{e_j\})$ |
|--------------------------------|--------------------------|--------------|
| – | 0 | 0,025 |
| A | 10 | 0,1 |
| B | 14 | 0,025 |
| C | 24 | 0,075 |
| AB | 24 | 0,1 |
| AC | 34 | 0,3 |
| BC | 38 | 0,075 |
| ABC | 48 | 0,3 |

Tabelle 6.2: Umsatz und Wahrscheinlichkeit der Auftragslagen

## 6.1.2 Diskrete Zufallsvariablen und Wahrscheinlichkeitsverteilungen

### 6.1.2.1 Wahrscheinlichkeitsfunktion und Verteilungsfunktion

Eine Zufallsvariable $X$ heißt **diskret**, wenn der reelle **Wertebereich $W$ abzählbar** (d.h. endlich oder abzählbar unendlich) ist. Er kann dann in aufzählender Form angegeben werden:

$$W = \{x_1, x_2, \ldots\} \ .$$

Zu einer diskreten Zufallsvariablen gehört eine diskrete Wahrscheinlichkeitsverteilung, die sich durch eine **Wahrscheinlichkeitsfunktion** oder eine **Verteilungsfunktion** beschreiben lässt. Beide Funktionen können – analog zu **gruppierten** Häufigkeitsverteilungen – tabellarisch und grafisch dargestellt werden.

Die **Wahrscheinlichkeitsfunktion $p(x)$** gibt an, mit welcher Wahrscheinlichkeit die Zufallsvariable $X$ **genau den Wert $x$** annimmt:

$$p: \quad \mathbb{R} \to [0;1] \quad \text{mit} \quad p(x) = \begin{cases} P(X = x_i) & \text{für} \quad x = x_i \in W \\ 0 & \text{für} \quad x \notin W. \end{cases} \quad (6.2)$$

Das grafische Bild der Wahrscheinlichkeitsfunktion ist ein Stabdiagramm, wobei sich die Funktionswerte wegen des Normierungsaxioms der Wahrscheinlichkeitsrechnung zu 1 addieren:

$$\sum_i p(x_i) = \sum_{x_i \in W} P(X = x_i) = 1 \ . \quad (6.3)$$

Neben der Wahrscheinlichkeitsfunktion ist die **Verteilungsfunktion $F(x)$** definiert. Sie gibt an, mit welcher Wahrscheinlichkeit die Zufallsvariable $X$ **höchstens den Wert $x$** (d.h. $x$ oder einen kleineren Wert) annimmt:

$$F: \quad \mathbb{R} \to [0;1] \quad \text{mit} \quad F(x) = P(X \leq x) = \sum_{x_i \leq x} p(x_i) \ . \quad (6.4)$$

Die Verteilungsfunktion einer diskreten Zufallsvariablen ist eine **monoton steigende Treppenfunktion** mit den Grenzwerten

$$\lim_{x \to -\infty} F(x) = 0 \quad \text{und} \quad \lim_{x \to +\infty} F(x) = 1 \ .$$

Mit Hilfe der Wahrscheinlichkeitsfunktion und der Verteilungsfunktion lassen sich **alle Wahrscheinlichkeitsberechnungen für diskrete Zufallsvariablen** anstellen. Aufgrund der obigen Definitionen

■ $P(X = x) = p(x)$ und
■ $P(X \leq x) = F(x)$

gilt auch:

■ $P(X < x) = F(x) - p(x)$
■ $P(X > x) = 1 - F(x)$
■ $P(X \geq x) = 1 - F(x) + p(x)$ .

Ferner gilt für **Intervall-Wahrscheinlichkeiten** die „Grundformel":

$$P(a < X \le b) = F(b) - F(a) = \sum_{a < x_i \le b} p(x_i). \qquad (6.5)$$

Beweis: $P(a < X \le b) = P(\{X \le b\} \setminus \{X \le a\}) \overset{(5.16)}{=} P(\{X \le b\}) - P(\{X \le a\}) = F(b) - F(a)$ .

Diese ist bei diskreten Zufallsvariablen zu modifizieren, je nachdem, ob die Unter- bzw. Obergrenze eingeschlossen ist oder nicht:

- $P(a < X < b) = F(b) - F(a) - p(b)$
- $P(a \le X \le b) = F(b) - F(a) + p(a)$
- $P(a \le X < b) = F(b) - F(a) + p(a) - p(b)$ .

---

### Beispiel

## Umsatz bei unsicherer Auftragslage

Aus Tabelle 6.2 ergibt sich für die diskrete Zufallsvariable **Umsatz (X)** die nachfolgende Wertetabelle für die Wahrscheinlichkeitsfunktion $p(x)$ und die Verteilungsfunktion $F(x)$.

| $x_i$ | $p(x_i)$ | $F(x_i)$ |
|-------|----------|----------|
| 0 | 0,025 | 0,025 |
| 10 | 0,1 | 0,125 |
| 14 | 0,025 | 0,15 |
| 24 | 0,175 | 0,325 |
| 34 | 0,3 | 0,625 |
| 38 | 0,075 | 0,7 |
| 48 | 0,3 | 1,0 |

Tabelle 6.3: Wahrscheinlichkeits- und Verteilungsfunktion des Umsatzes

Die Geschäftsleitung interessiert sich dafür, mit welcher Wahrscheinlichkeit die folgenden **Ereignisse** eintreten:
(1) Der Umsatz beträgt im nächsten Jahr höchstens 30 Mio. €.
(2) Der Umsatz beträgt im nächsten Jahr mindestens 34 Mio. €.
(3) Der Umsatz liegt im nächsten Jahr über 20 Mio. €, aber unter 40 Mio. €.
(4) Die absolute Abweichung vom Umsatzziel 36 Mio. € beträgt im nächsten Jahr höchstens 6 Mio. €.

Die gesuchten **Wahrscheinlichkeiten** berechnen sich gemäß der o.g. Formeln wie folgt:
(1) $P(X \le 30) = F(30) = 0,325$
(2) $P(X \ge 34) = 1 - F(34) + p(34) = 1 - 0,625 + 0,3 = 0,675$
(3) $P(20 < X < 40) = F(40) - F(20) - p(40) = 0,7 - 0,15 - 0 = 0,55$  oder
$\qquad\qquad = p(24) + p(34) + p(38) = 0,175 + 0,3 + 0,075 = 0,55$
(4) $P(|X - 36| \le 6) = P(-6 \le X - 36 \le 6) = P(30 \le X \le 42)$
$\qquad\qquad = F(42) - F(30) + p(30) = 0,7 - 0,325 + 0 = 0,375$  oder
$\qquad\qquad = p(34) + p(38) = 0,3 + 0,075 = 0,375$ .

### 6.1.2.2 Erwartungswert und Varianz

Wahrscheinlichkeitsverteilungen können – wie Häufigkeitsverteilungen – durch **Kenngrößen** charakterisiert werden. Obwohl sich im Prinzip alle deskriptiven Kenngrößen auf Wahrscheinlichkeitsverteilungen übertragen lassen, benutzt man bei Zufallsvariablen i.d.R. nur zwei Kenngrößen: den Erwartungswert und die Varianz.

Der **Erwartungswert** einer Zufallsvariablen ist derjenige Wert, den man „im Mittel" erwarten kann und um den herum die Werte der Zufallsvariablen streuen. Er entspricht dem arithmetischen Mittel in der deskriptiven Statistik:

$$E[X] = \sum_i x_i\, p(x_i)\,. \tag{6.6}$$

Die **Varianz** einer Zufallsvariablen misst das Ausmaß der Streuung der Werte um den Erwartungswert:

$$V[X] = \sum_i (x_i - E[X])^2\, p(x_i)\,. \tag{6.7}$$

Der aus der Beschreibenden Statistik bekannte **Verschiebungssatz** für die Varianz lässt sich auf Zufallsvariablen übertragen. Für diskrete Zufallsvariablen lautet er:

$$V[X] = \sum_i x_i^2\, p(x_i) - (E[X])^2\,. \tag{6.8}$$

Hinsichtlich der **Interpretation der Varianz** gilt dasselbe wie in der Beschreibenden Statistik (vgl. Abschnitt 1.4.1): Sie gestattet bestenfalls einen Streuungsvergleich zwischen verschiedenen Zufallsvariablen.

---

### Beispiel

## Umsatz bei unsicherer Auftragslage

Für die Wahrscheinlichkeitsverteilung der diskreten Zufallsvariablen **Umsatz (X)** ergibt sich gemäß Tabelle 6.4

- der **Erwartungswert**     $E[X] = 33\ [10^6\ €]$   und
- die **Varianz**         $V[X] = 173\ [10^{12}\ €^2]$ .

| $x_i$ | $p(x_i)$ | $x_i\, p(x_i)$ | $(x_i - E[X])^2\, p(x_i)$ |
|---|---|---|---|
| 0 | 0,025 | 0 | 27,225 |
| 10 | 0,1 | 1,0 | 52,9 |
| 14 | 0,025 | 0,35 | 9,025 |
| 24 | 0,175 | 4,2 | 14,175 |
| 34 | 0,3 | 10,2 | 0,3 |
| 38 | 0,075 | 2,85 | 1,875 |
| 48 | 0,3 | 14,4 | 67,5 |
| --- | 1,0 | 33,0 | 173,0 |

Tabelle 6.4: Erwartungswert und Varianz des Umsatzes

### 6.1.3 Stetige Zufallsvariablen und Wahrscheinlichkeitsverteilungen

#### 6.1.3.1 Dichtefunktion und Verteilungsfunktion

Eine Zufallsvariable $X$ heißt **stetig**, wenn der reelle **Wertebereich $W$ überabzählbar** ist. Meist ist W ein reelles Intervall, eine einseitig unbeschränkte Teilmenge von $\mathbb{R}$ oder die Menge $\mathbb{R}$ selbst. Zu einer stetigen Zufallsvariablen gehört eine stetige Wahrscheinlichkeitsverteilung, welche einer **klassierten** Häufigkeitsverteilung ähnelt. Eine stetige Wahrscheinlichkeitsverteilung wird entweder durch eine **Dichtefunktion** (entsprechend der Histogramm-Funktion in der Deskriptiven Statistik) oder durch eine **Verteilungsfunktion** beschrieben.

Aus der Überabzählbarkeit des Wertebereichs folgt, dass es bei stetigen Zufallsvariablen nicht möglich ist, allen Werten positive Wahrscheinlichkeiten zuzuordnen und gleichzeitig das Normierungsaxiom (5.12) einzuhalten. Infolgedessen gilt bei **stetigen** Zufallsvariablen grundsätzlich

$$P(X = x) = 0 \ ,$$

d.h. die „Punkt-Wahrscheinlichkeit", dass exakt ein ganz bestimmter Zahlenwert $x$ realisiert wird, ist bei einer stetigen Zufallsvariablen immer gleich 0. Somit ist die Definition einer Wahrscheinlichkeitsfunktion bei stetigen Zufallsvariablen nicht sinnvoll. Allerdings sind **Intervall-Wahrscheinlichkeiten** auch im stetigen Fall i.A. positiv:

$$P(a \leq X \leq b) \geq 0 \ .$$

Bei einer stetigen Zufallsvariablen ersetzt die **Dichtefunktion $f(x)$** gewissermaßen die Wahrscheinlichkeitsfunktion. Die Dichtefunktion ist definiert durch den Zusammenhang mit Intervall-Wahrscheinlichkeiten:

$$f : \quad \mathbb{R} \rightarrow \mathbb{R}_0^+ \quad \text{mit} \quad P(a \leq X \leq b) = \int_a^b f(x)\,dx \ , \tag{6.9}$$

wobei wegen des Normierungsaxioms analog zu (6.3) gelten muss:

$$\int_{-\infty}^{+\infty} f(x)\,dx = P(-\infty < X < +\infty) = 1 \ . \tag{6.10}$$

Im Gegensatz zur Wahrscheinlichkeitsfunktion drücken die **Funktionswerte** $f(x)$ der Dichtefunktion, die auch größer als 1 sein können, **keine Wahrscheinlichkeiten** aus. Wahrscheinlichkeiten ergeben sich erst als bestimmte Integrale der Dichtefunktion. Geometrisch ist eine **Intervall-Wahrscheinlichkeit** eine Fläche zwischen der Dichtefunktion und der Abszisse sowie den beiden Intervallgrenzen $x = a$ und $x = b$ (vgl. Abbildung 6.1). Damit diese Flächen nicht negativ werden können, darf die Dichtefunktion keine negativen Funktionswerte haben: $f(x) \geq 0$.

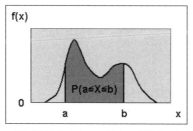

Abbildung 6.1: Dichtefunktion und Intervall-Wahrscheinlichkeit

Wie im diskreten Fall kann die Wahrscheinlichkeitsverteilung einer stetigen Zufallsvariablen $X$ auch durch die **Verteilungsfunktion $F(x)$** beschrieben werden, die wiederum die Wahrscheinlichkeit angibt, dass die Zufallsvariable **den Wert x oder einen kleineren Wert** annimmt.

Im stetigen Fall wird sie jedoch nicht durch Summation, sondern als unbestimmtes Integral berechnet:

$$F: \ \mathbb{R} \rightarrow [0;1] \quad \text{mit} \quad F(x) = P(X \leq x) = \int_{-\infty}^{x} f(u)\, du \, . \tag{6.11}$$

Die **Verteilungsfunktion $F(x)$** ist demnach **Stammfunktion** der Dichtefunktion $f(x)$. Anders ausgedrückt: Die **Dichtefunktion** ist die **Ableitung** der Verteilungsfunktion. Wegen $f(x) \geq 0$ verläuft die Verteilungsfunktion $F(x)$ **monoton steigend** (falls $f(x) > 0$ sogar **streng monoton steigend**) mit den Grenzwerten

$$\lim_{x \to -\infty} F(x) = 0 \quad \text{und} \quad \lim_{x \to +\infty} F(x) = 1 \, .$$

Nach dem Fundamentalsatz der Analysis ist eine **Intervall-Wahrscheinlichkeit** somit bestimmt durch

$$P(a \leq X \leq b) = F(b) - F(a) = \int_{a}^{b} f(x)\, dx \, . \tag{6.12}$$

Im Gegensatz zum diskreten Fall gibt es bei Intervall-Wahrscheinlichkeiten für stetige Zufallsvariablen **keine Fallunterscheidungen** je nachdem, ob die Intervallgrenzen $a$ und $b$ eingeschlossen sind oder nicht, da deren „Punkt-Wahrscheinlichkeit" ohnehin gleich 0 ist.

---

### Beispiel

### Wartezeit an der S-Bahn-Station

An einer S-Bahn-Station fahren die Züge im 12-Minuten-Takt. Ein Fahrgast, der den Fahrplan ignoriert, erscheint zu einem zufälligen Zeitpunkt an der Station. Seine **Wartezeit** ist dann eine **stetige Zufallsvariable $X$** mit dem **Wertebereich $W = [0; 12]$** [Minuten].

Da alle möglichen Wartezeiten im Wertebereich gleich wahrscheinlich sind, liegt eine stetige Gleichverteilung oder **Rechteck-Verteilung** vor. Sie wird beschrieben durch

- die **Dichtefunktion**:
$$f(x) = \begin{cases} \dfrac{1}{12} & \text{für} \quad 0 \leq x \leq 12 \\ 0 & \text{sonst} \end{cases}$$

bzw.

- die **Verteilungsfunktion**:
$$F(x) = \begin{cases} 0 & \text{für} \quad x < 0 \\ \dfrac{x}{12} & \text{für} \quad 0 \leq x \leq 12 \quad *) \\ 1 & \text{für} \quad x > 12 \end{cases}$$

*) Berechnung für $0 \leq x \leq 12$: $\quad F(x) = \int_{0}^{x} \dfrac{1}{12}\, du = \left[ \dfrac{u}{12} \right]_{0}^{x} = \dfrac{x}{12} \, .$

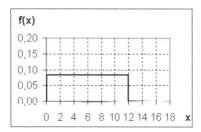

Abbildung 6.2: Dichtefunktion der Wartezeit

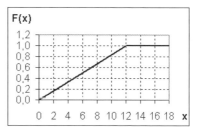

Abbildung 6.3: Verteilungsfunktion der Wartezeit

- Gesucht werden die Wahrscheinlichkeiten für folgende **Ereignisse**:

  (1) Die Wartezeit beträgt höchstens 5 Minuten.

  (2) Die Wartezeit beträgt mehr als 9 Minuten.

  (3) Die Wartezeit liegt zwischen 10 und 15 Minuten.

  (4) Die Wartezeit weicht von der einkalkulierten Wartezeit von 6 Minuten absolut um höchstens 3 Minuten ab.

- Die gesuchten **Wahrscheinlichkeiten** berechnen sich wie folgt:

  (1) $P(X \leq 5) = F(5) = 5/12 = 0{,}4167$

  (2) $P(X > 9) = 1 - F(9) = 1 - 9/12 = 0{,}25$

  (3) $P(10 < X < 15) = F(15) - F(10) = 1 - 10/12 = 0{,}1667$

  (4) $P(\,|\,X - 6\,|\, \leq 3) = P(-3 \leq X - 6 \leq 3) = P(3 \leq X \leq 9) = 9/12 - 3/12 = 0{,}5$ .

## 6.1.3.2 Quantile

Im „echten" Wertebereich einer Zufallsvariablen $X$ hat die Dichtefunktion $f$ positive Funktionswerte, so dass die Verteilungsfunktion $F$ sogar streng monoton steigend verläuft und somit eine **Umkehrfunktion $F^{-1}$** besitzt. Mit Hilfe dieser Umkehrfunktion kann das in der Deskriptiven Statistik benutzte Konzept der Quartile verallgemeinert werden.

Das $\alpha$-**Quantil $x_\alpha$** einer Wahrscheinlichkeitsverteilung ist derjenige **Wert, den die Zufallsvariable $X$ mit Wahrscheinlichkeit $\alpha$ nicht überschreitet**:

$$x_\alpha = F^{-1}(\alpha) \qquad (\text{ d.h. } P(X \leq x_\alpha) = F(x_\alpha) = \alpha\,) . \qquad (6.13)$$

Dabei kann die Wahrscheinlichkeit $\alpha$ ein beliebiger Wert zwischen 0 und 1 sein. Für $\alpha = 0{,}25$, $\alpha = 0{,}5$ bzw. $\alpha = 0{,}75$ ergeben sich die **Quartile**.

---

### Beispiel

## Wartezeit an der S-Bahn-Station

Der Fahrgast könnte sich etwa dafür interessieren, welche Wartezeit $x_{0,4}$ bzw. $x_{0,8}$ mit Wahrscheinlichkeit $\alpha = 0,4$ bzw. $\alpha = 0,8$ nicht überschritten wird. Die betreffenden $\alpha$-**Quantile** ergeben sich durch Auflösen der Gleichung

$$\alpha = F(x_\alpha) = \frac{x_\alpha}{12} \quad \text{nach } x_\alpha\colon \quad x_\alpha = F^{-1}(\alpha) = 12\,\alpha.$$

Man erhält also: $x_{0,4} = 12 \cdot 0,4 = 4,8$ [Minuten] und $x_{0,8} = 12 \cdot 0,8 = 9,6$ [Minuten].

---

### 6.1.3.3 Erwartungswert und Varianz

Erwartungswert und Varianz haben bei stetigen Zufallsvariablen dieselbe Bedeutung wie bei diskreten Zufallsvariablen. Nur die Berechnung unterscheidet sich insofern, als die Summen durch Integrale ersetzt werden.

Der **Erwartungswert** ist gegeben durch

$$E[X] = \int\limits_{-\infty}^{+\infty} x\, f(x)\, dx\,, \tag{6.14}$$

die **Varianz** durch

$$V[X] = \int\limits_{-\infty}^{+\infty} (x - E[X])^2\, f(x)\, dx \tag{6.15}$$

oder nach dem – oft einfacheren – Verschiebungssatz

$$V[X] = \int\limits_{-\infty}^{+\infty} x^2\, f(x)\, dx - (E[X])^2\,. \tag{6.16}$$

In allen Berechnungen genügt es, über den „echten" Wertebereich (mit $f(x) > 0$) zu integrieren.

---

### Beispiel

## Wartezeit an der S-Bahn-Station

Für die **Wartezeit $X$** des Fahrgastes an der S-Bahn-Station ergeben sich folgende Kenngrößen:

- **Erwartungswert:** $E[X] = \int\limits_0^{12} \frac{x}{12}\, dx = \left[ \frac{x^2}{24} \right]_0^{12} = \frac{12^2}{24} = 6$ [Minuten]

- **Varianz:** $V[X] = \int\limits_0^{12} \frac{x^2}{12}\, dx - 6^2 = \left[ \frac{x^3}{36} \right]_0^{12} - 36 = \frac{12^3}{36} - 36$

$$= 12 \ [\text{Minuten}^2]\,.$$

---

# 6.2 Beziehungen zwischen Zufallsvariablen

## 6.2.1 Lineare Transformationen

### 6.2.1.1 Problemstellung

Zwischen Zufallsvariablen können verschiedene Beziehungen bestehen, deren Auswirkungen auf die Wahrscheinlichkeitsrechnung im Folgenden dargestellt werden. Zunächst soll der Fall betrachtet werden, dass eine Zufallsvariable $X$ in eine andere Zufallsvariable $Y = G(X)$ **transformiert** wird.

Besteht eine solche Beziehung zwischen den Zufallsvariablen $X$ und $Y$, so kann die Wahrscheinlichkeitsverteilung von $Y$ – unter Verwendung der Transformationsvorschrift $Y = G(X)$ – aus der Wahrscheinlichkeitsverteilung von $X$ abgeleitet werden. Im Allgemeinen ist diese Ableitung aber nicht einfach, und die Verteilungen von $X$ und $Y$ unterscheiden sich erheblich.

Wir betrachten hier nur den relativ einfachen, aber für viele Anwendungen ausreichenden Spezialfall einer **linearen Transformation** einer Zufallsvariablen $X$:

$$Y = c + d\,X \quad (d \neq 0)\,. \tag{6.17}$$

Bei einer linearen Transformation kann die Wahrscheinlichkeitsverteilung der abhängigen Zufallsvariablen $Y$ relativ leicht aus der Wahrscheinlichkeitsverteilung der Zufallsvariablen $X$ gewonnen werden. Zudem bleibt der **Verteilungstyp** bei linearen Transformationen erhalten.

Dies soll nachfolgend gezeigt werden. Ausgangspunkt ist die **bekannte Wahrscheinlichkeitsverteilung von $X$**. **Gesucht** ist die **Wahrscheinlichkeitsverteilung von $Y$**. Im Einzelnen interessieren die Zusammenhänge zwischen

- den beiden Wertebereichen $W_X$ und $W_Y$,
- den Wahrscheinlichkeitsfunktionen $p_X(x)$ und $p_Y(y)$ bzw.
- den Dichtefunktionen $f_X(x)$ und $f_Y(y)$,
- den Verteilungsfunktionen $F_X(x)$ und $F_Y(y)$ sowie
- den Erwartungswerten $E[X]$ und $E[Y]$ und
- den Varianzen $V[X]$ und $V[Y]$.

### Beispiel

#### S-Bahn

Das im Abschnitt 6.1.3 behandelte Beispiel wird auf zweifache Weise modifiziert:

- Der Fahrgast fährt mit der S-Bahn von seiner Wohnung zu seinem Arbeitsplatz. Vereinfachend wird angenommen, dass die Netto-Fahrzeit für diese Strecke exakt 10 Minuten beträgt.
- Der Fahrgast fährt in der Stoßzeit, in der die S-Bahn doppelt so häufig – also im 6-Minuten-Takt – verkehrt. Er ignoriert nach wie vor den Fahrplan, d.h. er kommt zu einem zufälligen Zeitpunkt zur Station.

Die **Brutto-Fahrzeit** (= Netto-Fahrzeit einschließlich Wartezeit) des Fahrgastes ist dann eine Zufallsvariable $Y$, die durch eine **lineare Transformation** aus der Wartezeit $X$ im ursprünglichen Beispiel hervorgeht. Es gilt nämlich der Zusammenhang:

$$Y = 10 + 0,5\,X\,.$$

Demnach lässt sich die Wahrscheinlichkeitsverteilung von $Y$ aus der Wahrscheinlichkeitsverteilung von $X$ ableiten. Da der Verteilungstyp bei der linearen Transformation erhalten bleibt, ist auch die transformierte Zufallsvariable $Y$ wieder **Rechteck-verteilt**.

## 6.2.1.2 Allgemeine Regeln für lineare Transformationen

Es gelten folgende Zusammenhänge zwischen der Ausgangsvariablen $X$ und der linear transformierten Zufallsvariablen $Y$.

■ **Wertebereich**:

$$W_Y \;=\; \Big\{\, y = c + d\,x \mid x \in W_X \Big\} \tag{6.18}$$

bzw. umgekehrt: $\qquad W_X \;=\; \Big\{\, x = \dfrac{y-c}{d} \mid y \in W_Y \Big\}$

■ **Wahrscheinlichkeitsfunktion** (bei diskreten Zufallsvariablen):

$$p_Y(y) \;=\; p_X\!\left(\frac{y-c}{d}\right) \tag{6.19}$$

Beweis: $\qquad p_Y(y) = P\big(c+dX=y\big) = P\!\left(X=\dfrac{y-c}{d}\right) = p_X\!\left(\dfrac{y-c}{d}\right)$

■ **Dichtefunktion** (bei stetigen Zufallsvariablen):

$$f_Y(y) \;=\; \frac{1}{|d|}\; f_X\!\left(\frac{y-c}{d}\right) \tag{6.20}$$

■ **Verteilungsfunktion**:

$$F_Y(y) \;=\; \begin{cases} F_X\!\left(\dfrac{y-c}{d}\right) & \text{für}\quad d>0 \\[2ex] 1 - F_X\!\left(\dfrac{y-c}{d}\right) & \text{für}\quad d<0 \end{cases} \tag{6.21}$$

Beweis: $\quad F_Y(y) \;=\; P\big(c+dX\le y\big) \;=\;$
$$\begin{cases} P\!\left(X\le \dfrac{y-c}{d}\right) = F_X\!\left(\dfrac{y-c}{d}\right) & \text{für } d>0 \\[2ex] P\!\left(X\ge \dfrac{y-c}{d}\right) = 1 - F_X\!\left(\dfrac{y-c}{d}\right) & \text{für } d<0 \\[1ex] \left(+\, p_X\!\left(\tfrac{y-c}{d}\right) \text{ im diskreten Fall}\right) \end{cases}$$

■ Erwartungswert:

$$E[Y] = c + d\,E[X] \tag{6.22}$$

■ Varianz:

$$V[Y] = d^2\,V[X] \tag{6.23}$$

Die Addition der Konstanten $c$ zur Zufallsvariablen $X$ hat keine Auswirkung auf die Varianz, während die Multiplikation der Zufallsvariablen mit dem Faktor $d$ die Varianz um den Faktor $d^2$ verändert.

Die Anwendung der Transformationsformeln wird nun am obigen Beispiel gezeigt.

## Beispiel

### S-Bahn

Wie schon dargelegt, besteht zwischen den Zufallsvariablen **X (Wartezeit bei 12-Minuten-Takt)** und **Y (Fahrzeit einschließlich Wartezeit bei 6-Minuten-Takt)** die lineare Beziehung

$$Y = 10 + 0{,}5\,X\,.$$

Aus der bekannten Wahrscheinlichkeitsverteilung von $X$ (vgl. Abschnitt 6.1.3) ergeben sich nach den Transformationsregeln folgende Aussagen über die Zufallsvariable $Y$:

■ **Wertebereich**:

$$W_Y = [10+0{,}5\cdot 0\,;\,10+0{,}5\cdot 12] = [10\,;\,16]$$

■ **Dichtefunktion**:

$$f_Y(y) = 2\,f_X\!\left(\frac{y-10}{0{,}5}\right) = \begin{cases} \dfrac{1}{6} & \text{für} \quad 10 \le y \le 16 \\[2mm] 0 & \text{sonst} \end{cases}$$

■ **Verteilungsfunktion**:

$$F_Y(y) = F_X\!\left(\frac{y-10}{0{,}5}\right) = \begin{cases} 0 & \text{für} \quad y < 10 \\[2mm] \dfrac{y-10}{6} & \text{für} \quad 10 \le y \le 16 \\[2mm] 1 & \text{für} \quad y > 16 \end{cases} \quad .$$

- **Erwartungswert:**

$$E[Y] = 10 + 0,5 \cdot 6 = 13 \text{ [Minuten]}$$

- **Varianz:**

$$V[Y] = (0,5)^2 \cdot 12 = 3 \text{ [Minuten}^2]$$

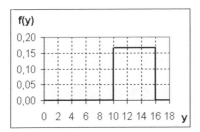

Abbildung 6.4: Dichtefunktion
der Brutto-Fahrzeit

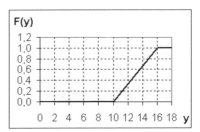

Abbildung 6.5: Verteilungsfunktion
der Brutto-Fahrzeit

### 6.2.1.3 Standardisierung einer Zufallsvariablen

Unter der **Standardisierung** einer Zufallsvariablen $X$ versteht man diejenige lineare Transformation, die $X$ in eine **Zufallsvariable Z** abbildet, deren **Erwartungswert gleich 0** und deren **Varianz gleich 1** ist.

Die Standardisierungsvorschrift lautet

$$Z = \frac{X - E[X]}{\sqrt{V[X]}} \, , \tag{6.24}$$

was einer linearen Transformation mit

$$c = \frac{-E[X]}{\sqrt{V[X]}} \quad \text{und} \quad d = \frac{1}{\sqrt{V[X]}}$$

entspricht.

Wie man leicht zeigt, ergeben sich dann unter Verwendung der Transformationsformeln (6.22) und (6.23) die gewünschten Kenngrößen:

$$E[Z] = \frac{-E[X]}{\sqrt{V[X]}} + \frac{1}{\sqrt{V[X]}} E[X] = 0 \tag{6.25}$$

und

$$V[Z] = \left(\frac{1}{\sqrt{V[X]}}\right)^2 V[X] = 1 \, .$$

Grundsätzlich kann jede Zufallsvariable $X$ mit einer positiven (und endlichen) Varianz standardisiert werden. **Standardisierte Zufallsvariablen** (d.h. Zufallsvariablen mit Erwartungswert 0 und Varianz 1) werden im Folgenden stets mit dem Buchstaben „$Z$" bezeichnet. Bei **normalverteilten** Zufallsvariablen wird regelmäßig eine Standardisierung vorgenommen (vgl. Abschnitt 7.7.2).

## 6.2.2 Stochastische Unabhängigkeit

### 6.2.2.1 Mehrdimensionale Zufallsvariablen

**Stochastische Unabhängigkeit** besteht zwischen zwei Zufallsvariablen $X$ und $Y$, wenn sie keinerlei Einfluss aufeinander ausüben, d.h. wenn die Wahrscheinlichkeitsverteilung der einen Zufallsvariablen nicht davon abhängt, welchen Wert die andere Zufallsvariable annimmt. In gewisser Weise ist dies genau das Gegenteil einer funktionalen Abhängigkeit zweier Zufallsvariablen, wie sie im letzten Abschnitt dargestellt wurde.

Der Begriff der stochastischen Unabhängigkeit wurde bereits für **Ereignisse** eingeführt (vgl. Abschnitt 5.2.4.2) und soll jetzt auf **Zufallsvariablen** übertragen werden. Dazu muss zunächst die Definition einer Zufallsvariablen auf den mehrdimensionalen Fall verallgemeinert werden.

Eine **$n$-dimensionale Zufallsvariable** $X$ ist eine Verknüpfung mehrerer eindimensionaler Zufallsvariablen $X_1, ..., X_n$. Sie ordnet der Ergebnismenge $\Omega$ eines Zufallsprozesses eindeutig Werte aus einem $n$-dimensionalen reellen Wertebereich $W$ zu:

$$X : \quad \Omega \rightarrow W \subseteq \mathbb{R}^n .$$

Die Wahrscheinlichkeitsverteilung einer $n$-dimensionalen Zufallsvariablen kann wiederum durch eine **$n$-dimensionale Wahrscheinlichkeitsfunktion** $p(x_1, ..., x_n)$ bzw. **Dichtefunktion** $f(x_1, ..., x_n)$ sowie durch eine **$n$-dimensionale Verteilungsfunktion** $F(x_1, ..., x_n)$ definiert werden. Da eine Übertragung auf den $n$-dimensionalen Fall ohne weiteres möglich ist, beschränken wir uns im Folgenden auf den zweidimensionalen Fall.

Für eine **zweidimensionalen Zufallsvariable** $(X, Y)$ definiert man:

- **Wahrscheinlichkeitsfunktion** (im diskreten Fall):

$$p(x,y) \ = \ P(X = x \text{ und } Y = y) ; \tag{6.26}$$

- **Dichtefunktion** (im stetigen Fall):

$$f(x,y) \ \text{ mit } \ P(a \leq X \leq b \text{ und } c \leq Y \leq d) = \int_a^b \int_c^d f(x,y) \, dy \, dx ; \tag{6.27}$$

- **Verteilungsfunktion**:

$$F(x,y) \ = \ P(X \leq x \text{ und } Y \leq y) . \tag{6.28}$$

---

**Beispiel**

### Stichprobenziehung

Bei einer Stichprobenziehung werden aus einer Urne mit fünf Kugeln, die von 1 bis 5 durchnummeriert sind, zwei Kugeln mit Zurücklegen gezogen. Das Ergebnis dieser Ziehung kann als diskrete **zweidimensionale Zufallsvariable (X, Y)** mit dem Wertebereich

$$W = \{(1,1), (1,2), ..., (2,1), (2,2), ..., (5,5)\} = \{1,2,3,4,5\} \times \{1,2,3,4,5\} \subseteq \mathbb{R} \times \mathbb{R}$$

interpretiert werden. Für die Wahrscheinlichkeits- bzw. Verteilungsfunktion gilt dann beispielsweise:

- $p(2,3) = P(X=2 \text{ und } Y=3) = P(\{(2,3)\}) = \dfrac{1}{25}$

  (Wahrscheinlichkeit, dass beim ersten Zug **genau** die Zahl 2 und beim zweiten Zug **genau** die Zahl 3 gezogen wird),

- $F(2,3) = P(X \leq 2 \text{ und } Y \leq 3) = P(\{(1,1),(1,2),(1,3),(2,1),(2,2),(2,3)\}) = \dfrac{6}{25}$

  (Wahrscheinlichkeit, dass beim ersten Zug **höchstens** die Zahl 2 und beim zweiten Zug **höchstens** die Zahl 3 gezogen wird).

---

### 6.2.2.2 Definition der stochastischen Unabhängigkeit

Zwei **Zufallsvariablen X und Y** sind **stochastisch unabhängig**, falls die Ereignisse „$X \leq x$" und „$Y \leq y$" für alle reellen Zahlen $x$ und $y$ stochastisch unabhängig sind, d.h. falls gilt:

$$P(X \leq x \text{ und } Y \leq y) = P(X \leq x) \cdot P(Y \leq y) \quad \text{für alle } (x,y) \in \mathbb{R}^2$$

bzw.

$$F(x,y) = F_X(x) \cdot F_Y(y) \quad \text{für alle } (x,y) \in \mathbb{R}^2 \,, \tag{6.29}$$

d.h. **die gemeinsame Verteilungsfunktion von (X, Y) entspricht dem Produkt der eindimensionalen Verteilungsfunktionen von X und Y.** Äquivalente Bedingungen für die stochastische Unabhängigkeit der Zufallsvariablen $X$ und $Y$ sind entsprechende Aussagen über die Wahrscheinlichkeits- bzw. Dichtefunktionen:

$$p(x,y) = p_X(x) \cdot p_Y(y) \quad \text{für alle } (x,y) \in \mathbb{R}^2 \quad \text{bzw.} \tag{6.30}$$

$$f(x,y) = f_X(x) \cdot f_Y(y) \quad \text{für alle } (x,y) \in \mathbb{R}^2 \,. \tag{6.31}$$

Diese Definition der stochastischen Unabhängigkeit von Zufallsvariablen entspricht genau dem in der Beschreibenden Statistik eingeführten Konzept der unabhängigen Verteilung von Merkmalen (vgl. Abschnitt 2.3).

Die Produktbeziehung gilt auch für die Erwartungswerte zweier stochastisch unabhängiger Zufallsvariablen $X$ und $Y$:

$$E[X \cdot Y] = E[X] \cdot E[Y]. \tag{6.32}$$

Ferner überträgt sich die stochastische Unabhängigkeit von $X$ und $Y$ auch auf beliebige Transformationen $G(X)$ und $H(Y)$, d.h. auch die Zufallsvariablen $G(X)$ und $H(Y)$ sind dann stochastisch unabhängig.

Dass der oben definierte Begriff der stochastischen Unabhängigkeit von Zufallsvariablen tatsächlich dem entspricht, was man intuitiv darunter versteht, zeigt das nachfolgende Beispiel.

---

**Beispiel**

### Stichprobenziehung

Wie im letzten Abschnitt schon festgestellt, ist das Ergebnis der Ziehung einer Stichprobe von 2 aus 5 durchnummerierten Kugeln eine zweidimensionale Zufallsvariable $(X, Y)$, wobei die beiden eindimensionalen Zufallsvariablen $X$ und $Y$ jeweils den Wertebereich

$$W_X = W_Y = \{1, 2, 3, 4, 5\}$$

haben.

Es stellt sich dabei die Frage, ob das **Ergebnis des ersten Zuges ($X$)** und das **Ergebnis des zweiten Zuges ($Y$)** stochastisch unabhängige Zufallsvariablen sind. Die intuitive Vermutung ist, dass dies nur dann gilt, wenn die Stichprobenziehung mit Zurücklegen erfolgt. Dass diese Vermutung richtig ist, wird nun anhand der Bedingung (6.30) nachgewiesen.

- **Fall 1:** Ziehung **mit** Zurücklegen

  Es gilt:

  - $W_{(X,\,Y)} = W_X \times W_Y$
  - $p_X(x_i) = 1/5$    für alle $x_i \in W_X$
  - $p_Y(y_j) = 1/5$    für alle $y_j \in W_Y$
  - $p(x_i, y_j) = \mathbf{1/25} = p_X(x_i) \cdot p_Y(y_j)$    für alle $(x_i, y_j) \in W_{(X,\,Y)}$

  $\Rightarrow$ Die Zufallsvariablen $X$ und $Y$ sind stochastisch **unabhängig**.

- **Fall 2:** Ziehung **ohne** Zurücklegen

  Es gilt:

  - $W_{(X,\,Y)} = \{\,(x_i, y_j) \in W_X \times W_Y \mid x_i \neq y_j\,\}$
  - $p_X(x_i) = 1/5$    für alle $x_i \in W_X$
  - $p_Y(y_j) = P(Y = y_j) \overset{(5.23)}{=} P(X = y_j) \cdot P(Y = y_j \mid X = y_j) + P(X \neq y_j) \cdot P(Y = y_j \mid X \neq y_j)$
  
    $= (1/5) \cdot 0 + (4/5) \cdot (1/4) = 1/5$    für alle $y_j \in W_Y$

  - $p(x_i, y_j) = \begin{cases} \mathbf{1/20} & \text{für } (x_i, y_j) \in W_{(X,Y)} \\ \mathbf{0} & \text{für } (x_i, y_j) \notin W_{(X,Y)} \end{cases} \neq p_X(x_i) \cdot p_Y(y_j)$

  $\Rightarrow$ Die Zufallsvariablen $X$ und $Y$ sind stochastisch **abhängig**.

## 6.2.3 Summen von Zufallsvariablen

Bei vielen praktischen Anwendungen der Wahrscheinlichkeitsrechnung treten Zufallsvariablen auf, die durch Summation mehrerer Zufallsvariablen $X_t$ ($t = 1, ..., n$) entstehen:

$$Y_n = \sum_{t=1}^{n} X_t \, . \tag{6.33}$$

Es stellt sich daher die Frage, wie die Wahrscheinlichkeitsverteilung der **Summenvariablen $Y_n$** mit den Wahrscheinlichkeitsverteilungen der einzelnen Summanden $X_t$ zusammenhängt. Ähnlich wie bei Transformationen gilt auch hier, dass sich die Wahrscheinlichkeitsverteilung von $Y_n$ „im Prinzip" aus der $n$-dimensionalen Verteilung der Zufallsvariablen ($X_1, ..., X_n$) ableiten lässt. Jedoch ist dies i.A. extrem aufwändig.

Sind die Zufallsvariablen $X_t$ ($t = 1, ..., n$) von einander stochastisch unabhängig, so werden anstelle der n-dimensionalen Verteilung wegen der Bedingung (6.29) nur die eindimensionalen Verteilungen der Zufallsvariablen $X_t$ benötigt. Dadurch allein ergibt sich aber meist keine wesentliche Erleichterung bei der Herleitung der Wahrscheinlichkeitsverteilung von $Y_n$. Einfach wird sie erst bei sog. reproduktiven Verteilungen.

**Reproduktivität** bedeutet, dass sich der Verteilungstyp der Zufallsvariablen $X_t$ – zumindest bei stochastischer Unabhängigkeit – auf die Summen-Zufallsvariable $Y_n$ überträgt. Diese Eigenschaft gilt für eine Reihe von wichtigen Wahrscheinlichkeitsverteilungen, z.B. für die Binomialverteilung und die Normalverteilung. Addiert man also mehrere normalverteilte Zufallsvariablen $X_t$, so ist die Summe $Y_n$ wiederum normalverteilt.

Ungeachtet dessen, ob ein reproduktiver Verteilungstyp vorliegt oder nicht, lässt sich der **Erwartungswert** einer Summenvariablen $Y_n$ immer als Summe der Erwartungswerte der Einzelvariablen $X_t$ berechnen:

$$E\left[ Y_n \right] = \sum_{t=1}^{n} E\left[ X_t \right] . \tag{6.34}$$

Diese Aussage gilt sogar dann, wenn die Zufallsvariablen $X_t$ stochastisch abhängig sind. Für die **Varianz** kann eine entsprechende Aussage nur gemacht werden, falls die **Summanden $X_t$ stochastisch unabhängig** sind:

$$V\left[ Y_n \right] = \sum_{t=1}^{n} V\left[ X_t \right] . \tag{6.35}$$

---

### Beispiel

#### S-Bahn

Angenommen, bei dem Fahrgast aus Abschnitt 6.2.1 handelt es sich um einen Arbeitnehmer, der die Strecke zwischen Wohnung und Arbeitsplatz insgesamt zehnmal pro Woche (an fünf Arbeitstagen hin und zurück) mit der S-Bahn zurücklegt. Die **Fahrzeiten der einzelnen Fahrten** sind jeweils **Rechteck-verteilte Zufallsvariablen $X_t$** mit

- **Wertebereich:**    $W_X = [10;16]$ [Minuten],
- **Erwartungswert:**    $E[X_t] = 13$ [Minuten],
- **Varianz:**    $V[X_t] = 3$ [Minuten$^2$].

Über die **wöchentliche Gesamtfahrzeit**, d.h. die Summen-Zufallsvariable

$$Y_{10} = X_1 + X_2 + \ldots + X_{10} \, ,$$

lässt sich dann Folgendes aussagen:

- ▣ **Wertebereich:**  $W_Y = [100; 160]$ [Minuten],
- ▣ **Erwartungswert:**  $E[Y_{10}] = 13 + 13 + \ldots + 13 = 130$ [Minuten],
- ▣ **Varianz:**  $V[Y_{10}] = 3 + 3 + \ldots + 3 = \mathbf{30}$ [Minuten$^2$].

Die letzte Aussage basiert auf der – sicherlich plausiblen – Annahme, dass die einzelnen Fahrzeiten $X_t$ sich nicht gegenseitig beeinflussen, also **stochastisch unabhängig** sind.

Es stellt sich ferner die Frage, ob die Gesamtfahrzeit wieder Rechteck-verteilt ist. Dazu fragen wir, ob die Wahrscheinlichkeitsverteilung der **Summenvariablen** $Y_{10}$ mit derjenigen der **linear transformierten Zufallsvariablen** $10X$ übereinstimmt, die ja wieder Rechteck-verteilt ist. (Diese Zufallsvariable würde für das Zehnfache einer bestimmten Fahrzeit, z.B. derjenigen vom Montagmorgen, stehen.)

Nach den Transformationsregeln aus Abschnitt 6.2.1.2 gilt für die **Zufallsvariable** $10X$ zwar ebenfalls

- ▣ **Wertebereich:**  $W_{10X} = [100 \, ; 160]$ [Minuten]  und
- ▣ **Erwartungswert:**  $E[10X] = 10 \cdot 13 = 130$ [Minuten],

aber:

- ▣ **Varianz:**  $V[10X] = (10)^2 \cdot 3 = \mathbf{300}$ [Minuten$^2$].

D.h. die Varianz der im Intervall [100;160] Rechteck-verteilten Zufallsvariablen $10X$ ist zehnmal so groß wie die der **Summenvariablen** $Y_{10}$, die somit **nicht Rechteck-verteilt** sein kann. Zu der vergleichsweise geringen Streuung der Summenvariablen kommt es, weil sich bei den zehn **verschiedenen** Fahrten mit hoher Wahrscheinlichkeit kürzere und längere Fahrzeiten ausgleichen, so dass die Gesamtfahrzeit mit hoher Wahrscheinlichkeit in der Nähe von 130 Minuten und nur mit extrem geringer Wahrscheinlichkeit knapp über 100 oder knapp unter 100 Minuten liegt.

## 6.3 Aufgaben

**Aufgabe 6.1**

In einem Restaurant wird eine Aushilfskraft tageweise als Kellner engagiert. Die Anzahl der Tage, an denen sie Dienst hat, ist eine Zufallsvariable $X$ mit der Verteilungsfunktion:

| $x_i$ | 0 | 1 | 2 | 3 | 4 | 5 | 6 | 7 |
|-------|------|------|------|------|------|------|------|------|
| $F(x_i)$ | 0,05 | 0,15 | 0,30 | 0,50 | 0,70 | 0,85 | 0,95 | 1,00 |

a) Bestimmen Sie die Wahrscheinlichkeitsfunktion von $X$!

b) Wie groß ist die Wahrscheinlichkeit, dass die Aushilfskraft in einer Woche ...
  - an genau zwei Tagen Dienst hat?
  - an mehr als zwei Tagen arbeiten muss?
  - an mehr als zwei und weniger als sechs Tagen Dienst hat?

c) Berechnen Sie den Erwartungswert und die Varianz von $X$!

d) Wie groß ist die erwartete Zahl der Arbeitstage in einem Jahr (= 52 Wochen)?

e) Angenommen, die Arbeitstage in zwei aufeinander folgenden Wochen ($X_1$ und $X_2$) sind voneinander stochastisch unabhängig. Wie groß ist dann die Wahrscheinlichkeit, dass die Aushilfskraft in zwei aufeinander folgenden Wochen ...
  - jeweils mehr als vier Tage arbeiten muss?
  - in beiden Wochen gleich viele Tage Dienst hat?
  - insgesamt mehr als zehn Tage arbeiten muss?

**Aufgabe 6.2**

Ein Eisverkäufer möchte beim nächsten Heimspiel des lokalen Fußballvereins einen Verkaufsstand errichten und führt daher eine Absatz- und Gewinnplanung durch. Die Zahl der verkauften Eiskugeln hängt nach seiner Einschätzung von zwei unabhängigen Faktoren ab: (1) vom Wetter am Spieltag und (2) über die Zuschauerzahl vom Ergebnis des Auswärtsspiels in der Vorwoche.

| Absatzprognose (Anzahl der Eiskugeln) | Ergebnis des Auswärtsspiels | | |
|---------------------------------------|------|------|------|
| | Sieg | Unentschieden | Niederlage |
| Gutes Wetter | 2000 | 1500 | 1200 |
| Schlechtes Wetter | 1200 | 800 | 500 |

Die Wahrscheinlichkeit, dass das Wetter am Spieltag gut sein wird, schätzt der Verkäufer auf 80 % ein. Außerdem rechnet er mit Wahrscheinlichkeit 0,5 mit einem Sieg und nur mit Wahrscheinlichkeit 0,2 mit einer Niederlage beim Auswärtsspiel.

a) Ermitteln Sie für die Anzahl der verkauften Eiskugeln (= Zufallsvariable $X$) die Wahrscheinlichkeitsfunktion $p_X(x)$ und die Verteilungsfunktion $F_X(x)$!

b) Wie groß ist die Wahrscheinlichkeit, dass mehr als 1200 Kugeln verkauft werden? Wie viel Eis muss er zubereiten, damit die Nachfrage mit einer Wahrscheinlichkeit von mindestens 0,8 befriedigt wird?

c) Bestimmen Sie den Erwartungswert und die Varianz von $X$!

d) Der Verkäufer muss eine Standmiete (Fixkosten) von 150 € an den Verein entrichten. Mit jeder verkauften Eiskugel erzielt er einen Deckungsbeitrag (= Erlös – Kosten) von 0,30 €. Durch welche lineare Transformation von $X$ erhält man den Gewinn des Verkäufers in [€] (= Zufallsvariable $Y$)?

e) Ermitteln Sie den Erwartungswert und die Varianz von $Y$!

## Aufgabe 6.3

Ein Betrieb ist auf die Reparatur von Bootsmotoren spezialisiert. Die für einen defekten Motor benötigte Arbeitszeit (= Zufallsvariable $X$) ist erfahrungsgemäß im Zeitintervall von 2 bis 5 Stunden Rechteck-verteilt. Die Reparaturkosten in [€] (= Zufallsvariable $Y$) sind von der Reparaturzeit abhängig und betragen 80 € pro Stunde zuzüglich eines Festbetrages von 20 €.

a) Wie lautet die Dichtefunktion $f_X(x)$ und die Verteilungsfunktion $F_X(x)$?

b) Welcher Zusammenhang besteht zwischen den Zufallsvariablen $X$ und $Y$?

c) Wie lautet die Dichtefunktion $f_Y(y)$ und die Verteilungsfunktion $F_Y(y)$?

d) Bestimmen Sie den Erwartungswert $E[Y]$ und die Varianz $V[Y]$!

e) Wie groß ist die Wahrscheinlichkeit, dass ...

  – eine Reparatur mehr als vier Stunden dauert?

  – die Reparaturkosten höchstens 250 € betragen?

f) Erfahrungsgemäß sind die Motoren in 10 % der Fälle nicht mehr reparierbar. Dann stellt der Reparaturbetrieb nur den Festbetrag in Rechnung. Wie hoch ist unter diesen Bedingungen der erwartete Rechnungsbetrag pro Motor und wie hoch ist die Wahrscheinlichkeit, dass der Rechnungsbetrag höchstens 250 € beträgt?

## Aufgabe 6.4

Eine Zufallsvariable $X$ hat im Wertebereich $W_X = [0 \, ; 1]$ die Verteilungsfunktion $F_X(x) = 4x^3 - 6x^2 + 3x$.

a) Wie lautet die Dichtefunktion $f_X(x)$ im Wertebereich $W_X$?

b) Erstellen Sie für die Funktionen $f_X(x)$ und $F_X(x)$ je eine Wertetabelle für $x = 0$; 0,2; 0,5; 0,8; 1 und zeichnen Sie beide Funktionen im Intervall $[-0,2 \, ; 1,2]$!

c) Berechnen Sie den Erwartungswert und die Varianz von $X$!

d) Berechnen Sie $P(X \geq 0{,}4)$ und $P(|X - 0{,}5| \leq 0{,}3)$!

e) Durch welche lineare Transformation ergibt sich eine Zufallsvariable mit dem Wertebereich $W_Y = [-1 \, ; 1]$?

f) Bestimmen Sie für diese Zufallsvariable $f_Y(y)$, $F_Y(y)$, $E[Y]$ und $V[Y]$!

## Aufgabe 6.5

In einem Spielkasino wird ein Glücksspiel mit einem Einsatz von 3 € angeboten, bei dem der Spieler zwei ideale Würfel wirft und dann denjenigen €-Betrag ausgezahlt bekommt, der der geringeren Augenzahl der beiden Würfel entspricht (z.B. 2 € beim Würfelergebnis (6,2) und 3 € beim Würfelergebnis (3,3)).

Betrachtet werden die Zufallsvariablen (jeweils aus der Sicht eines Spielers):

- $G$ :     Gewinnbetrag (= Auszahlungsbetrag – Einsatz) in einem Spiel und

- $H_4$ :     Gesamtgewinn in vier Spielen.

a) Bestimmen Sie die Wertebereiche der Zufallsvariablen $G$ und $H_4$!

b) Stellen Sie eine Wertetabelle für die Wahrscheinlichkeitsfunktion und die Verteilungsfunktion der Zufallsvariablen $G$ auf! (Hinweis: Überlegen Sie, wie viele gleich wahrscheinliche Ergebnisse es bei dem Würfelspiel gibt, und wie hoch jeweils der Gewinnbetrag ist.)

c) Bestimmen Sie den Erwartungswert und die Varianz von $G$!

d) Welcher Zusammenhang besteht zwischen den Zufallsvariablen $G$ und $H_4$?

e) Ermitteln Sie den Erwartungswert und die Varianz von $H_4$!

f) Wie groß ist die Wahrscheinlichkeit, dass ein Spieler in vier Spielen einen Verlust von genau 8 € bzw. genau 7 € macht?

## Aufgabe 6.6

An einer innerstädtischen Hauptverkehrsstraße ist ein stationäres Blitzgerät zur Geschwindigkeitsüberwachung installiert, das grundsätzlich alle Fahrzeuge blitzt, die die erlaubte Höchstgeschwindigkeit überschreiten. Erfahrungsgemäß wird diese von 10 % der Fahrzeuge um bis zu 10 km/h (15 € Bußgeld), von 4 % um 11 bis 15 km/h (25 € Bußgeld), von 3 % um 16 bis 20 km/h (35 € Bußgeld), von 2 % um 21 bis 25 km/h (50 € Bußgeld) und von 1 % der Fahrzeuge um 26 bis 30 km/h (60 € Bußgeld) überschritten.

a) Wie groß ist die Wahrscheinlichkeit, dass an dieser Stelle ...

    – ein zufällig ausgewähltes Fahrzeug die erlaubte Höchstgeschwindigkeit einhält?

    – ein Fahrzeug, das geblitzt wird, höchstens 15 km/h zu schnell gefahren ist?

    – ein Fahrer, der geblitzt wird, mindestens 50 € Bußgeld bezahlen muss?

b) Pro Blitzvorgang und anschließendem Bußgeldverfahren entstehen der Stadt Kosten von 20 €. Bestimmen Sie den Wertebereich der Zufallsvariablen X „Gewinn der Stadt bei einem Blitzvorgang"!

c) Erstellen Sie für die Zufallsvariable X eine Wertetabelle der Wahrscheinlichkeits- und Verteilungsfunktion!

d) Berechnen Sie den Erwartungswert und die Varianz von X !

e) Die Stadt entschließt sich, die Anlage so einzustellen, dass nur noch Fahrzeuge geblitzt werden, die die Höchstgeschwindigkeit um mehr als 10 km/h überschreiten. Wie groß ist nun der Erwartungswert des städtischen Gewinns bei einem Blitzvorgang? Überlegen und begründen Sie, wie sich die Varianz durch diese Maßnahme tendenziell verändert (ohne Rechnung)!

# Spezielle Wahrscheinlichkeits-verteilungen

7

ÜBERBLICK

# 7.1 Einführung und Überblick

Im letzten Kapitel wurde dargelegt, dass die Wahrscheinlichkeitsverteilung einer Zufallsvariablen $X$ allgemein durch die Wahrscheinlichkeits- bzw. Dichtefunktion oder durch die Verteilungsfunktion eindeutig definiert ist. Bei vielen praktischen Anwendungen der Wahrscheinlichkeitsrechnung handelt es sich um wiederkehrende Problemtypen, die sich mit **speziellen Wahrscheinlichkeitsmodellen** beschreiben lassen. Ein solches Modell ist charakterisiert durch einen – bis auf die numerischen Parameter – **einheitlichen Funktionstyp** der Wahrscheinlichkeit-, Dichte- bzw. Verteilungsfunktion.

Besitzt eine Zufallsvariable $X$ aufgrund der Problemtypologie eine spezielle Wahrscheinlichkeitsverteilung, so kann diese durch die Angabe des Verteilungstyps und der numerischen Parameter eindeutig beschrieben werden. Man schreibt dann

$$X \sim S(\theta_1; \theta_2; ...) \, ,$$

was besagt, dass die Zufallsvariable X gemäß dem **Verteilungstyp $S$** mit den **Parametern $\theta_1, \theta_2, ...$** verteilt ist. Dies ist gleichbedeutend mit der expliziten Angabe der Wahrscheinlichkeits-, Dichte- bzw. Verteilungsfunktion.

Die in diesem Kapitel behandelten speziellen Wahrscheinlichkeitsverteilungen lassen sich grob wie folgt nach Modellen bzw. Anwendungsfällen systematisieren:

- **Modell der Gleichwahrscheinlichkeit** (vgl. Abschnitt 7.2)

    Dieses Modell beschreibt **Laplace-Prozesse** (vgl. Abschnitt 5.3.1). Es ist anwendbar, wenn alle Werte einer Zufallsvariablen gleich wahrscheinlich sind, d.h. eine **Gleichverteilung** vorliegt.

- **Urnenmodell** (vgl. Abschnitte 7.3 und 7.4)

    Das Urnenmodell ist das grundlegende Modell der Ziehung von Stichproben aus dichotomen Grundgesamtheiten. In der Urne befinden sich **schwarze und weiße Kugeln.** Das Modell kommt immer dann in Betracht, wenn der Zufallsprozess aus wiederholten **Alternativentscheidungen** besteht, wie etwa die Gut/Schlecht-Prüfung in der Qualitätskontrolle.

- **„Zeit-Modell"** (vgl. Abschnitte 7.5 und 7.6)

    Dieses Modell beschreibt das **zufällige Auftreten bestimmter Ereignisse im Zeitverlauf.** Wichtige Anwendungen beziehen sich auf die Eintrittshäufigkeit und Zeitdauer von Ereignissen, etwa in Produktions- und Dienstleistungsprozessen.

- **„Summen-Modell"** (vgl. Abschnitte 7.7, 7.8 und 7.12)

    Diesem Modell liegt die Vorstellung zugrunde, dass sich die betrachtete Zufallsvariable **additiv** aus einer **Vielzahl von einzelnen Zufallsvariablen** zusammensetzt. Die Summenvariable ist dann unter sehr allgemeinen Bedingungen **normalverteilt**. Das Modell hat extrem vielfältige Anwendungen, was damit zusammenhängt, dass zahlreiche andere Wahrscheinlichkeitsverteilungen durch die Normalverteilung approximiert werden können.

- **Verteilungen der Stichprobentheorie** (vgl. Abschnitte 7.9 bis 7.11)

    Hier handelt es sich um Wahrscheinlichkeitsverteilungen, die im Rahmen der **Schließenden Statistik**, insbesondere bei **Hypothesentests**, verwendet werden. Bei anderen Anwendungen der Wahrscheinlichkeitsrechnung spielen sie jedoch kaum eine Rolle und beziehen sich insofern auch nicht auf einen bestimmten Problemtypus.

# 7.2 Gleichverteilungen

## 7.2.1 Diskrete Gleichverteilung

Eine **diskrete** Zufallsvariable ist **gleichverteilt**, wenn **alle Werte** ihres endlichen Wertebereichs **gleich wahrscheinlich** eintreten. Man schreibt

$$X \sim G(x_1; ...; x_m) \,, \tag{7.1}$$

wobei die **Parameter** die Werte des **Wertebereichs** darstellen:

$$W = \left\{ x_1, ..., x_m \right\}. \tag{7.2}$$

Dabei müssen die einzelnen Werte nicht notwendig äquidistant sein (wenngleich sie es meistens sind).

Die **Wahrscheinlichkeitsfunktion** einer diskreten Gleichverteilung ist gegeben durch

$$p_G(x_i) = \frac{1}{m} \quad \text{für alle } x_i \in W. \tag{7.3}$$

Die **Verteilungsfunktion** ist eine monoton steigende Treppenfunktion mit gleich hohen Stufen an den Stellen $x_i \in W$. **Erwartungswert** und **Varianz** werden mit den allgemeinen Formeln (6.6) und (0.7) bzw. (6.8) unter Verwendung der Wahrscheinlichkeitsfunktion (7.3) berechnet.

---

### Beispiel

## Würfeln mit einem Würfel

Die **Augenzahl beim Würfeln mit einem regulären Würfel** ist eine Zufallsvariable $X$, die gemäß einer diskreten Gleichverteilung mit den Parametern 1, 2, 3, 4, 5, 6 verteilt ist:

$$X \sim G(1; 2; 3; 4; 5; 6) \,.$$

Entsprechend lautet die **Wahrscheinlichkeitsfunktion**

$$p(x_i) = \frac{1}{6} \quad \text{für alle} \quad x_i \in \{1, 2, 3, 4, 5, 6\}$$

und die **Verteilungsfunktion**

$$F(x) = \begin{cases} 0 & \text{für} \quad x < 1 \\ \dfrac{i}{6} & \text{für} \quad i \leq x < i+1 \quad (i = 1, 2, 3, 4, 5) \\ 1 & \text{für} \quad x \geq 6 \,. \end{cases}$$

Für den **Erwartungswert** und die **Varianz** gilt:

$$E[X] = \frac{1}{6} \cdot (1+2+3+4+5+6) = \frac{7}{2} = 3{,}5$$

$$V[X] = \frac{1}{6} \cdot (1^2 + 2^2 + 3^2 + 4^2 + 5^2 + 6^2) - \left(\frac{7}{2}\right)^2 = \frac{35}{12} = 2{,}9167 \,.$$

Die Summe von stochastisch unabhängigen, diskret gleichverteilten Zufallsvariablen ist nicht wieder gleichverteilt, d.h. die diskrete Gleichverteilung ist **nicht reproduktiv**. Man denke nur an die Summe der Augenzahlen beim Würfeln mit zwei oder mehr Würfeln (vgl. Beispiel 2 in Abschnitt 5.3.1).

## 7.2.2 Rechteck-Verteilung (Stetige Gleichverteilung)

Eine **stetige** Zufallsvariable ist gleichverteilt oder **Rechteck-verteilt**, in Symbol-Schreibweise

$$X \sim R(a;b) \ , \tag{7.4}$$

wenn **alle gleich breiten Intervalle** innerhalb des Wertebereichs

$$W = [a;b] \tag{7.5}$$

die **gleiche Intervall-Wahrscheinlichkeit** besitzen.

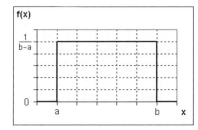

Abbildung 7.1: Dichtefunktion von $R(a; b)$ Abbildung 7.2: Verteilungsfunktion von $R(a; b)$

Im Wertebereich $W = [a ; b]$ hat eine Rechteck-Verteilung somit die konstante **Dichtefunktion**

$$f_R(x \,|\, a;b) = \frac{1}{b-a} \quad \text{für alle } x \in W \tag{7.6}$$

und die lineare **Verteilungsfunktion**

$$F_R(x \,|\, a;b) = \frac{x-a}{b-a} \quad \text{für alle } x \in W. \tag{7.7}$$

Für den **Erwartungswert** und die **Varianz** einer Rechteck-Verteilung gilt:

$$E[X] = \frac{a+b}{2} \quad \text{und} \quad V[X] = \frac{(b-a)^2}{12} \ . \tag{7.8}$$

Beweis:

$$E[X] \overset{(6.14)}{=} \int_a^b \frac{x}{b-a} dx = \left[ \frac{x^2}{2(b-a)} \right]_a^b = \frac{b^2-a^2}{2(b-a)} = \frac{(b+a)(b-a)}{2(b-a)} = \frac{b+a}{2}$$

und $V[X] \overset{(6.16)}{=} \int_a^b \frac{x^2}{b-a} dx - \left( \frac{b+a}{2} \right)^2 = \left[ \frac{x^3}{3(b-a)} \right]_a^b - \frac{(b+a)^2}{4}$

$$= \frac{b^3-a^3}{3(b-a)} - \frac{(b+a)^2}{4} = \frac{(b^2+ab+a^2)(b-a)}{3(b-a)} - \frac{(b+a)^2}{4}$$

$$= \frac{4(b^2+ab+a^2) - 3(b^2+2ab+a^2)}{12} = \frac{b^2-2ab+a^2}{12} = \frac{(b-a)^2}{12}.$$

Die Varianz-Formel liegt der Berechnung der internen Varianz bei klassierten Häufigkeitsverteilungen zugrunde (vgl. Abschnitt 1.4.2).

Rechteck-Verteilungen sind – wie ihr diskretes Gegenstück – **nicht reproduktiv** (vgl. das Beispiel in Abschnitt 6.2.3). Im Übrigen können diskrete Gleichverteilungen, sofern ihr Wertebereich aus vielen äquidistanten Werten besteht, durch Rechteck-Verteilungen approximiert werden. Man stellt sich dazu einfach vor, dass die diskreten Werte gleichmäßig nach beiden Seiten so weit zu Intervallen ausgedehnt werden, bis diese sich gerade berühren. Die Vereinigung all dieser Intervalle entspricht dann dem Wertebereich der approximierenden Rechteck-Verteilung.

---

### Beispiel

## Würfeln mit einem Würfel

Die **diskrete Gleichverteilung** der Augenzahl beim Würfeln mit einem regulären Würfel, $G(1; 2; 3; 4; 5; 6)$, kann – wie die folgende Gegenüberstellung zeigt – durch die **Rechteck-Verteilung** $R(0,5; 6,5)$ approximiert werden.

Die **Erwartungswerte** beider Verteilungen stimmen exakt überein (3,5), während die **Varianz** der diskreten Gleichverteilung geringfügig kleiner ist als die der Rechteck-Verteilung (35/12 gegenüber 36/12 = 3).

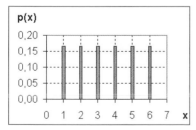

Abbildung 7.3: Diskrete Gleichverteilung
$G(1; 2; 3; 4; 5; 6)$

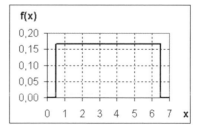

Abbildung 7.4: Rechteck-Verteilung
$R(0,5; 6,5)$

## 7.3 Binomialverteilung

### 7.3.1 Spezialfall Bernoulli-Verteilung

Eine Zufallsvariable $X$ ist **Bernoulli-verteilt**[1], symbolisch

$$X \sim B(1;\pi) \, , \tag{7.9}$$

wenn ihr **Wertebereich** nur aus den Zahlen 0 und 1 besteht:

$$W = \left\{ 0,1 \right\} . \tag{7.10}$$

Die Wahrscheinlichkeitsverteilung einer solchen „Bernoulli-Variablen" oder „0/1-Variablen" ist definiert durch die Wahrscheinlichkeit $P(X = 0)$ bzw. $P(X = 1)$. Hierzu dient der **Parameter** $\pi$ der Bernoulli-Verteilung:

$$\pi := P(X = 1) \quad ( \, \pi \in \, ]0 \, ; 1[ \, ) \, .$$

Demnach gilt: $\qquad\qquad P(X = 0) = 1 - \pi \, .$

Diese **Wahrscheinlichkeitsfunktion** kann man auch in der Form

$$p_B(x \, | \, 1;\pi) = \binom{1}{x} \pi^x \, (1-\pi)^{1-x} \quad \text{für alle } x \in W \tag{7.11}$$

schreiben, die sich für die Binomialverteilung verallgemeinern lässt.

**$B(1; 0{,}2)$**                       **$B(1; 0{,}6)$**

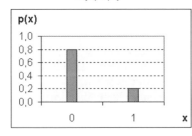 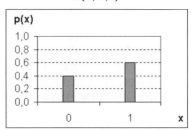

Abbildung 7.5: Bernoulli-Verteilungen mit verschiedenen $\pi$

Der **Erwartungswert** und die **Varianz** einer Bernoulli-verteilten Zufallsvariablen ergeben sich nach den Formeln (6.6) und (6.8):

$$E[X] = 0 \cdot (1-\pi) + 1 \cdot \pi = \pi \tag{7.12}$$

$$V[X] = 0^2 \cdot (1-\pi) + 1^2 \cdot \pi - \pi^2 = \pi - \pi^2 = \pi \cdot (1-\pi) \, .$$

Die Bernoulli-Verteilung wird verwendet bei

- Zufallsprozessen mit nur **zwei Ergebnissen** bzw.
- Zufallsprozessen, bei denen man sich nur dafür interessiert, ob ein **bestimmtes Ergebnis eintritt** ($X = 1$) oder **nicht** ($X = 0$).

---

1 **Jacques (Jakob) Bernoulli** (1654–1705), schweizerischer Mathematiker

**Beispiele**

■ Anwesenheit eines Mitarbeiters:    $X = 1$: anwesend    $X = 0$: abwesend

■ Qualitätskontrolle:    $X = 1$: gut    $X = 0$: schlecht

■ Pasch-Würfeln mit 2 Würfeln:    $X = 1$: Pasch    $X = 0$: kein Pasch

## 7.3.2    Das Binomialmodell (Urnenmodell)

Das **Urnenmodell** bildet die Grundlage zahlreicher spezieller Wahrscheinlichkeitsverteilungen. Unterstellt wird in diesem Modell eine **Urne mit schwarzen und weißen Kugeln**, wobei der **Anteil der schwarzen Kugeln** mit $\pi$ bezeichnet wird. Im Falle der Binomialverteilung wird aus dieser Urne eine **Zufallsstichprobe vom Umfang n mit Zurücklegen** gezogen.

■ Beim **einmaligen Ziehen** ($n = 1$) ist das Ergebnis eine **Bernoulli-Variable** mit

   – $X = 1$, falls die gezogene Kugel **schwarz** ist, und

   – $X = 0$, falls die gezogene Kugel **weiß** ist (d.h. keine schwarze Kugel gezogen wurde).

■ Beim **mehrmaligen Ziehen** (beliebiges $n$) ist das Ergebnis – d.h. die **Anzahl der schwarzen Kugeln in der Stichprobe** – eine **binomialverteilte Zufallsvariable X**.

Die Binomialverteilung stellt also eine **Verallgemeinerung der Bernoulli-Verteilung** dar, wobei die folgende Überlegung mit dem Binomialmodell den Zusammenhang veranschaulicht: Zählt man die Anzahl der schwarzen Kugeln $X$ während der Ziehung mit, so gibt es bei jedem Zug $t$ zwei Möglichkeiten:

■ $X$ erhöht sich um 1, falls eine schwarze Kugel gezogen wird ($X_t = 1$), oder

■ $X$ bleibt unverändert, falls eine weiße Kugel ($X_t = 0$) gezogen wird.

Beim Zählen der schwarzen Kugeln in einer Zufallsstichprobe handelt es sich um die **Addition von Bernoulli-Variablen** $X_t$ ($t = 1, ..., n$), die

■ alle **denselben Parameter** $\pi$ haben, weil immer aus derselben Urne gezogen wird, und

■ voneinander **stochastisch unabhängig** sind, weil die Ziehung **mit Zurücklegen** erfolgt.

## 7.3.3    Allgemeine Binomialverteilung

Eine Zufallsvariable $X$ ist **binomialverteilt mit den Parametern $n$ und $\pi$**, symbolisch

$$X \sim B(n;\pi),\qquad(7.13)$$

wenn sie als **Summe von stochastisch unabhängigen, identisch** (d.h. mit demselben Parameter $\pi$) **Bernoulli-verteilten Zufallsvariablen** interpretiert werden kann.

Im Urnenmodell steht $X$ für die **Anzahl der schwarzen Kugeln**, die

■ in einer Stichprobe **mit Zurücklegen**

■ vom **Umfang $n$**

■ aus einer Urne, deren **Anteil an schwarzen Kugeln** $\pi$ beträgt,

enthalten sind. Für die **Parameter** gilt: $n \in \mathbb{N}$ und $\pi \in \,]0\,;\,1[$.

Die Binomialverteilung ist eine **diskrete** Verteilung mit dem **Wertebereich**

$$W = \{ 0,1,...,n \}.$$ (7.14)

Die **Wahrscheinlichkeitsfunktion** lautet

$$p_B(x \mid n;\pi) = \binom{n}{x} \pi^x (1-\pi)^{n-x} \quad \text{für alle } x \in W.$$ (7.15)

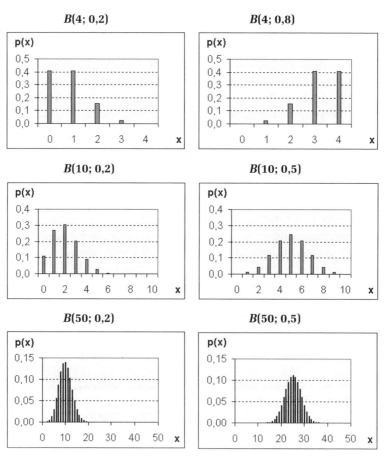

Abbildung 7.6: Binomialverteilungen mit verschiedenen $n$ und $\pi$

Aus dem oben dargelegten Zusammenhang zwischen Binomial- und Bernoulli-Verteilung ergibt sich für eine binomialverteilte (Summen-)Zufallsvariable $X$ der **Erwartungswert** und die **Varianz**

$$E[X] = \underbrace{\pi + ... + \pi}_{n-mal} = n \cdot \pi \tag{7.16}$$

und

$$V[X] = \underbrace{\pi \cdot (1-\pi) + ... + \pi \cdot (1-\pi)}_{n-mal} = n \cdot \pi \cdot (1-\pi).$$

Eine weitere Konsequenz dieses Zusammenhangs ist, dass die Binomialverteilung – **bei einheitlichem Parameter** $\pi$ – **reproduktiv** ist; d.h. es gilt die Implikation:

$$X_t \sim B(n_t; \pi), \text{ stochastisch unabhängig} \quad \Rightarrow \quad \sum_t X_t \sim B(\sum_t n_t; \pi). \tag{7.17}$$

Die Reproduktivität der Binomialverteilung lässt sich anschaulich dadurch begründen, dass es im Urnenmodell offenbar gleichgültig ist, ob man

- die Anzahl der schwarzen Kugeln aus **mehreren, stochastisch unabhängigen Stichproben mit Zurücklegen** (mit den Umfängen $n_t$) addiert **oder**

- das Ganze als **eine einzige große Stichprobe mit Zurücklegen** (vom Umfang $\Sigma n_t$) begreift, in der die Anzahl der schwarzen Kugeln festgestellt wird.

Die Summe von binomialverteilten Zufallsvariablen mit **verschiedenen Parametern** $\pi_t$ ist jedoch **nicht** wieder **binomialverteilt**, weil mehrere, aus verschiedenen Urnen gezogene Stichproben nicht als eine große Stichprobe aus einer Urne gedeutet werden können.

---

### Beispiel

## Qualitätskontrolle

Bei der Produktion von hochwertigen Trinkgläsern beträgt die Ausschussquote 20 %. Im Rahmen einer Qualitätskontrolle werden nach einem Zufallsprinzip vier Gläser zur Prüfung entnommen (mit Zurücklegen). Betrachtet werden nun die Zufallsvariablen

- $X$: **Anzahl der fehlerhaften Gläser in der Stichprobe** und

- $Y$: **Anzahl der einwandfreien Gläser in derselben Stichprobe.**

Insbesondere interessieren die Wahrscheinlichkeiten für folgende Ereignisse:
(1) In der Stichprobe ist genau ein Glas defekt.
(2) In der Stichprobe sind mindestens zwei Gläser defekt.
(3) In der Stichprobe ist genau ein Glas einwandfrei.
(4) In der Stichprobe sind weniger als drei Gläser einwandfrei.

Hinsichtlich der beiden Zufallsvariablen $X$ und $Y$ lässt sich Folgendes feststellen:

- Zwischen $X$ und $Y$ besteht der Zusammenhang $X + Y = 4$ oder $Y = 4 - X$, d.h. die Zufallsvariablen $X$ und $Y$ sind über eine **lineare Transformation** verbunden.

- **Wertebereiche**:
  $$W_X = \{0, 1, 2, 3, 4\} \qquad W_Y = \{0, 1, 2, 3, 4\}$$

- **Wahrscheinlichkeitsverteilungen**:
  $$X \sim B(4; 0{,}2) \qquad Y \sim B(4; 0{,}8)$$

- **Wahrscheinlichkeitsfunktionen**:
  $$p_X(x) = \binom{4}{x} 0{,}2^x\, 0{,}8^{4-x} \qquad p_Y(y) = \binom{4}{y} 0{,}8^y\, 0{,}2^{4-y}$$

| x bzw. y | $p_X(x)$ | $F_X(x)$ | $p_Y(y)$ | $F_Y(y)$ |
|---|---|---|---|---|
| 0 | 0,4096 | 0,4096 | 0,0016 | 0,0016 |
| 1 | 0,4096 | 0,8192 | 0,0256 | 0,0272 |
| 2 | 0,1536 | 0,9728 | 0,1536 | 0,1808 |
| 3 | 0,0256 | 0,9984 | 0,4096 | 0,5904 |
| 4 | 0,0016 | 1,0000 | 0,4096 | 1,0000 |

Tabelle 7.1: Binomialverteilungen $B(4; 0{,}2)$ und $B(4; 0{,}8)$

- **Wahrscheinlichkeiten** (s.o):
  (1) $P(X = 1) = p_X(1) = 0{,}4096$
  (2) $P(X \geq 2) = 1 - F_X(1) = 1 - 0{,}8192 = 0{,}1808$
  (3) $P(Y = 1) = p_Y(1) = 0{,}0256 \quad$ oder $\quad P(Y = 1) = P(X = 3) = p_X(3) = 0{,}0256$
  (4) $P(Y < 3) = F_Y(2) = 0{,}1808 \quad$ oder $\quad P(Y < 3) = P(X > 1) = 1 - F_X(1) = 0{,}1808$

Aufgrund des Zusammenhangs zwischen beiden Zufallsvariablen ist es immer möglich, die Anzahl der defekten Stücke ($X$) anstelle der Anzahl der einwandfreien Stücke ($Y$) zu betrachten.

- **Erwartungswerte**: $\quad E[X] = 4 \cdot 0{,}2 = 0{,}8 \qquad E[Y] = 4 \cdot 0{,}8 = 3{,}2$
- **Varianzen**: $\qquad V[X] = 4 \cdot 0{,}2 \cdot 0{,}8 = 0{,}64 \quad V[Y] = 4 \cdot 0{,}8 \cdot 0{,}2 = 0{,}64$

Wie aus dem Beispiel ersichtlich, besteht zwischen den Binomialverteilungen $B(n, \pi)$ (für die Anzahl der **schwarzen** Kugeln in der Stichprobe) und $B(n, 1-\pi)$ (für die Anzahl der **weißen** Kugeln in der Stichprobe) ein Zusammenhang, der sich in den beiden Wahrscheinlichkeitsfunktionen bzw. Verteilungsfunktionen wie folgt ausdrückt:

$$p_B(x \mid n;\pi) = p_B(n-x \mid n;1-\pi) \quad \text{für alle } x \in W \qquad (7.18)$$

bzw.

$$F_B(x \mid n;\pi) = 1 - F_B(n-x-1 \mid n;1-\pi) \quad \text{für alle } x \in W. \qquad (7.19)$$

# 7.4 Hypergeometrische Verteilung

Die Hypergeometrische Verteilung ist eine weitere spezielle **diskrete** Wahrscheinlichkeitsverteilung, die sich auf das **Urnenmodell** mit schwarzen und weißen Kugeln bezieht, jedoch im Falle einer Stichprobenziehung **ohne Zurücklegen**. Die betrachtete, hypergeometrisch verteilte Zufallsvariable $X$ ist wiederum die **Anzahl der schwarzen Kugeln in einer solchen Stichprobe**.

Im Vergleich zum Binomialmodell verändert sich bei der Ziehung ohne Zurücklegen sowohl das **Volumen** (Anzahl der Kugeln) als auch die **Struktur** (Anteil der schwarzen Kugeln) des Urneninhalts. Deshalb hängt die Wahrscheinlichkeitsverteilung von $X$ nicht nur vom Anteil der schwarzen Kugeln ($\pi$), sondern auch von der **absoluten Anzahl der Kugeln in der Urne ($N$)** ab. Sie ist ein zusätzlicher Parameter der Hypergeometrischen Verteilung.

Auch eine hypergeometrisch verteilte Zufallsvariable ist eine **Summe von identisch verteilten Bernoulli-Variablen**, die jedoch **nicht stochastisch unabhängig** sind. Letzteres führt zu einer von der Binomialverteilung abweichenden Varianz.

Außerdem ist die Hypergeometrische Verteilung – im Gegensatz zur Binomialverteilung – **nicht reproduktiv**, weil die unabhängige Ziehung mehrerer kleiner Stichproben ohne Zurücklegen (jeweils aus der vollen Urne) nicht äquivalent ist zur Ziehung einer großen Stichprobe ohne Zurücklegen.

Eine **Zufallsvariable $X$** ist mithin **hypergeometrisch verteilt mit den Parametern $n$, $M$ und $N$**, symbolisch

$$X \sim H(n;M;N) , \qquad (7.20)$$

wenn sie im Urnenmodell die **Anzahl der schwarzen Kugeln** repräsentiert, die

- in einer Stichprobe **ohne Zurücklegen**
- vom **Umfang $n$**
- aus einer Urne mit $N$ **Kugeln**,
- von denen $M$ **Kugeln schwarz** sind,

enthalten sind. Alle drei **Parameter** sind natürliche Zahlen, wobei $n$ und $M$ naturgemäß nicht größer als $N$ sein können.

Der **Wertebereich** hängt von den Parametern ab:

$$W = \left\{ \max(0, n-(N-M)) , ..., \min(n, M) \right\} . \qquad (7.21)$$

---

### Erläuterung

Aus einer Urne mit $N = 100$ Kugeln werden $n = 10$ Kugeln **ohne Zurücklegen** gezogen. Dann gilt für die Anzahl der schwarzen Kugeln in dieser Stichprobe: $X \sim H(10; M; 100)$. Der Wertebereich hängt von der **Zahl der schwarzen Kugeln in der Urne $M$** ab.

- Für $M = 4$ gilt:   $W = \{0, 1, 2, 3, 4\}$     (Schwarze Kugeln sind in der Urne rar.)
- Für $M = 50$ gilt:   $W = \{0, 1, 2, 3, 4, 5, 6, 7, 8, 9, 10\}$
- Für $M = 96$ gilt:   $W = \{6, 7, 8, 9, 10\}$     (Weiße Kugeln sind in der Urne rar.)

---

Die **Wahrscheinlichkeitsfunktion** der Hypergeometrischen Verteilung lautet:

$$p_{II}(x \mid n; M; N) = \frac{\binom{M}{x} \cdot \binom{N-M}{n-x}}{\binom{N}{n}} \quad \text{für alle } x \in W.$$

(7.22)

---

### Erläuterung

Insgesamt gibt es $\binom{N}{n}$ mögliche Stichproben vom Umfang $n$ aus einer Urne mit $N$ Kugeln. Unter diesen befinden sich $\binom{M}{x} \cdot \binom{N-M}{n-x}$ Stichproben, die genau $x$ schwarze Kugeln (von insgesamt $M$ schwarzen Kugeln) und $(n–x)$ weiße Kugeln (von insgesamt $(N–M)$ weißen Kugeln) enthalten.

---

**Erwartungswert** und **Varianz** einer hypergeometrisch verteilten Zufallsvariablen $X$ berechnen sich nach den Formeln

$$E[X] = n \cdot \frac{M}{N} \quad (= n \cdot \pi)$$

(7.23)

und

$$V[X] = n \cdot \frac{M}{N} \cdot \left(1 - \frac{M}{N}\right) \cdot \frac{N-n}{N-1} \quad \left(= n \cdot \pi \cdot (1-\pi) \cdot \frac{N-n}{N-1}\right).$$

Während der Erwartungswert der Hypergeometrischen Verteilung exakt mit demjenigen der entsprechenden Binomialverteilung übereinstimmt, ist die Varianz um den **Korrekturfaktor**

$$\frac{N-n}{N-1}$$

kleiner. Man beachte, dass der Korrekturfaktor

- für $n = 1$ (Bernoulli-Verteilung) am größten ist ($\frac{N-n}{N-1} = 1$, d.h. keine Korrektur!) und
- für $n = N$ (Einpunkt-Verteilung!) am kleinsten ist ($\frac{N-n}{N-1} = 0$).

$H(4; 4; 20)$       $H(4; 20; 100)$

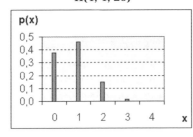
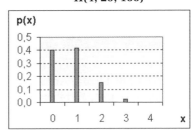

Abbildung 7.7: Zwei Hypergeometrische Verteilungen mit $\pi = 0{,}2$

In praktischen Anwendungen (z.B. in der Marktforschung) wird oft mit einem **kleinen**

**Auswahlsatz** $\frac{n}{N}$ (= Verhältnis von Stichprobenumfang zur Grundgesamtheit)

gearbeitet. Dann liegt der **Korrekturfaktor nahe bei 1**, d.h. die Hypergeometrische Verteilung unterscheidet sich nur wenig von der entsprechenden Binomialverteilung (vgl. hierzu die Verteilungen $B(4; 0,2)$ und $H(4; 20; 100)$ in den Abbildungen 7.6 und 7.7). Bei kleinem Auswahlsatz hat das Nicht-Zurücklegen nur **relativ geringfügige Auswirkungen** auf Volumen und Struktur des Urneninhalts.

Dies führt dazu, dass in der Praxis häufig die **Approximationsregel**

$$H(n;M;N) \approx B(n;\frac{M}{N}) \quad \text{für } \frac{n}{N} \leq 0,05 \tag{7.24}$$

benutzt wird.

Eine Stichprobe ohne Zurücklegen **kann** bei einem Auswahlsatz **bis zu 5 %** also genauso behandelt werden wie eine Stichprobe mit Zurücklegen (d.h. mit der Binomialverteilung). Nur bei Stichproben ohne Zurücklegen mit einem Auswahlsatz **über 5 %** **muss** die Hypergeometrische Verteilung (und bei der Varianz der Korrekturfaktor) verwendet werden.

---

**Beispiel**

## Qualitätskontrolle

Das Beispiel aus Abschnitt 7.3.3 wird folgendermaßen modifiziert:

In einem Fertigungslos von 100 Trinkgläsern waren 20 Stück fehlerhaft. Irrtümlich wurden diese aber nicht ausgesondert, sondern – vermischt mit den einwandfreien Gläsern – in Kartons mit je vier Gläsern verpackt. Ein Kunde kauft ein Viererpack aus diesem Fertigungslos. Betrachtet werden nun die Zufallsvariablen

- $X$ : **Anzahl der fehlerhaften Gläser in dem Viererpack** und
- $Y$ : **Anzahl der einwandfreien Gläser in demselben Viererpack.**

Für die beiden Zufallsvariablen $X$ und $Y$ gilt:

- Weiterhin besteht zwischen $X$ und $Y$ die lineare Beziehung $Y = 4 - X$.
- **Wertebereiche**:

  $W_X = \{0, 1, 2, 3, 4\}$ $\qquad\qquad$ $W_Y = \{0, 1, 2, 3, 4\}$

- **Wahrscheinlichkeitsverteilungen**:

  $X \sim H(4; 20; 100)\ [\approx B(4; 0,2)]$ $\qquad$ $Y \sim H(4; 80; 100)\ [\approx B(4; 0,8)]$

  Die geringen numerischen Differenzen zwischen den Hypergeometrischen Verteilungen und den entsprechenden Binomialverteilungen erkennt man beim Vergleich der Tabellen 7.1 und 7.2.

- **Wahrscheinlichkeitsfunktionen:**

$$p_X(x) = \frac{\binom{20}{x} \cdot \binom{80}{4-x}}{\binom{100}{4}} \qquad\qquad p_Y(y) = \frac{\binom{80}{y} \cdot \binom{20}{4-y}}{\binom{100}{4}}$$

- **Erwartungswerte:**

$$E[X] = 4 \cdot \frac{20}{100} = 0,8 \qquad\qquad E[Y] = 4 \cdot \frac{80}{100} = 3,2$$

- **Varianzen:**

$$V[X] = 4 \cdot \frac{20}{100} \cdot \frac{80}{100} \cdot \frac{96}{99} = 0,6206 \qquad V[Y] = 4 \cdot \frac{80}{100} \cdot \frac{20}{100} \cdot \frac{96}{99} = 0,6206$$

| x bzw. y | $p_X(x)$ | $F_X(x)$ | $p_Y(y)$ | $F_Y(y)$ |
|----------|----------|----------|----------|----------|
| 0 | 0,4033 | 0,4033 | 0,0012 | 0,0012 |
| 1 | 0,4191 | 0,8224 | 0,0233 | 0,0245 |
| 2 | 0,1531 | 0,9755 | 0,1531 | 0,1776 |
| 3 | 0,0233 | 0,9988 | 0,4191 | 0,5967 |
| 4 | 0,0012 | 1,0000 | 0,4033 | 1,0000 |

Tabelle 7.2: Hypergeometrische Verteilungen $H(4; 20; 100)$ und $H(4; 80; 100)$

Zwischen den beiden Hypergeometrischen Verteilungen $H(n; M; N)$ und $H(n; N–M; N)$ bestehen analog zu (7.18) und (7.19) die Beziehungen

$$p_H(x \mid n;M;N) = p_H(n-x \mid n;N-M;N) \quad \text{für alle } x \in W \tag{7.25}$$

$$F_H(x \mid n;M;N) = 1 - F_H(n-x-1 \mid n;N-M;N) \quad \text{für alle } x \in W. \tag{7.26}$$

## Beispiel

### Lotto

Ein Lotto-Spieler gibt jede Woche einen Tipp beim Spiel „6 aus 49" ab. Wie oft kommt es pro Jahr (= 52 Wochen) im Durchschnitt vor, dass er genau eine (zwei, drei) richtige Zahlen tippt?

**Lösung:**

- Die **Anzahl der richtigen Tipps** ist eine **hypergeometrisch verteilte Zufallsvariable** $X$ mit den **Parametern**:
  - $n = 6$ [Tipps],
  - $M = 6$ [richtigen Zahlen] und
  - $N = 49$ [möglichen Zahlen] .

  Eine Approximation durch die Binomialverteilung kommt wegen des großen Auswahlsatzes ($\frac{6}{49} > 0,05$) nicht in Betracht.

- **Wertebereich:** $\qquad\qquad\qquad W = \{0, 1, 2, 3, 4, 5, 6\}$

- **Wahrscheinlichkeitsfunktion:** $\quad p_H(x \mid 6;6;49) = \dfrac{\dbinom{6}{x} \cdot \dbinom{43}{6-x}}{\dbinom{49}{6}}$

- **Erwartungswert und Varianz:** $\quad E[X] = 6 \cdot \dfrac{6}{49} = 0,7347$

  $$V[X] = 6 \cdot \frac{6}{49} \cdot \frac{43}{49} \cdot \frac{43}{48} = 0,5776$$

| x | 0 | 1 | 2 | 3 | 4 | 5 | 6 |
|---|---|---|---|---|---|---|---|
| p(x) | 0,4360 | 0,4130 | 0,1324 | 0,0177 | 0,0010 | 0,00002 | 0,00000007 |

Tabelle 7.3: Hypergeometrische Verteilung $H$(6; 6; 49)

Aus Tabelle 7.3 ergeben sich die folgenden **erwarteten Häufigkeiten:**

- Tipp mit genau **einer** richtigen Zahl: $\quad 52 \cdot 0,4130 \approx 21$-mal pro Jahr,
- Tipp mit genau **zwei** richtigen Zahlen: $\quad 52 \cdot 0,1324 \approx 7$-mal pro Jahr,
- Tipp mit genau **drei** richtigen Zahlen: $\quad 52 \cdot 0,0177 \approx 1$-mal pro Jahr.

## 7.5 Poisson-Verteilung

Auch die Poisson-Verteilung[2] ist eine spezielle **diskrete** Wahrscheinlichkeitsverteilung, die ebenfalls mit dem **Urnenmodell** zusammenhängt. Sie ist ein **Grenzfall der Binomialverteilung,** und zwar, wenn

- $n$ gegen $\infty$ und
- $n \cdot \pi$ gegen eine feste positive Zahl $\lambda$

strebt. Da bei diesem Grenzübergang zwangsläufig $\pi$ gegen 0 geht, nennt man die Poisson-Verteilung auch „**Verteilung der seltenen Ereignisse**".

Häufig wird die Poisson-Verteilung angewandt, wenn bestimmte Ereignisse zeitlich unvorhersehbar, aber doch mit einer gewissen statistischen Regelmäßigkeit auftreten („Zeit-Modell"). Man denke etwa an ankommende Kunden oder Telefonanrufe oder Störungen in der Produktion. Betrachtet wird ein **fester Zeitabschnitt** (z.B. ein Tag), in dem ein Ereignis $A$ zu verschiedenen **zufälligen** Zeitpunkten eintritt, und zwar **im Durchschnitt $\lambda$-mal.**

Die **Häufigkeit von $A$ im betrachteten Zeitraum** ist dann eine **Poisson-verteilte Zufallsvariable $X$** mit dem **Parameter** $\lambda$, wenn die folgenden Bedingungen gelten:

- Das Ereignis $A$ kann in einem Zeitpunkt nicht mehrmals eintreten.
- Die Wahrscheinlichkeit für das Eintreten von $A$ ist in jeder gleich langen Teilperiode des betrachteten Zeitraums dieselbe.
- Das Eintreten von $A$ in zwei disjunkten Teilperioden ist stochastisch unabhängig.

---

### Erläuterung

Man stelle sich vor, der betrachtete Zeitabschnitt, in dem das Ereignis $A$ im Durchschnitt $\lambda$-mal auftritt, würde in sehr viele, gleich lange Teilperioden (z.B. Sekunden) $t = 1, \dots, n$ unterteilt. Dann träte das Ereignis $A$ nur in sehr wenigen Teilperioden („selten") ein, während es in den meisten Teilperioden nicht einträte. Das **Eintreten von $A$ in den einzelnen Teilperioden $t$** lässt sich deshalb durch stochastisch unabhängige, identisch verteilte **Bernoulli-Variablen $X_t$** beschreiben:

$$X_t \sim B(1; \frac{\lambda}{n}) \,.$$

Die **Häufigkeit von $A$ im Gesamtzeitraum $X$** entspricht dann näherungsweise der Anzahl der Teilperioden, in denen das Ereignis $A$ eintritt. Diese ist als Summe der Bernoulli-Variablen **binomialverteilt:**

$$X \approx \sum_{t=1}^{n} X_t \sim B(n; \frac{\lambda}{n}) \,.$$

Theoretisch müsste der Zeitraum in **unendlich viele Teilperioden** zerlegt werden, d.h. $n$ gegen $\infty$ streben, wobei $n \cdot \pi = \lambda$ ist. Es liegt also genau der oben beschriebene Grenzfall der Binomialverteilung vor: die **Poisson-Verteilung.**

---

2 **Siméon-Denis Poisson** (1781–1840), französischer Mathematiker

Allgemein gilt: Eine diskrete **Zufallsvariable** $X$ ist **Poisson-verteilt mit dem Parameter** $\lambda \in \mathbb{R}^+$, in Symbol-Schreibweise

$$X \sim P(\lambda) , \qquad (7.27)$$

wenn sie im **Wertebereich**

$$W = \mathbb{N}_0 = \{ 0, 1, 2, \ldots \} \qquad (7.28)$$

die **Wahrscheinlichkeitsfunktion**

$$p_P(x \,|\, \lambda) = \frac{e^{-\lambda}\, \lambda^x}{x!} \qquad (7.29)$$

besitzt. Die Werte dieser Wahrscheinlichkeitsfunktion lassen sich sehr einfach rekursiv (d.h. schrittweise für $x$ = 0, 1, 2, ...) berechnen:

$$p_P(0 \,|\, \lambda) = e^{-\lambda} \quad \text{und} \quad p_P(x \,|\, \lambda) = p_P(x-1 \,|\, \lambda) \cdot \frac{\lambda}{x} \quad \text{für } x \in \mathbb{N} .$$

Der Parameter $\lambda$ markiert zugleich den **Erwartungswert** und die **Varianz** der Poisson-Verteilung:

$$E[X] = \lambda = V[X] . \qquad (7.30)$$

$$P(2) \qquad\qquad\qquad P(5)$$

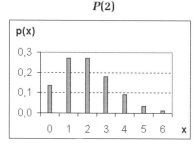 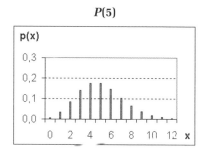

Abbildung 7.8. Poisson-Verteilungen mit verschiedenen $\lambda$

Wie die Binomialverteilung ist auch die Poisson-Verteilung **reproduktiv**:

$$X_t \sim P(\lambda_t), \text{ stochastisch unabhängig} \;\Rightarrow\; \sum_t X_t \sim P(\sum_t \lambda_t) . \qquad (7.31)$$

In praktischen Anwendungen kann die Binomialverteilung für großes $n$ und kleines $\pi$ durch die einfachere Poisson-Verteilung ersetzt werden, wobei folgende **Approximationsregel** gilt:

$$B(n;\pi) \approx P(n \cdot \pi) \quad \text{für } n \geq 30 \text{ und } \pi \leq 0{,}1 . \qquad (7.32)$$

---

### Beispiel

## Qualitätskontrolle

Der Glashersteller aus den Beispielen der Abschnitte 7.3 und 7.4 produziert neben den hochwertigen Gläsern auch noch billige Trinkgläser in maschineller Massenfertigung, wobei die Ausschussquote dort – bei deutlich niedrigeren Qualitätsanforderungen – bei nur zwei Prozent liegt. Auch hier wird mit Fertigungslosen von 100 Stück gearbeitet.

Betrachtet werden jetzt die beiden Zufallsvariablen

- **$X$ : Anzahl der fehlerhaften Gläser in einem Fertigungslos** und
- **$Y$ : Anzahl der einwandfreien Gläser in demselben Fertigungslos.**

Für die Zufallsvariablen $X$ und $Y$ gilt:

- Zwischen $X$ und $Y$ besteht die lineare Beziehung **$Y = 100 - X$** .
- **Wertebereiche:**

$$W_X = \{0, 1, ..., 100\} \qquad\qquad W_Y = \{0, 1, ..., 100\}$$

- **Wahrscheinlichkeitsverteilungen:**

$$X \sim B(100; 0{,}02) \approx P(2) \qquad\qquad Y \sim B(100; 0{,}98)$$

Bemerkungen:

Streng genommen handelt es sich bei den Fertigungslosen um Stichproben ohne Zurücklegen aus einer riesigen Grundgesamtheit (gesamte Produktion). Wegen des extrem geringen Auswahlsatzes ist die **Binomialverteilung** angemessen.

Nur die Binomialverteilung der **Zufallsvariablen $X$** kann durch die **Poisson-Verteilung** approximiert werden, weil fehlerhafte Gläser selten sind ($\pi \leq 0{,}1$). (Die Zufallsvariable $Y$ ist nicht Poisson-verteilt und wird hier nicht weiter betrachtet.)

- **Wahrscheinlichkeitsfunktion** von $X$: $\qquad p_P(x\,|\,2) = \dfrac{e^{-2}\,2^x}{x!}$

- **Erwartungswert** und **Varianz** von $X$: $\qquad E[X] = 2 = V[X]$

| x | 0 | 1 | 2 | 3 | 4 | 5 | 6 | 7 | 8 | 9 |
|---|---|---|---|---|---|---|---|---|---|---|
| p(x) | 0,1353 | 0,2707 | 0,2707 | 0,1804 | 0,0902 | 0,0361 | 0,0120 | 0,0034 | 0,0009 | 0,0002 |
| F(x) | 0,1353 | 0,4060 | 0,6767 | 0,8571 | 0,9473 | 0,9834 | 0,9955 | 0,9989 | 0,9998 | 1,0000 |

Tabelle 7.4: Poisson-Verteilung $P(2)$

---

**Beispiel**

## Kunden an einem Bankschalter

An einen Bankschalter kommen zu unvorhersehbaren Zeitpunkten **vormittags** (zwischen 8 und 12 Uhr) im Durchschnitt **12 Kunden pro Stunde** und **nachmittags** (zwischen 14 und 16 Uhr) im Durchschnitt **10 Kunden pro Stunde**. Die Kunden kommen unabhängig voneinander, jedoch auf lange Sicht gleichmäßig über den Vormittag bzw. Nachmittag verteilt.

Man interessiert sich für die Wahrscheinlichkeit folgender Ereignisse:
(1) An einem Tag kommt zwischen 9 und $9^{15}$ Uhr kein Kunde.
(2) An einem Tag kommt zwischen 15 und $15^{15}$ Uhr kein Kunde.
(3) An einem Tag kommen zwischen $15^{30}$ und 16 Uhr mehr als 6 Kunden.

**Lösung:**

(1) Anzahl der Kunden zwischen 9 und $9^{15}$ Uhr:           $V \sim P(3)$

$$\Rightarrow p_V(v) = \frac{e^{-3}\, 3^v}{v!} \qquad \Rightarrow \qquad P(V=0) = e^{-3} = 0{,}0498$$

(2) Anzahl der Kunden zwischen 15 und $15^{15}$ Uhr:      $W \sim P(2{,}5)$

$$\Rightarrow p_W(w) = \frac{e^{-2,5}\, 2{,}5^w}{w!} \qquad \Rightarrow \qquad P(W=0) = e^{-2,5} = 0{,}0821$$

(3) Anzahl der Kunden zwischen $15^{30}$ und 16 Uhr:      $X \sim P(5)$

$$\Rightarrow p_X(x) = \frac{e^{-5}\, 5^x}{x!}$$

$$\Rightarrow P(X>6) = 1 - e^{-5} \cdot \left( 1 + 5 + \frac{5^2}{2!} + \frac{5^3}{3!} + \frac{5^4}{4!} + \frac{5^5}{5!} + \frac{5^6}{6!} \right)$$

$$= 1 - (0{,}0067 + 0{,}0337 + 0{,}0842 + 0{,}1404 + 0{,}1755 + 0{,}1755 + 0{,}1462) = 0{,}2378$$

# 7.6 Exponentialverteilung

Die Exponentialverteilung ist eine spezielle **stetige** Wahrscheinlichkeitsverteilung, die in engem Zusammenhang zur Poisson-Verteilung steht.

Im oben beschriebenen „Zeit-Modell" ist die Häufigkeit des Ereignisses $A$ in einem bestimmten Zeitraum genau dann Poisson-verteilt mit dem Parameter $\lambda$, wenn die **Zeit zwischen zwei aufeinander folgenden Eintrittszeitpunkten** exponentialverteilt ist mit demselben Parameter $\lambda$.

Entsprechend wird die Exponentialverteilung oft zur **Modellierung von Zeitdauern** in Produktions- und Serviceprozessen verwendet. Dabei kann es sich etwa um die Lebensdauer von Produkten, die Zeit bis zur nächsten Störung in einem technischen Ablauf, die Dauer von Kundengesprächen oder Wartezeiten handeln.

Voraussetzung für die Anwendbarkeit der Exponentialverteilung ist allerdings (wie bei der Poisson-Verteilung), dass der betrachtete Prozess **gedächtnislos** verläuft, d.h. dass die Vergangenheit des Prozesses keine Auswirkung auf die Zukunft hat. Die Zeitdauer bis zum nächsten Eintritt des Ereignisses $A$ hat stets dieselbe Exponentialverteilung – unabhängig davon, wie viel Zeit seit dem letzten Eintreten von $A$ bereits verstrichen ist.

Eine stetige **Zufallsvariable** $X$ ist **exponentialverteilt** mit dem **Parameter** $\lambda \in \mathbb{R}^+$, symbolisch

$$X \sim E(\lambda) , \tag{7.33}$$

wenn sie im **Wertebereich**

$$W = \mathbb{R}_0^+ = \left[\, 0 ; \infty \,\right[ \tag{7.34}$$

durch die **Dichtefunktion**

$$f_E(x \,|\, \lambda) = \lambda \, e^{-\lambda x} \tag{7.35}$$

bzw. die **Verteilungsfunktion**

$$F_E(x \,|\, \lambda) = 1 - e^{-\lambda x} \tag{7.36}$$

beschrieben wird.

**Dichtefunktion**

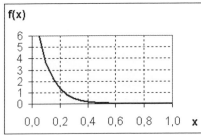

**Verteilungsfunktion**

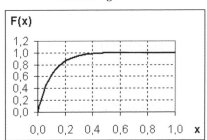

Abbildung 7.9: Exponentialverteilung mit $\lambda = 10$

**Erwartungswert** und **Varianz** der Exponentialverteilung sind gegeben durch:

$$E[X] = \frac{1}{\lambda} \quad \text{und} \quad V[X] = \frac{1}{\lambda^2} . \tag{7.37}$$

Im Gegensatz zur Poisson-Verteilung ist die Exponentialverteilung **nicht reproduktiv**.

**Beispiel**

## Kunden an einem Bankschalter

Im Beispiel aus Abschnitt 7.5 kommen – unabhängig voneinander, jedoch auf lange Sicht gleichmäßig verteilt – **vormittags** im Durchschnitt **12 Kunden pro Stunde** und **nachmittags** im Durchschnitt **10 Kunden pro Stunde** an den Bankschalter.

Wie groß ist zu einem beliebigen Zeitpunkt am Vormittag bzw. am Nachmittag die Wahrscheinlichkeit dafür, dass **in den nächsten fünf Minuten** ein Kunde an den Schalter kommt?

**Lösung:**

Die (in Stunden gemessene) **Zeit bis zur Ankunft des nächsten Kunden** ist ...

- **vormittags** eine **exponentialverteilte Zufallsvariable** $X$ mit

$$\lambda = 12 \left[ \frac{1}{\text{Stunden}} \right]$$

und $\qquad E[X] = \frac{1}{12} \,[\text{Stunden}] = 5 \,[\text{Minuten}]$

sowie $\qquad V[X] = \frac{1}{144} \,[\text{Stunden}^2] = 25 \,[\text{Minuten}^2]\,.$

Somit gilt: $\qquad P(X \leq \frac{1}{12}) = 1 - e^{-12 \cdot \frac{1}{12}} = 1 - e^{-1} = 0{,}6321\,.$

- **nachmittags** eine **exponentialverteilte Zufallsvariable** $Y$ mit

$$\lambda = 10 \left[ \frac{1}{\text{Stunden}} \right]$$

und $\qquad E[Y] = \frac{1}{10} \,[\text{Stunden}] = 6 \,[\text{Minuten}]$

sowie $\qquad V[Y] = \frac{1}{100} \,[\text{Stunden}^2] = 36 \,[\text{Minuten}^2]\,.$

Somit gilt: $\qquad P(Y \leq \frac{1}{12}) = 1 - e^{-10 \cdot \frac{1}{12}} = 1 - e^{-0{,}8333} = 0{,}5654\,.$

Alternativ können die gesuchten Wahrscheinlichkeiten auch mit der Poisson-Verteilung berechnet werden, indem das Ereignis „ $X \leq \frac{1}{12}$ “ bzw. „ $Y \leq \frac{1}{12}$ “ durch die **Anzahl der Kunden in den nächsten fünf Minuten ($U$)** beschrieben wird: „ $U > 0$ “. Die Zufallsvariable $U$ ist Poisson-verteilt mit $\lambda = \frac{12}{12} = 1$ bzw. $\lambda = \frac{10}{12} = 0{,}8333$, und damit ergibt sich:

$$P(U > 0) = 1 - P(U = 0) = 1 - \frac{e^{-\lambda} \cdot \lambda^0}{0!} = 1 - e^{-\lambda} \quad \text{(wie oben)}.$$

## 7.7 Normalverteilung

### 7.7.1 Standardnormalverteilung

Die Normalverteilung oder Gauß-Verteilung[3] ist die **wichtigste (stetige) Wahrscheinlichkeitsverteilung** überhaupt. In der Realität gibt es nämlich sehr viele Zufallsprozesse, die durch normalverteilte Zufallsvariablen beschrieben werden können. Die Begründung hierfür liefert meist der **Zentrale Grenzwertsatz** (vgl. Abschnitt 7.10), nach dem **Summen von Zufallsvariablen** unter sehr allgemeinen Bedingungen näherungsweise normalverteilt sind („Summen-Modell").

Die Symbol-Schreibweise für eine **normalverteilte Zufallsvariable $X$** lautet

$$X \sim N(\mu; \sigma^2) \,, \tag{7.38}$$

wobei die beiden **Parameter** die bekannten Kenngrößen **Erwartungswert** und **Varianz** sind:

$$E[X] = \mu \quad (\in \mathbb{R}) \quad \text{und} \quad V[X] = \sigma^2 \quad (\in \mathbb{R}^+) \,. \tag{7.39}$$

Eine herausragende Rolle spielt die **Standardnormalverteilung** mit den Parametern $\mu = 0$ und $\sigma^2 = 1$. Sie wird regelmäßig benötigt, weil alle Berechnungen für Normalverteilungen – für beliebige $\mu$ und $\sigma^2$ – mit Hilfe einer Standardisierung der betreffenden Zufallsvariablen durchgeführt werden. Man arbeitet also letztlich mit einer **standardnormalverteilten Zufallsvariablen $Z$**:

$$Z \sim N(0; 1) \,. \tag{7.40}$$

Zunächst soll daher nur diese spezielle Normalverteilung betrachtet werden. Der **Wertebereich** der Standardnormalverteilung umfasst alle reellen Zahlen:

$$W = \mathbb{R} \,. \tag{7.41}$$

Die **Dichtefunktion** der Standardnormalverteilung („Gauß'sche Glockenkurve") wird im Folgenden mit dem griechischem Buchstaben $\varphi$ (anstelle von $f$) bezeichnet und hat die Funktionsvorschrift:[4]

$$\varphi(z) = \frac{1}{\sqrt{2\pi}} e^{-\frac{z^2}{2}} \,. \tag{7.42}$$

---

### Erläuterung

#### Eigenschaften der Dichtefunktion der Standardnormalverteilung

- Für alle $z \in \mathbb{R}$ gilt: $\varphi(z) > 0$.
- $\varphi$ ist **symmetrisch** bezüglich $z = 0$, d.h. es gilt für alle $z \in \mathbb{R}$: $\varphi(-z) = \varphi(z)$.
- $\varphi$ besitzt ein lokales und zugleich globales **Maximum** bei $z = 0$.
- $\varphi$ hat **Wendepunkte** bei $z = \pm 1$.
- Für $z \to \pm\infty$ nähert sich $\varphi$ der horizontalen Achse an: $\lim\limits_{z \to \pm\infty} \varphi(z) = 0$.

- Der Normierungsfaktor $\frac{1}{\sqrt{2\pi}} \approx 0{,}3989$ sorgt dafür, dass $\int\limits_{-\infty}^{\infty} \varphi(z)\, dz = 1$ gilt.

---

3 **Carl Friedrich Gauß** (1777–1855), deutscher Mathematiker
4 Das Symbol $\pi$ in der Formel (7.42) hat nichts mit dem Parameter der Binominalverteilung zu tun; es bezeichnet vielmehr die **Kreiskonstante** $\pi \approx 3{,}1416$.

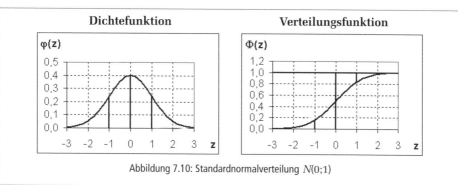

Abbildung 7.10: Standardnormalverteilung $N(0;1)$

Die mit dem griechischen Großbuchstaben $\Phi$ (anstelle von $F$) bezeichnete **Verteilungs-funktion** der Standardnormalverteilung

$$\Phi(z) = \frac{1}{\sqrt{2\pi}} \int_{-\infty}^{z} e^{-\frac{u^2}{2}} \, du \qquad (7.43)$$

lässt sich nicht elementar (d.h. durch einen einfachen Funktionsterm) darstellen, sondern lediglich **numerisch** berechnen. Die extrem häufig benötigten Werte dieser Funktion sind in Computerprogrammen hinterlegt (z.B. in Excel die Funktionen STAND-NORMVERT bzw. NORMSDIST) und vertafelt (vgl. **Tabelle A.1** im Anhang dieses Buches). Üblicherweise enthält eine solche Tabelle nur die Funktionswerte für **positive z-Werte**, da die Funktionswerte für negative z-Werte mit Hilfe der Symmetrie-beziehung

$$\Phi(-z) = 1 - \Phi(z) \quad \text{für alle} \quad z \in \mathbb{R} \qquad (7.44)$$

leicht berechnet werden können.

Die Tabelle ist für alle Wahrscheinlichkeitsberechnungen bei beliebig normalverteilten Zufallsvariablen zu verwenden. Sie kann umgekehrt auch dazu benutzt werden, zu vorgegebenen Wahrscheinlichkeiten die entsprechenden **Quantile** zu bestimmen, wobei für das $\alpha$-Quantil und das $(1-\alpha)$-Quantil der Standardnormalverteilung aus Symmetriegründen gilt:

$$z_\alpha = -z_{1-\alpha} \quad \text{für alle} \quad \alpha \in \, ]\,0;1\,[ \, . \qquad (7.45)$$

Sehr oft interessiert man sich bei normalverteilten Zufallsvariablen für sog. symmetrische Intervall-Wahrscheinlichkeiten. Obwohl diese im Prinzip mit der Verteilungsfunktion $\Phi(z)$ bestimmt werden können, ist es nützlich, zusätzlich die **Funktion der symmetri-schen Intervall-Wahrscheinlichkeiten $\Psi(z)$** für standardnormalverteilte Zufallsvariablen und positive z-Werte zu definieren (vgl. **Tabelle A.2** im Anhang):

$$\Psi(z) = P(-z \leq Z \leq z) = P(|Z| \leq z) \quad \text{für alle } z \in \mathbb{R}_0^+ . \qquad (7.46)$$

Aufgrund der Symmetriebeziehung (7.44) besteht zwischen den Funktionen $\Psi(z)$ und $\Phi(z)$ der Zusammenhang:

$$\Psi(z) = \Phi(z) - \Phi(-z) = \Phi(z) - (1 - \Phi(z)) = 2\,\Phi(z) - 1 \, .$$

**Beispiele**

## Arbeiten mit der Standardnormalverteilung $N(0;1)$

Für eine Zufallsvariable $Z \sim N(0;1)$ bestimmt man mit Hilfe der **Tabellen A.1 und A.2** die **Wahrscheinlichkeiten** für vorgegebene Bereiche in $\mathbb{R}$, z.B.:

- $P(Z \le 1) = \Phi(1) = 0{,}8413$
- $P(0 \le Z \le 2) = \Phi(2) - \Phi(0) = 0{,}9772 - 0{,}5 = 0{,}4772$
- $P(-1 \le Z \le 2) = \Phi(2) - \Phi(-1) = 0{,}9772 - (1 - 0{,}8413) = 0{,}8185$
- $P(|Z| \le 2) = \Psi(2) = 0{,}9545$
- $P(|Z| \ge 1{,}5) = 1 - \Psi(1{,}5) = 1 - 0{,}8664 = 0{,}1336$ .

Sind umgekehrt die Wahrscheinlichkeiten vorgegeben, so gewinnt man aus denselben Tabellen die **Quantile** der Standardnormalverteilung, z.B.:

- $z_{0,25} = -z_{0,75} = -0{,}67$    $z_{0,5} = 0$    $z_{0,75} = 0{,}67$    (Quartile)
- $P(Z \ge z) = 0{,}2$    $\Leftrightarrow$    $\Phi(z) = 1 - 0{,}2 = 0{,}8$    $\Leftrightarrow$    $\mathbf{z = 0{,}84}$
- $P(|Z| \le z) = 0{,}98$    $\Leftrightarrow$    $\Psi(z) = 0{,}98$    $\Leftrightarrow$    $\mathbf{z = 2{,}33}$
- $P(z \le Z \le 0) = 0{,}4$    $\Leftrightarrow$    $\Phi(0) - \Phi(z) = 0{,}5 - \Phi(z) = 0{,}4$
  -    $\Leftrightarrow$    $\Phi(z) = 0{,}1$    $\Leftrightarrow$    $\Phi(-z) = 0{,}9$
  -    $\Leftrightarrow$    $-z = 1{,}28$    $\Leftrightarrow$    $\mathbf{z = -1{,}28}$

## 7.7.2    Allgemeine Normalverteilung

Die allgemeine Normalverteilung mit einem **beliebigen Erwartungswert** $\mu$ und einer **beliebigen Varianz** $\sigma^2$ geht aus der Standardnormalverteilung durch eine **lineare Transformation** (vgl. Abschnitt 6.2.1) hervor:

$$Z \sim N(0;1) \quad \Rightarrow \quad X = \mu + \sigma \cdot Z \sim N(\mu;\sigma^2)\,. \tag{7.47}$$

Die Umkehrung dieser Transformation ist die bekannte **Standardisierung**:

$$X \sim N(\mu;\sigma^2) \quad \Rightarrow \quad Z = \frac{X - \mu}{\sigma} \sim N(0;1)\,. \tag{7.48}$$

Diesen Zusammenhang veranschaulicht die Abbildung 7.11 anhand zweier allgemeiner Normalverteilungen.

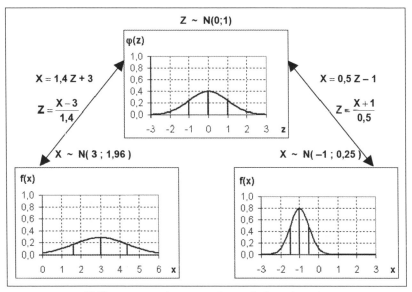

Abbildung 7.11: Transformationen der Standardnormalverteilung

Aufgrund dieses Zusammenhangs mit der Standardnormalverteilung hat jede normalverteilte Zufallsvariable

$$X \sim N(\mu\,;\,\sigma^2)$$

mit beliebigen Parametern $\mu$ und $\sigma^2$ ebenfalls den **Wertebereich**

$$W = \mathbb{R}\;.$$

Wie aus der Abbildung 7.11 zu erkennen ist, markiert der **Erwartungswert** $\mu$ das **Maximum und Symmetriezentrum** der Dichtefunktion, während von der **Varianz** $\sigma^2$ abhängt, wie steil bzw. flach die Dichtefunktion verläuft. Die beiden **Wendepunkte** der Dichtefunktion liegen bei $\mu \pm \sigma$. Je größer die Varianz und damit auch die Standardabweichung $\sigma$ ist, desto weiter liegen die Wendepunkte voneinander entfernt, d.h. desto flacher verläuft die „Glockenkurve".

Wie schon erwähnt, wird bei allen Berechnungen mit normalverteilten Zufallsvariablen auf die Standardnormalverteilung zurückgegriffen. Gemäß den allgemeinen Regeln für die lineare Transformation von Zufallsvariablen (6.20) und (6.21) gelten im Falle einer normalverteilten Zufallsvariablen $X$ die **Standardisierungsformeln**

- für die **Dichtefunktion**:

$$f_N\!\left(x\,\middle|\,\mu;\sigma^2\right) \;=\; \frac{1}{\sigma}\cdot\varphi\!\left(\frac{x-\mu}{\sigma}\right) \tag{7.49}$$

und

- für die **Verteilungsfunktion**:

$$F_N\!\left(x\,\middle|\,\mu;\sigma^2\right) \;=\; \Phi\!\left(\frac{x-\mu}{\sigma}\right)\;. \tag{7.50}$$

Ferner gilt für **symmetrische Intervall-Wahrscheinlichkeiten** von $X$:

$$P(\mu - \delta \leq X \leq \mu + \delta) = P(|X - \mu| \leq \delta) = \Psi\left(\frac{\delta}{\sigma}\right) . \qquad (7.51)$$

Schließlich besteht zwischen den $\alpha$-**Quantilen** der Zufallsvariablen $X \sim N(\mu \, ; \sigma^2)$ und $Z \sim N(0; 1)$ der einfache Zusammenhang:

$$x_\alpha = \mu + \sigma \cdot z_\alpha . \qquad (7.52)$$

## Beispiele

### Arbeiten mit beliebigen Normalverteilungen $N(\mu;\sigma^2)$

Für die Zufallsvariable $X \sim N(2; 16)$ berechnet man z.B. die **Wahrscheinlichkeiten**:

- $P(X \leq 0) = F_N(0 \,|\, 2; 16) = \Phi\left(\frac{0-2}{4}\right) = \Phi(-0{,}5) = 1 - 0{,}6915 = 0{,}3085$

- $P(|X| \leq 2) = P(-2 \leq X \leq 2) = \Phi\left(\frac{2-2}{4}\right) - \Phi\left(\frac{-2-2}{4}\right) = \Phi(0) - \Phi(-1)$

$$= 0{,}5 - (1 - 0{,}8413) = 0{,}3413$$

- $P(-8 \leq X \leq 12) = P(|X - 2| \leq 10) = \Psi\left(\frac{10}{4}\right) = \Psi(2{,}5) = 0{,}9876$

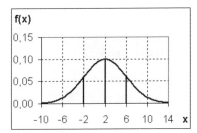

Abbildung 7.12: Normalverteilung $N(2; 16)$

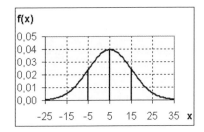

Abbildung 7.13: Normalverteilung $N(5; 100)$

Umgekehrt werden für die Zufallsvariable $X \sim N(5; 100)$ folgende **Quantile** bestimmt:

- $x_{0,25} = 5 + 10\, z_{0,25} = 5 + 10 \cdot (-0{,}67) = -1{,}7$  (1. Quartil)

- $x_{0,5} \;= 5 + 10\, z_{0,5} = 5 + 10 \cdot 0 = 5$  (Zentralwert)

- $x_{0,75} = 5 + 10\, z_{0,75} = 5 + 10 \cdot 0{,}67 = 11{,}7$  (3. Quartil)

- $P(X \geq x) = 0,15$  $\Leftrightarrow$  $\Phi\left(\dfrac{x-5}{10}\right) = 1 - 0,15 = 0,85$

  $\Leftrightarrow$  $\dfrac{x-5}{10} = 1,04$  $\Leftrightarrow$  $x = 5 + 10 \cdot 1,04 = 15,4$

- $P(|X - 5| \leq \delta) = 0,1$  $\Leftrightarrow$  $\Psi\left(\dfrac{\delta}{10}\right) = 0,1$  $\Leftrightarrow$  $\dfrac{\delta}{10} = 0,13$  $\Leftrightarrow$  $\delta = 1,3$

- $P(0 \leq X \leq x) = 0,48$  $\Leftrightarrow$  $\Phi\left(\dfrac{x-5}{10}\right) \ \Phi\left(\dfrac{0-5}{10}\right) = \Phi\left(\dfrac{x-5}{10}\right) - \Phi(-0,5) = 0,48$

  $\Leftrightarrow$  $\Phi\left(\dfrac{x-5}{10}\right) = 0,48 + (1 - 0,6915) = 0,7885$

  $\Leftrightarrow$  $\dfrac{x-5}{10} = 0,8$  $\Leftrightarrow$  $x = 5 + 10 \cdot 0,8 = 13$

Als Wahrscheinlichkeitsverteilung für Summen-Zufallsvariablen ist die **Normalverteilung** in einem sehr allgemeinen Sinne **reproduktiv**, d.h. Summen von normalverteilten Zufallsvariablen sind wieder normalverteilt. Insbesondere gilt:

$$X_t \sim N(\mu_t; \sigma_t^2)\,, \text{ stochastisch unabhängig} \quad \Rightarrow \quad \sum_t X_t \sim N(\sum_t \mu_t; \sum_t \sigma_t^2)\,. \qquad (7.53)$$

## Beispiel

### Asset Allocation

In der Portfoliotheorie wird oft mit der Annahme gearbeitet, dass Renditen von Wertpapieren normalverteilte Zufallsvariablen sind, weil sie als summarisches Ergebnis der vielfältigen Einflussfaktoren des Marktes angesehen werden können. Der Erwartungswert $\mu$ bezeichnet dann die **erwartete Rendite** und die Standardabweichung $\sigma$ die **Volatiltät** (d.h. das Risiko) des Wertpapiers. Der typische Anleger am Kapitalmarkt ist erfolgsorientiert und risikoavers, d.h. er strebt nach einer hohen Rendite bei gleichzeitig geringem Risiko.

Nehmen wir nun an, ein Anleger möchte einen bestimmten Geldbetrag (30000 €) in Aktien anlegen. Er hat bereits eine Vorauswahl getroffen, die drei Titel $A_t$ ($t = 1, 2, 3$) umfasst. Die jährlichen **Renditen $R_t$** ($t = 1, 2, 3$) dieser Aktien seien **stochastisch unabhängige, normalverteilte Zufallsvariablen** mit den in Tabelle 7.5 angegebenen Erwartungswerten und Standardabweichungen.

| Aktie ($A_t$) | erwartete Rendite ($\mu_t$) | Volatilität ($\sigma_t$) |
|:---:|:---:|:---:|
| $A_1$ | 44 % | 22 % |
| $A_2$ | 36 % | 20 % |
| $A_3$ | 10 % | 4 % |

Tabelle 7.5: Erwartete Renditen und Volatilitäten

Der Anleger überlegt sich, ob er

- sein ganzes Geld **in einer Aktie** – $A_1$ oder $A_2$ oder $A_3$ – anlegen soll oder
- den Geldbetrag zu gleichen Teilen **auf die drei Aktien verteilen** soll.

Da er als risikoaverser Anleger vor allem einen Kapitalverlust vermeiden will, möchte er die Wahrscheinlichkeit hierfür minimieren. Wie soll er sich entscheiden?

Bei Anlage des Gesamtbetrages von 30000 € in einer **einzelnen Aktie** betragen die Verlust-Wahrscheinlichkeiten:

$$P(R_1 < 0) \;=\; \Phi\left(\frac{0-44}{22}\right) \;=\; \Phi(-2) \;=\; 1 - 0{,}9772 \;=\; 0{,}0228$$

$$P(R_2 < 0) \;=\; \Phi\left(\frac{0-36}{20}\right) = \Phi(-1{,}8) = 1 - 0{,}9641 \;=\; 0{,}0359$$

$$P(R_3 < 0) \;=\; \Phi\left(\frac{0-10}{4}\right) = \Phi(-2{,}5) = 1 - 0{,}9938 \;=\; 0{,}0062 \;.$$

Das Verlustrisiko ist also am kleinsten, wenn der Geldbetrag in den Aktien $A_3$ mit geringer Volatilität, aber auch bescheidener Renditeerwartung angelegt wird.

Bei **gleichmäßiger Aufteilung** des Anlagebetrages (jeweils 10000 € pro Aktie) ergibt sich dagegen die **Portfolio-Rendite**

$$\bar{R} = \frac{1}{3}\,(R_1 + R_2 + R_3)$$

mit dem **Erwartungswert**

$$E\left[\,\bar{R}\,\right] \;=\; \frac{1}{3}\,(44 + 36 + 10) \;=\; 30\ [\%]$$

und der **Varianz**

$$V\left[\,\bar{R}\,\right] \;=\; \left(\frac{1}{3}\right)^{2}(484 + 400 + 16) \;=\; 100\ [\%^2]\;.$$

Aufgrund der Reproduktivität ist die Portfolio-Rendite wieder normalverteilt mit dem relativ hohen Erwartungswert $\mu = 30\ [\%]$ und der relativ geringen Volatilität $\sigma = 10\ [\%]$. Die Verlust-Wahrscheinlichkeit beträgt für das Portfolio nur

$$P(\bar{R} < 0) \;=\; \Phi\left(\frac{0-30}{10}\right) \;=\; \Phi(-3) \;=\; 1 - 0{,}9987 \;=\; 0{,}0013$$

und ist damit noch deutlich kleiner als bei der Anlage des Gesamtbetrages in Aktien $A_3$.

Die Streuung des Vermögens auf mehrere Anlagearten erweist sich also als überlegene Strategie. Dies ist eines der wichtigsten Ergebnisse der **Portfoliotheorie**. Tatsächlich kann die Volatilität eines Portfolios – bei entsprechend günstiger Mischung der Anlagearten – sogar geringer sein als die kleinste Volatilität aller einzelnen Anlagealternativen $A_i$.

# 7.8     Lognormalverteilung

Die Lognormalverteilung (oder logarithmische Normalverteilung) ist eine aus der Normalverteilung abgeleitete, **stetige** Wahrscheinlichkeitsverteilung zur **Modellierung von nicht-negativen Zufallsvariablen**. Sie spielt vor allem in der modernen Finanzmarkttheorie als Verteilung von Wertpapierkursen eine wichtige Rolle, wird aber auch in anderen Bereichen verwendet, z.B. als idealisierte Einkommensverteilung.

Eine **Zufallsvariable $X$** ist **lognormalverteilt** mit den **Parametern** $\mu \in \mathbb{R}$ und $\sigma^2 \in \mathbb{R}^+$, symbolisch

$$X \sim LN(\mu; \sigma^2),\qquad (7.54)$$

wenn sie durch die Exponentialfunktion aus einer normalverteilten Zufallsvariable $Y$ hervorgeht:

$$Y \sim N(\mu; \sigma^2) \;\Rightarrow\; X = e^Y \sim LN(\mu; \sigma^2),\qquad (7.55)$$

oder anders ausgedrückt, wenn die logarithmierte Zufallsvariable $Y = \ln(X)$ normalverteilt ist mit denselben Parametern $\mu$ und $\sigma^2$:

$$X \sim LN(\mu; \sigma^2) \;\Rightarrow\; Y = \ln(X) \sim N(\mu; \sigma^2).$$

Im **Wertebereich**

$$W = \mathbb{R}^+ = \,]0; \infty[\qquad (7.56)$$

besitzt eine mit $\mu$ und $\sigma^2$ lognormalverteilte Zufallsvariable $X$ die **Dichtefunktion**

$$f_{LN}(x \mid \mu; \sigma^2) = \frac{1}{\sigma x} \cdot \varphi\left(\frac{\ln(x) - \mu}{\sigma}\right)\qquad (7.57)$$

und die **Verteilungsfunktion**

$$F_{LN}(x \mid \mu; \sigma^2) = P(X \le x) = P(Y \le \ln(x)) = \Phi\left(\frac{\ln(x) - \mu}{\sigma}\right),\qquad (7.58)$$

wobei $\varphi$ und $\Phi$ die bekannten Funktionen der Standardnormalverteilung sind. (Man beachte ferner, dass sich bei der Ableitung von (7.58) die innere Ableitung $1/(\sigma x)$ ergibt.) Damit können alle Wahrscheinlichkeiten bei lognormalverteilten Zufallsvariablen mit Hilfe der **Tabellen A.1** bzw. **A.2** berechnet werden.

Für die **$\alpha$-Quantile** $x_\alpha$ der Lognormalverteilung ergibt sich gemäß der Transformation (7.55) der Zusammenhang mit den $\alpha$-Quantilen $z_\alpha$ der Standardnormalverteilung:

$$x_\alpha = e^{y_\alpha} = e^{\mu + \sigma \cdot z_\alpha}.\qquad (7.59)$$

**Erwartungswert** und **Varianz** lassen sich demgegenüber nicht so einfach transformieren; hier ergeben sich für die Lognormalverteilung die folgenden Berechnungsformeln:

$$E[X] = e^{\mu + \frac{\sigma^2}{2}} \quad und \quad V[X] = e^{2\mu + \sigma^2}(e^{\sigma^2} - 1). \tag{7.60}$$

Mit $\mu$ und $\sigma^2$ nehmen beide Kenngrößen exponentiell zu. Die Lognormalverteilung ist generell **unimodal** und **linkssteil**; für $\sigma^2 \to 0$ wird sie jedoch zunehmend symmetrisch.

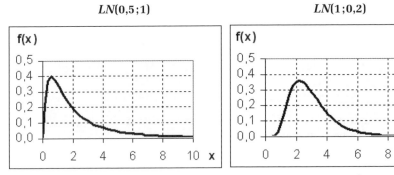

Abbildung 7.14: Lognormalverteilungen für verschiedene $\mu$ und $\sigma^2$

Im Gegensatz zur Normalverteilung ist die Lognormalverteilung **nicht reproduktiv**, was sich schon aus den Potenzrechenregeln ergibt ($e^X + e^Y \neq e^{X+Y}$).

## Beispiele

### Aktienkursentwicklung im Black-Scholes-Modell

Das Black-Scholes-Modell[5] zur Bewertung von Finanzoptionen basiert auf der Annahme, dass die Rendite, d.h. die relative Änderung eines Aktienkurses im Zeitraum $\Delta t$, $R = \Delta K / K \approx \Delta \ln(K)$ normalverteilt ist. Demnach ist der **Kurs einer Aktie**, die aktuell ($t=0$) den Kurs $K_0$ hat, **in $t$ Perioden** (z.B. Jahren) eine **lognormalverteilte Zufallsvariable ($K_t$)**. Die Parameter $\mu$ und $\sigma^2$ hängen dabei vom aktuellen Kurs ($K_0$) sowie von der erwarteten Rendite pro Periode ($\mu^*$), der Volatilität ($\sigma^*$) und natürlich auch von der Länge der betrachteten Zeitspanne ($t$) ab.

Allgemein wird in diesem Modell der **Aktienkurs in $t$ Jahren** durch die Zufallsvariable $K_t$ beschrieben:

$$K_t \sim LN(\ln(K_0) + (\mu^* - \tfrac{1}{2}\sigma^{*2}) \cdot t \,; \sigma^{*2} \cdot t) \qquad (t \in \mathbb{R}^+).$$

---

5  **Fischer S. Black** (1938–1995) und **Myron S. Scholes** (*1941), amerikanische Ökonomen

Nach den Formeln (7.60) ergibt sich daraus allgemein:

■ Der **erwartete Aktienkurs** steigt exponentiell mit der konstanten Rate $\mu^*$:

$$E\left[K_t\right] = e^{\ln(K_0)+(\mu^*-\frac{1}{2}\sigma^{*2})t+\frac{1}{2}\sigma^{*2}t} = K_0 \cdot e^{\mu^* t}.$$

■ Ähnlich wächst die **Varianz** des Aktienkurses mit zunehmendem Zeithorizont:

$$V\left[K_t\right] = e^{2\ln(K_0)+2(\mu^*-\frac{1}{2}\sigma^{*2})t+\sigma^{*2}t}(e^{\sigma^{*2}t}-1) = K_0^2 \cdot e^{2\mu^* t}(e^{\sigma^{*2}t}-1).$$

Nach Meinung von Börsenanalysten hat nun eine bestimmte Aktie, deren aktueller Kurs $K_0 = 90[\text{€}]$ beträgt, die erwartete Rendite $\mu^*=0,18$ (bzw. 18 %) und die Volatilität $\sigma^*=0,2$ (bzw. 20 %). Ein Analyst interessiert sich nun insbesondere für

■ die Wahrscheinlichkeit, dass der Kurs der Aktie in einem Jahr bzw. in zwei Jahren über 140 € liegt, und

■ den erwarteten Kurs in einem Jahr bzw. in zwei Jahren sowie die dazugehörigen Standardabweichungen.

**Lösung:**

■ Durch Einsetzen der numerischen Werte für $K_0$, $\mu^*$ und $\sigma^*$ in die obige allgemeine Formel erhält man folgende Verteilung für den Kurs in einem Jahr ($t$=1) bzw. in zwei Jahren ($t$=2):

$$K_1 \sim LN(4,66;0,04) \quad \text{und} \quad K_2 \sim LN(4,82;0,08).$$

■ Daraus ergeben sich unter Verwendung der Tabelle A.1 die **Wahrscheinlichkeiten**:

$$P(K_1 > 140) = 1-\Phi\left(\frac{\ln(140)-4,66}{\sqrt{0,04}}\right) \approx 1-\Phi(1,41) = 1-0,9207 = 0,0793$$

$$P(K_2 > 140) = 1-\Phi\left(\frac{\ln(140)-4,82}{\sqrt{0,08}}\right) \approx 1-\Phi(0,43) = 1-0,6664 = 0,3336.$$

■ Die **Erwartungswerte** und **Standardabweichungen** für den Kurs nach einem Jahr bzw. nach zwei Jahren sind:

$$E\left[K_1\right] = 90 \cdot e^{0,18} = 107,75\ [\text{€}] \quad \text{und} \quad \sqrt{V\left[K_1\right]} = \sqrt{90^2 \cdot e^{0,36}(e^{0,04}-1)} = 21,77[\text{€}];$$

$$E\left[K_2\right] = 90 \cdot e^{0,36} = 129,00\ [\text{€}] \quad \text{und} \quad \sqrt{V\left[K_2\right]} = \sqrt{90^2 \cdot e^{0,72}(e^{0,08}-1)} = 37,23\ [\text{€}].$$

## 7.9 Chi-Quadrat-Verteilung

Die Chi-Quadrat-Verteilung ist eine spezielle **stetige** Wahrscheinlichkeitsverteilung, die insbesondere beim **Testen statistischer Hypothesen** benötigt wird (vgl. Kapitel 10). Die symbolische Schreibweise für eine **Chi-Quadrat-verteilte Zufallsvariable X** lautet

$$X \sim \chi^2(n) \, , \tag{7.61}$$

wobei der Parameter **n** als **Freiheitsgrade** der Chi-Quadrat-Verteilung bezeichnet wird. Er ist immer eine natürliche Zahl: $n \in \mathbb{N}$.

Eine Chi-Quadrat-verteilte Zufallsvariable mit $n$ Freiheitsgraden ergibt sich, wenn die Quadrate von $n$ stochastisch unabhängigen, standardnormalverteilten Zufallsvariablen addiert werden:

$$Z_t \sim N(0;1), \text{ stochastisch unabhängig} \quad \Rightarrow \quad X = \sum_{t=1}^{n} Z_t^2 \sim \chi^2(n) \, . \tag{7.62}$$

Als Summe von Quadraten besitzt eine Chi-Quadrat-verteilte Zufallsvariable $X$ den **Wertebereich**

$$W = \mathbb{R}_0^+ = \left[ 0;\infty \right[ \, . \tag{7.63}$$

**Erwartungswert** und **Varianz** sind gegeben durch

$$E[X] = n \quad \text{und} \quad V[X] = 2n \, . \tag{7.64}$$

$\chi^2(5)$            $\chi^2(20)$

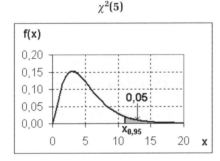 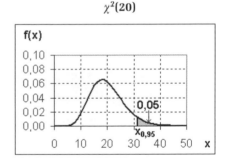

Abbildung 7.15: Chi-Quadrat-Verteilungen für verschiedene $n$

Ähnlich wie die Lognormalverteilung ist die Chi-Quadrat-Verteilung grundsätzlich **linkssteil**, wobei sie mit zunehmender Zahl der Freiheitsgrade ihre Wahrscheinlichkeitsmasse nach rechts verlagert und dabei breiter und symmetrischer wird.

Da die Summe aus mehreren, stochastisch unabhängigen Chi-Quadrat-Verteilungen auch wieder im Sinne der Beziehung (7.62) interpretiert werden kann, ist die Chi-Quadrat-Verteilung **reproduktiv**:

$$X_t \sim \chi^2(n_t), \text{ stochastisch unabhängig} \quad \Rightarrow \quad \sum_t X_t \sim \chi^2(\sum_t n_t) \, . \tag{7.65}$$

Bei der Anwendung im Rahmen von Hypothesentests interessiert man sich i.A. nur für **Quantile $x_a$** der Chi-Quadrat-Verteilung, wobei die $\alpha$-Werte nahe bei 1 liegen. Die Quantile $x_{0,95}$ und $x_{0,99}$ finden sich für verschiedene Freiheitsgrade in der **Tabelle A.3** im Anhang.

# 7.10 t-Verteilung

Die t-Verteilung[6] ist eine weitere **stetige** Wahrscheinlichkeitsverteilung, die in der Stichprobentheorie bei **Konfidenzintervallen** und **Hypothesentests** verwendet wird (vgl. Kapitel 9 und 10).

Eine **t-verteilte Zufallsvariable** mit **n Freiheitsgraden**

$$T \sim t(n) \quad (n \in \mathbb{N}) \tag{7.66}$$

weist folgenden Zusammenhang mit der Standardnormalverteilung und der Chi-Quadrat-Verteilung auf:

$$Z \sim N(0;1) \quad \text{und} \quad X \sim \chi^2(n), \text{ stochastisch unabhängig} \quad \Rightarrow \quad T = \frac{Z}{\sqrt{\frac{1}{n}X}} \sim t(n). \tag{7.67}$$

Wie die Zählergröße $Z$ hat auch der Quotient $T$ eine **symmetrische** Verteilung im **Wertebereich**

$$W = \mathbb{R} . \tag{7.68}$$

**Erwartungswert** und **Varianz** einer t-Verteilung sind gegeben durch

$$E[T] = 0 \quad \text{und} \quad V[T] = \frac{n}{n-2} \quad (n > 2) . \tag{7.69}$$

Die t-Verteilung ist eine **symmetrische**, **unimodale** Verteilung, welche der Standardnormalverteilung ähnelt. Sie weist eine etwas höhere Streuung auf, weil die Ränder („Schwänze") bei der t-Verteilung etwas stärker ausgebildet sind. Folglich sind die in Anwendungen regelmäßig benötigten Quantile betragsmäßig größer als diejenigen der Standardnormalverteilung.

t(5)          t(20)

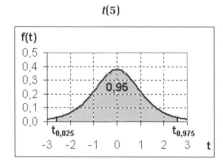
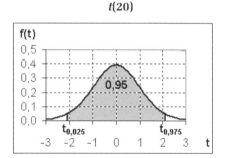

Abbildung 7.16: t-Verteilungen für verschiedene $n$

---

6 Die t-Verteilung wird auch als Student-Verteilung bezeichnet, weil sie auf den britischen Statistiker **William Sealy Gosset** (1876-1937) zurückgeht, der unter dem Pseudonym „Student" veröffentlichte.

Die in der Praxis häufig benötigten Quantile $t_{0,95}$, $t_{0,975}$, $t_{0,99}$ und $t_{0,995}$ finden sich für verschiedene Freiheitsgrade in der **Tabelle A.4** im Anhang. Aufgrund der Symmetrie gilt für $t$-Verteilungen analog zu (7.45) die Beziehung

$$t_\alpha = -t_{1-\alpha} \quad \text{für alle} \quad \alpha \in \,]\,0;1\,[\,. \tag{7.70}$$

Für große $n$-Werte lässt sich die $t$-Verteilung durch die Standardnormalverteilung approximieren:

$$t(n) \approx N(0;1) \quad \text{für} \quad n \geq 30\,. \tag{7.71}$$

Die $t$-Verteilung ist **nicht reproduktiv**.

## 7.11   *F*-Verteilung

Auch die $F$-Verteilung[7] gehört zu den **stetigen** Stichproben-Verteilungen. Sie ist eng verwandt mit der Chi-Quadrat-Verteilung und der $t$-Verteilung und wird ebenfalls beim Testen von Hypothesen benutzt, insbesondere in der **Varianzanalyse** (vgl. Abschnitt 10.4).

Eine **$F$-verteilte Zufallsvariable** mit **m Zähler-Freiheitsgraden** und **n Nenner-Freiheitsgraden**

$$F \sim F(m;n) \qquad (\,m, n \in \mathbb{N}\,) \tag{7.72}$$

entsteht, wenn der Quotient aus zwei stochastisch unabhängigen Chi-Quadrat-verteilten Zufallsvariablen gebildet wird:

$$X \sim \chi^2(m) \text{ und } Y \sim \chi^2(n)\,, \text{ stochastisch unabhängig} \;\Rightarrow\; F = \frac{\frac{1}{m}X}{\frac{1}{n}Y} \sim F(m;n). \tag{7.73}$$

Zudem ist eine $F$-verteilte Zufallsvariable im Spezialfall $m = 1$ aufgrund der Beziehung (7.67) gerade das Quadrat einer $t$-verteilten Zufallsvariablen:

$$T \sim t(n) \;\Rightarrow\; F = T^2 \sim F(1;n)\,. \tag{7.74}$$

Die $F$-Verteilung besitzt demnach immer den **Wertebereich**

$$W = \mathbb{R}_0^+ = \big[\,0;\infty\,\big[\,. \tag{7.75}$$

**Erwartungswert** und **Varianz** sind gegeben durch:

$$E[F] = \frac{n}{n-2} \quad (n>2) \quad und \quad V[F] = \frac{2\,(m+n-2)\,n^2}{m\,(n-4)\,(n-2)^2} \quad (n>4)\,. \tag{7.76}$$

Da diese beiden Kenngrößen nicht stark variieren, sind sich alle **$F$-Verteilungen ähnlich** – abgesehen von solchen mit sehr kleinem n, die eine unendlich große Streuung besitzen. Die $F$-Verteilung ist wie die Chi-Quadrat-Verteilung grundsätzlich **unimodal** und **linkssteil**. Für $m \to \infty$ und $n \to \infty$ strebt die Varianz gegen 0, d.h. die $F$-Verteilung nähert sich dann einer Einpunkt-Verteilung beim Wert 1 an.

Die $F$-Verteilung ist **nicht reproduktiv**.

---

[7] Benannt nach **Ronald Aylmer Fisher** (1890–1962), britischer Biologe und Statistiker

$F(3;10)$                  $F(5;100)$

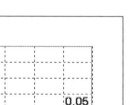
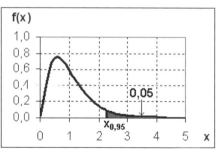

Abbildung 7.17: *F*-Verteilungen für verschiedene *m* und *n*

In der Varianzanalyse, der wichtigsten Anwendung der $F$-Verteilung, sind die **Zähler-Freiheitsgrade (m)** meist **gering**, während die **Nenner-Freiheitsgrade (n)** von der Anzahl der Beobachtungswerte abhängen und damit **beliebig groß** sein können. Zudem interessieren – wie bei anderen Hypothesentests – i.A. nur Quantile $F_\alpha$ mit einem hohen $\alpha$-Wert. Daher beschränkt sich die **Tabelle A.5** im Anhang auf die Quantile $F_{0,95}$ und $F_{0,99}$ bei $F$-Verteilungen mit ein bis fünf Zähler-Freiheitsgraden.

## 7.12 Zentraler Grenzwertsatz

### 7.12.1 Grundlegendes

Der **Zentrale Grenzwertsatz** ist ein außerordentlich wichtiger Satz der mathematischen Statistik. Er macht eine Aussage über die Verteilung von **Summen bzw. Mittelwerten** von Zufallsvariablen $X_t$ ($t = 1, ..., n$):

$$Y_n = \sum_{t=1}^{n} X_t \quad \text{bzw.} \quad \bar{X}_n = \frac{1}{n} Y_n = \frac{1}{n} \sum_{t=1}^{n} X_t \ .$$

Der Zentrale Grenzwertsatz besagt, dass die **Zufallsvariablen $Y_n$ und $\bar{X}_n$** für $n \to \infty$ unter bestimmten Voraussetzungen **normalverteilt** sind, und zwar **unabhängig davon, wie die einzelnen Summanden $X_t$ verteilt sind**. Diese Aussage ist insofern bemerkenswert, als es i.A. recht aufwändig ist, die exakte Wahrscheinlichkeitsverteilung der Zufallsvariablen $Y_n$ und $\bar{X}_n$ zu ermitteln (vgl. Abschnitt 6.2.3).

Streng genommen gibt es verschiedene Zentrale Grenzwertsätze, deren Aussage aber immer die asymptotische Normalverteilung einer Summen-Zufallsvariablen ist. Besonders relevant für die Anwendungen in der Schließenden Statistik ist die Version des Zentralen Grenzwertsatzes nach Lindeberg/Lévy[8], die im Folgenden dargestellt wird.

---

8 **Jarl Waldemar Lindeberg** (1876–1932), finnischer Mathematiker – **Paul Lévy** (1886–1971), französischer Mathematiker

## 7.12.2  Voraussetzungen

Im Zentralen Grenzwertsatz von Lindeberg/Lévy gibt es **zwei Voraussetzungen** für die Summanden $X_t$ ($t = 1, ..., n$):

- Die Zufallsvariablen $X_t$ ($t = 1, ..., n$) haben alle **dieselbe Wahrscheinlichkeitsverteilung**, d.h. ihre Verteilungsfunktionen sind identisch:

$$F_t(x_t) \equiv F(x_t) \quad \text{für alle } t .$$

(7.77)

- Die Zufallsvariablen $X_t$ ($t = 1, ..., n$) sind **stochastisch unabhängig**, d.h. es gilt:

$$F(x_1,...,x_n) \equiv \prod_{t=1}^{n} F_t(x_t) .$$

(7.78)

Hinsichtlich der ersten Voraussetzung ist hervorzuheben, dass keine wesentlichen Einschränkungen bezüglich des Verteilungstyps der einzelnen Zufallsvariablen $X_t$ existieren. Sie müssen nur **identisch verteilt** sein mit einem **endlichen Erwartungswert** $\mu$ und einer **endlichen Varianz** $\sigma^2$.

Nach den allgemeinen Regeln (6.34) und (6.35) sowie (6.22) und (6.23) ergeben sich daraus die entsprechenden Kenngrößen

- für die **Summen-Zufallsvariable** $Y_n = \sum_{t=1}^{n} X_t$ :

$$E[Y_n] = \underbrace{\mu + ... + \mu}_{n-mal} = n \cdot \mu \quad \text{und} \quad V[Y_n] = \underbrace{\sigma^2 + ... + \sigma^2}_{n-mal} = n \cdot \sigma^2$$

bzw.

- für die **Mittelwert-Zufallsvariable** $\bar{X}_n = \dfrac{1}{n}\sum_{t=1}^{n} X_t$ :

$$E[\bar{X}_n] = \frac{n \cdot \mu}{n} = \mu \quad \text{und} \quad V[\bar{X}_n] = \frac{n \cdot \sigma^2}{n^2} = \frac{\sigma^2}{n} .$$

## 7.12.3  Aussage und praktische Bedeutung

Der Zentrale Grenzwertsatz sagt aus, dass sich die **Verteilungen der standardisierten Summen- bzw. Mittelwert-Zufallsvariablen** unter den Voraussetzungen (7.77) und (7.78) **für wachsendes $n$ der Standardnormalverteilung annähern**. Es gilt also

- für die **Summen-Zufallsvariable** $Y_n = \sum_{t=1}^{n} X_t$ :

$$\frac{Y_n - n \cdot \mu}{\sqrt{n} \cdot \sigma} \xrightarrow{n \to \infty} Z \sim N(0;1)$$

(7.79)

und

- für die **Mittelwert-Zufallsvariable** $\bar{X}_n = \dfrac{1}{n}\sum_{t=1}^{n} X_t$ :

$$\frac{\bar{X}_n - \mu}{\sigma / \sqrt{n}} \xrightarrow{n \to \infty} Z \sim N(0;1) .$$

(7.80)

## Simulation mit Rechteck-verteilten Zufallsvariablen

Die Aussage des Zentralen Grenzwertsatzes, dass die **Summe von sehr vielen stochastisch unabhängigen und identisch verteilten Zufallsvariablen näherungsweise normalverteilt** ist, kann mit einer Serie von Simulationsrechnungen verdeutlicht werden. Dabei werden – etwa mit der Excel-Funktion ZUFALLSZAHL bzw. RAND – wiederholt stochastisch unabhängige, im Intervall [0 ; 1] **Rechteck-verteilte Zufallsvariablen** $X_t$ ($t = 1, ..., n$) erzeugt und zur Summe $Y_n$ aufsummiert.

Das Simulationsexperiment wurde für $n = 1$, $n = 2$, $n = 5$ und $n = 10$ jeweils 1000 mal durchgeführt, so dass sich für jede der vier Simulationen **1000 Realisationen der Summenvariablen** $Y_n$ ergaben. Diese Simulationsergebnisse wurden jeweils in Form einer klassierten Häufigkeitsverteilung ausgewertet und als Histogramm dargestellt (Abbildung 7.18).

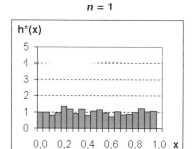
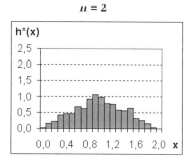
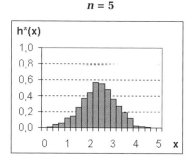
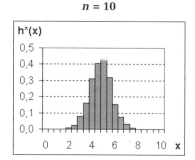

Abbildung 7.18: Simulationsergebnisse (Histogramme der Summenvariablen $Y_n$)

Die vier Häufigkeitsverteilungen können – gemäß dem statistischen Wahrscheinlichkeitsbegriff – als empirische Annäherung an die tatsächliche Wahrscheinlichkeitsverteilung der Summenvariablen $Y_n$ für $n = 1$, $n = 2$, $n = 5$ und $n = 10$ verstanden werden. Aus der Abbildung ist zu erkennen, dass die Verteilung der Summenvariablen **bereits für $n = 10$ stark einer Normalverteilung** ähnelt.

Die Aussage des Zentralen Grenzwertsatzes ist für viele praktische Anwendungen von großer Bedeutung – vor allem in der **Schließenden Statistik**, wo $n$ den Stichprobenumfang bezeichnet. Wie die obigen Simulationsergebnisse zeigen, gilt die eigentlich asymptotisch (d.h. für unendlich großes $n$) formulierte Aussage näherungsweise auch schon für relativ kleine Werte von $n$.

In der Praxis darf man unter den Voraussetzungen (7.77) und (7.78) davon ausgehen, dass sowohl die Summen- als auch die Mittelwert-Zufallsvariable **bei hinreichend großem $n$ näherungsweise normalverteilt** sind. D.h. es gilt

■ für die (nicht standardisierte) **Summen-Zufallsvariable:**

$$Y_n = \sum_{t=1}^{n} X_t \quad \sim \quad N(n\mu; n\sigma^2) \qquad (7.81)$$

und

■ für die (nicht standardisierte) **Mittelwert-Zufallsvariable:**

$$\bar{X}_n = \frac{1}{n}\sum_{t=1}^{n} X_t \quad \sim \quad N(\mu; \frac{\sigma^2}{n}). \qquad (7.82)$$

Als allgemeine (vorsichtige) **Faustregel** wird dabei $n \geq 50$ angesehen. Die Approximation gilt aber bereits für kleinere n, wenn die Wahrscheinlichkeitsverteilung der einzelnen Summanden $X_t$ einer Normalverteilung ähnelt. (Sind die $X_t$ im Grenzfall selbst schon normalverteilt, so sind $Y_n$ und $\bar{X}_n$ wegen der Reproduktivität für jedes $n$ normalverteilt.)

---

### Beispiel

### S-Bahn

Im Beispiel aus Abschnitt 6.2.3 wissen wir, dass die **Fahrzeit des Arbeitnehmers bei einer Fahrt** zwischen seiner Wohnung und seiner Arbeitsstelle eine Zufallsvariable $X_t$ ist, für die gilt:

$X_t \sim R(10; 16)$   sowie   $\mu = 13$ [Minuten]   und   $\sigma^2 = 3$ [Minuten$^2$] .

Ferner kann man davon ausgehen, dass die Fahrzeiten bei mehreren Fahrten voneinander **stochastisch unabhängig** sind. Der Arbeitnehmer unternimmt im Monat insgesamt $n = 50$ solcher Fahrten (25 hin und 25 zurück).

Da die Zufallsvariablen $X_t$ ($t = 1, ..., 50$) die beiden Voraussetzungen des Zentralen Grenzwertsatzes erfüllen und $n$ genügend groß ist, sind die **Gesamtfahrzeit ($Y_{50}$)** und die **mittlere Fahrzeit ($\bar{X}_{50}$)** gemäß (7.81) und (7.82) näherungsweise **normalverteilt:**

$$Y_{50} \sim N(50 \cdot 13 ; 50 \cdot 3) = N(650 ; 150)$$

$$\bar{X}_{50} \sim N(13; \frac{3}{50}) = N(13 ; 0,06) .$$

Demnach lässt sich z.B. bestimmen,

■ mit welcher Wahrscheinlichkeit der Arbeitnehmer in einem Monat insgesamt mehr als 11 Stunden (= 660 Minuten) mit S-Bahn-Fahren verbringt:

$$P(Y_{50} > 660) = 1 - \Phi\left(\frac{660 - 650}{\sqrt{150}}\right) \approx 1 - \Phi(0,82) = 1 - 0,7939 = 0,2061;$$

■ innerhalb welcher (möglichst engen) Zeitspanne die mittlere Fahrzeit mit 95%iger Wahrscheinlichkeit liegt:

$$P(|\bar{X}_{50} - 13| \le \delta) = 0,95 \quad \Leftrightarrow \quad \Psi\left(\frac{\delta}{\sqrt{0,06}}\right) = 0,95 \quad \Leftrightarrow \quad \frac{\delta}{\sqrt{0,06}} = 1,96$$

$$\Leftrightarrow \quad \delta = 1,96\sqrt{0,06} = 0,48 \text{ [Minuten]};$$

d.h. die mittlere Fahrzeit bei 50 Fahrten beträgt mit 95%iger Wahrscheinlichkeit zwischen 12,52 und 13,48 Minuten.

## 7.12.4 Gesetz der großen Zahl

Aus den Voraussetzungen des Zentralen Grenzwertsatzes folgt unmittelbar, dass die Varianz der Mittelwert-Zufallsvariablen $\bar{X}_n$ für $n \to \infty$ gegen 0 konvergiert:

$$\lim_{n\to\infty} V\left[\bar{X}_n\right] = \lim_{n\to\infty} \frac{\sigma^2}{n} = 0 \,.$$

Das bedeutet: **Die Wahrscheinlichkeitsverteilung von $\bar{X}_n$ konzentriert sich für zunehmendes $n$ immer stärker bei ihrem Erwartungswert** $\mu$ (wobei sie gleichzeitig – nach dem Zentralen Grenzwertsatz – immer „glockenförmiger" wird) und entspricht im Grenzfall einer **Einpunkt-Verteilung** an der Stelle $\mu$.

Dieser Sachverhalt heißt **Gesetz der großen Zahl** und kann formal durch

$$\lim_{n\to\infty} P(|\bar{X}_n - \mu| \le \delta) = 1 \quad \text{für alle } \delta > 0 \tag{7.83}$$

oder durch die gleichbedeutende Kurzschreibweise

$$p\lim_{n\to\infty} \bar{X}_n = \mu \quad \text{(Grenzwert nach Wahrscheinlichkeit)}$$

ausgedrückt werden. Man sagt: Die Zufallsvariable $\bar{X}_n$ **konvergiert stochastisch** gegen den Wert $\mu$, d.h. die Wahrscheinlichkeit, dass die Zufallsvariable $\bar{X}_n$ einen Wert in einem gegebenen Intervall $[\mu - \delta; \mu + \delta]$ annimmt, strebt für $n \to \infty$ gegen 1.

Das Gesetz der großen Zahl ist für die **Schließende Statistik** von großer Bedeutung. Es besagt zum Beispiel, dass der Mittelwert einer Grundgesamtheit ($\mu$) umso genauer durch den Stichprobenmittelwert ($\bar{X}_n$) geschätzt wird, je größer der Stichprobenumfang ($n$) ist.

### Beispiel

#### S-Bahn

Im obigen Beispiel besagt das Gesetz der großen Zahl, dass die **mittlere Fahrzeit des Arbeitnehmers für $n \to \infty$ stochastisch gegen den Erwartungswert $\mu = 13$ [Minuten] konvergiert**. D.h. je öfter er die Strecke zurücklegt, desto wahrscheinlicher ist es, dass die mittlere Fahrzeit sehr nahe bei 13 Minuten liegt.

## 7.12.5 Approximation durch die Normalverteilung

Nach dem Zentralen Grenzwertsatz sind Summen von Zufallsvariablen unter den genannten Bedingungen näherungsweise normalverteilt. Andererseits gilt für die sog. **reproduktiven Verteilungen**, dass die Summe $Y_n$ eine Verteilung vom gleichen Typ wie die einzelnen Summanden $X_t$ ($t = 1, ..., n$) besitzt. Beispielsweise ist die Summe von sehr vielen, stochastisch unabhängigen Poisson-verteilten Zufallsvariablen $X_t$ wegen der Reproduktivität wieder **Poisson-verteilt**, gleichzeitig aber wegen des Zentralen Grenzwertsatzes auch näherungsweise **normalverteilt**. Daraus folgt, dass Poisson-Verteilungen unter bestimmten Voraussetzungen durch Normalverteilungen approximiert werden können.

Diese Folgerung gilt freilich nicht nur für die Poisson-Verteilung. Vielmehr **können alle reproduktiven Verteilungen** unter bestimmten Bedingungen **durch Normalverteilungen approximiert werden**. Insbesondere gilt dies für die in diesem Kapitel behandelten reproduktiven Verteilungen:

- Binomialverteilung (mit einheitlichem $\pi$),
- Poisson-Verteilung und
- Chi-Quadrat-Verteilung.

Darüber hinaus lässt sich auch die nicht reproduktive Hypergeometrische Verteilung (unter ähnlichen Bedingungen wie die verwandte Binomialverteilung) durch die Normalverteilung approximieren.

Im Einzelnen gelten folgende **Approximationsregeln**

- für die **Binomialverteilung**:

$$B(n;\pi) \approx N(n\pi; n\pi(1-\pi)) \quad \text{für} \quad n\pi(1-\pi) \geq 9 \; ; \tag{7.84}$$

- für die **Hypergeometrische Verteilung**:

$$H(n;M;N) \approx N( \, n\frac{M}{N} \, ; \, n\frac{M}{N}(1-\frac{M}{N})\frac{N-n}{N-1} \, ) \tag{7.85}$$

$$\text{für} \quad n\frac{M}{N}(1-\frac{M}{N}) \geq 9 \quad \text{und} \quad \frac{n}{N} \leq 0,5 \; ;$$

- für die **Poisson-Verteilung**:

$$P(\lambda) \approx N(\lambda; \lambda) \quad \text{für} \quad \lambda \geq 9 \; ; \tag{7.86}$$

- für die **Chi-Quadrat-Verteilung**:

$$\chi^2(n) \approx N(n; 2n) \quad \text{für} \quad n \geq 30 \; . \tag{7.87}$$

Bei der Approximation **diskreter** Wahrscheinlichkeitsverteilungen durch eine **stetige** Verteilung ist zu beachten, dass die **diskreten Werte $x_i$** (mit $p(x_i) > 0$) dann durch **Intervalle $K_i$** ersetzt werden:

$$x_i \; (\text{diskret}) \xrightarrow{\;Approximation\;} K_i = \left[ \, \frac{x_{i-1}+x_i}{2} \, ; \, \frac{x_i+x_{i+1}}{2} \, \right] \; (\text{stetig}).$$

Im Falle der **Binomialverteilung**, der **Hypergeometrischen Verteilung** und der **Poisson-Verteilung** bedeutet dies, dass die ganzzahligen Werte durch Intervalle der Breite 1 ersetzt werden:

$$x_i \; (\text{diskret}) \xrightarrow{\;Approximation\;} [x_i - 0,5 \, ; \, x_i + 0,5] \; (\text{stetig}) \, .$$

Demnach sollte bei der Approximation der „Urnenmodell-Verteilungen" durch die Normalverteilung die folgende **Stetigkeitskorrektur** vorgenommen werden:

$$P(X \le x_i) = \quad F(x_i) \quad \approx F_N(x_i + \mathbf{0{,}5}) \qquad (7.88)$$

$$P(X < x_i) = F(x_i - 1) \approx F_N(x_i - \mathbf{0{,}5}) \,.$$

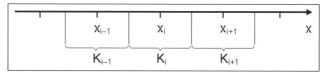

Abbildung 7.19: Stetigkeitskorrektur

---

## Beispiel

### Serie von Münzwürfen

Beim Werfen einer Münze gibt es die beiden gleich wahrscheinlichen Ergebnisse „Zahl" und „Wappen". Gesucht ist die Wahrscheinlichkeit, dass bei 100 Münzwürfen ...

- **höchstens 40 mal „Zahl"** bzw.
- **weniger als 40 mal „Zahl"** bzw.
- **genau 40 mal „Zahl"** geworfen wird.

**Lösung:**
Betrachtet wird die binomialverteilte Zufallsvariable $X$: **Anzahl der „Zahl"-Ergebnisse** bei den 100 Münzwürfen. Für sie gilt die Approximation (7.84):

$$X \sim B(100; 0{,}5) \approx N(50; 25) \,.$$

Somit ergeben sich unter Beachtung der Stetigkeitskorrektur (7.88) die **Wahrscheinlichkeiten:**

- $P(X \le 40) = F_B(40 \mid 100; 0{,}5) \approx \Phi\left(\dfrac{40{,}5 - 50}{5}\right) = \Phi(-1{,}9) = 1 - 0{,}9713 = 0{,}0287$

- $P(X < 40) = F_B(39 \mid 100; 0{,}5) \approx \Phi\left(\dfrac{39{,}5 - 50}{5}\right) = \Phi(-2{,}1) = 1 - 0{,}9821 = 0{,}0179$

- $P(X = 40) = \Phi\left(\dfrac{40{,}5 - 50}{5}\right) - \Phi\left(\dfrac{39{,}5 - 50}{5}\right) = \Phi(-1{,}9) - \Phi(-2{,}1)$

$$= 0{,}0287 - 0{,}0179 = 0{,}0108 \,.$$

## 7.13 Zusammenfassende Übersicht

In diesem Kapitel wurden einige spezielle Verteilungen vorgestellt, die häufig bei der stochastischen Modellierung wirtschaftlicher Prozesse bzw. in den grundlegenden Schätz- und Testverfahren der Schließenden Statistik benutzt werden. Tatsächlich ist es in der Praxis oft gar nicht so einfach, ein der Problemstruktur **adäquates Wahrscheinlichkeitsmodell** zu identifizieren.

Die folgende Übersicht über die behandelten Verteilungen dient der leichteren Orientierung in Anwendungssituationen. Insbesondere zeigt die Abbildung mögliche Modellvereinfachungen durch **Verteilungs-Approximationen** auf und verdeutlicht dabei die zentrale Rolle der **Normalverteilung** unter den speziellen Wahrscheinlichkeitsverteilungen.

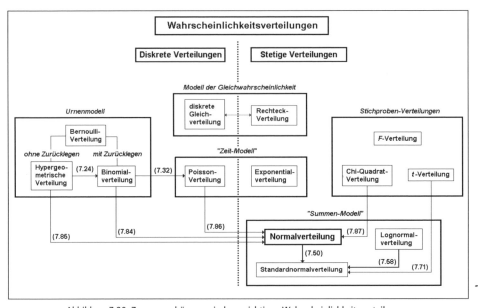

Abbildung 7.20: Zusammenhänge zwischen wichtigen Wahrscheinlichkeitsverteilungen

# 7.14 Aufgaben

**Aufgabe 7.1**

a) Bestimmen Sie für die standardnormalverteilte Zufallsvariable $Z$ die folgenden Wahrscheinlichkeiten:

  – $P(Z \leq -0{,}5)$

  – $P(-1 \leq Z \leq 1)$

  – $P(-0{,}5 \leq Z \leq 1)$ .

b) Berechnen Sie für die mit $\mu = 2$ und $\sigma^2 = 25$ normalverteilte Zufallsvariable $X$:

  – $P(X \geq 6)$

  – $P(0 \leq X \leq 10)$

  – $P(|X| \geq 2)$ .

c) Berechnen Sie für die mit $\mu = -2$ und $\sigma^2 = 16$ normalverteilte Zufallsvariable $X$

  – die Untergrenze $x$, für die gilt:  $P(x \leq X \leq 0) = 0{,}5328$ ;

  – die Abweichung $\delta$, für die gilt:  $P(|X + 2| \leq \delta) = 0{,}3829$ .

**Aufgabe 7.2**

Ein Spieler spielt das Glücksspiel aus Aufgabe 6.5 insgesamt 72-mal.

a) Wie sind die Zufallsvariablen

  – Gesamtgewinn in den 72 Spielen ($H_{72}$) und

  – Anzahl der Spiele mit positivem Gewinn ($K_{72}$) verteilt?

b) Wie groß ist die Wahrscheinlichkeit, dass der Spieler ...

  – mehr als 20-mal einen positiven Gewinn realisiert?

  – insgesamt mehr als 20 [€] verliert?

**Aufgabe 7.3**

Ein Hotelkomplex in einem Badeort hat 250 Zimmer, von denen 100 Zimmer freien Blick auf das Meer bieten. Da die Hotelgäste durchweg eine Unterbringung in den Zimmern mit Meeresblick wünschen, hat sich die Hotelleitung entschlossen, die Zimmer grundsätzlich – jeweils für eine Woche – mit einem Losverfahren den Gästen zuzuteilen.

a) Ein Urlauber verbringt drei Wochen in diesem Hotel. Die Anzahl der Wochen, in denen er ein Zimmer mit Meeresblick hat, ist dann eine Zufallsvariable $X$. Wie lautet die Wahrscheinlichkeitsfunktion von $X$?

b) Bestimmen Sie Erwartungswert und Varianz von $X$!

c) Wie groß ist die Wahrscheinlichkeit, dass der Urlauber ...

  – während seines Aufenthaltes kein Zimmer mit Meeresblick bekommt?

  – mehr als eine Woche lang ein Zimmer mit Meeresblick hat?

d) In einer Woche sind allein 71 Zimmer von einer großen Reisegruppe gebucht. Die Anzahl der Zimmer mit Meeresblick, die beim Losverfahren dieser Gruppe zugeteilt werden, ist eine Zufallsvariable $Y$. Wie ist $Y$ verteilt?

e) Bestimmen Sie Erwartungswert und Varianz von $Y$!

f) Wegen massiver Beschwerden wird die Zimmervergabe so geändert, dass Gäste, die einen mehrwöchigen Aufenthalt gebucht haben, ab der zweiten Woche jeweils entscheiden dürfen, ob sie das Zimmer der Vorwoche behalten oder wieder neu am Losverfahren teilnehmen wollen. Erfahrungsgemäß ziehen alle Gäste die Zimmer mit Meeresblick vor, von denen wöchentlich im Durchschnitt 50 % von abreisenden Gästen geräumt werden. Berechnen Sie die Wahrscheinlichkeit, dass ein Gast unter diesen Bedingungen in der ersten (zweiten, dritten) Urlaubswoche ein Zimmer mit Meeresblick hat.

### Aufgabe 7.4

In einem Reaktorblock eines Kraftwerks tritt durchschnittlich 0,3-mal am Tag ein Störfall auf. Bei mehr als zwei Störfällen an einem Tag muss der betreffende Reaktorblock abgeschaltet werden.

a) Wie ist die Anzahl $X$ der Störfälle an einem Tag verteilt?

b) Wie groß ist die Wahrscheinlichkeit, dass der Reaktorblock an einem Tag abgeschaltet wird?

c) Wie oft kommt dies durchschnittlich pro Jahr vor, und wie viel Zeit liegt im Durchschnitt zwischen zwei aufeinander folgenden Abschaltungen?

d) Wie groß ist die Wahrscheinlichkeit, dass in einem Jahr mehr als dreimal abgeschaltet wird?

e) Wie ist die Zeit $T$ zwischen zwei aufeinander folgenden Abschaltungen verteilt? Wie groß ist die Wahrscheinlichkeit, dass zwischen zwei Abschaltungen weniger als ein Vierteljahr liegt?

### Aufgabe 7.5

Die Zeit, die ein Arbeiter für die Montage eines bestimmten Bauteils benötigt, ist eine Rechteck-verteilte Zufallsvariable $X$ mit $E[X] = 6$ [Minuten] und $V[X] = 0,48$ [Minuten$^2$].

a) Welchen Wertebereich hat die Zufallsvariable $X$, und welche Funktionsvorschrift hat die Verteilungsfunktion im Wertebereich?

b) Berechnen Sie die Wahrscheinlichkeit, dass der Arbeiter für die Montage eines Teils ...

    – weniger als 6 Minuten benötigt.

    – zwischen 6 und 7 Minuten benötigt.

    – mehr als 7 Minuten benötigt.

c) Der Arbeiter montiert pro Tag von diesen Bauteilen 75 Stück. Die Zeit, die er hierfür insgesamt benötigt, wird mit $Y$ und die Zeit, die er pro Stück durchschnittlich benötigt, mit $\bar{X}$ bezeichnet. Wie sind diese beiden Zufallsvariablen verteilt?

d) Wie groß ist die Wahrscheinlichkeit, dass ...

    – der Arbeiter insgesamt mehr als 444 Minuten benötigt?

    – die Gesamtarbeitszeit $Y$ um mehr als 3 Minuten von 450 Minuten abweicht?

    – die durchschnittliche Bearbeitungszeit $\bar{X}$ zwischen 6 und 6,2 Minuten liegt?

e) Die Ausschussquote bei der Montage liegt bei 2 Prozent. Wie ist die Anzahl der Ausschuss-Stücke pro Tag verteilt? Wie groß ist die Wahrscheinlichkeit, dass der Arbeiter an einem Tag zwei oder mehr Ausschuss-Stücke montiert?

## Aufgabe 7.6

Die Betriebsleitung stellt fest, dass sich die 216 Arbeiter in Abteilung A durchschnittlich an 10 % aller Arbeitstage, die 225 Arbeiter in Abteilung B dagegen durchschnittlich nur an 8 % aller Arbeitstage krankmelden. Es wird angenommen, dass die Krankmeldungen der einzelnen Arbeiter unabhängig voneinander erfolgen.

a) Wie ist die Zufallsvariable $X_A$ (bzw. $X_B$) „Anzahl der Krankmeldungen an einem Arbeitstag in Abteilung A (bzw. B)" exakt verteilt und durch welche Verteilung kann die exakte Wahrscheinlichkeitsverteilung von $X_A$ (bzw. $X_B$) approximiert werden?

b) Wie ist die Zufallsvariable $X_A+X_B$ „Anzahl der Krankmeldungen an einem Arbeitstag in beiden Abteilungen zusammen" (approximativ) verteilt?

c) Wie groß ist die Wahrscheinlichkeit, dass sich an einem Tag insgesamt 50 Arbeiter oder mehr krankmelden?

## Aufgabe 7.7

Ein Unternehmen bietet regelmäßig Betriebsbesichtigungen an. Aufgrund der hohen Nachfrage werden pro Arbeitstag sechs Gruppen (unabhängig voneinander) zufällig für die Besichtigungen ausgewählt. Erfahrungsgemäß kommen 20 % der Gruppen aus dem Ausland.

a) Wie sind folgende Zufallsvariablen verteilt:
   - Anzahl der ausländischen Besuchergruppen an einem Arbeitstag ($X_T$)?
   - Anzahl der ausländischen Besuchergruppen in einer Woche (= 5 Tage, $X_W$)?
   - Anzahl der ausländischen Besuchergruppen in einem Monat (= 21 Tage, $X_M$)?

b) Wie groß ist die Wahrscheinlichkeit, dass ...
   - an einem Arbeitstag genau eine Gruppe aus dem Ausland kommt?
   - an einem Tag weniger als drei Gruppen aus dem Ausland kommen?
   - in einer Woche genau fünf ausländische Gruppen empfangen werden?
   - in einer Woche an jedem Tag genau eine ausländische Gruppe kommt?
   - in einem Monat an jedem Tag mindestens eine ausländische Gruppe kommt?
   - in einem Monat insgesamt mehr als 15 ausländische Gruppen kommen?

c) Es ist bekannt, dass in der nächsten Woche genau fünf der 30 Gruppen aus dem Ausland kommen. Wie ist dann die Anzahl der ausländischen Gruppen am nächsten Freitag ($X_{Fr}$) verteilt, und wie groß ist die Wahrscheinlichkeit, dass am nächsten Freitag genau eine ausländische Besuchergruppe kommt?

## Aufgabe 7.8

Die Wahrscheinlichkeit, dass es an einem Tag im Juni regnet, beträgt in einem mediterranen Urlaubsort 0,08 unabhängig davon, welche Wetterlage an den übrigen Juni-Tagen dort herrscht.

a) Wie ist die Anzahl der Regentage in einer Juni-Woche ($X_7$) bzw. im gesamten Monat Juni ($X_{30}$) verteilt?

b) Bestimmen Sie Erwartungswert und Varianz von $X_7$!

c) Wie groß ist die Wahrscheinlichkeit, dass es ...
   - in einer Woche nicht regnet?
   - in einer Woche an mindestens drei Tagen regnet?
   - im ganzen Juni höchstens zwei Regentage gibt?

d) Am gleichen Ort ist die Sonnenscheindauer an einem Juni-Tag normalverteilt mit $\mu = 10$ [Stunden] und $\sigma^2 = 10,8$ [Stunden²]. Wie ist die Gesamt-Sonnenscheindauer im Juni ($Y_{30}$) bzw. die durchschnittliche tägliche Sonnenscheindauer in einem Juni ($\overline{Y}_{30}$) verteilt?

e) Wie groß ist die Wahrscheinlichkeit, dass die Sonne im Juni eines Jahres durchschnittlich mehr als 11 Stunden scheint?

**Aufgabe 7.9**

Die Fertigungszeit einer Waschmaschine ist eine Zufallsvariable $T$ mit der Dichtefunktion $f(t) = -0,006\,t^2 + 0,18\,t - 1,2$ im Wertebereich [10; 20] [Minuten].

a) Berechnen Sie die Wahrscheinlichkeit, dass die Fertigung einer Waschmaschine ...

  – weniger als 14 Minuten dauert.

  – zwischen 14 und 18 Minuten dauert.

  – länger als 18 Minuten dauert.

b) Ermitteln Sie $E[T]$ und $V[T]$!

c) Ein Fertigungslos umfasst 80 Waschmaschinen. Wie ist ...

  – die Gesamtproduktionszeit eines Fertigungsloses ($T_{Los}$) bzw.

  – die durchschnittliche Produktionszeit pro Maschine ($\overline{T}$) in einem Los verteilt?

d) Wie groß ist die Wahrscheinlichkeit, dass ...

  – die Fertigung eines Loses länger als 20 Stunden und 16 Minuten dauert?

  – die durchschnittliche Produktionszeit in einem Los über 15,2 Minuten liegt?

e) Welche Gesamt- bzw. Durchschnittsproduktionszeit wird mit 95 %iger Wahrscheinlichkeit nicht überschritten?

f) In der Produktionsanlage tritt in 100 Betriebstunden im Durchschnitt 0,8-mal eine unvorhersehbare Störung auf. Wie ist ...

  – die Anzahl der Störungen in einer Betriebsstunde ($X$) bzw.

  – die Zeit zwischen zwei Störungen ($Y$) verteilt?

g) Wie groß ist beim Auflegen eines neuen Fertigungsloses die Wahrscheinlichkeit, dass ...

  – in der erwarteten Produktionszeit keine Störung eintritt?

  – die nächste Störung erst nach mehr als 20 Stunden eintritt?

**Aufgabe 7.10**

Bei der Qualitätskontrolle von elektronischen Bauteilen werden der laufenden Produktion zufällig einzelne Teile entnommen und auf ihre Funktionsfähigkeit geprüft. Der Ausschussanteil beträgt erfahrungsgemäß 10 Prozent.

a) Wie ist die Anzahl der defekten Bauteile in einer Stichprobe vom Umfang 5 ($X_5$) verteilt? Spielt es eine Rolle, ob die Ziehung mit oder ohne Zurücklegen erfolgt?

b) Wie groß ist die Wahrscheinlichkeit, dass in einer 5er-Stichprobe mindestens ein Teil defekt ist?

c) Wie ist die Anzahl der defekten Bauteile in einer Stichprobe vom Umfang 50 bzw. 100 ($X_{50}$ bzw. $X_{100}$) verteilt?

d) Wie groß ist die Wahrscheinlichkeit, dass in einer 50er- bzw. 100er-Stichprobe mehr als 14 % Ausschuss enthalten sind?

e) Die Bauteile werden in Packungen mit 20 Stück ausgeliefert. Ein Kunde, der eine Packung mit zwei defekten Teilen erhält, kontrolliert den Inhalt, indem er zufällig fünf Bauteile aus der Packung herausnimmt und prüft, wie viele Teile davon defekt sind (Zufallsvariable $Y$). Wie ist $Y$ verteilt und wie hoch ist die Wahrscheinlichkeit, dass keines der fünf Teile defekt ist?

## Aufgabe 7.11

In einem Call-Center bedient ein Mitarbeiter ohne Unterbrechungen Kunden. Die Anzahl der Anrufe, die er in einer Stunde entgegennimmt, ist eine Poisson-verteilte Zufallsvariable mit $\lambda = 15$.

a) Durch welche Verteilung kann diese Poisson-Verteilung approximiert werden?

b) Berechnen Sie die Wahrscheinlichkeit, dass der Mitarbeiter in einer Stunde weniger als 8 Anrufe erhält, ...

   – mit der Poisson-Verteilung und

   – mit der approximativen Verteilung!

c) Wie ist dann die Servicezeit (d.h. die Gesprächsdauer mit einem Kunden) gemessen in Minuten ($T$) verteilt?

d) Bestimmen Sie $E[T]$ und $V[T]$!

e) Ermitteln Sie die Wahrscheinlichkeit dafür, dass ein Kundengespräch ...

   – nicht länger als 5 Minuten dauert.

   – zwischen 5 und 10 Minuten dauert.

f) Welche Servicezeit wird mit 95%iger Wahrscheinlichkeit nicht überschritten?

g) Der Mitarbeiter im Call-Center legt nach genau 50 Kundengesprächen eine Pause ein. Wie ist die Gesamtdauer der 50 Gespräche ($T_{50}$) verteilt? Wie groß ist die Wahrscheinlichkeit, dass die 50 Gespräche insgesamt nicht länger als 4 Stunden dauern?

## Aufgabe 7.12

Eine Aktie wird heute zum Kurs $K_0 = 73$ [Euro] gehandelt. Nach Einschätzung von Börsenanalysten ist der Kurs dieser Aktie in einem Jahr eine lognormalverteilte Zufallsvariable mit $\mu = 4,2$ und $\sigma^2 = 0,12$.

a) Wie hoch ist dann der erwartete Kurs der Aktie in einem Jahr und die Standardabweichung des Kurses? Welche Rendite ergibt sich bei dem erwarteten Kurs?

b) Wie groß ist die Wahrscheinlichkeit, dass der Kurs nach einem Jahr ...

   – höher ist als heute?

   – vom heutigen Kurs um höchstens 50 % nach unten oder oben abweicht?

c) Bestimmen Sie mit dem ersten und dritten Quartil ein Intervall, in dem der Kurs in einem Jahr mit 50%iger Wahrscheinlichkeit liegt. (Hinweis: In der Standardnormalverteilung ist $z_{Q3} = 0,6745$.)

# TEIL III

# Schließende Statistik

# Einführung in die Schließende Statistik

**8**

**ÜBERBLICK**

## 8.1 Charakterisierung der Methoden

Die Methoden der **Schließenden Statistik** beschäftigen sich mit der Analyse von Stichprobenergebnissen; sie werden daher auch als **Stichprobenverfahren** bezeichnet. Voraussetzung für die Anwendung dieser Verfahren ist immer, dass die Stichprobe nach einem **klar definierten Zufallsprinzip** aus der Grundgesamtheit ausgewählt wird.

Mit den Methoden der Schließenden Statistik werden anhand einer **Stichprobe** Aussagen über die Verteilung eines Merkmals in der **Grundgesamtheit** gewonnen bzw. überprüft oder aber umgekehrt Aussagen über das Stichprobenergebnis aus der Verteilung in der Grundgesamtheit abgeleitet. Die Aussagen beziehen sich zumeist auf bestimmte Verteilungsparameter. Kennzeichnend für die Stichprobenverfahren ist, dass sie ein **induktives Schließen** von der Stichprobe auf die Grundgesamtheit oder ein **deduktives Schließen** von der Grundgesamtheit auf die Stichprobe beinhalten. Oft basieren diese Schlüsse auf dem Zentralen Grenzwertsatz.

In der Praxis werden Stichprobenergebnisse nicht selten **deskriptiv** ausgewertet und die dabei gewonnenen Aussagen über die Stichprobe – quasi durch „induktiven Analogieschluss" – auf die (in Wirklichkeit interessierende) Grundgesamtheit übertragen: Was für die Stichprobe festgestellt wurde, wird auch für die Grundgesamtheit postuliert. Zwar dürfen derart gewonnene Aussagen über eine Grundgesamtheit nicht pauschal als unwissenschaftlich abgetan werden, weil auch sie falsifiziert werden können (z.B. durch eine spätere Vollerhebung). Der wesentliche Nachteil dieser Vorgehensweise besteht aber darin, dass **Stichprobenfehler**, d.h. Abweichungen zwischen zufälliger Stichprobe und Grundgesamtheit, die sich durch die Auswahl zwangsläufig ergeben, dabei **komplett ignoriert** werden.

Der entscheidende Vorteil der Anwendung von Methoden der **Schließenden Statistik** auf Stichprobenergebnisse liegt also darin, dass **Stichprobenfehler explizit in den Verfahren berücksichtigt** werden.

Die grundlegenden **Schlussweisen** in der Schließenden Statistik lassen sich folgendermaßen charakterisieren.

■ **Inklusionsschluss** (vgl. Abschnitt 8.5)

Aus bekannten Verteilungsparametern der Grundgesamtheit werden Wahrscheinlichkeitsaussagen über (zufallsabhängige) Stichprobenergebnisse in Form von **Schwankungsintervallen** abgeleitet. Diese **deduktive** Schlussweise spielt in der Praxis eine eher untergeordnete Rolle, ist aber beispielsweise in der Qualitätskontrolle anzutreffen.

■ **Repräsentationsschluss** (vgl. Abschnitt 9.2)

Aus einem konkreten (zufallsabhängigen) Stichprobenergebnis wird eine Wahrscheinlichkeitsaussage über unbekannte Verteilungsparameter der Grundgesamtheit in Form von **Konfidenzintervallen** abgeleitet. Diese **induktive** Schlussweise besitzt eine große praktische Bedeutung, z.B. in der Markt- und Meinungsforschung.

■ **Statistischer Hypothesentest** (vgl. Kapitel 10)

Aus hypothetisch angenommenen Verteilungseigenschaften der Grundgesamtheit werden Wahrscheinlichkeitsaussagen über (zufallsabhängige) Stichprobenergebnisse abgeleitet und mit einem konkreten Stichprobenergebnis verglichen. Daraus resultiert eine **Entscheidung hinsichtlich der Hypothese über die Grundgesamtheit**. Diese deduktives und induktives Schließen vereinende Vorgehensweise ist in praktisch allen empirischen Anwendungen anzutreffen, in denen mit Stichproben gearbeitet wird.

## 8.2 Grundgesamtheit und Stichprobe

In der Schließenden Statistik müssen Grundgesamtheit und Stichprobe stets strikt unterschieden werden. Grundvoraussetzung für eine sinnvolle Anwendung von Methoden der Schließenden Statistik ist, dass absolute Klarheit darüber besteht, was im konkreten Fall die Grundgesamtheit und was die Stichprobe ist.

Die Unterscheidung von Grundgesamtheit und Stichprobe wird in der Schließenden Statistik auch durch die Bezeichnungen verdeutlicht, die zum Teil von den in der Beschreibenden Statistik verwendeten abweichen.

In der **Grundgesamtheit** (statistischen Masse) wird die **Anzahl der Merkmalsträger** nunmehr mit dem Großbuchstaben $N$ bezeichnet. Von Interesse sind regelmäßig bestimmte, meist unbekannte **Parameter** (Kenngrößen) der Häufigkeitsverteilung. Allgemein wird ein Parameter mit dem Symbol $\theta$ bezeichnet. Im Folgenden werden speziell die Parameter

- **Anteilssatz** $\pi$ (bei dichotomen Merkmalen),
- **arithmetisches Mittel** $\mu$ (bei quantitativen Merkmalen) und
- **Varianz** $\sigma^2$ (ebenfalls bei quantitativen Merkmalen)

betrachtet. Die Parameter beziehen sich immer auf die **Grundgesamtheit**. Am häufigsten interessiert naturgemäß der Mittelwert, der bei einer 0/1-Variablen dem Anteilssatz entspricht. In der Schließenden Statistik spricht man auch vom **homograden Fall**, wenn $\pi$ betrachtet wird, und vom **heterograden Fall**, wenn $\mu$ betrachtet wird.

In der **Stichprobe** wird die Anzahl der Merkmalsträger, d.h. der **Stichprobenumfang**, mit $n$ bezeichnet. Die Beobachtungswerte in der Stichprobe sind die **Stichprobenergebnisse** $X_t$ ($t = 1, ..., n$). Diese werden mit Großbuchstaben gekennzeichnet, weil es sich um **Zufallsvariablen** handelt.

Die Wahrscheinlichkeitsverteilung von $(X_1, ..., X_n)$ hängt allgemein ab von

- der **Häufigkeitsverteilung** des betreffenden Merkmals **in der Grundgesamtheit** und
- der **Art der Zufallsauswahl bei der Stichprobenziehung** (z.B. gleiche oder ungleiche Auswahl-Wahrscheinlichkeiten für die einzelnen Merkmalsträger, Ziehung mit oder ohne Zurücklegen).

## 8.3 Demonstrationsbeispiel zur Stichprobenziehung

Die Zusammenhänge zwischen der Häufigkeitsverteilung eines Merkmals in der Grundgesamtheit und den Stichprobenergebnissen soll anhand eines überschaubaren Demonstrationsbeispiels mit sehr kleiner Grundgesamtheit und noch kleinerem Stichprobenumfang verdeutlicht werden. Die „unrealistisch" kleine Dimensionierung ermöglicht es, die Gesamtheit aller möglichen Stichproben zu studieren.

**Beispiel**

## Demonstrationsmodell zur Stichprobenziehung

Als **Grundgesamtheit** stelle man sich eine Gruppe von $N = 5$ **Studierenden** vor (A, B, C, D, E), die gemeinsam eine Wohnung anmieten wollen. Der Vermieter interessiert sich dafür, ob diese Personen einen eigenen PKW besitzen (dichotomes Merkmal $Y$), und wie hoch ihre monatlichen Einkünfte sind (quantitatives Merkmal $X$). Genauer gesagt möchte er wissen, wie groß die folgenden **Parameter** der Grundgesamtheit sind:

- der Anteil der PKW-Besitzer in der Gruppe ($\pi$),
- die durchschnittlichen monatlichen Einkünfte ($\mu$) und
- die Varianz der monatlichen Einkünfte ($\sigma^2$).

| Person | PKW-Besitz (Merkmal $Y$) | Einkünfte [€] (Merkmal $X$) |
|:------:|:------------------------:|:---------------------------:|
| A | 1 (ja) | 800 |
| B | 0 (nein) | 600 |
| C | 1 (ja) | 900 |
| D | 1 (ja) | 800 |
| E | 0 (nein) | 700 |

Tabelle 8.1: Grundgesamtheit des Demonstrationsbeispiels

Tabelle 8.1 zeigt die – dem Vermieter unbekannten – Verhältnisse in der **Grundgesamtheit**. Aus diesen Daten ergeben sich die **Parameterwerte**:

- $\pi = \frac{1}{5}(1+0+1+1+0) = 0,6$

- $\mu = \frac{1}{5}(800+600+900+800+700) = 760\ [€]$

- $\sigma^2 = \frac{1}{5}(800^2+600^2+900^2+800^2+700^2) - 760^2 = 10400\ [€^2]$.

Der Vermieter wählt nun zufällig zwei Personen aus der Gruppe aus (wobei er keine Person bevorzugt) und befragt diese nach PKW-Besitz und Einkünften. Mit anderen Worten: Er zieht eine **Stichprobe ohne Zurücklegen** vom Umfang $n = 2$. Möglich sind bei dieser Ziehung insgesamt

- $5 \cdot 4 = \textbf{20 Stichproben}$, falls die Reihenfolge **berücksichtigt** wird, bzw.

- $\binom{5}{2} = \textbf{10 Stichproben}$, falls die Reihenfolge **nicht berücksichtigt** wird.

Die nachfolgende Tabelle 8.2 weist alle möglichen, gleich wahrscheinlichen Stichproben sowie die jeweils resultierenden **Stichprobenergebnisse $(Y_1, Y_2)$** und **$(X_1, X_2)$** aus.

Aus dieser Auflistung lässt sich die Wahrscheinlichkeitsverteilung der Zufallsvariablen $X_t$ ($t = 1,2$) bzw. $Y_t$ ($t = 1,2$) entnehmen. Beispielsweise ermittelt man die Wahrscheinlichkeit

$$P(X_2 = 800) = P(\{(A, D), (B, A), (B, D), (C, A), (C, D), (D, A), (E, A), (E, D)\}) = 0{,}4 \ ,$$

welche genau der relativen Häufigkeit der Merkmalsausprägung 800 in der Grundgesamtheit entspricht. Entsprechendes gilt auch für die anderen Wahrscheinlichkeiten. Die **Wahrscheinlichkeitsverteilungen der Zufallsvariablen $X_1$ und $X_2$ (bzw. $Y_1$ und $Y_2$)** stimmen also exakt mit der **Häufigkeitsverteilung des Merkmals $X$ (bzw. $Y$) in der Grundgesamtheit** überein. Voraussetzung dafür ist freilich, dass alle Personen bei jedem Stichprobenzug die gleiche Chance haben, in die Stichprobe zu gelangen.

| Stichprobe | Wahrscheinlichkeit | $(Y_1, Y_2)$ | $(X_1, X_2)$ |
|---|---|---|---|
| (A, B) | 0,05 | (1, 0) | (800, 600) |
| (A, C) | 0,05 | (1, 1) | (800, 900) |
| (A, D) | 0,05 | (1, 1) | (800, 800) |
| (A, E) | 0,05 | (1, 0) | (800, 700) |
| | | | |
| (B, A) | 0,05 | (0, 1) | (600, 800) |
| (B, C) | 0,05 | (0, 1) | (600, 900) |
| (B, D) | 0,05 | (0, 1) | (600, 800) |
| (B, E) | 0,05 | (0, 0) | (600, 700) |
| | | | |
| (C, A) | 0,05 | (1, 1) | (900, 800) |
| (C, B) | 0,05 | (1, 0) | (900, 600) |
| (C, D) | 0,05 | (1, 1) | (900, 800) |
| (C, E) | 0,05 | (1, 0) | (900, 700) |
| | | | |
| (D, A) | 0,05 | (1, 1) | (800, 800) |
| (D, B) | 0,05 | (1, 0) | (800, 600) |
| (D, C) | 0,05 | (1, 1) | (800, 900) |
| (D, E) | 0,05 | (1, 0) | (800, 700) |
| | | | |
| (E, A) | 0,05 | (0, 1) | (700, 800) |
| (E, B) | 0,05 | (0, 0) | (700, 600) |
| (E, C) | 0,05 | (0, 1) | (700, 900) |
| (E, D) | 0,05 | (0, 1) | (700, 800) |

Tabelle 8.2: Mögliche Stichprobenergebnisse

## 8.4    Einfache Zufallsstichproben

**Einfache Zufallsstichproben** sind in theoretischer Sicht die einfachste Art der Stichprobenziehung. Sie sind gekennzeichnet durch zwei Bedingungen:

(1) **Uneingeschränkte Zufallsauswahl**

Bei jedem Stichprobenzug besitzen alle Elemente der Grundgesamtheit die **gleiche Auswahl-Wahrscheinlichkeit**, d.h. kein Element der Grundgesamtheit wird bei der Stichprobenziehung bevorzugt.

Diese Bedingung gewährleistet, dass die Wahrscheinlichkeitsverteilungen der Stichprobenergebnisse $X_t$ ($t = 1, ..., n$) mit der Häufigkeitsverteilung des Merkmals $X$ in der Grundgesamtheit übereinstimmen (siehe Demonstrationsmodell).

(2) **Stochastische Unabhängigkeit der ausgewählten Elemente**

Wenn die Auswahl der Elemente in den einzelnen Stichprobenzügen unabhängig voneinander erfolgen, sind die Stichprobenergebnisse $X_t$ ($t = 1, ..., n$) **stochastisch unabhängige Zufallsvariablen**.

Diese Bedingung ist

- uneingeschränkt erfüllt bei **Stichproben mit Zurücklegen** und

- näherungsweise erfüllt bei **Stichproben ohne Zurücklegen**, wenn der **Auswahlsatz** $\frac{n}{N}$ **klein** ist (maximal 5 %).

---

**Beispiel**

### Demonstrationsmodell

Im Demonstrationsmodell aus Abschnitt 8.3. ist die Bedingung der **uneingeschränkten Zufallsauswahl** erfüllt. Da die Ziehung aber ohne Zurücklegen und mit einem Auswahlsatz von 40 % (2 aus 5) erfolgt, können die Stichprobenzüge nicht als unabhängig voneinander betrachtet werden. Es liegt also **keine einfache Zufallsstichprobe** vor.

---

In der Praxis – etwa in der Marktforschung – sind **Stichproben ohne Zurücklegen** bei **kleinem Auswahlsatz** die Regel. Man entscheidet sich nämlich typischerweise dann für eine Stichprobenerhebung, wenn die Kosten einer Vollerhebung zu hoch wären, d.h. bei **sehr großer Grundgesamtheit**. Aus Gründen der Praktikabilität werden dann aber meist Mehrfachziehungen eines Elements der Grundgesamtheit von vornherein ausgeschlossen.

Die theoretischen Vorteile einfacher Zufallsstichproben ergeben sich aus der Feststellung, dass die **Stichprobenergebnisse $X_t$ ($t = 1, ..., n$)** unter den oben genannten Bedingungen (1) und (2) genau die **Voraussetzungen des Zentralen Grenzwertsatzes** von Lindeberg/Lévy erfüllen, nämlich:

- identische Wahrscheinlichkeitsverteilung (7.77) und

- stochastische Unabhängigkeit (7.78).

Demzufolge gilt bei **einfachen Zufallsstichproben mit hinreichend großem Stichprobenumfang** ($n \geq 50$) näherungsweise für

■ die **Merkmalssumme in der Stichprobe** $Y_n$

$$Y_n = \sum_{t=1}^{n} X_t \quad \sim \quad N(n\mu; n\sigma^2), \tag{8.1}$$

■ den **Stichprobenmittelwert** $\bar{X}_n$

$$\bar{X}_n = \frac{1}{n} \sum_{t=1}^{n} X_t \quad \sim \quad N(\mu; \frac{\sigma^2}{n}) \quad \text{und} \tag{8.2}$$

■ den **Stichprobenanteilssatz** $P_n$ ( $X_t \sim B(1; \pi)$ )

$$P_n = \frac{1}{n} \sum_{t=1}^{n} X_t \quad \sim \quad N(\pi, \frac{\pi(1-\pi)}{n}). \tag{8.3}$$

Diese Stichprobenfunktionen sind bei uneingeschränkter Zufallsauswahl und hinreichend großen Stichprobenumfang ($n \geq 50$) auch im Falle einer Ziehung **ohne Zurücklegen** näherungsweise normalverteilt, jedoch mit (entsprechend dem Korrekturfaktor der Hypergeometrischen Verteilung) kleineren Varianzen. Unter der nicht sehr einschränkenden Voraussetzung $\frac{n}{N} \leq 0,5$ gilt nämlich:

$$Y_n = \sum_{t=1}^{n} X_t \quad \sim \quad N(n\mu; n\sigma^2 \cdot \frac{N-n}{N-1}), \tag{8.4}$$

$$\bar{X}_n = \frac{1}{n} \sum_{t=1}^{n} X_t \quad \sim \quad N(\mu; \frac{\sigma^2}{n} \cdot \frac{N-n}{N-1}), \tag{8.5}$$

$$P_n = \frac{1}{n} \sum_{t=1}^{n} X_t \quad \sim \quad N(\pi; \frac{\pi(1-\pi)}{n} \cdot \frac{N-n}{N-1}). \tag{8.6}$$

Bei allen in den folgenden Kapiteln behandelten Schätz- und Testverfahren wird grundsätzlich davon ausgegangen, dass die Stichprobenergebnisse auf einer **uneingeschränkten Zufallsauswahl** beruhen.

## 8.5 Schwankungsintervalle

Die einfachste Schlussweise in der Schließenden Statistik ist der **Inklusionsschluss**, bei dem man von einer **bekannten Verteilung** oder zumindest von **bekannten Verteilungsparametern der Grundgesamtheit** ausgeht. Legt man zudem eine bestimmte Art der Stichprobenziehung zugrunde, so lassen sich Verteilungsaussagen wie z.B. (8.1) bis (8.6) und damit **Wahrscheinlichkeitsaussagen über Stichprobenfunktionen** ableiten.

Schwankungsintervalle beinhalten solche Wahrscheinlichkeitsaussagen. Sie können im Prinzip für jede beliebige Zufallsvariable bestimmt werden.

> Ein **Schwankungsintervall** $S_{1-\alpha}(X)$ ist ein fester Intervallbereich, in dem die Werte der Zufallsvariablen $X$ mit einer vorgegebenen (i.d.R. hohen) Wahrscheinlichkeit $(1 - \alpha)$ liegen.

Es ist gewissermaßen ein um seltene Werte (i.d.R. an den Rändern der Verteilung) **reduzierter Wertebereich** mit der Eigenschaft:

$$P(\ X \in S_{1-\alpha}(X)\ ) = 1-\alpha\ .$$

Schneidet man am unteren und oberen Rand des Wertebereichs jeweils die mit Wahrscheinlichkeit $\alpha/2$ auftretenden kleinsten und größten Werte ab, so ergibt sich das durch die Quantile $x_{\alpha/2}$ und $x_{1-\alpha/2}$ definierte **zentrale $(1-\alpha)$-Schwankungsintervall**

$$S_{1-\alpha}(X) = \left[\ x_{\alpha/2}\ ;\ x_{1-\alpha/2}\ \right] \qquad (\ 0 < \alpha < 1\ ). \qquad (8.7)$$

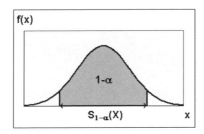

Abbildung 8.1: Zentrales $(1-\alpha)$-Schwankungsintervall

Bei Stichprobenfunktionen handelt es sich oft um näherungsweise **normalverteilte** Zufallsvariablen. In diesem Fall lassen sich zentrale $(1-\alpha)$-Schwankungsintervalle besonders einfach mit Hilfe der symmetrischen Intervall-Wahrscheinlichkeiten (Tabelle A.2) bestimmen. Aufgrund der Symmetriebeziehung (7.45) und der Formel (7.52) gilt für eine Zufallsvariable $X \sim N(\mu\ ;\ \sigma^2)$ :

$$S_{1-\alpha}(X) = \left[\ \mu - z_{1-\alpha/2}\,\sigma\ ;\ \mu + z_{1-\alpha/2}\,\sigma\ \right]. \qquad (8.8)$$

### Beispiel

Für die Zufallsvariable $X \sim N(10;\ 25)$ erhält man z.B.

- das **80%-Schwankungsintervall**

$$S_{0,8}(X) = [\,10 - 1{,}282 \cdot 5\ ;\ 10 + 1{,}282 \cdot 5\,] = [\,3{,}59\ ;\ 16{,}41\,]\,,$$

- das **95%-Schwankungsintervall**

$$S_{0,95}(X) = [\,10 - 1{,}960 \cdot 5\ ;\ 10 + 1{,}960 \cdot 5\,] = [\,0{,}20\ ;\ 19{,}80\,] \quad \text{und}$$

- das **99%-Schwankungsintervall**

$$S_{0,99}(X) = [\,10 - 2{,}576 \cdot 5\ ;\ 10 + 2{,}576 \cdot 5\,] = [\,-2{,}88\ ;\ 22{,}88\,]\,.$$

Die Quantile der Standardnormalverteilung sind z.B. der Tabelle A.4 (letzte Zeile) zu entnehmen.

---

**Beispiel**

## Aktienkursentwicklung

In Fortführung des Beispiels aus Abschnitt 7.8 besteht sicher ein Interesse an Aussagen darüber, in welchem Schwankungsbereich der Kurs der Aktie nach ein, zwei, drei Jahren usw. mit hoher Wahrscheinlichkeit liegen wird.

Aufgrund der Verteilung des Aktienkurses in t Jahren,

$$K_t \ \sim \ LN(\ \ln(90)+0,16\,t\ ;\ 0,04\,t\ ) \qquad (t=1,2,...)\,,$$

ergeben sich nach Formel (7.59) die zentralen **95%-Schwankungsintervalle** ...

■ für den Kurs **nach einem Jahr**:

$$S_{0,95}(K_1) \ = \ \left[\ 90\cdot e^{0,16+\sqrt{0,04}\cdot(-1,96)}\ ;\ 90\cdot e^{0,16+\sqrt{0,04}\cdot 1,96}\ \right] \ = \ \left[\ \mathbf{71,37}\,;\mathbf{156,31}\ \right] [\text{€}]\ ;$$

■ für den Kurs **nach zwei Jahren**:

$$S_{0,95}(K_2) \ = \ \left[\ 90\cdot e^{0,32+\sqrt{0,08}\cdot(-1,96)}\ ;\ 90\cdot e^{0,32+\sqrt{0,08}\cdot 1,96}\ \right] \ = \ \left[\ \mathbf{71,20}\,;\mathbf{215,76}\ \right] [\text{€}]\ ;$$

■ für den Kurs **nach drei Jahren**:

$$S_{0,95}(K_3) \ = \ \left[\ 90\cdot e^{0,48+\sqrt{0,12}\cdot(-1,96)}\ ;\ 90\cdot e^{0,48+\sqrt{0,12}\cdot 1,96}\ \right] \ = \ \left[\ \mathbf{73,76}\,;\mathbf{286,80}\ \right] [\text{€}]\ ;$$

usw.

---

Beim Inklusionsschluss der Schließenden Statistik interessieren **Schwankungsintervalle für Stichprobenfunktionen**. Für den **Stichprobenmittelwert** $\bar{X}_n$ und den **Stichprobenanteilssatz** $P_n$ erhält man aufgrund der Verteilungsaussagen (8.2) und (8.3) bzw. (8.5) und (8.6) die zentralen $(1-\alpha)$-Schwankungsintervalle

$$S_{1-\alpha}(\bar{X}_n) \ = \ \left[\ \mu-\delta_S\,;\mu+\delta_S\ \right] \quad \text{mit} \quad \delta_S \ = \ z_{1-\alpha/2}\frac{\sigma}{\sqrt{n}} \tag{8.9}$$

und

$$S_{1-\alpha}(P_n) \ = \ \left[\ \pi-\delta_S\,;\pi+\delta_S\ \right] \quad \text{mit} \quad \delta_S \ = \ z_{1-\alpha/2}\sqrt{\frac{\pi\,(1-\pi)}{n}}\,, \tag{8.10}$$

wobei der Stichprobenfehler $\delta_S$ im Falle der Stichprobenziehung **ohne Zurücklegen** (und $\frac{n}{N}>0,05$ ) noch gemäß

$$\tilde{\delta}_S = \left(\ \sqrt{\frac{N-n}{N-1}}\,\delta_S \approx\right)\ \sqrt{1-\frac{n}{N}}\,\delta_S \tag{8.11}$$

zu korrigieren ist.

**Beispiel**

## Qualitätskontrolle

In einem Fertigungsprozess wird ein spezielles Karosserieteil in großer Zahl hergestellt. Ein Fertigungslos umfasst 200 Teile, die hintereinander – Stück für Stück – gefertigt werden. Im Mittel dauert der Prozess pro Stück 1,5 Minuten bei einer Standardabweichung von 0,18 Minuten. Bei der anschließenden Prüfung bestehen 88 % der gefertigten Teile die strengen Qualitätsanforderungen; der Rest ist Ausschuss.

Im Rahmen der Prozessüberwachung wird für jedes Fertigungslos geprüft, ob die Anzahl der Ausschuss-Stücke und die Prozessdauer des Fertigungsloses innerhalb der betreffenden **95%-Schwankungsintervalle** liegen. Man bestimmt dazu ...

■ das 95%-Schwankungsintervall für die **mittlere Prozessdauer** pro Stück:

$$S_{0,95}(\overline{X}_{200}) = \left[1,5-1,96\frac{0,18}{\sqrt{200}} \, ; 1,5+1,96\frac{0,18}{\sqrt{200}}\right] = \left[1,475 \, ; 1,525\right] \text{ [Minuten]};$$

■ das 95%-Schwankungsintervall für **Gesamtprozessdauer** eines Fertigungsloses:

$$S_{0,95}(200 \cdot \overline{X}_{200}) = \left[200 \cdot 1,475 \, ; 200 \cdot 1,525\right] = \left[295 \, ; 305\right] \text{ [Minuten]};$$

■ das 95%-Schwankungsintervall für **Ausschussquote** in einem Fertigungslos:

$$S_{0,95}(P_{200}) = \left[0,12-1,96\sqrt{\frac{0,12 \cdot 0,88}{200}} \, ; 0,12+1,96\sqrt{\frac{0,12 \cdot 0,88}{200}}\right] = \left[0,075 \, ; 0,165\right];$$

■ das 95%-Schwankungsintervall für **Anzahl der Ausschuss-Stücke** in einem Los:

$$S_{0,95}(200 \cdot P_{200}) = \left[200 \cdot 0,075 \, ; 200 \cdot 0,165\right] = \left[15 \, ; 33\right].$$

Mit 95%iger Wahrscheinlichkeit dauert die Fertigung eines Loses zwischen 295 und 305 Minuten. Ebenfalls mit 95%iger Wahrscheinlichkeit bestehen in einem Los zwischen 15 und 33 Teile nicht die Qualitätsprüfung.

# 8.6 Aufgaben

**Aufgabe 8.1**

Welche der folgenden Zufallsprozesse können als Ziehung einer einfachen Zufallsstichprobe interpretiert werden?

a) Das Würfeln mit drei regulären Würfeln.

b) Die Vergabe von 10 der insgesamt 32 Spielkarten an einen Spieler beim Skat.

c) Die Ziehung der Millionen-Gewinner aus der Grundgesamtheit aller Lottospieler.

d) Die Auswahl aller Kunden, die an einem zufällig gewählten Tag Geburtstag haben, für eine Kundenzufriedenheitsanalyse.

e) Bevölkerungsstichprobe, in der jeder Geburtsjahrgang mit genau 20 Personen vertreten ist.

**Aufgabe 8.2**

In einem Verband sind 200 Unternehmen einer Branche zusammengeschlossen. Diese haben einen mittleren Jahresumsatz von 750000 [€] bei einer Varianz von 15 [$10^9$ €$^2$]; 88 Unternehmen bieten ihre Produkte auch auf dem nordamerikanischen Markt an. Für eine Mitgliederbefragung wird eine Stichprobe von 70 Unternehmen ohne Zurücklegen mit uneingeschränkter Zufallsauswahl gezogen.

a) Wie groß ist die Wahrscheinlichkeit, dass ein Unternehmen, das Verbandsmitglied ist, für die Befragung ausgewählt wird?

b) Wie ist der Anteil bzw. die Anzahl der auf dem nordamerikanischen Markt anbietenden Unternehmen in der Stichprobe verteilt?

c) Mit welcher Wahrscheinlichkeit gelangen mehr als 30 Unternehmen, die auf dem nordamerikanischen Markt anbieten, in die Stichprobe?

d) Wie ist der durchschnittliche Umsatz der befragten Unternehmen verteilt?

e) Wie wäre der durchschnittliche Umsatz der befragten Unternehmen verteilt, wenn die Stichprobe (bei gleichem Umfang) mit Zurücklegen gezogen würde?

**Aufgabe 8.3**

Die Stichprobenziehung aus dem Demonstrationsbeispiel in Abschnitt 8.3. (vom Umfang $n = 2$ ohne Zurücklegen) wird so abgeändert, dass bei jedem Stichprobenzug die noch nicht gezogenen PKW-Besitzer mit einer doppelt so großen Wahrscheinlichkeit ausgewählt werden wie die noch nicht gezogenen Personen ohne eigenen PKW.

a) Wie groß ist dann die Wahrscheinlichkeit, dass die Person A (B, C, D, E) im ersten Zug ausgewählt wird?

b) Erstellen Sie eine Wertetabelle für die Zufallsvariable $X_1$ (= Einkünfte der ersten gezogenen Person)!

c) Bestimmen Sie den Erwartungswert und die Varianz von $X_1$!

d) Wie groß ist dann die Wahrscheinlichkeit, dass die Person A (B, C, D, E) im zweiten Zug ausgewählt wird?

e) Wie groß ist die Wahrscheinlichkeit, dass Person A (B, C, D, E) überhaupt in die Stichprobe gelangt?

**Aufgabe 8.4**

Ein Fitness-Studio zählt 800 Mitglieder, von denen 240 männlich und 560 weiblich sind. Die Mitglieder trainieren wöchentlich im Durchschnitt 114 Minuten mit einer Standardabweichung von 77 Minuten. Für einen medizinischen Test werden 80 Mitglieder mit uneingeschränkter Zufallsauswahl ausgewählt.

a) Liegt eine uneingeschränkte Zufallsauswahl unter den Mitgliedern vor, wenn diejenigen Mitglieder ausgewählt werden, die sich zu einem zufällig gewählten Zeitpunkt im Studio befinden?

b) Sollte eine einfache Zufallsstichprobe vom Umfang $n = 80$ gezogen werden?

c) Bestimmen Sie jeweils das 99%-Schwankungsintervall für den Anteil und die Anzahl der Männer bzw. Frauen unter den Befragten!

d) Berechnen Sie das 95%-Schwankungsintervall für die durchschnittliche wöchentliche Trainingszeit der Befragten!

e) Was besagt dieses Schwankungsintervall?

# Schätzung unbekannter Parameter

**9**

# 9.1 Schätzfunktionen

## 9.1.1 Begriff der Schätzfunktion

Die Schätztheorie befasst sich mit der Frage, wie unbekannte Verteilungsparameter der Grundgesamtheit aus Stichproben geschätzt werden können. Der dabei zugrunde liegende induktive **Repräsentationsschluss** von der Stichprobe auf die Grundgesamtheit ist gewissermaßen die Umkehrung des in Abschnitt 8.5 behandelten deduktiven Inklusionsschlusses von der Grundgesamtheit auf die Stichprobe.

Ausgangspunkt aller Überlegungen in der Schätztheorie ist das aus einer Zufallsstichprobe resultierende **Stichprobenergebnis ($X_1$, ..., $X_n$)**. Diese $n$-dimensionale Zufallsvariable kann durch eine **Stichprobenfunktion**

$$Y_n(X_1, ..., X_n)$$

zu einer eindimensionalen Zufallsvariablen $Y_n$ zusammengefasst werden. Beispiele für Stichprobenfunktionen sind die Merkmalssumme in der Stichprobe sowie der Stichprobenmittelwert bzw. der Stichprobenanteilssatz (vgl. Abschnitt 8.4).

Nach den Ausführungen des vorangehenden Kapitels hängt die **Wahrscheinlichkeitsverteilung einer Stichprobenfunktion** grundsätzlich von der Häufigkeitsverteilung des betrachteten Merkmals $X$ in der Grundgesamtheit sowie von der Art der Stichprobenziehung ab.

Dient eine Stichprobenfunktion der Schätzung eines unbekannten Parameters $\theta$ der Grundgesamtheit, so spricht man von einer **Schätzfunktion** und verdeutlicht dies durch die Schreibweise:

$$\hat{\theta}_n(X_1, ..., X_n) \,. \tag{9.1}$$

---

### Beispiel

## Demonstrationsmodell

Im Demonstrationsmodell aus Abschnitt 8.3. wird aus der Grundgesamtheit von $N = 5$ Personen eine Stichprobe mit uneingeschränkter Zufallsauswahl vom Umfang $n = 2$ ohne Zurücklegen mit dem **Stichprobenergebnis ($Y_1$, $Y_2$) bzw. ($X_1$, $X_2$)** gezogen. Diese Stichprobe soll dazu benutzt werden, die **Parameter $\pi$, $\mu$ und $\sigma^2$** in der Grundgesamtheit zu schätzen.

Als **Schätzfunktionen** wählen wir die entsprechenden Kenngrößen aus der Stichprobe, d.h.

■ $\hat{\pi} := \frac{1}{2}(Y_1 + Y_2)$    für den Anteil der PKW-Besitzer,

■ $\hat{\mu} := \frac{1}{2}(X_1 + X_2)$    für die durchschnittlichen monatlichen Einkünfte und

■ $\hat{\sigma}^2 := \frac{1}{2}\left[ (X_1 - \bar{X})^2 + (X_2 - \bar{X})^2 \right] = \frac{1}{4}(X_1 - X_2)^2$

für die Varianz der monatlichen Einkünfte in der Grundgesamtheit.

Diese liefern für die einzelnen Stichproben die in Tabelle 9.1 aufgelisteten Schätzwerte oder **Punktschätzungen**.

| Stichprobe [1] | Wahrscheinlichkeit | $\hat{\pi}$ | $\hat{\mu}$ | $\hat{\sigma}^2$ |
|---|---|---|---|---|
| (A, B) | 0,1 | 0,5 | 700 | 10000 |
| (A, C) | 0,1 | 1 | 850 | 2500 |
| (A, D) | 0,1 | 1 | 800 | 0 |
| (A, E) | 0,1 | 0,5 | 750 | 2500 |
| (B, C) | 0,1 | 0,5 | 750 | 22500 |
| (B, D) | 0,1 | 0,5 | 700 | 10000 |
| (B, E) | 0,1 | 0 | 650 | 2500 |
| (C, D) | 0,1 | 1 | 850 | 2500 |
| (C, E) | 0,1 | 0,5 | 800 | 10000 |
| (D, E) | 0,1 | 0,5 | 750 | 2500 |

1) ohne Berücksichtigung der Reihenfolge

Tabelle 9.1: Punktschätzungen $\hat{\pi}$, $\hat{\mu}$ und $\hat{\sigma}^2$ für alle Stichproben

Sinnvollerweise sollte eine Stichprobenfunktion nur dann als Schätzfunktion eingesetzt werden, wenn ihre Wahrscheinlichkeitsverteilung einen möglichst engen Zusammenhang mit dem zu schätzenden Parameter $\theta$ aufweist. Diese Forderung führt zur Formulierung wünschenswerter Eigenschaften von Schätzfunktionen: sie sollten zumindest **erwartungstreu** und **konsistent** sein.

## 9.1.2 Erwartungstreue

Eine Schätzfunktion $\hat{\theta}_n$ heißt **erwartungstreu**, wenn ihr Erwartungswert dem zu schätzenden Parameter $\theta$ entspricht:

$$E[\hat{\theta}_n] = \theta \ .$$

$$(9.2)$$

Erwartungstreue besagt also, dass die Schätzfunktion $\hat{\theta}_n$ den Parameter $\theta$ „im Mittel über alle Stichproben" richtig schätzt, d.h. **keine systematische Abweichung (Bias) von** $\theta$ aufweist. Gleichwohl wird eine erwartungstreue Schätzfunktion aufgrund ihrer Streuung bei einzelnen Stichproben mehr oder weniger stark von $\theta$ abweichende Schätzwerte liefern: die „zufälligen" **Stichprobenfehler**. Insofern ist die Erwartungstreue nur ein notwendiges, aber kaum hinreichendes Gütekriterium für eine Schätzfunktion.

**Beispiel**

## Demonstrationsmodell

In unserem Demonstrationsmodell soll untersucht werden, ob die angegebenen Schätzfunktionen $\hat{\pi}$, $\hat{\mu}$ und $\hat{\sigma}^2$ **erwartungstreu** sind. Aus der Tabelle 9.1 erhalten wir die folgenden Wahrscheinlichkeitsverteilungen.

| $\hat{\pi}_i$ | $p(\hat{\pi}_i)$ | $\hat{\mu}_i$ | $p(\hat{\mu}_i)$ | $\hat{\sigma}_i^2$ | $p(\hat{\sigma}_i^2)$ |
|---|---|---|---|---|---|
| 0 | 0,1 | 650 | 0,1 | 0 | 0,1 |
| 0,5 | 0,6 | 700 | 0,2 | 2500 | 0,5 |
| 1 | 0,3 | 750 | 0,3 | 10000 | 0,3 |
| | | 800 | 0,2 | 22500 | 0,1 |
| | | 850 | 0,2 | | |

Tabelle 9.2: Wahrscheinlichkeitsverteilungen von $\hat{\pi}$, $\hat{\mu}$ und $\hat{\sigma}^2$

Hieraus ergeben sich für die drei Schätzfunktionen folgende **Erwartungswerte**:

- $E\left[\hat{\pi}\right] = 0,1 \cdot 0 + 0,6 \cdot 0,5 + 0,3 \cdot 1 = \mathbf{0,6} = \pi$
- $E\left[\hat{\mu}\right] = 0,1 \cdot 650 + 0,2 \cdot 700 + 0,3 \cdot 750 + 0,2 \cdot 800 + 0,2 \cdot 850 = \mathbf{760} = \mu$
- $E\left[\hat{\sigma}^2\right] = 0,1 \cdot 0 + 0,5 \cdot 2500 + 0,3 \cdot 10000 + 0,1 \cdot 22500 = \mathbf{6500} \neq \sigma^2$.

Somit sind im Demonstrationsbeispiel $\hat{\pi}$ **und** $\hat{\mu}$ **erwartungstreue Schätzfunktionen** für $\pi$ und $\mu$, während $\hat{\sigma}^2$ **keine erwartungstreue Schätzfunktion** für $\sigma^2$ ist. Tatsächlich müsste die Schätzfunktion für die Varianz im vorliegenden Fall noch mit den Faktoren

$$\frac{n}{n-1} \text{ (hier: 2)} \quad \text{und} \quad \frac{N-1}{N} \text{ (hier: 0,8)}$$

multipliziert werden, um die Eigenschaft der Erwartungstreue zu erlangen:

$$E\left[1,6\,\hat{\sigma}^2\right] = 1,6 \cdot 6500 = 10400 = \sigma^2.$$

### 9.1.3 Konsistenz

Bedeutsam im Hinblick auf den Stichprobenfehler ist die Konsistenz. Eine Schätzfunktion $\hat{\theta}_n$ ist **konsistent**, wenn sie stochastisch gegen den zu schätzenden Parameter $\theta$ konvergiert (vgl. Abschnitt 7.12.4):

$$\plim_{n \to \infty} \hat{\theta}_n = \theta. \tag{9.3}$$

Die Konsistenz ist somit eine asymptotische Eigenschaft. Sie besagt, dass bei der Schätzfunktion $\hat{\theta}_n$ mit zunehmendem Stichprobenumfang $n$ große Abweichungen der Schätzwerte vom Parameter $\theta$ immer seltener werden.

Die Konsistenz ist die wichtigste Eigenschaft einer Schätzfunktion überhaupt. Sie gewährleistet, dass **Schätzungen mit zunehmendem Stichprobenumfang genauer** werden. Diese Eigenschaft bildet die Grundlage für Stichprobenplanungen in der Praxis (vgl. Abschnitt 9.3).

## 9.1.4    Punktschätzungen für wichtige Parameter

Den numerischen Wert, den man erhält, wenn man ein **konkretes Stichprobenergebnis** $(x_1, ..., x_n)$ – d.h. eine Realisation der Zufallsvariablen $(X_1, ..., X_n)$ – in eine Schätzfunktion $\hat{\theta}_n$ einsetzt, bezeichnet man als **Punktschätzung** für den unbekannten Parameter $\theta$ der Grundgesamtheit. Wie im obigen Demonstrationsbeispiel handelt es sich bei den zu schätzenden Parametern in der Praxis meist um das **arithmetische Mittel** $(\mu)$, den **Anteilssatz** $(\pi)$ oder die **Varianz** $(\sigma^2)$ in der Grundgesamtheit. Zur Schätzung werden dann die folgenden Schätzfunktionen verwendet:

■ der **Stichprobenmittelwert** (im heterograden Fall)

$$\bar{X}_n = \frac{1}{n}\sum_{t=1}^{n} X_t \quad (= \hat{\mu}_n),$$

(9.4)

■ der **Stichprobenanteilssatz** (im homograden Fall, $X_t \sim B(1\,;\pi)$)

$$P_n = \frac{1}{n}\sum_{t=1}^{n} X_t \quad (= \hat{\pi}_n) \quad \text{und}$$

(9.5)

■ die **Stichprobenvarianz** im heterograden Fall

$$S_n^2 = \frac{1}{n-1}\sum_{t=1}^{n}(X_t - \bar{X}_n)^2 - \frac{1}{n-1}(\sum_{t=1}^{n} X_t^2 - n\,\bar{X}_n^2) \quad (= \hat{\sigma}_n^2)$$

(9.6)

bzw. im homograden Fall

$$S_n^2 = \frac{n}{n-1} P_n(1-P_n) \quad (= \widehat{\pi(1-\pi)}).$$

(9.7)

Man beachte, dass die Summe der Abweichungsquadrate bei der **Stichprobenvarianz** nicht durch $n$ (wie bei der deskriptiven Varianz), sondern **durch ($n$–1) dividiert** wird. Anderenfalls wäre die Schätzfunktion nicht erwartungstreu. Außerdem sollte die Stichprobenvarianz bei Stichproben **ohne Zurücklegen** – ebenfalls zur Herstellung der Erwartungstreue – um den Faktor $\frac{N-1}{N}$ korrigiert werden (vgl. Demonstrationsmodell):

$$\tilde{S}_n^2 = \frac{N-1}{N} S_n^2.$$

(9.8)

Im Übrigen sind die hier genannten Schätzfunktionen gleichermaßen für Stichproben mit und ohne Zurücklegen anwendbar. Sie sind allgemein **erwartungstreu** und **konsistent**.

Gemäß den Aussagen (8.2) und (8.3) bzw. (8.5) und (8.6) sind die Schätzfunktionen $\bar{X}_n$ **und** $P_n$ für hinreichend große Zufallsstichproben ($n \geq 50$) **näherungsweise normalverteilt**. Für die Stichprobenvarianz $S^2$ gilt: Sofern das Merkmal $X$ in der Grundgesamtheit normalverteilt ist, ist $\frac{n-1}{\sigma} S^2$ Chi-Quadrat-verteilt mit ($n$–1) Freiheitsgraden und somit für große $n$-Werte ebenfalls **näherungsweise normalverteilt**.

## 9.2 Intervallschätzung

### 9.2.1 Konzept des Konfidenzintervalls

Während bei der **Punktschätzung** aus einem Stichprobenergebnis nur ein punktueller Schätzwert ermittelt wird, informiert eine **Intervallschätzung** zusätzlich über den **Stichprobenfehler**. Sie stellt also einen Zusammenhang zwischen der Punktschätzung und dem Parameterwert der Grundgesamtheit her.

Bei der Intervallschätzung wird für einen unbekannten Parameter $\theta$ zunächst aus einer Stichprobe eine Punktschätzung $\hat{\theta}_n$ berechnet, um die herum dann ein (meist symmetrisches) **$(1–\alpha)$-Konfidenzintervall** konstruiert wird:

$$K_{1-\alpha}(\theta) = \left[\; \hat{\theta}_n - \delta_K \,;\, \hat{\theta}_n + \delta_K \;\right]. \tag{9.9}$$

Dabei wird der Stichprobenfehler $\delta_K$ so bestimmt, dass das Konfidenzintervall den unbekannten Parameter $\theta$ mit einer vorgegebenen (i.d.R. hohen) Wahrscheinlichkeit $(1-\alpha)$ überdeckt:

$$P(\,\theta \in K_{1-\alpha}(\theta)\,) = 1-\alpha\,. \tag{9.10}$$

Diese Wahrscheinlichkeit $(1–\alpha)$ heißt **Überdeckungswahrscheinlichkeit** oder **Konfidenzniveau**. Üblicherweise werden in der Praxis Konfidenzniveaus von **0,95** oder **0,99** gewählt.

Im Gegensatz zu einem Schwankungsintervall, das im Sinne einer „normalen" Intervall-Wahrscheinlichkeit zu interpretieren ist (d.h. als Wahrscheinlichkeit, dass die Zufallsvariable einen Wert innerhalb eines festen Intervalls annimmt), muss ein Konfidenzintervall anders gedeutet werden: nämlich als ein (aus dem Stichprobenergebnis resultierendes) **Zufallsintervall** für einen unbekannten, aber numerisch fixierten Parameter.

Dieser Sachverhalt soll durch die nachfolgende Abbildung und das bereits bekannte Demonstrationsmodell verdeutlicht werden.

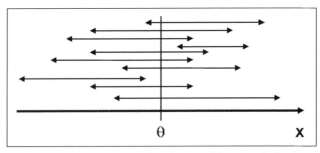

Abbildung 9.1: Aus verschiedenen Stichproben berechnete Konfidenzintervalle für einen Parameter $\theta$

---

**Beispiel**

## Demonstrationsmodell

Die Punktschätzungen des Mittelwerts $\mu$ im Demonstrationsmodell (vgl. Tabelle 9.1) werden nach der folgenden, willkürlich gewählten (und damit keinem vorgegebenen Konfidenzniveau entsprechenden) Vorschrift zu Intervallschätzungen erweitert:

$$K_{1-\alpha}(\mu) = \left[ \; \hat{\mu}_n - \delta_K \; ; \hat{\mu}_n + \delta_K \; \right] \quad \text{mit} \quad \delta_K := \left| X_1 - X_2 \right|.$$

Die resultierenden **Konfidenzintervalle** werden in Tabelle 9.3 aufgelistet.

| Stichprobe | Wahrschein-lichkeit | $\hat{\mu}$ | $\delta_K$ | $K_{1-\alpha}(\mu)$ | $\mu \overset{?}{\in} K_{1-\alpha}(\mu)$ |
|---|---|---|---|---|---|
| (A, B) | 0,1 | 700 | 200 | [500; 900] | ja |
| (A, C) | 0,1 | 850 | 100 | [750; 950] | ja |
| (A, D) | 0,1 | 800 | 0 | [800; 800] | nein |
| (A, E) | 0,1 | 750 | 100 | [650; 850] | ja |
| (B, C) | 0,1 | 750 | 300 | [450; 1050] | ja |
| (B, D) | 0,1 | 700 | 200 | [500; 900] | ja |
| (B, E) | 0,1 | 650 | 100 | [550; 750] | nein |
| (C, D) | 0,1 | 850 | 100 | [750; 950] | ja |
| (C, E) | 0,1 | 800 | 200 | [600; 1000] | ja |
| (D, E) | 0,1 | 750 | 100 | [650; 850] | ja |

Tabelle 9.3: Konfidenzintervalle für den Parameter $\mu$ für alle Stichproben

Man erkennt: 8 von 10 gleich wahrscheinlichen Stichproben führen zu einem Konfidenzintervall, das den tatsächlichen Parameterwert $\mu = 760$ überdeckt. Demnach beträgt das **Konfidenzniveau** $1 - \alpha = 0,8$. Das heißt: Ein nach der obigen Vorschrift konstruiertes Konfidenzintervall enthält den Parameter $\mu = 760$ mit 80%iger Wahrscheinlichkeit.

Allgemein lautet die **richtige Interpretation** i.S. einer statistischen Wahrscheinlichkeit also:

Ein **stochastisches** (d.h. zufallsabhängiges) **Konfidenzintervall** $K_{1-\alpha}(\theta)$, das nach einer bestimmten Vorschrift berechnet wird, überdeckt den Parameter $\theta$ mit Wahrscheinlichkeit $(1 - \alpha)$.

Streng genommen ist diese Erkenntnis für die Praxis nicht sehr hilfreich, da i.A. nur **eine** Stichprobe gezogen wird und man aufgrund dieser speziellen Stichprobe eine Aussage treffen will. Faktisch wird aus dem „Zufallsintervall" ein **numerisch fixiertes Konfidenzintervall**, das den Wert $\theta$ entweder enthält oder nicht enthält. Wir müssen somit die Wahrscheinlichkeitsaussage in Richtung einer subjektiven „**Vertrauens-Wahrscheinlichkeit**" uminterpretieren und sagen:

> Das aus der konkreten Stichprobe vorschriftsmäßig berechnete **feste Konfidenzintervall** $K_{1-\alpha}(\theta)$ enthält den Parameter $\theta$ mit Wahrscheinlichkeit $(1-\alpha)$.

Diese uminterpretierte Wahrscheinlichkeitsaussage, die sich nach wie vor auf das Schätzverfahren bezieht, ist offensichtlich **nur sinnvoll, solange der tatsächliche Wert des Parameters $\theta$ unbekannt ist**. Sobald man ihn jedoch kennt, ist sie absolut unsinnig.

## 9.2.2   Ableitung von Konfidenzintervallen

Exemplarisch betrachten wir die Ableitung des **$(1-\alpha)$-Konfidenzintervalls für das arithmetische Mittel** $\mu$ der Grundgesamtheit. Dieser Parameter wird durch den Stichprobenmittelwert $\bar{X}_n$ konsistent geschätzt.

Das **$(1-\alpha)$-Schwankungsintervall für** $\bar{X}_n$ nach Formel (8.9) beinhaltet die folgende Wahrscheinlichkeitsaussage:

$$P\left(\mu - z_{1-\alpha/2}\,\frac{\sigma}{\sqrt{n}} \le \bar{X}_n \le \mu + z_{1-\alpha/2}\,\frac{\sigma}{\sqrt{n}}\right) = 1 - \alpha \quad . \tag{S}$$

Sie lässt sich äquivalent umformen, indem die Ungleichungen nach dem Parameter $\mu$ aufgelöst werden:

$$P\left(\mu \le \bar{X}_n + z_{1-\alpha/2}\,\frac{\sigma}{\sqrt{n}} \;\text{ und }\; \mu \ge \bar{X}_n - z_{1-\alpha/2}\,\frac{\sigma}{\sqrt{n}}\right) = 1 - \alpha$$

bzw.

$$P\left(\bar{X}_n - z_{1-\alpha/2}\,\frac{\sigma}{\sqrt{n}} \le \mu \le \bar{X}_n + z_{1-\alpha/2}\,\frac{\sigma}{\sqrt{n}}\right) = 1 - \alpha \quad . \tag{K}$$

Dies ist dann genau die Aussage des **$(1-\alpha)$-Konfidenzintervalls für** den Parameter $\mu$:

$$K_{1-\alpha}(\mu) = \left[\; \bar{X}_n - z_{1-\alpha/2}\,\frac{\sigma}{\sqrt{n}} \;;\; \bar{X}_n + z_{1-\alpha/2}\,\frac{\sigma}{\sqrt{n}} \;\right] \quad .$$

Allerdings ist bei Mittelwertschätzungen in der Praxis meist auch die **Standardabweichung** $\sigma$ der Grundgesamtheit **unbekannt**. Sie wird dann durch die **konsistente Schätzung** $S_n$ ($= \sqrt{S_n^2}$) ersetzt, wobei die Aussage (K) für den – ohnehin vorausgesetzten – großen Stichprobenumfang ($n \ge 50$) approximativ gültig bleibt.

### 9.2.3 Konfidenzintervalle für Mittelwert und Anteilssatz

Ein **(1–$\alpha$)-Konfidenzintervall für das arithmetische Mittel** $\mu$ in der Grundgesamtheit hat allgemein die Form

$$K_{1-\alpha}(\mu) = \left[ \ \bar{X}_n - \delta_K \ ; \bar{X}_n + \delta_K \ \right], \tag{9.11}$$

wobei hinsichtlich der Bestimmung des **Stichprobenfehlers** $\delta_K$ folgende Fälle zu unterscheiden sind:

■ falls die **Varianz $\sigma^2$ bekannt** (und $n \geq 50$) ist:

$$\delta_K = z_{1-\alpha/2} \frac{\sigma}{\sqrt{n}} \tag{9.12}$$

■ falls die **Varianz $\sigma^2$ unbekannt** (und $n \geq 50$) ist:

$$\delta_K = z_{1-\alpha/2} \frac{S_n}{\sqrt{n}} \tag{9.13}$$

■ falls die **Varianz $\sigma^2$ unbekannt** und das Merkmal $X$ **in der Grundgesamtheit normalverteilt** ist (auch bei kleinen Stichproben):

$$\delta_K = t(n-1)_{1-\alpha/2} \frac{S_n}{\sqrt{n}} . \tag{9.14}$$

Die entsprechenden Quantile der Standardnormalverteilung bzw. der $t$-Verteilung mit $(n-1)$ Freiheitsgraden sind z.B. der Tabelle A.4 im Anhang zu entnehmen.

Durch **Hochrechnung** (Multiplikation mit der Anzahl der Merkmalsträger in der Grundgesamtheit) gewinnt man aus dem $(1-\alpha)$-Konfidenzintervall für $\mu$ ein **(1–$\alpha$)-Konfidenzintervall für die Merkmalssumme $N \cdot \mu$** in der Grundgesamtheit:

$$K_{1-\alpha}(N\mu) = N \cdot K_{1-\alpha}(\mu) . \tag{9.15}$$

Das **(1–$\alpha$)-Konfidenzintervall für den Anteilssatz** $\pi$ einer dichotomen Grundgesamtheit ist (für $n \geq 50$) bestimmt durch

$$K_{1-\alpha}(\pi) = \left[ \ P_n - \delta_K \ ; P_n + \delta_K \ \right] \quad mit \quad \delta_K = z_{1-\alpha/2} \sqrt{\frac{P_n(1-P_n)}{n-1}} . \tag{9.16}$$

Die Hochrechnung ergibt ein **(1–$\alpha$)-Konfidenzintervall für die Anzahl (absolute Häufigkeit)** $N \cdot \pi$ der „Einsen" in der Bernoulli-Verteilung der Grundgesamtheit:

$$K_{1-\alpha}(N\pi) = N \cdot K_{1-\alpha}(\pi) . \tag{9.17}$$

Im Falle von **Stichproben ohne Zurücklegen** (und $\frac{n}{N} > 0{,}05$) ist der Stichprobenfehler in allen oben angegebenen Konfidenzintervallen wiederum wie folgt zu korrigieren:

$$\tilde{\delta}_K = \sqrt{1 - \frac{n}{N}} \ \delta_K . \tag{9.18}$$

---

### Beispiel

## Fahrzeug-Bestellungen (homograder Fall)

Ein Autohersteller rechnet im laufenden Quartal mit insgesamt $N = 90000$ Bestellungen für ein gerade neu eingeführtes Modell. An einem zufällig gewählten Geschäftstag werden $n = 1300$ Neuwagen dieses Modells bestellt, davon 1118 mit Klimaanlage. Es werden **99%-Konfidenzintervalle für den Anteil und die Anzahl der bestellten Fahrzeuge mit Klimaanlage im gesamten Quartal** gesucht.

Zunächst ist festzustellen, dass es sich hier um eine Stichprobe ohne Zurücklegen mit kleinem Auswahlsatz (1,44 %) handelt. Folglich darf der Korrekturfaktor (9.18) bei der Berechnung der Konfidenzintervalle entfallen.

■ **Punktschätzung des Anteilssatzes** von Bestellungen mit Klimaanlage im Quartal:

$$\hat{\pi} = p_{1300} = \frac{1118}{1300} = 0,86$$

■ **Stichprobenfehler des Anteilssatzes** von Bestellungen mit Klimaanlage im Quartal:

$$\delta_K = z_{0,995} \sqrt{\frac{p_{1300}(1 - p_{1300})}{1299}} = 2,576 \sqrt{\frac{0,86 \cdot 0,14}{1299}} = 0,0248$$

■ **99%-Konfidenzintervall für den Anteilssatz** der Bestellungen mit Klimaanlage im Quartal:

$$K_{0,99}(\pi) = [0,8352;\ 0,8848]$$

■ **99%-Konfidenzintervall für die Anzahl** der Bestellungen mit Klimaanlage im Quartal:

$$K_{0,99}(90000\ \pi) = [75168;\ 79632]$$

Nach dem Stichprobenergebnis zu urteilen, werden mit 99%iger Wahrscheinlichkeit im gesamten Quartal zwischen 83,52 % und 88,48 % der Fahrzeuge bzw. insgesamt zwischen 75168 und 79632 Fahrzeuge mit Klimaanlage bestellt.

---

**Beispiel**

## Benzinverbrauch (heterograder Fall)

Derselbe Fahrzeug-Hersteller baut eine auf $N = 1000$ Fahrzeuge limitierte Sonderserie des neuen Fahrzeugtyps mit einem neuartigen, Kraftstoff sparenden Motor. In einem kleinen Feldversuch werden $n = 12$ zufällig ausgewählte Fahrzeuge dieser Sonderserie getestet. Dabei ergibt sich ein Verbrauch von durchschnittlich 6,1 [Liter/100km] bei einer Standardabweichung von 0,8 [Liter/100km]. Es wird angenommen, dass der Verbrauch innerhalb der Serie normalverteilt ist. Gesucht ist das **95%-Konfidenzintervall für den Durchschnittsverbrauch** der Sonderserie.

Auch hier liegt eine Stichprobe ohne Zurücklegen mit einem kleinen Auswahlsatz (1,2 %) vor, so dass auf den Korrekturfaktor (9.18) verzichtet werden kann.

■ **Punktschätzung des Durchschnittsverbrauchs** der Sonderserie:

$$\hat{\mu} = \bar{x}_{12} = 6{,}1 \text{ [Liter/100km]}$$

■ **Stichprobenfehler des Durchschnittsverbrauchs** der Sonderserie:

$$\delta_K = t(11)_{0{,}975} \frac{\tilde{s}_{12}}{\sqrt{12}} = 2{,}201 \frac{0{,}8}{\sqrt{12}} = 0{,}508 \text{ [Liter/100km]}$$

($t$-Verteilung mit 11 Freiheitsgraden; vgl. Tabelle A.4)

■ **95%-Konfidenzintervall** für den Durchschnittsverbrauch der Sonderserie:

$$K_{0{,}95}(\mu) = [5{,}592; \, 6{,}608] \text{ [Liter/100km]}$$

Dies bedeutet: Aufgrund der Ergebnisse der 12er-Stichprobe liegt der Durchschnittsverbrauch der gesamten Sonderserie mit 95%iger Wahrscheinlichkeit zwischen 5,592 und 6,608 [Liter/100km].

Wird das gleiche Ergebnis in einer größeren Stichprobe vom Umfang $n = 75$ festgestellt, so ist zu beachten, dass dann der Auswahlsatz groß (7,5 %) und daher der Korrekturfaktor (9.18) zu berücksichtigen ist und statt der $t$-Verteilung die Standardnormalverteilung verwendet werden kann.

■ **Stichprobenfehler des Durchschnittsverbrauchs** der Sonderserie:

$$\tilde{\delta}_K = z_{0{,}975} \frac{\tilde{s}_{75}}{\sqrt{75}} \sqrt{1 - \frac{75}{1000}} = 1{,}96 \frac{0{,}8}{\sqrt{75}} \sqrt{0{,}925} = 0{,}174 \text{ [Liter/100km]}$$

■ **95%-Konfidenzintervall für den Durchschnittsverbrauch** der Sonderserie:

$$K_{0{,}95}(\mu) = [5{,}926; \, 6{,}274] \text{ [Liter/100km]}$$

Aufgrund der Ergebnisse der größeren 75er-Stichprobe liegt der Durchschnittsverbrauch der gesamten Sonderserie mit 95%iger Wahrscheinlichkeit zwischen 5,926 und 6,274 [Liter/100km]. Die Schätzung ist also bei der größeren Stichprobe deutlich genauer.

## 9.3 Planung des Stichprobenumfangs

Bei der Intervallschätzung ist man bestrebt, die unbekannten Parameter in der Grundgesamtheit möglichst genau zu schätzen oder – anders ausgedrückt – den **Stichprobenfehler** $\delta_K$ **möglichst klein** zu halten. Betrachten wir exemplarisch die Schätzung des Mittelwertes $\mu$ bei bekannter Varianz $\sigma^2$, so erkennt man aus der oben angegebenen Formel

$$\delta_K = z_{1-\alpha/2} \frac{\sigma}{\sqrt{n}} \, , \tag{9.12}$$

dass der Stichprobenfehler von **drei Faktoren** abhängt:

- vom **Konfidenzniveau (1–$\alpha$)** (über das Quantil $z_{1-\alpha/2}$),
- von der **Varianz** $\sigma^2$ in der Grundgesamtheit und
- vom **Stichprobenumfang $n$**.

Das Konfidenzniveau wird regelmäßig mit einer hohen Wahrscheinlichkeit (meist 0,95 oder 0,99) angesetzt. Zwar könnte man den Stichprobenfehler durch eine Absenkung des Konfidenzniveaus verkleinern, doch wäre dies nicht sinnvoll: Man würde die höhere Genauigkeit nämlich mit geringer Sicherheit und somit mangelnder Aussagefähigkeit der Schätzung erkaufen. Demgegenüber ist die Streuung in der Grundgesamtheit für die Analyse eine unabänderliche Größe.

Allerdings lässt sich der Stichprobenfehler bei der Intervallschätzung durch die **Wahl des Stichprobenumfangs** maßgeblich beeinflussen. Weil der Stichprobenfehler $\delta_K$ für $n \to \infty$ gegen 0 strebt, kann durch entsprechende Wahl von $n$ sogar eine **beliebig hohe Genauigkeit** erzielt werden, und das bei jedem Konfidenzniveau (1–$\alpha$) und jeder Varianz $\sigma^2$.

Bei der **Stichprobenplanung** macht man daher **zwei Vorgaben**:

- das Konfidenzniveau (1–$\alpha$) und
- die gewünschte Genauigkeit in Form einer Obergrenze $\delta_{max}$ (> 0) für den Stichprobenfehler $\delta_K$,

und bestimmt dann den Stichprobenumfang $n$, der erforderlich ist, um diese Genauigkeit beim gewählten Konfidenzniveau zu erreichen. Der mindestens **notwendige Stichprobenumfang** ergibt sich formal durch Auflösen der Bedingung

$$z_{1-\alpha/2} \frac{\sigma}{\sqrt{n}} \leq \delta_{\max}$$

nach $n$:

$$n \geq \left( \frac{z_{1-\alpha/2}}{\delta_{\max}} \right)^2 \sigma^2 \, . \tag{9.19}$$

Analog erhält man die notwendigen Stichprobenumfänge bei den anderen Intervall-schätzungen:

■ Ist im **heterograden Fall** die Varianz $\sigma^2$ in der Grundgesamtheit unbekannt (was bei der Stichprobenplanung für die Schätzung des Mittelwerts $\mu$ der Regelfall ist), so muss sie „konservativ" durch einen **Maximalwert** $\sigma^2_{\max}$ abgeschätzt werden. Dieser kann z.B. aus früheren, ähnlichen Erhebungen stammen oder mit Hilfe einer Vorstichprobe gewonnen werden. An die Stelle (9.19) tritt dann die Bedingung

$$n \geq \left( \frac{z_{1-\alpha/2}}{\delta_{\max}} \right)^2 \sigma^2_{\max} \; . \tag{9.20}$$

■ Im **homograden Fall** lässt sich die Varianz in der dichotomen Grundgesamtheit grundsätzlich durch

$$\sigma^2 \;=\; \pi\,(1-\pi) \;\leq\; \frac{1}{4}$$

abschätzen, so dass die Formel für den notwendigen Stichprobenumfang bei der Schätzung des Anteilssatzes $\pi$ lautet:

$$n \geq \frac{1}{4} \left( \frac{z_{1-\alpha/2}}{\delta_{\max}} \right)^2 \; . \tag{9.21}$$

Die angegebenen Formeln (9.19) bis (9.21) gelten für **einfache Zufallsstichproben**. Soll die Stichprobenziehung **ohne Zurücklegen** (aber mit uneingeschränkter Zufallsauswahl) erfolgen, so verringert sich der notwendige Stichprobenumfang wegen der vergleichsweise höheren Genauigkeit. Es gilt folgende Beziehung zwischen den Mindeststichprobenumfängen im Fall mit Zurücklegen ($n_{min}$) und ohne Zurücklegen ($\tilde{n}_{min}$):

$$\tilde{n}_{\min} \;=\; \frac{n_{\min}}{1 + \dfrac{n_{\min}}{N}} \; . \tag{9.22}$$

Bei den Formeln zur Bestimmung des notwendigen Stichprobenumfangs ist weiterhin zu beachten, dass sie auf dem Zentralen Grenzwertsatz basieren, d.h. einen **großen Stichprobenumfang voraussetzen**. Der berechnete Mindeststichprobenumfang sollte also nicht kleiner als 50 sein.

Umgekehrt kann sich aufgrund der Formeln **bei sehr hohen Genauigkeitsanforderungen** ein unrealistisch hoher Mindeststichprobenumfang ergeben, der im Extremfall die Anzahl der Merkmalsträger in der Grundgesamtheit ($N$) sogar übersteigt. Es empfiehlt sich daher, im Anschluss an die Berechnung des notwendigen Stichprobenumfangs noch einmal zu **prüfen, ob** an der Entscheidung für eine **Stichprobe** festgehalten **oder** angesichts der geforderten Genauigkeit doch besser eine **Vollerhebung** durchgeführt werden soll.

---

## Beispiel

### Fahrzeug-Bestellungen (homograder Fall)

Der Fahrzeug-Hersteller aus dem Beispiel in Abschnitt 9.2.3 möchte den Anteil der im laufenden Quartal mit Klimaanlage bestellten Fahrzeuge des neuen Modells bei einem Konfidenzniveau von 99 % auf zwei Prozentpunkte genau schätzen. Wie groß muss die Stichprobe dazu sein? (Jedenfalls muss sie mehr als 1300 Bestellungen umfassen, denn im obigen Beispiel ergab sich beim gleichen Konfidenzniveau nur eine Genauigkeit von 2,48 Prozentpunkten.)

Man bestimmt zunächst den **Mindeststichprobenumfang** für eine **Stichprobe mit Zurücklegen**:

$$n_{min} = \frac{1}{4} \left( \frac{2,576}{0,02} \right)^2 = 4147,36$$

und daraus den Mindeststichprobenumfang für eine **Stichprobe ohne Zurücklegen**:

$$\tilde{n}_{min} = \frac{4147,36}{1 + \frac{4147,36}{90000}} = 3964,66 \; .$$

Die Stichprobe ohne Zurücklegen muss also **mindestens 3965 Bestellungen** umfassen, was einem Auswahlsatz von 4,4 % entspricht.

---

## Beispiel

### Benzinverbrauch (heterograder Fall)

Im Beispiel aus Abschnitt 9.2.3 soll der Durchschnittsverbrauch aller Fahrzeuge der Sonderserie bei einem Konfidenzniveau von 95 % auf 0,25 [Liter/100km] genau geschätzt werden. Von vergleichbaren Baureihen weiß man, dass $\sigma_{max} = 1,2$ [Liter/100km] gilt.

Somit ergibt sich für eine **Stichprobe mit Zurücklegen** ein **Mindeststichprobenumfang** von

$$n_{min} = \left( \frac{1,96}{0,25} \right)^2 (1,2)^2 = 88,51$$

und damit für eine **Stichprobe ohne Zurücklegen**:

$$\tilde{n}_{min} = \frac{88,51}{1 + \frac{88,51}{1000}} = 81,31 \; .$$

Es müssen also **mindestens 82 Fahrzeuge** der Sonderserie getestet werden, was einem Auswahlsatz von 8,2 % entspricht. (Im obigen Beispiel ergab sich bei gleichem Konfidenzniveau auch schon für die 75er-Stichprobe die gewünschte Genauigkeit. Dies lag daran, dass sich die Standardabweichung in der Stichprobe als kleiner erwies, als man zunächst – vorsichtigerweise – angenommen hätte.)

# 9.4 Aufgaben

### Aufgabe 9.1

In einem Unternehmen mit 4000 Beschäftigten will man mit Hilfe einer Stichprobe ohne Zurücklegen die durchschnittliche monatliche Überstundenzahl der Beschäftigten abschätzen.

a) Die Intervallschätzung soll bei einem Konfidenzniveau von 95 % eine Genauigkeit von maximal 36 Minuten aufweisen. Wie groß muss der Stichprobenumfang gewählt werden, wenn man bereits weiß, dass $\sigma \leq 5$ [Stunden] ist?

b) In einer Zufallsstichprobe von 400 Beschäftigten ergibt sich $\bar{x} = 10$ [Stunden] und $\tilde{s}^2 = 15$ [Stunden$^2$]. Bestimmen Sie die 95%-Konfidenzintervalle für ...

– die durchschnittliche monatliche Überstundenzahl je Beschäftigtem und

– die Gesamtüberstundenzahl im Unternehmen!

### Aufgabe 9.2

Bei der Produktion eines elektronischen Bauteils liegt die normale Ausschussquote bei 10%. In jüngster Zeit sind aber immer wieder technische Probleme aufgetreten, so dass sich der Produktionsleiter nicht mehr sicher ist, ob die Anlage noch normal arbeitet. Im Rahmen der Qualitätssicherung werden deshalb regelmäßig Zufallsstichproben vom Umfang 100 entnommen, in denen jeweils die Ausschussquote festgestellt wird.

a) Bestimmen Sie das 99%-Schwankungsintervall für den Anteil der defekten Bauteile in einer solchen Stichprobe unter der Annahme, dass die Produktionsanlage noch mit der normalen Ausschussquote arbeitet!

b) Formulieren Sie verbal die Aussage des Schwankungsintervalls!

c) In der neuesten Stichprobe waren 15 Bauteile defekt. Bestimmen Sie das 99%-Konfidenzintervall für die aktuelle Ausschussquote in der Produktion!

d) Formulieren Sie verbal die Aussage des Konfidenzintervalls!

### Aufgabe 9.3

In einem großen europäischen Land soll das durchschnittliche Bruttoeinkommen der Lehrer mit Hilfe einer einfachen Zufallsstichprobe geschätzt werden. Aus anderen Untersuchungen weiß man, dass die Standardabweichung der Einkommen höchstens 1500 [€] beträgt. Außerdem soll in der Stichprobe das Alter der Lehrer erfragt werden.

a) Wie groß muss die Stichprobe gewählt werden, um das mittlere Bruttoeinkommen der Lehrer bei einem Konfidenzniveau von 95 % auf 100 [€] genau zu schätzen?

b) Reicht dieser Mindeststichprobenumfang aus, um den Anteil der über 60-Jährigen unter den Lehrern – ebenfalls bei einem Konfidenzniveau von 95 % – auf drei Prozentpunkte genau zu schätzen?

c) In einer Zufallsstichprobe von 1000 Lehrern ergibt sich ein Durchschnittseinkommen von 3280 [€] bei einer Standardabweichung von 1130 [€]. Berechnen Sie das 95%-Konfidenzintervall für das durchschnittliche Bruttoeinkommen der Lehrer!

d) Erklären Sie verbal, was das Konfidenzintervall hier bedeutet!

e) In der Stichprobe sind genau 100 Lehrer über 60 Jahre alt. Wie lautet dann das 95%-Konfidenzintervall für den Anteil der über 60-Jährigen unter allen Lehrern?

f) Welche Auswirkung hätte es auf die Stichprobenplanung in Aufgabenteil b), wenn man im Voraus sicher wüsste, dass der Anteil der über 60-jährigen Lehrer unter 20 % liegt?

**Aufgabe 9.4**

In einer deutschen Großstadt gibt es 50000 Mietwohnungen. Mit Hilfe einer Stichproben-erhebung ohne Zurücklegen soll der durchschnittliche Mietzins pro Quadratmeter fest-gestellt werden.

a) Welcher Stichprobenumfang ist erforderlich, wenn die Intervallschätzung bei einem Konfidenzniveau von 99 % eine Genauigkeit von 0,10 [€/m²] aufweisen soll und aufgrund früherer Untersuchungen die Standardabweichung in der Grund-gesamtheit auf maximal 2 [€/m²] veranschlagt wird?

b) In einer Zufallsstichprobe von 3000 verschiedenen Mietwohnungen wird ein durchschnittlicher Mietzins von 12,60 [€/m²] und eine Standardabweichung von 1,75 [€/m²] festgestellt. Bestimmen Sie daraus das 99%-Konfidenzintervall!

c) In derselben Stichprobe wurde bei 420 Wohnungen ein Mietzins über 15 [€/m²] festgestellt. Berechnen Sie das 95%-Konfidenzintervall für die Anzahl der Miet-wohnungen in der Stadt, bei denen der Mietzins über 15 [€/m²] beträgt.

**Aufgabe 9.5**

Im Rahmen eines Zulassungsverfahrens an einer deutschen Hochschule absolvieren 2000 Bewerber einen Sprachtest, bei dem die erreichte Punktzahl erfahrungsgemäß näherungsweise normalverteilt ist. Unmittelbar nach dem Test werden 10 Testbögen zufällig ausgewählt und ausgewertet. Dabei ergeben sich folgende Punktzahlen:

66, 38, 73, 64, 85, 58, 32, 42, 77, 45.

a) Geben Sie eine erwartungstreue Punktschätzung für den Mittelwert $\mu$ und die Varianz $\sigma^2$ der von allen 2000 Bewerbern erreichten Punktzahl!

b) Berechnen Sie ein 95%-Konfidenzintervall für die mittlere Punktzahl der Bewerber!

c) Man weiß aus früheren Tests, dass die Standardabweichung höchstens 25 Punkte beträgt. Wie viele Bögen müsste man auswerten, um die Durchschnittspunktzahl bei einem Konfidenzniveau von 95 % auf 5 Punkte genau zu schätzen?

# Statistische Hypothesentests

**10**

ÜBERBLICK

# 10.1 Methodische Vorgehensweise

## 10.1.1 Typen von Hypothesentests

Statistische Hypothesentests dienen dazu, **Aussagen (Hypothesen) über die Verteilung eines Merkmals in der Grundgesamtheit mit Hilfe einer Zufallsstichprobe zu überprüfen**. Dabei kann es sich um sehr unterschiedliche Aussagen handeln.

Bei **parametrischen Tests** bezieht sich die Hypothese auf einen oder mehrere unbekannte Parameter ($\pi, \mu, \sigma^2$ etc.) der Grundgesamtheit. Dagegen werden bei **nicht-parametrischen Tests** andere Hypothesen über die Verteilung in der Grundgesamtheit überprüft, z.B. über den Verteilungstyp oder den Zusammenhang zwischen zwei Merkmalen. Ferner unterscheidet man Hypothesentests für **eine Stichprobe** und solche für **mehrere Stichproben**. Bei letzteren geht es immer um einen Vergleich der Grundgesamtheiten, aus denen die Stichproben gezogen wurden (Vergleichstests).

Im Rahmen dieser Einführung in die Testtheorie beschränken wir uns auf die Darstellung einiger einfacher, aber wichtiger parametrischer und nicht-parametrischer Tests. Dabei wird stets vorausgesetzt, dass die Stichprobenziehung auf **uneingeschränkter Zufallsauswahl** basiert. Zunächst betrachten wir der Einfachheit halber Tests, die nur auf einer Stichprobe basieren.

## 10.1.2 Nullhypothese und Alternativhypothese

Die Aussage über die Verteilung des Merkmals in der Grundgesamtheit, die bei einem statistischen Test überprüft wird, heißt **Nullhypothese** des Tests oder kurz:

$$H_0 . \tag{10.1}$$

---

### Beispiele

**Nullhypothesen**

(1) Das **arithmetische Mittel** eines Merkmals in der Grundgesamtheit **beträgt 800**, kurz:
$$H_0 : \ \mu = 800 .$$

Diese Hypothese bezieht sich auf einen Parameter und ist daher Gegenstand eines **parametrischen Tests**.

(2) Das **Merkmal $X$ ist** in der Grundgesamtheit **normalverteilt**, kurz:
$$H_0 : \ X \sim N( . \ ; . ) .$$

Diese Hypothese bezieht sich auf eine allgemeine Verteilungseigenschaft und ist somit Gegenstand eines **nicht-parametrischen Tests**.

---

Ein statistischer Hypothesentest endet mit der Ablehnung oder Nicht-Ablehnung der Nullhypothese. Dabei ist die **Ablehnung von $H_0$** das aussagefähigere und deshalb in der Regel **erwünschte Ergebnis**. („Nicht-Ablehnung" ist nämlich nicht gleichbedeutend mit „Annahme" oder gar „Bestätigung" von $H_0$.) Daher wird die Nullhypothese nach Möglichkeit so formuliert, dass sie vermutlich aufgrund des Stichprobenbefundes widerlegt wird.

Neben der Nullhypothese kann eine – im Widerspruch zu $H_0$ stehende – **Alternativhypothese $H_1$** formuliert werden. Das Testergebnis kann dann als Entscheidung zwischen $H_0$ und $H_1$ interpretiert werden. Bei den im Folgenden betrachteten **Signifikanztests** wird allerdings auf die explizite Formulierung einer Alternativhypothese verzichtet; $H_1$ ist einfach die logische Verneinung von $H_0$.

Bei statistischen Hypothesen unterscheidet man im Übrigen **Punkthypothesen** (einfache Hypothesen, z.B. $\mu = 800$) und **Bereichshypothesen** (zusammengesetzte Hypothesen, z.B. $\mu \leq 800$).

---

### Beispiele

## Alternativhypothesen

Zu den beiden obigen Beispielen für Nullhypothesen können folgende Alternativhypothesen formuliert werden:

(1)  $H_1:$  $\mu = 750$  (Punkthypothese)  oder

  $H_1:$  $\mu \leq 750$  (Bereichshypothese)

(2)  $H_1:$  $X \sim R(\,.\,;\,.\,)$  (X ist Rechteck-verteilt).

Beim einem **Signifikanztest** wären die Alternativhypothesen:

(1)  $H_1:$  $\mu \neq 800$

(2)  $H_1:$  $X$ ist nicht normalverteilt.

---

## 10.1.3  Testfunktion und Testentscheidung

Unter einer **Testfunktion** oder **Testvariablen** versteht man eine Stichprobenfunktion, die speziell zum Testen einer Nullhypothese benutzt wird:

$$T_n(X_1,...,X_n)\,. \qquad (10.2)$$

Sie muss immer so gewählt werden, dass ihre **Wahrscheinlichkeitsverteilung bei zutreffender Nullhypothese bekannt** ist. Bei vielen Tests ist die Testfunktion (näherungsweise) standardnormalverteilt. Daneben gibt es aber auch zahlreiche spezielle **Test-Verteilungen** wie die Chi-Quadrat-Verteilung, $t$-Verteilung, $F$-Verteilung etc.

Aufgrund der bekannten Wahrscheinlichkeitsverteilung lässt sich ein Bereich (Schwankungsintervall) bestimmen, in dem die Testvariable $T_n$ bei zutreffender Nullhypothese mit einer hohen Wahrscheinlichkeit $(1 - \alpha)$ liegt. Entsprechend gibt es einen dazu komplementären Bereich, in dem die Testvariable $T_n$ bei zutreffender Nullhypothese nur mit der geringen Wahrscheinlichkeit $\alpha$ liegt. Dieser heißt **kritischer Bereich** der Testfunktion, kurz:

$$B_\alpha\,. \qquad (10.3)$$

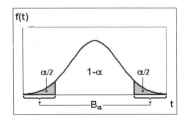

Abbildung 10.1: Kritischer Bereich $B_\alpha$ einer Testfunktion $T_n$

Der kritische Bereich umfasst stets **extreme Werte der Testfunktion**; er liegt also immer an den „Rändern" des Wertebereichs von $T_n$.

Die vor der Durchführung des Tests festgelegte Wahrscheinlichkeit $\alpha$, dass die Testfunktion $T_n$ bei zutreffender Nullhypothese einen Wert im kritischen Bereich $B_\alpha$ annimmt,[1] heißt **Signifikanzniveau** des Tests:

$$\alpha = P(T_n \in B_\alpha \mid H_0) . \tag{10.4}$$

Je höher das Signifikanzniveau $\alpha$ gewählt wird, desto größer ist der kritische Bereich $B_\alpha$.

Bei der Durchführung des Tests wird aus einem konkreten Stichprobenergebnis $(x_1, ..., x_n)$ ein **empirischer Wert** der Testfunktion

$$t_n(x_1, ..., x_n) \tag{10.5}$$

berechnet. Von diesem Wert hängt ab, ob die Nullhypothese abgelehnt wird oder nicht.

Die **Entscheidungsregel** lautet:

$$\tag{10.6}$$

$$t_n \in B_\alpha \;\Rightarrow\; \text{Ablehnung von } H_0$$

$$t_n \notin B_\alpha \;\Rightarrow\; \text{keine Ablehnung von } H_0 .$$

Wie bereits erwähnt, ist die **Ablehnung der Nullhypothese** (und damit die Entscheidung zugunsten der Alternativhypothese) beim Signifikanztest in der Regel das erwünschte Ergebnis. In diesem Fall sagt man: Der empirische Wert der Testfunktion ist „**signifikant**". Mit anderen Worten: Der Stichprobenbefund weicht auffällig von dem ab, was man aufgrund der Nullhypothese erwarten würde.

Auf die Bestimmung des kritischen Bereichs $B_\alpha$ kann verzichtet werden, wenn stattdessen zu dem empirischen Testwert $t_n$ das dazugehörige **empirische Signifikanzniveau** $\alpha(t_n)$ berechnet wird. Gemeint ist damit das kleinste Signifikanzniveau, das beim gegebenen empirischen Testwert $t_n$ zu einer Ablehnung der Nullhypothese führt:

$$\alpha(t_n) = \min_{t_n \in B_\alpha} \alpha . \tag{10.7}$$

$\alpha(t_n)$ wird auch als „**p-Wert**" oder „**Überschreitungs-Wahrscheinlichkeit**" bezeichnet. $\alpha(t_n)$ ist nämlich die Wahrscheinlichkeit dafür, dass die Testfunktion $T_n$ bei zutreffender Nullhypothese den Wert $t_n$ – in Richtung noch deutlicher gegen $H_0$ sprechender Werte – überschreitet.

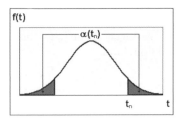

Abbildung 10.2: Empirisches Signifikanzniveau $\alpha(t_n)$

---

1 Diese Formulierung ist – streng genommen – nur für **Punkthypothesen** korrekt. Bei **Bereichshypothesen** ist $\alpha$ die **maximale Wahrscheinlichkeit**, dass die Testvariable im kritischen Bereich liegt, wenn alle nach $H_0$ erlaubten Verteilungen der Grundgesamtheit durchlaufen werden.

Bei der Durchführung von Signifikanztests mit einer Statistik-Software (z.B. SPSS) wird das Testergebnis regelmäßig in Form des empirischen Signifikanzniveaus $\alpha(t_n)$ ausgegeben. Durch Vergleich mit dem (zuvor) festgelegten Signifikanzniveau $\alpha$ ergibt sich dann die **Testentscheidung** nach der zu (10.6) äquivalenten Regel:

$$\alpha(t_n) < \alpha \ \Rightarrow \ \text{Ablehnung von } H_0$$
$$\alpha(t_n) \geq \alpha \ \Rightarrow \ \text{keine Ablehnung von } H_0 \ . \tag{10.8}$$

### 10.1.4 Fehler bei der Testentscheidung

Selbstverständlich kann es bei der Anwendung der Entscheidungsregel (10.6) bzw. (10.8) zu Fehlentscheidungen kommen. Man unterscheidet:

- **Fehler 1. Art**: Eine **richtige** Nullhypothese wird **abgelehnt**.
- **Fehler 2. Art**: Eine **falsche** Nullhypothese wird **nicht abgelehnt**.

Beim Signifikanztest steht ausschließlich der **Fehler 1. Art** im Blickpunkt. Das Signifikanzniveau $\alpha$ beschreibt die im Test festgelegte Wahrscheinlichkeit dafür, dass dieser Fehler eintritt, d.h. $H_0$ irrtümlich abgelehnt wird. Das Fehler-Risiko $\alpha$ wird daher auch als **„Irrtums-Wahrscheinlichkeit"** bezeichnet. Das empirische Signifikanzniveau $\alpha(t_n)$ kann dementsprechend als das Fehler-Risiko gedeutet werden, das für eine Ablehnung von $H_0$ mindestens eingegangen werden muss.

Die Wahrscheinlichkeit für einen **Fehler 2. Art** bleibt demgegenüber beim Signifikanztest unbestimmt. Um sie zu ermitteln, müsste die richtige Alternativhypothese bekannt sein.

### 10.1.5 Einseitige und zweiseitige Tests

Da ein Signifikanztest in der Regel darauf abzielt, die Nullhypothese zu Fall zu bringen, sollte bei der Formulierung von $H_0$ sorgfältig auf die **intendierte Richtung der Aussage** geachtet werden.

---

**Beispiel**

#### Benzinverbrauch

Ein Autohersteller gibt für ein neu auf den Markt gebrachtes Fahrzeug einen durchschnittlichen Kraftstoffverbrauch von 5,9 [Liter/100km] an. Diese Angabe wird von zwei verschiedenen Stellen in Frage gestellt:

- Die Entwicklungsabteilung des Autoherstellers überprüft die eigene Angabe, nachdem Zweifel an der Zuverlässigkeit der bisherigen Testergebnisse laut geworden sind. Aus Sicht der Ingenieure interessieren Abweichungen nach oben und unten gleichermaßen, d.h. sie testen die **zweiseitige (Punkt-)Hypothese**

$$H_0 : \mu = 5,9 \ [\text{Liter/100km}] \ .$$

Diese Hypothese kann durch einen **signifikant geringeren oder signifikant höheren** Durchschnittsverbrauch in der Stichprobe widerlegt werden.

---

- Demgegenüber hält ein Verbraucherverband die Herstellerangabe für unter-
  trieben. Sie testet die **einseitige (Bereichs-)Hypothese**

  $$H_0 : \mu \leq 5{,}9 \text{ [Liter/100km]} .$$

  Diese Hypothese kann **nur** durch einen **signifikant höheren** Durchschnittsverbrauch in der Stichprobe widerlegt werden. Nur in diesem Fall will der
  Verbraucherverband gegen die Herstellerangabe vorgehen.

Beim Signifikanztest bezüglich eines Parameters $\theta$ unterscheidet man **drei Testvarian-
ten**, deren Null- und Alternativhypothesen sowie kritische Bereiche (bei unterstellter
Standardnormalverteilung der Testfunktion) nachfolgend zusammengestellt sind.
$\theta_0$ bezeichnet einen festen numerischen Wert des Parameters $\theta$.

- **Zweiseitiger Test**

  Nullhypothese: $\quad H_0 : \quad \theta = \theta_0 \qquad \Rightarrow \qquad H_1 : \quad \theta \neq \theta_0$ $\qquad$ (10.9)

  Kritischer Bereich: $\quad B_\alpha = \left\{ t \in \mathbb{R} \middle|\ |t| > z_{1-\alpha/2} \right\}$ $\qquad$ (10.10)

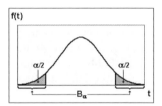

Abbildung 10.3: Zweiseitiger Test

- **Rechtsseitiger Test**

  Nullhypothese: $\quad H_0 : \quad \theta \leq \theta_0 \qquad \Rightarrow \qquad H_1 : \quad \theta > \theta_0$ $\qquad$ (10.11)

  Kritischer Bereich: $\quad B_\alpha = \left\{ t \in \mathbb{R} \middle|\ t > z_{1-\alpha} \right\}$ $\qquad$ (10.12)

- **Linksseitiger Test**

  Nullhypothese: $\quad H_0 : \quad \theta \geq \theta_0 \qquad \Rightarrow \qquad H_1 : \quad \theta < \theta_0$ $\qquad$ (10.13)

  Kritischer Bereich: $\quad B_\alpha = \left\{ t \in \mathbb{R} \middle|\ t < -z_{1-\alpha} \right\}$ $\qquad$ (10.14)

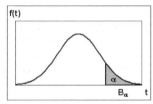
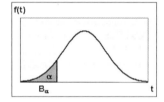

Abbildung 10.4: Rechtsseitiger Test $\qquad$ Abbildung 10.5: Linksseitiger Test

Man beachte, dass das empirische Signifikanzniveau $\alpha(t_n)$ beim einseitigen Test halb
so groß ist wie beim entsprechenden zweiseitigen Test.

## 10.1.6 Zusammenfassung

Das methodische Vorgehen ist bei allen Signifikanztests – seien sie parametrisch oder nicht-parametrisch – grundsätzlich gleich. Es beinhaltet einen konzeptionellen und einen empirischen Teil.

Die **Konzeption eines Signifikanztests** umfasst folgende Schritte:

■ **Spezifikation der Nullhypothese $H_0$**

Die Alternativhypothese $H_1$ ist die logische Verneinung der Nullhypothese.

■ **Wahl einer geeigneten Testfunktion $T_n$**

Die Wahrscheinlichkeitsverteilung von $T_n$ muss bei zutreffender Nullhypothese bekannt sein.

■ **Festlegung des Stichprobenumfangs $n$**

Bei vielen Testverfahren gilt ein bestimmter Mindeststichprobenumfang (z.B. $n \geq 50$).

■ **Festlegung des Signifikanzniveaus $\alpha$**

Üblicherweise wird $\alpha = 0{,}05$ oder $\alpha = 0{,}01$ gewählt.

Nullhypothese $H_0$, Verteilung der Testvariablen $T_n$ und Signifikanzniveau $\alpha$ determinieren gemeinsam den **kritischen Bereich $B_\alpha$**. (Er wird nicht benötigt, wenn das empirische Signifikanzniveau $\alpha(t_n)$ ermittelt wird.)

Die **Durchführung des Signifikanztests** umfasst folgende Schritte:

■ **Stichprobenziehung** (mit uneingeschränkter Zufallsauswahl)

Sie liefert ein konkretes **Stichprobenergebnis $(x_1, ..., x_n)$**.

■ **Berechnung des empirischen Wertes der Testfunktion $t_n(x_1, ..., x_n)$**

Daraus folgt das empirische Signifikanzniveau $\alpha(t_n)$.

■ **Testentscheidung**

Die Nullhypothese wird **abgelehnt** oder **nicht abgelehnt**.

## 10.2 Parametrische Ein-Stichproben-Tests

### 10.2.1 Test des Mittelwerts

#### 10.2.1.1 Mittelwert-Test bei bekannter Varianz

Mit einem Mittelwert-Test wird eine Hypothese über das **arithmetische Mittel** $\mu$ eines quantitativen Merkmals **in der Grundgesamtheit** anhand einer Stichprobe geprüft. Wir setzen dabei voraus, dass es sich um eine hinreichend große ($n \geq 50$) einfache Zufallsstichprobe handelt, zumindest aber um eine uneingeschränkte Zufallsauswahl (vgl. Abschnitt 8.4).

Außerdem wollen wir zunächst davon ausgehen, dass die **Varianz** $\sigma^2$ in der Grundgesamtheit **bekannt** ist (was bei unbekanntem Mittelwert selten der Fall ist).

- Die **Nullhypothese** bei diesem Test lautet:

$$H_0: \quad \mu = \mu_0 \quad (\text{bzw. } \mu \leq \mu_0 \text{ bzw. } \mu \geq \mu_0) \, , \qquad (10.15)$$

  wobei $\mu_0$ für einen festen numerischen Zahlenwert steht.

- Als **Testfunktion** wird der standardisierte Stichprobenmittelwert gewählt, der bei zutreffender Nullhypothese (und einfacher Zufallsstichprobe) näherungsweise **standardnormalverteilt** ist:

$$T_n = \frac{\bar{X}_n - \mu_0}{\sigma / \sqrt{n}} \quad \sim \quad N(0;1) \, . \qquad (10.16)$$

Entsprechend dem festgesetzten **Signifikanzniveaus** $\alpha$ wird dann der **kritische Bereich $B_\alpha$** – je nach Ausrichtung von $H_0$ – nach Formel (10.10), (10.12) oder (10.14) bestimmt.

---

### Beispiel

#### Abfüllanlage

Ein Getränke-Hersteller will mit Hilfe einer Zufallsstichprobe von 60 Flaschen prüfen, ob die durchschnittliche Abfüllmenge dem Sollinhalt von 0,7 Liter entspricht. Er weiß, dass die Abfüllanlage mit einer Standardabweichung von 0,02 Liter arbeitet.

**Konzeption** des Signifikanztests:

- Nullhypothese: $\quad$ $H_0: \quad \mu = 0{,}7$ [Liter] $\quad (\Rightarrow \quad H_1: \quad \mu \neq 0{,}7$ [Liter] $)$

- Testfunktion: $\quad T_{60} = \dfrac{\bar{X}_{60} - 0{,}7}{0{,}02 / \sqrt{60}} \quad \sim \quad N(0;1)$

- Festlegung des Signifikanzniveaus: $\qquad \alpha = 0{,}01$

- kritischer Bereich: $\quad B_{0,01} = \left\{ t \in \mathbb{R} \mid \, |t| > 2{,}576 \right\}$

---

**Empirische Durchführung** des Signifikanztests:
In der 60er-Stichprobe beträgt die durchschnittliche Abfüllmenge $\bar{x}_{60} = 0{,}693$ [Liter].

- empirischer Wert der Testfunktion:

$$t_{60} = \frac{0{,}693 - 0{,}7}{0{,}02 / \sqrt{60}} = -2{,}711$$

- Testentscheidung:

$$t_{60} \in B_{0{,}01} \quad \text{bzw.} \quad a(\pm 2{,}711) = 1 - \Psi(2{,}711) \approx 0{,}007 < 0{,}01$$

$$\Rightarrow \quad \textbf{Ablehnung von } H_0$$

## 10.2.1.2 Mittelwert-Test bei unbekannter Varianz (*t*-Test)

Der hier dargestellte Mittelwert-Test kann – unter sonst gleichen Bedingungen – auch durchgeführt werden, wenn die **Varianz** $\sigma^2$ in der Grundgesamtheit **unbekannt** ist (was meistens der Fall ist). In der **Testfunktion** ist lediglich die Standardabweichung $\sigma$ durch die konsistente Schätzung $S_n$ zu ersetzen, wobei die ohnehin nur approximative Verteilungsaussage für große Stichproben gültig bleibt:

$$T_n = \frac{\bar{X}_n - \mu_0}{S_n / \sqrt{n}} \quad \sim \quad N(0;1)\,. \tag{10.17}$$

Meistens wird dieser Test unter der Voraussetzung durchgeführt, dass das betrachtete Merkmal **in der Grundgesamtheit normalverteilt** ist. Dann ist die Testfunktion (bei zutreffender Nullhypothese) nämlich **exakt *t*-verteilt** mit $(n-1)$ Freiheitsgraden:

$$T_n = \frac{\bar{X}_n - \mu_0}{S_n / \sqrt{n}} \quad \sim \quad t(n-1)\,. \tag{10.18}$$

Dieser sog. *t*-Test ist auch bei **kleinen Stichproben** anwendbar, da die Verteilungsaussage (10.18) nicht auf dem Zentralen Grenzwertsatz beruht.

---

### Beispiel

### Benzinverbrauch

Die Aussage des Autoherstellers, ein neu auf den Markt gebrachtes Fahrzeug habe einen durchschnittlichen Benzinverbrauch von 5,9 [Liter/100km] (vgl. Abschnitt 10.1.5), wird sowohl von der eigenen Entwicklungsabteilung als auch von einem Verbraucherverband bei einem Signifikanzniveau von 5 % überprüft. Es wird angenommen, dass der Kraftstoffverbrauch in der gesamten Serie normalverteilt ist.

(1) Die **Entwicklungsabteilung** des Autoherstellers zieht eine einfache Zufallsstichprobe mit

$$n = 50, \quad \bar{x}_{50} = 6,4 \text{ [Liter/100km]} \quad \text{und} \quad s_{50} = 1,5 \text{ Liter/100km].}$$

Die Testschritte lauten:
- Nullhypothese: $\qquad\qquad\qquad$ $\boldsymbol{H_0 : \mu = 5,9}$ [Liter/100km]

- Testfunktion: $\qquad\qquad\qquad$ $T_{50} = \dfrac{\bar{X}_{50} - 5,9}{S_{50}/\sqrt{50}} \quad \sim \quad N(0;1)$

- kritischer Bereich: $\qquad\qquad$ $B_{0,05} = \left\{ t \in \mathbb{R} \mid \; |t| > 1,96 \right\}$

- empirischer Wert
  der Testfunktion: $\qquad\qquad$ $t_{50} = \dfrac{6,4 - 5,9}{1,5/\sqrt{50}} = 2,357$

- Testentscheidung: $\qquad\qquad$ $t_{50} \in B_{0,05} \quad \Rightarrow \quad$ **Ablehnung von $H_0$**

(2) Der **Verbraucherverband** zieht eine einfache Zufallsstichprobe mit

$$n = 10, \quad \bar{x}_{10} = 6,5 \text{ [Liter/100km]} \quad \text{und} \quad s_{10} = 1,4 \text{ Liter/100km].}$$

Die Testschritte sind nun:
- Nullhypothese: $\qquad\qquad\qquad$ $\boldsymbol{H_0 : \mu \leq 5,9}$ [Liter/100km]

- Testfunktion: $\qquad\qquad\qquad$ $T_{10} = \dfrac{\bar{X}_{10} - 5,9}{S_{10}/\sqrt{10}} \quad \sim \quad t(9)$

- kritischer Bereich:
  (vgl. Tabelle A.4) $\qquad\qquad$ $B_{0,05} = \left\{ t \in \mathbb{R} \mid \; t > 1,833 \right\}$

- empirischer Wert
  der Testfunktion: $\qquad\qquad$ $t_{10} = \dfrac{6,5 - 5,9}{1,4/\sqrt{10}} = 1,355$

- Testentscheidung: $\qquad\qquad$ $t_{10} \notin B_{0,05} \quad \Rightarrow \quad$ **keine Ablehnung von $H_0$**

Man beachte, dass sich trotz ähnlicher Stichprobenergebnisse unterschiedliche Testentscheidungen ergeben. Entscheidend ist hier der **Stichprobenumfang**. In der großen Stichprobe der Entwicklungsabteilung ist die Abweichung von $6,4 - 5,9 = 0,5$ [Liter/100km] signifikant und somit nicht mehr als Stichprobenfehler hinnehmbar, während die Abweichung von $6,5 - 5,9 = 0,6$ [Liter/100km] in der kleinen Stichprobe des Verbraucherverbandes noch im Rahmen der bei solchen Stichproben üblichen Zufallsschwankungen liegt.

## 10.2.2 Test des Anteilssatzes

Der parametrische Test für den Anteilssatz ist analog zum Mittelwert-Test konzipiert. Geprüft wird eine Hypothese über den **Anteilssatz** $\pi$ eines dichotomen Merkmals **in der Grundgesamtheit** anhand einer hinreichend großen ($n \geq 50$) einfachen Zufallsstichprobe. (Bei einer Stichprobe ohne Zurücklegen soll zumindest uneingeschränkte Zufallsauswahl gelten.)

Die **Varianz** der Grundgesamtheit beträgt $\pi \cdot (1-\pi)$ und ist daher grundsätzlich ebenso unbekannt wie $\pi$ selbst.

▪ Die **Nullhypothese** bei diesem Test lautet:

$$H_0: \quad \pi = \pi_0 \quad (\text{bzw. } \pi \leq \pi_0 \text{ bzw. } \pi \geq \pi_0),\tag{10.19}$$

wobei $\pi_0$ eine feste Zahl zwischen 0 und 1 ist.

▪ **Testfunktion** ist der standardisierte Stichprobenanteilssatz, der bei zutreffender Nullhypothese (und einfacher Zufallsstichprobe) näherungsweise **standardnormalverteilt** ist:

$$T_n = \frac{P_n - \pi_0}{\sqrt{\dfrac{\pi_0(1-\pi_0)}{n}}} \quad \sim \quad N(0;1)\ .\tag{10.20}$$

Der **kritische Bereich $B_a$** ergibt sich genau wie beim Mittelwert-Test aus dem festgesetzten Signifikanzniveaus $\alpha$ und der Ausrichtung von $H_0$.

| Beispiel |
| --- |

### Wählerumfrage

In einer Wählerumfrage vor einer Bundestagswahl werden $n = 2000$ Personen befragt, welche Partei sie wählen wollen. Dabei äußern nur 80 Personen, dass sie die FDP wählen wollen.

Mit einem Signifikanzniveau von 1 % soll die Hypothese geprüft werden, dass die FDP die 5%-Hürde für den Einzug in den Bundestag nehmen wird.

▪ Nullhypothese:
$$H_0: \quad \pi \geq 0{,}05 \quad (\Rightarrow \quad H_1: \quad \pi < 0{,}05)$$

▪ Testfunktion:
$$T_{2000} = \frac{P_{2000} - 0{,}05}{\sqrt{\dfrac{0{,}05 \cdot 0{,}95}{2000}}} \quad \sim \quad N(0\,;1)$$

▪ kritischer Bereich:
$$B_{0{,}01} = \left\{ t \in \mathbb{R} \mid t < -2{,}326 \right\}$$

▪ empirischer Wert der Testfunktion:
$$t_{2000} = \frac{\dfrac{80}{2000} - 0{,}05}{\sqrt{\dfrac{0{,}05 \cdot 0{,}95}{2000}}} = -2{,}052$$

- Testentscheidung:

$$t_{2000} \notin B_{0,01} \quad \text{bzw.} \quad \alpha(-2{,}052) = 1 - \Phi(2{,}052) \approx 0{,}02 \geq 0{,}01$$

⇒    **keine Ablehnung von $H_0$**

Obwohl der FDP-Stimmenanteil bei den Befragten nur 4 % beträgt, kann die Hypothese, dass die Partei die 5%-Hürde bei allen Wählern nimmt, bei einer 1%igen Irrtums-Wahrscheinlichkeit nicht verworfen werden.

Für eine **Ablehnung** dieser Nullhypothese hätte die Anzahl der FDP-Wähler unter den 2000 Befragten noch kleiner sein müssen, nämlich **77 oder weniger**, wie die folgende Rechnung zeigt:

$$t_{2000} = \frac{\dfrac{X}{2000} - 0{,}05}{\sqrt{\dfrac{0{,}05 \cdot 0{,}95}{2000}}} < -2{,}326 \quad \Leftrightarrow \quad \frac{X}{2000} - 0{,}05 < -2{,}326 \sqrt{\frac{0{,}05 \cdot 0{,}95}{2000}} = -0{,}01134$$

$$\Leftrightarrow \quad x < 2000 \cdot (0{,}05 - 0{,}01134) = 77{,}3 \ .$$

### 10.2.3   Korrektur für Stichproben ohne Zurücklegen

Die hier behandelten parametrischen Signifikanztests für den Mittelwert und den Anteilssatz können auch mit **Stichproben ohne Zurücklegen** durchgeführt werden. Falls der **Auswahlsatz über 5 %** liegt, sind die angegebenen Testfunktionen durch den bekannten **Korrekturfaktor** zu dividieren:

$$\tilde{T}_n = \frac{T_n}{\sqrt{1 - \dfrac{n}{N}}} \ . \tag{10.21}$$

Entsprechend vergrößern sich betragsmäßig die **empirischen Testwerte**, was dazu führt, dass das gleiche Stichprobenergebnis in einer Stichprobe ohne Zurücklegen eher zur Ablehnung von $H_0$ führt, als wenn es in einer Stichprobe mit Zurücklegen festgestellt worden wäre.

## 10.3   Parametrische Zwei-Stichproben-Tests

### 10.3.1   Test auf Gleichheit zweier Mittelwerte (*t*-Test)

Die im vorangehenden Abschnitt behandelten Testverfahren sind in leicht modifizierter Form auch zum **Vergleich der entsprechenden Parameter zweier Grundgesamtheiten** einsetzbar. Dabei können die beiden Grundgesamtheiten durch verschiedene Gruppen von Merkmalsträgern (z.B. Männer und Frauen) oder auch durch verschiedene Erhebungsperioden (z.B. vor und nach einem wichtigen Ereignis) gegeben sein. Zum Testen wird aus jeder Grundgesamtheit eine Stichprobe gezogen. Anhand der beiden Stichproben wird dann die Hypothese geprüft, dass zwischen den entsprechenden Parametern $\theta_1$ und $\theta_2$ in den Grundgesamtheiten eine der Relationen „$\theta_1 = \theta_2$", „$\theta_1 \leq \theta_2$" oder „$\theta_1 \geq \theta_2$" besteht.

Grundsätzlich ist bei Zwei-Stichproben-Tests zu unterscheiden, ob die beiden Stichproben unabhängig voneinander gezogen werden oder ob es sich aufgrund der Sachlogik um verbundene Stichproben handelt, was z.B. dann der Fall ist, wenn in einem Experiment bei denselben Probanden Vorher- und Nachher-Werte erhoben werden. Im Folgenden werden nur Testverfahren für **zwei unabhängige Stichproben** betrachtet, wobei wieder grundsätzlich angenommen wird, dass es sich jeweils um einfache Zufallsstichproben mit hinreichend großen Stichprobenumfänge m und n handelt ($m, n \geq 50$).

Bei einem **quantitativen Merkmal** interessiert vor allem der **Mittelwertvergleich**, mit dem hinsichtlich der Mittelwerte $\mu_1$ und $\mu_2$ in beiden Grundgesamtheiten die **Nullhypothese**

$$H_0 : \quad \mu_1 = \mu_2 \ (\text{bzw. } \mu_1 \leq \mu_2 \text{ bzw. } \mu_1 \geq \mu_2) \,, \tag{10.22}$$

geprüft wird. Man beachte, dass der numerische Wert von $\mu_1$ bzw. $\mu_2$ selbst nicht Testgegenstand ist, sondern nur die Relation zwischen den beiden Mittelwerten.

Die **Testfunktion** wird aus der Differenz der beiden Stichprobenmittelwerte $(\overline{X}_{1m} - \overline{X}_{2n})$ gebildet. Diese ist bei zutreffender Nullhypothese, unabhängiger Stichprobenziehung und hinreichend großen Stichprobenumfängen normalverteilt mit Erwartungswert 0 und Varianz $\frac{\sigma_1^2}{m} + \frac{\sigma_2^2}{n}$. Nach einer Standardisierung ist diese Testfunktion demnach **standardnormalverteilt**. Allerdings sind – wie beim Ein-Stichproben-Mittelwert-Test – auch hier die Varianzen $\sigma_1^2$ und $\sigma_2^2$ in den Grundgesamtheiten in der Regel unbekannt und müssen folglich aus den Stichproben geschätzt werden.

Hinsichtlich der Testfunktion und ihrer Verteilung sind folgende **Fälle** zu unterscheiden.

◼ Die **Varianzen** $\sigma_1^2$ und $\sigma_2^2$ in den Grundgesamtheiten sind **bekannt** (seltener Fall):

$$T_{m,n} = \frac{\overline{X}_{1m} - \overline{X}_{2n}}{\sqrt{\dfrac{\sigma_1^2}{m} + \dfrac{\sigma_2^2}{n}}} \quad \sim \quad N(0;1) \,. \tag{10.23}$$

◼ Die **Varianzen** in den Grundgesamtheiten sind **unbekannt** und werden daher durch die Stichprobenvarianzen $S_1^2$ und $S_2^2$ geschätzt (Regelfall):

$$T_{m,n} = \frac{\overline{X}_{1m} - \overline{X}_{2n}}{\sqrt{\dfrac{S_1^2}{m} + \dfrac{S_2^2}{n}}} \quad \sim \quad N(0;1) \,. \tag{10.24}$$

◼ Die **Varianzen** in den Grundgesamtheiten sind zwar **unbekannt**, aber (zumindest näherungsweise) **homogen**, d.h. es gilt $\sigma_1^2 = \sigma_2^2$, und das betrachtete Merkmal ist **in beiden Grundgesamtheiten normalverteilt**:

$$T_{m,n} = \frac{\overline{X}_{1m} - \overline{X}_{2n}}{S_{m+n} \sqrt{\dfrac{1}{m} + \dfrac{1}{n}}} \quad \sim \quad t(m+n-2) \,, \tag{10.25}$$

wobei die gemeinsame Varianz dann durch die „gepoolte" Stichprobenvarianz

$$S^2_{m+n} = \frac{(m-1)\,S^2_{1m} + (n-1)\,S^2_{2n}}{m+n-2}$$

geschätzt wird. Dieser Sonderfall ist insofern wichtig, als er auch eine Anwendung des Tests bei **kleinen Stichproben** erlaubt (analog zu (10.18)).[2]

Obwohl die Testfunktion nur unter den zuletzt genannten Voraussetzungen $t$-verteilt ist, wird der Test auf Gleichheit der Mittelwerte vielfach generell als *t*-Test für **zwei unabhängige Stichproben** bezeichnet.

In allen Fällen wird der **kritische Bereich $B_\alpha$** – wie bei den parametrischen Ein-Stichproben-Tests – in Abhängigkeit vom Signifikanzniveau $\alpha$ und von der Ausrichtung der Nullhypothese bestimmt.

---

### Beispiel

## Immobilienpreise

Ein Immobilienmakler möchte mit einem statistischen Hypothesentest nachweisen, dass der Durchschnittspreis für Wohnimmobilien in einer deutschen Großstadt in Citylage signifikant höher ist als im Umland. Er stützt sich dabei auf Daten aus der eigenen Firma, die als zwei unabhängige einfache Zufallsstichproben gelten können (Tabelle 10.1). Das Signifikanzniveau soll 5 % betragen.

| Stich-probe | Lage | Stichproben-umfang | Durchschnitts-preis | Standard-abweichung |
|---|---|---|---|---|
| 1 | City | 12 | 1980 [€/m$^2$] | 30 [€/m$^2$] |
| 2 | Umland | 15 | 1936 [€/m$^2$] | 42 [€/m$^2$] |

Tabelle 10.1: Mittelwerte und Standardabweichungen in zwei Stichproben

Ein **signifikant höherer** Durchschnittspreis in der City ist gegeben, wenn die Hypothese entsprechend **einseitig formuliert** und anhand der Stichprobendaten **abgelehnt** wird. Wegen der kleinen Stichprobenumfänge $m = 12$ und $n = 15$ ist die Testfunktion (10.25) zu verwenden. Wir wollen daher annehmen, dass aufgrund früherer Untersuchungen von annähernd normalverteilten Preisen und gleicher Varianz in der City und im Umland ausgegangen werden kann.

---

2 Die Testfunktion (10.25) kann bei Varianzhomogenität auch dann angewandt werden, wenn in den Grundgesamtheiten **keine Normalverteilungen**, dafür aber **große Stichprobenumfänge** m und n vorliegen. Dann ist die Testfunktion freilich nicht *t*-verteilt, sondern näherungsweise **standardnormalverteilt**.

■ Nullhypothese:
$$H_0: \quad \mu_1 \le \mu_2$$

■ Testfunktion:
$$T_{12,15} = \frac{\overline{X}_{1,12} - \overline{X}_{2,15}}{S_{12+15}\sqrt{\frac{1}{12} + \frac{1}{15}}} \quad \sim \quad t(25)$$

■ kritischer Bereich:
(vgl. Tabelle A.4)
$$B_{0,05} = \left\{ t \in \mathbb{R} \mid t > 1,708 \right\}$$

■ gepoolte Stichprobenvarianz:
$$s^2_{12+15} = \frac{11 \cdot 30^2 + 14 \cdot 42^2}{25} = 1383,84 \ [\text{€}^2/\text{m}^4]$$

■ empirischer Wert
der Testfunktion:
$$t_{12,15} = \frac{1980 - 1936}{37,2\sqrt{\frac{1}{12} + \frac{1}{15}}} = 3,054$$

■ Testentscheidung:
$$t_{12,15} \in B_{0,05} \Rightarrow \textbf{Ablehnung von } H_0$$

Damit ergibt der Test tatsächlich, dass der **Durchschnittspreis in der City signifikant höher** ist als im Umland.

## 10.3.2 Test auf Gleichheit zweier Anteilssätze

Die Vorgehensweise beim Mittelwertvergleich lässt sich auf den Vergleich der **Anteilssätze in zwei dichotomen Grundgesamtheiten** übertragen. Auch bei diesem Test wird wieder vorausgesetzt, dass die beiden **Stichproben unabhängig** aus den Grundgesamtheiten gezogen werden und als hinreichend große ($m, n \ge 50$) einfache Zufallsstichproben interpretiert werden können.

Die **Nullhypothese** hinsichtlich der Anteilssätze $\pi_1$ und $\pi_2$ in beiden Grundgesamtheiten lautet bei diesem Test:

$$H_0: \quad \pi_1 = \pi_2 \qquad (\text{bzw. } \pi_1 \le \pi_2 \text{ bzw. } \pi_1 \ge \pi_2). \qquad (10.26)$$

**Testfunktion** ist die standardisierte Differenz der beiden Stichprobenanteilssätze $(P_{1m} - P_{2n})$, die wiederum bei zutreffender Nullhypothese **standardnormalverteilt** ist. Zur Standardisierung muss die unbekannte, aber gemäß $H_0$ homogene Varianz $\pi \cdot (1-\pi)$ geschätzt werden, wozu analog zu (10.25) die gepoolte Stichprobenvarianz $P_{m+n}(1 - P_{m+n})$ benutzt wird:

$$T_{m,n} = \frac{P_{1m} - P_{2n}}{\sqrt{P_{m+n}(1 - P_{m+n})} \cdot \sqrt{\frac{1}{m} + \frac{1}{n}}} \quad \sim \quad N(0;1) \qquad (10.27)$$

mit
$$P_{m+n} = \frac{m P_{1m} + n P_{2n}}{m+n}.$$

Der **kritische Bereich $B_\alpha$** wird wieder abhängig vom Signifikanzniveau $\alpha$ und von der Ausrichtung der Nullhypothese bestimmt.

---

### Beispiel

## Bekanntheitsgrad einer Marke

Ein Hersteller eines Mode-Labels ermittelt jährlich durch Befragung von 200 jedes Mal neu zufällig ausgewählten Personen im Alter von 20 bis 30 Jahren den Bekanntheitsgrad des Labels in dieser Altersgruppe. Bei der diesjährigen Erhebung (Stichprobe 2) kannten 75 % das Label, im Vorjahr (Stichprobe 1) dagegen nur 70 %. Ist diese Veränderung bei einer Irrtums-Wahrscheinlichkeit von 1 % signifikant?

■ Nullhypothese:
$$H_0: \quad \pi_1 = \pi_2$$

■ Testfunktion:
$$T_{200,200} = \frac{P_{1,200} - P_{2,200}}{\sqrt{P_{400}(1 - P_{400})} \cdot \sqrt{\frac{1}{200} + \frac{1}{200}}} \quad \sim \quad N(0;1)$$

■ kritischer Bereich:
$$B_{0,01} = \left\{ t \in \mathbb{R} \mid \mid t \mid > 2,576 \right\}$$

■ gepoolter Anteilssatz:
$$p_{400} = \frac{200 \cdot 0,7 + 200 \cdot 0,75}{400} = 0,725$$

■ empirischer Wert
der Testfunktion:
$$t_{200,200} = \frac{0,7 - 0,75}{\sqrt{0,725\,(1 - 0,725)} \cdot \sqrt{\frac{1}{200} + \frac{1}{200}}} = -1,12$$

■ Testentscheidung:
$$t_{200,200} \notin B_{0,01}$$
bzw.
$$\alpha(\pm 1,12) = 1 - \Psi(1,12) \approx 0,263 \geq 0,01$$
$$\Rightarrow \textbf{keine Ablehnung von } \mathbf{H_0}$$

Die Veränderung des Bekanntheitsgrades in den Stichproben ist also **nicht signifikant**, d.h. der Anstieg von 70 % auf 75 % liegt bei einer Irrtums-Wahrscheinlichkeit von 1 % innerhalb der stichprobenbedingten Zufallsschwankungen.

Damit stellt sich die Frage, wie groß die Stichproben mindestens sein müssen, damit eine solche Veränderung (um fünf Prozentpunkte) bei $\alpha = 0,01$ generell signifikant ist.

**Lösung:**

$$\mid t_{n,n} \mid = \frac{0,05}{\sqrt{P_{2n}(1 - P_{2n})} \cdot \sqrt{\frac{1}{n} + \frac{1}{n}}} \geq \frac{0,05}{\sqrt{0,25}\sqrt{\frac{2}{n}}} = \frac{0,05\sqrt{n}}{\sqrt{0,5}} \geq 2,576$$

$$\Leftrightarrow \quad n \geq \frac{0,5 \cdot (2,576)^2}{(0,05)^2} = 1327,2$$

Wenn 1328 oder mehr Personen befragt werden, ist eine Veränderung des Bekanntheitsgrades um fünf Prozentpunkte in den Stichproben stets signifikant.

# 10.4 Varianzanalyse (ANOVA)

Die Varianzanalyse oder ANOVA (Abkürzung für: **An**alysis **o**f **Va**riance) ist eine statistische Methode, um den **Einfluss von qualitativen Faktoren auf ein quantitatives Merkmal $X$** anhand von Stichproben zu analysieren. So kann mit der Varianzanalyse z.B. untersucht werden, ob der Umsatz einer Filiale von bestimmten Standortbedingungen abhängt oder ob gewisse Produkteigenschaften einen Einfluss auf die (intervallskaliert gemessene) Zufriedenheit der Kunden hat. Die Varianzanalyse dient also der Feststellung von Abhängigkeiten zwischen Merkmalen. Sie ähnelt insofern der Regressionsanalyse (vgl. Abschnitt 3.2), zu der es zahlreiche Bezüge gibt. In beiden Modellen ist das abhängige Merkmal quantitativ; jedoch ist das unabhängige Merkmal in der Varianzanalyse qualitativ und in der Regressionsanalyse i.d.R. ebenfalls quantitativ.

Im Kern ist die Varianzanalyse jedoch ein **Testverfahren**, weshalb sie in diesem Kapitel behandelt wird. Wir beschränken uns hier auf das in der Praxis am häufigsten verwendete Grundmodell, die **einfache (oder einfaktorielle) Varianzanalyse**. Dieses Testverfahren kann als Verallgemeinerung des in Abschnitt 10.3.1 behandelten $t$-Tests auf den Fall von **mehr als zwei unabhängigen Stichproben** verstanden werden.

Als Ausgangspunkt dient die **Modellgleichung der Varianzanalyse**:

$$X_{it} = \mu_i + U_{it} \quad \text{für alle } i = 1,...,m \text{ und alle } t. \tag{10.28}$$

Die Zufallsvariablen $X_{it}$ sind dabei die Beobachtungswerte eines **quantitativen Merkmals $X$** (z.B. Filialumsätze) in einer Stichprobe, wobei die Indizierung „$i$" angibt, welche Ausprägung der **qualitative Faktor** (z.B. ein Standortfaktor) bei dieser Beobachtung hat. (Insofern beinhaltet $X_{it}$ die Information eines **zwei**dimensionalen Beobachtungswertes.) Die $m$ Ausprägungen des Faktors werden als **Faktorstufen** bezeichnet. Mit dem Index „$t$" werden dann die Stichprobenwerte innerhalb einer Faktorstufe durchnummeriert. Man kann auch sagen: Durch die Faktorstufen wird die Grundgesamtheit in **mehrere Grundgesamtheiten** zerlegt, aus denen jeweils **unabhängige Stichproben** gezogen werden.

Des Weiteren bezeichnen $\mu_i$ ($i = 1,...,m$) die **Mittelwerte des Merkmals $X$ in den einzelnen Faktorstufen der Grundgesamtheit** (oder anders ausgedrückt: in den $m$ verschiedenen Grundgesamtheiten). Die Zufallsvariablen $U_{it}$ sind – wie im Regressionsmodell – unsystematische Fehler- oder Störgrößen, für die in der Varianzanalyse folgende **Verteilungsannahme** getroffen wird:[3]

$$U_{it} \sim N(0;\sigma^2) \quad \text{für alle } i = 1,...,m \text{ und alle } t. \tag{10.29}$$

In Verbindung mit der Modellgleichung (10.28) beinhaltet diese grundlegende Annahme der Varianzanalyse, dass das Merkmal $X$ ...

- in jeder Faktorstufe $i$ der Grundgesamtheit **normalverteilt** ist mit
- **verschiedenen Mittelwerten** $\mu_i$ ($i = 1,...,m$), aber
- **gleicher (homogener) Varianz** $\sigma^2$.

---

[3] Tatsächlich werden – vor allem in der Ökonometrie – ähnliche stochastische Annahmen für das Regressionsmodell gemacht, von denen die einführende Darstellung im Kapitel 3 abstrahiert.

Für die Stichprobenergebnisse $X_{it}$ gilt also:

$$X_{it} \sim N(\mu_i;\sigma^2) \quad \text{für alle } i=1,\dots,m \text{ und alle } t. \tag{10.30}$$

Außerdem wird angenommen, dass die Zufallsvariablen $U_{it}$ und damit auch die Stichprobenergebnisse $X_{it}$ **stochastisch unabhängig** sind.

Als **Datengrundlage** werden in der Varianzanalyse demnach grundsätzlich einfache Zufallsstichproben in den einzelnen Faktorstufen vorausgesetzt, welche überdies untereinander stochastisch unabhängig sind. Die Stichprobenumfänge in den Faktorstufen sind

$$n_i \quad (i=1,\dots,m) \tag{10.31}$$

und der Gesamtstichprobenumfang ist

$$n = \sum_{i=1}^{m} n_i . \tag{10.32}$$

Aus den Stichprobenergebnissen berechnet man ...

- die **Stichprobenmittelwerte in den einzelnen Faktorstufen**:

$$\bar{X}_i = \frac{1}{n_i} \sum_{t=1}^{n_i} X_{it} \quad (i=1,\dots,m) \tag{10.33}$$

sowie

- den **Gesamtstichprobenmittelwert**

$$\bar{X} = \frac{1}{n} \sum_{i=1}^{m} \sum_{t=1}^{n_i} X_{it} = \frac{1}{n} \sum_{i=1}^{m} n_i \bar{X}_i . \tag{10.34}$$

Die Abweichungen der Mittelwerte $\bar{X}_i$ ($i=1,\dots,m$) vom Gesamtmittelwert $\bar{X}$ können als Schätzung für die **Wirkungen der einzelnen Faktorstufen** auf das Merkmal $X$ interpretiert werden:

$$\hat{\delta}_i = \bar{X}_i - \bar{X} \quad (i=1,\dots,m) . \tag{10.35}$$

Die Frage ist nun, ob diese Abweichungen als zufällige Stichprobenfehler gelten können oder ob sie als systematische Abweichungen anzusehen sind, die durch unterschiedliche Mittelwerte $\mu_i$ in den Grundgesamtheiten hervorgerufen werden. Damit sind wir am zentralen Punkt der Varianzanalyse, dem Hypothesentest.

Geprüft wird die **Nullhypothese**, dass die Mittelwerte in allen Faktorstufen übereinstimmen, was gleichbedeutend damit ist, dass **der Faktor keinen Einfluss auf das Merkmal $X$ besitzt**:

$$H_0: \quad \mu_1 = \dots = \mu_m . \tag{10.36}$$

Die Konstruktion der Testfunktion (hierher rührt der Name „Varianzanalyse") basiert auf einer **Streuungszerlegung** – eine Idee, die wir bereits aus der Varianzberechnung bei klassierten Verteilungen (Abschnitt 1.4.2) und der Regressionsanalyse (Abschnitt 3.2.3) kennen. Die **Gesamtstichprobenvarianz**

$$S^2 = \frac{1}{n-1} \sum_{i=1}^{m} \sum_{t=1}^{n_i} (X_{it} - \bar{X})^2 \tag{10.37}$$

lässt sich nämlich in einen externen Teil ($S_{ext}^2$) und einen internen Teil ($S_{int}^2$) aufspalten:

$$S^2 = S_{ext}^2 + S_{int}^2 .$$
(10.38)

Dabei beinhaltet die **externe** (oder erklärte) Stichprobenvarianz die Streuung **zwischen den Faktorstufen**, die aus den Mittelwertabweichungen $\hat{\delta}_i = \bar{X}_i - \bar{X}$ resultiert bzw. mit den unterschiedlichen Faktorstufen erklärt werden kann,

$$S_{ext}^2 = \frac{1}{n-1} \sum_{i=1}^{m} n_i (\bar{X}_i - \bar{X})^2 ,$$
(10.39)

während die **interne** (oder unerklärte) Stichprobenvarianz die verbleibende Streuung **innerhalb der Faktorstufen** beschreibt:

$$S_{int}^2 = \frac{1}{n-1} \sum_{i=1}^{m} \sum_{t=1}^{n_i} (X_{it} - \bar{X}_i)^2 = \frac{1}{n-1} \sum_{i=1}^{m} (n_i - 1) S_i^2 .$$
(10.40)

Die letzte Gleichheit zeigt, dass die interne Stichprobenvarianz eine Art Mittelwert der Stichprobenvarianzen in den einzelnen Faktorstufen ist:

$$S_i^2 = \frac{1}{n_i - 1} \sum_{t=1}^{n_i} (X_{it} - \bar{X}_i)^2 \qquad (i = 1, ..., m) .$$
(10.41)

Nehmen wir nun an, dass die **Nullhypothese richtig** ist, also die Mittelwerte $\mu_i$ in allen Faktorstufen der Grundgesamtheit identisch sind. Dann ist damit zu rechnen, dass sich auch die Stichprobenmittelwerte $\bar{X}_i$ mit steigendem Stichprobenumfang immer weniger voneinander unterscheiden. In der Streuungszerlegung (10.38) wird dann der **externe Teil klein im Vergleich zum internen Teil**. Weiterhin lässt sich zeigen, dass bei richtiger Nullhypothese ...

- die beiden Stichprobenfunktionen $S_{ext}^2$ und $S_{int}^2$ stochastisch unabhängig sind,
- die Zufallsvariable $\frac{n-1}{\sigma^2} S_{ext}^2$ Chi-Quadrat-verteilt ist mit (m−1) Freiheitsgraden und
- die Zufallsvariable $\frac{n-1}{\sigma^2} S_{int}^2$ Chi-Quadrat-verteilt ist mit (n−m) Freiheitsgraden.

Somit ist der Quotient aus externer und interner Stichprobenvarianz – nach jeweiliger Division durch die Zahl der Freiheitsgrade – eine geeignete, bei richtiger Nullhypothese **F-verteilte Testfunktion**:

$$F = \frac{\frac{1}{m-1} S_{ext}^2}{\frac{1}{n-m} S_{int}^2} \sim F(m-1; n-m) .$$
(10.42)

Da nach den obigen Überlegungen nur große $F$-Werte gegen die Nullhypothese sprechen, ist der **kritische Bereich $B_\alpha$** bei diesem Test grundsätzlich **rechtsseitig**:

$$B_\alpha = \left\{ F \in \mathbb{R} \mid F > F_{1-\alpha} \right\} .$$
(10.43)

**Beispiel**

## Evaluation

An einer Hochschule wird für die ca. 500 Studierenden in den Studiengängen BWL, VWL und Wirtschaftspädagogik (WiPäd) eine gemeinsame Statistik-Vorlesung angeboten. Vom Dozenten wird behauptet, die Beurteilung seiner Vorlesung durch die Studierenden hinge davon ab, für welchen Studiengang diese immatrikuliert seien. Daher soll mit einer Stichprobe geprüft werden, ob ein signifikanter Einfluss des Studiengangs auf die Beurteilung der Vorlesung bei einer Irrtums-Wahrscheinlichkeit von 5 % festzustellen ist.

Dazu wird eine einfache Zufallsstichprobe von $n=21$ Studierenden gezogen. Diese sollen die Vorlesung mit (intervallskaliert interpretierten) Schulnoten von 1 bis 5 bewerten. Außerdem wird das Studienfach (= qualitativer Faktor) festgestellt. In der Stichprobe befinden sich $n_1=10$ BWL-Studenten, $n_2=6$ VWL-Studenten und $n_3=5$ WiPäd-Studenten. Die Bewertungen dieser Studierenden sind der nachfolgenden Tabelle zu entnehmen.

| $i$ | Fach | Beurteilungen der Studierenden ($x_{it}$) | | | | | | | | | | $n_i$ | $\bar{x}_i$ | $\hat{\delta}_i$ | $s_i^2$ |
|---|---|---|---|---|---|---|---|---|---|---|---|---|---|---|---|
| 1 | BWL | 3 | 1 | 4 | 5 | 3 | 4 | 1 | 2 | 3 | 5 | 10 | 3,1 | 0,1 | 2,1 |
| 2 | VWL | 2 | 3 | 4 | 1 | 3 | 2 | | | | | 6 | 2,5 | −0,5 | 1,1 |
| 3 | WiPäd | 3 | 4 | 2 | 3 | 5 | | | | | | 5 | 3,4 | 0,4 | 1,3 |
| Insgesamt | | | | | | | | | | | | 21 | 3,0 | --- | 1,6 |

Tabelle 10.2: Daten zur Varianzanalyse

Die letzten drei Spalten der Tabelle enthalten bereits ...

- die nach den Formeln (10.31) und (10.34) berechneten Stichprobenmittelwerte,
- die gemäß Formel (10.35) geschätzten Wirkungen der Faktorstufen sowie
- die nach den Formeln (10.41) und (10.37) berechneten Stichprobenvarianzen.

Es zeigt sich, dass die Lehrveranstaltung von den Studierenden in der Stichprobe im Mittel mit 3,0 (befriedigend) bewertet wird, wobei die Durchschnittsnote der VWL-Studenten eine halbe Note besser und die der WiPäd-Studenten fast eine halbe Note schlechter ausfällt. Es ist aber fraglich, ob diese Unterschiede signifikant sind oder aber als zufällige Stichprobenfehler abgetan werden können.

Getestet wird daher die Hypothese, dass **die Studierenden aller drei Fachrichtungen jeweils die Statistik-Vorlesung im Mittel gleich gut beurteilen**:

- Nullhypothese:       $H_0: \quad \mu_1 = \mu_2 = \mu_3$ .

Wir nehmen an, dass nach früheren Untersuchungen davon ausgegangen werden darf, dass die ANOVA-Voraussetzungen – Normalverteilung und Varianzhomogenität der Beurteilungen in den Studienfächern – näherungsweise erfüllt sind. (Immerhin treten keine extremen Unterschiede zwischen den Stichprobenvarianzen auf.) Unter diesen Annahmen gilt:

- Testfunktion:
$$F = \frac{\frac{1}{3-1} S_{ext}^2}{\frac{1}{21-3} S_{int}^2} = 9 \cdot \frac{S_{ext}^2}{S_{int}^2} \sim F(2;18)$$

- kritischer Bereich:
$$B_{0,05} = \left\{ F \in \mathbb{R} \mid F > 3,555 \right\} \quad \text{(vgl. Tabelle A.5)}$$

Zur Berechnung des empirischen Werts der Testfunktion ist die Zerlegung der Stichprobenvarianz erforderlich. Man erhält nach den Formeln (10.39) und (10.40):

- externe
  Stichprobenvarianz:
$$s_{ext}^2 = \frac{1}{20} \left( 10 \cdot (0,1)^2 + 6 \cdot (-0,5)^2 + 5 \cdot (0,4)^2 \right) = 0,12$$

- interne
  Stichprobenvarianz:
$$s_{int}^2 = \frac{1}{20} \left( 9 \cdot 2,1 + 5 \cdot 1,1 + 4 \cdot 1,3 \right) = 1,48$$

- empirischer F-Wert:
$$F = 9 \cdot \frac{0,12}{1,48} = 0,73$$

- Testentscheidung:
$$F \notin B_{0,05} \Rightarrow \textbf{keine Ablehnung von } H_0$$

Die studiengangspezifischen Unterschiede in den Durchschnittsnoten sind also **nicht signifikant**, sondern im Rahmen der Zufallsschwankungen, was bei dem sehr kleinen Stichprobenumfang nicht wirklich verwundert. Signifikant (mit $\alpha = 0,05$) wären die Unterschiede – bei gleicher externer und interner Stichprobenvarianz – erst, wenn die Stichproben mindestens viermal so groß wären.

Die Varianzanalyse ist aufgrund der Annahme von normalverteilten Grundgesamtheiten grundsätzlich auch bei **kleinen Stichproben** anwendbar ist, wenngleich dann – wie im obigen Beispiel – kaum mit der Ablehnung von $H_0$ zu rechnen ist. Im Falle von nur **zwei Faktorstufen** führt die Varianzanalyse wegen der Beziehung (7.74) immer exakt zum selben Ergebnis wie der $t$-Test mit der Testfunktion (10.25). Schließlich sei darauf hingewiesen, dass die Varianzanalyse insofern ein recht **robustes Testverfahren** ist, als sie im Falle großer Stichproben auch noch bei leichten Verletzungen der Annahmen brauchbare Ergebnisse liefert.

# 10.5 Nicht-parametrische Tests

## 10.5.1 Chi-Quadrat-Anpassungstest

Allen bisher behandelten Tests war gemeinsam, dass sich die Nullhypothesen auf bestimmte Parameter der Grundgesamtheit(en) bezogen. Im Gegensatz dazu werden nun exemplarisch noch **nicht-parametrische Tests** betrachtet, die recht allgemeine Aussagen über die Häufigkeitsverteilung eines Merkmals in der Grundgesamtheit zum Gegenstand haben. Mit dem sehr vielseitig einsetzbaren **Chi-Quadrat-Anpassungstest** wird geprüft, ob ein diskretes oder stetiges **Merkmal X in der Grundgesamtheit (GG) eine bestimmte Häufigkeitsverteilung** besitzt, die in der **Nullhypothese** durch die numerische Angabe der relativen Häufigkeiten $\tilde{h}_i$ spezifiziert wird:

$$H_0: \quad h_i^{GG} = \tilde{h}_i \quad \text{für} \quad i = 1, \ldots, m \,. \tag{10.44}$$

Zur Prüfung wird wieder eine einfache Zufallsstichprobe aus der betreffenden Grundgesamtheit gezogen. Die Testidee besteht nun darin, die in der Stichprobe festgestellten **empirischen Häufigkeiten**

$$h_i \quad (i = 1, \ldots, m) \tag{10.45}$$

mit den **hypothetischen Häufigkeiten**

$$\tilde{h}_i \quad (i = 1, \ldots, m) \,, \tag{10.46}$$

wie sie in der Nullhypothese für die Grundgesamtheit behauptet werden, zu vergleichen. (Bei einem stetigen Merkmalen sind $h_i$ und $\tilde{h}_i$ Klassenhäufigkeiten.)

Falls die Nullhypothese zutrifft, steigt mit zunehmendem Stichprobenumfang die Wahrscheinlichkeit, dass die empirischen Häufigkeiten $h_i$ (die ja Zufallsvariablen sind!) nahe bei den hypothetischen Häufigkeiten $\tilde{h}_i$ liegen. Umgekehrt werden größere Abweichungen zwischen $h_i$ und $\tilde{h}_i$ mit wachsendem $n$ immer unwahrscheinlicher.

Die bei zutreffender Nullhypothese näherungsweise mit $(m{-}1)$ Freiheitsgraden **Chi-Quadrat-verteilte Testfunktion** stellt auf die quadrierten Abweichungen zwischen empirischen und hypothetischen Häufigkeiten ab:

$$T_n = n \sum_{i=1}^{m} \frac{(h_i - \tilde{h}_i)^2}{\tilde{h}_i} \;\sim\; \chi^2(m-1) \,. \tag{10.47}$$

Diese Testfunktion kann keine negativen Werte annehmen. Sie ist genau dann gleich 0, wenn die empirischen Häufigkeiten exakt mit den hypothetischen Häufigkeiten übereinstimmen (perfekte Anpassung). Der **kritische Bereich** ist daher bei diesem Test immer **rechtsseitig** angelegt, d.h. nur hohe Werte der Testvariablen sprechen gegen die Nullhypothese:

$$B_\alpha = \left\{ t \in \mathbb{R} \,\middle|\, t > x_{1-\alpha} \right\} \,. \tag{10.48}$$

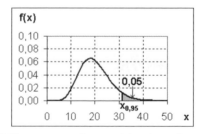

Abbildung 10.6: Kritischer Bereich bei Chi-Quadrat-Tests

Da die Testfunktion bei zutreffender Nullhypothese nur asymptotisch (d.h. für $n \to \infty$) Chi-Quadrat-verteilt ist, muss auch bei diesem Test ein **großer Stichprobenumfang** vorausgesetzt werden. Als Faustregel gilt beim Chi-Quadrat-Anpassungstest, dass der Stichprobenumfang so groß sein muss, dass (laut $H_0$) **in jeder Gruppe bzw. Klasse mindestens fünf Beobachtungswerte** zu erwarten sind:

$$n \cdot \tilde{h}_i \geq 5 \quad \text{bzw.} \quad n \geq \frac{5}{\tilde{h}_i} \quad \text{für } i = 1, \ldots, m.$$

Dies ist genau dann erfüllt, wenn gilt:

$$n \geq \frac{5}{\min_i \tilde{h}_i}. \tag{10.49}$$

Für klassierte Verteilungen bedeutet das, dass mit zunehmend feiner Klassierung der zur Überprüfung von $H_0$ erforderliche Stichprobenumfang steigt.

---

## Beispiel

### Produktvarianten (Test auf Gleichverteilung)

Ein neues Körperpflegeprodukt wurde in vier Duftvarianten A, B, C und D entwickelt, welche im Urteil der Konsumenten gleich attraktiv erscheinen sollen. In einem Store-Test wurden die vier Varianten zum gleichen Preis angeboten, wobei das Regal immer rechtzeitig aufgefüllt wurde. Insgesamt wurden $n = 200$ Käufe getätigt, die sich entsprechend der nachfolgenden Tabelle auf die Varianten verteilten.

| Produktvariante | A | B | C | D |
|---|---|---|---|---|
| absolute Häufigkeit | 56 | 64 | 28 | 52 |

Tabelle 10.3: Gruppierte Häufigkeitsverteilung in der Stichprobe

Bei einem Signifikanzniveau von 1 % wird die Hypothese geprüft, dass die Duftvarianten **gleich stark** nachgefragt werden.

- Nullhypothese:

$$H_0: \quad h_1^{GG} = h_2^{GG} = h_3^{GG} = h_4^{GG} = 0{,}25$$

- Testfunktion:

$$T_{200} = 200 \sum_{i=1}^{4} \frac{(h_i - 0{,}25)^2}{0{,}25} = 800 \sum_{i=1}^{4} (h_i - 0{,}25)^2 \quad \sim \quad \chi^2(3)$$

- kritischer Bereich:

$$B_{0{,}01} = \left\{ t \in \mathbb{R} \mid t > 11{,}34 \right\} \quad \text{(vgl. Tabelle A.3)}$$

■ empirischer Wert der Testfunktion:

$$t_{200} = 800 \cdot ( (0{,}28 - 0{,}25)^2 + (0{,}32 - 0{,}25)^2 + (0{,}14 - 0{,}25)^2 + (0{,}26 - 0{,}25)^2 ) = 14{,}4$$

■ Testentscheidung:

$$t_{200} \in B_{0{,}01} \quad \Rightarrow \quad \textbf{Ablehnung von } H_0$$

Bei einer Irrtums-Wahrscheinlichkeit von 1 % widerlegt das Stichprobenergebnis die Hypothese, dass die vier Varianten gleich stark nachgefragt werden.

---

### Beispiel

## Brenndauer von Glühbirnen (Test auf Normalverteilung)

Ein Hersteller von Leuchtstoffen behauptet, die Brenndauer einer bestimmten Sorte von Glühbirnen sei **normalverteilt** mit $\mu = 100$ [Tage] und $\sigma^2 = 400$ [Tage$^2$]. Ein Produkttest mit $n = 250$ Glühbirnen dieses Typs ergibt folgende klassierte Häufigkeitsverteilung der Brenndauer:

| Brenndauer [Tage] | [0; 60[ | [60; 80[ | [80; 100[ | [100; 120[ | [120; 140[ | [140; ∞[ |
|---|---|---|---|---|---|---|
| absolute Häufigkeit | 7 | 30 | 90 | 80 | 39 | 4 |

Tabelle 10.4: Klassierte Häufigkeitsverteilung in der Stichprobe

Die Normalverteilungs-Hypothese soll anhand dieses Stichprobenbefundes bei einem Signifikanzniveau von 5 % geprüft werden.

■ Nullhypothese:

$$H_0: \quad X \sim N(100; 400) \quad \text{bzw.} \quad H_0: \quad H^{GG}(x) \equiv \Phi\left(\frac{x - 100}{20}\right)$$

($H^{GG}(x)$ ist die empirische Verteilungsfunktion des Merkmals $X$ in der Grundgesamtheit.)

■ Testfunktion:

$$T_{250} = 250 \sum_{i=1}^{6} \frac{(h_i - \tilde{h}_i)^2}{\tilde{h}_i} \quad \sim \quad \chi^2(5)$$

■ kritischer Bereich:

$$B_{0{,}05} = \left\{ t \in \mathbb{R} \mid t > 11{,}07 \right\} \quad \text{(vgl. Tabelle A.3)}$$

■ hypothetische Häufigkeiten:

$$\tilde{h}_1 = \Phi\left(\frac{60-100}{20}\right) - \Phi\left(\frac{0-100}{20}\right) = \Phi(-2) - \Phi(-5) = 0{,}0228 - 0 = 0{,}0228$$

$$\tilde{h}_2 = \Phi\left(\frac{80-100}{20}\right) - \Phi\left(\frac{60-100}{20}\right) = \Phi(-1) - \Phi(-2) = 0{,}1587 - 0{,}0228 = 0{,}1359$$

usw.

| $K_i$ | [0; 60[ | [60; 80[ | [80; 100[ | [100; 120[ | [120; 140[ | [140; ∞[ |
|---|---|---|---|---|---|---|
| $h_i$ | 0,0280 | 0,1200 | 0,3600 | 0,3200 | 0,1560 | 0,0160 |
| $\tilde{h}_i$ | 0,0228 | 0,1359 | 0,3413 | 0,3413 | 0,1359 | 0,0228 |

Tabelle 10.5: Empirische und hypothetische Häufigkeiten

- empirischer Wert der Testfunktion:

$$t_{250} = 250\left(\frac{(0,028-0,0228)^2}{0,0228} + \frac{(0,12-0,1359)^2}{0,1359} + \frac{(0,36-0,3413)^2}{0,3413}\right.$$

$$\left. + \frac{(0,32-0,3413)^2}{0,3413} + \frac{(0,156-0,1359)^2}{0,1359} + \frac{(0,016-0,0228)^2}{0,0228}\right)$$

$$= 250 \cdot 0,0104 = 2,6$$

- Testentscheidung:

$$t_{250} \notin B_{0,05} \quad \Rightarrow \quad \textbf{keine Ablehnung von } H_0$$

Bei einer Irrtums-Wahrscheinlichkeit von 5 % verträgt sich das Stichprobenergebnis mit der Hypothese, dass die Brenndauer der Glühbirnen normalverteilt ist mit $\mu = 100$ [Tage] und $\sigma^2 = 400$ [Tage$^2$].
Der **Stichprobenumfang** ist wegen

$$n \geq \frac{5}{0,0228} = 219,3$$

ausreichend für die Anwendung des Chi-Quadrat-Anpassungstests.

Beim Chi-Quadrat-Anpassungstest müssen die **Verteilungsparameter** nicht unbedingt numerisch spezifiziert werden. Beispielsweise könnte man auch die Hypothese testen, dass ein Merkmal $X$ in der Grundgesamtheit normalverteilt ist, ohne dass die Zahlenwerte $\mu$ und $\sigma^2$ angegeben werden. In diesem Fall müssen die Parameter **konsistent geschätzt** werden, damit die hypothetischen Häufigkeiten berechnet werden können.

Falls die Parameterschätzungen aus **derselben Stichprobe** gewonnen werden, mit der die Verteilungshypothese getestet wird, verkleinern sich – aufgrund der optimalen Anpassung der Schätzwerte – die Differenzen zwischen empirischen und theoretischen Häufigkeiten und damit auch die empirischen Werte der Testfunktion (im Vergleich zu denen bei vollständig spezifizierter Nullhypothese). In der Verteilung der Testfunktion schlägt sich dies in einer **Verminderung der Freiheitsgrade** um die Anzahl der geschätzten Parameter ($k$) nieder. Anstelle der Verteilungsaussage (10.47) gilt dann:

$$T_n = n\sum_{i=1}^{m} \frac{(h_i - \tilde{h}_i)^2}{\tilde{h}_i} \quad \sim \quad \chi^2(m-k-1). \tag{10.50}$$

## 10.5.2 Chi-Quadrat-Unabhängigkeitstest

Mit dem **Chi-Quadrat-Unabhängigkeitstest** wird geprüft, ob zwei diskrete oder stetige **Merkmale $X$ und $Y$ in der Grundgesamtheit (GG) unabhängig verteilt** sind. Entsprechend der Definition (2.8) lautet die **Nullhypothese**

$$H_0: \quad h_{ij}^{GG} = h_{i\cdot}^{GG} \cdot h_{\cdot j}^{GG} \quad \text{für alle } i \text{ und } j. \tag{10.51}$$

Die Überprüfung erfolgt wieder anhand einer einfachen Zufallsstichprobe aus der betreffenden Grundgesamtheit. Die darin festgestellten **empirischen zweidimensionalen Häufigkeiten**

$$h_{ij} \quad (i = 1, \ldots, p\,; j = 1, \ldots, q) \tag{10.52}$$

werden mit den **hypothetischen Häufigkeiten** verglichen, die sich bei Unabhängigkeit aus den empirischen Randhäufigkeiten $h_{i\cdot}$ und $h_{\cdot j}$ ergeben würden:

$$\tilde{h}_{ij} = h_{i\cdot} \cdot h_{\cdot j} \quad (i = 1, \ldots, p\,; j = 1, \ldots, q). \tag{10.53}$$

Sind die beiden Merkmale in der Grundgesamtheit tatsächlich unabhängig verteilt, so gilt dies näherungsweise auch für einfache Zufallsstichproben aus dieser Grundgesamtheit, und zwar umso eher, je größer der Stichprobenumfang ist. Mit zunehmendem Stichprobenumfang steigt die Wahrscheinlichkeit, dass die empirischen Häufigkeiten $h_{ij}$ nur wenig von den hypothetischen Häufigkeiten $\tilde{h}_{ij}$ abweichen. (Man beachte, dass hier die theoretischen und die hypothetischen Häufigkeiten Zufallsvariablen sind.)

Die **Testfunktion** basiert – analog zum Anpassungstest – auf den quadrierten Abweichungen zwischen empirischen und hypothetischen Häufigkeiten und ist bei zutreffender Nullhypothese näherungsweise **Chi-Quadrat-verteilt** mit $(p{-}1)(q{-}1)$ Freiheitsgraden:

$$T_n = n \sum_{i=1}^{p} \sum_{j=1}^{q} \frac{(h_{ij} - \tilde{h}_{ij})^2}{\tilde{h}_{ij}} \quad \sim \quad \chi^2((p-1)(q-1)). \tag{10.54}$$

Der **kritische Bereich** liegt am **rechten Rand** der Verteilung, weil nur hohe Werte der Testvariablen gegen die Nullhypothese sprechen:

$$B_\alpha = \left\{ t \in \mathbb{R} \mid t > x_{1-\alpha} \right\}. \tag{10.55}$$

Da die Testfunktion $T_n$ gerade der $n$-fachen **mittleren quadratischen Kontingenz** (vgl. Formel (2.9)) entspricht, kann man sagen, dass die Nullhypothese einer unabhängigen Verteilung der beiden Merkmale in der Grundgesamtheit abgelehnt wird, wenn die mittlere quadratische Kontingenz in der Stichprobe signifikant von 0 verschieden ist.

Wegen der nur asymptotisch gültigen Testverteilung setzt auch der Chi-Quadrat-Unabhängigkeitstest einen **hinreichend großen Stichprobenumfang** voraus, wobei als Faustregel analog zu (10.49) gilt:

$$n \geq \frac{5}{\min_{i,j} \tilde{h}_{ij}}. \tag{10.56}$$

---

## Beispiel

## Anfangsgehälter von Hochschulabsolventen

Mit einer einfachen Zufallsstichprobe von $n = 100$ Hochschulabsolventen im Fach BWL soll bei einem Signifikanzniveau von 5 % die Hypothese geprüft werden, dass das **Anfangsgehalt** dieser Berufsgruppe in Deutschland **vom Geschlecht unabhängig** ist.

Für die 100er-Stichprobe wird die folgende zweidimensionale Verteilung ermittelt:

| ($x_i$) Geschlecht | monatliches Bruttogehalt ($y_j$) | unter € 4000 | € 4000 bis € 6000 | über € 6000 |
|---|---|---|---|---|
| männlich | | 14 | 32 | 14 |
| weiblich | | 16 | 18 | 6 |

Tabelle 10.6: Zweidimensionale Häufigkeitsverteilung in der Stichprobe

- Nullhypothese:

    $H_0$: **Geschlecht ($X$) und Anfangsgehalt ($Y$) sind bei den Absolventen eines BWL-Studiums in Deutschland unabhängig verteilt**, d.h. es gilt:
    $$h_{ij}^{GG} = h_{i.}^{GG} \cdot h_{.j}^{GG} \quad \text{für } i=1,2 \text{ und } j=1,2,3 .$$

- Testfunktion:

    $$T_{100} = 100 \sum_{i=1}^{2} \sum_{j=1}^{3} \frac{(h_{ij} - \tilde{h}_{ij})^2}{\tilde{h}_{ij}} \ \sim \ \chi^2(2)$$

- kritischer Bereich:

    $$B_{0,05} = \left\{ t \in \mathbb{R} \mid t > 5,99 \right\} \qquad \text{(vgl. Tabelle A.3)}$$

| ($x_i$) Geschlecht | monatliches Bruttogehalt ($y_j$) | unter € 4000 | € 4000 bis € 6000 | über € 6000 | $h_{i.}$ ↓ |
|---|---|---|---|---|---|
| männlich | | 0,14 0,18 | 0,32 0,30 | 0,14 0,12 | 0,6 |
| weiblich | | 0,16 0,12 | 0,18 0,20 | 0,06 0,08 | 0,4 |
| $h_{.j}$ → | | 0,3 | 0,5 | 0,2 | 1,0 |

Tabelle 10.7: Empirische und hypothetische Häufigkeiten

■ empirischer Wert der Testfunktion:

$$t_{100} = 100 \left( \frac{(0,14-0,18)^2}{0,18} + \frac{(0,32-0,3)^2}{0,3} + \frac{(0,14-0,12)^2}{0,12} \right.$$

$$\left. + \frac{(0,16-0,12)^2}{0,12} + \frac{(0,18-0,2)^2}{0,2} + \frac{(0,06-0,08)^2}{0,08} \right)$$

$$= 100 \cdot 0,0339 = 3,39$$

■ Testentscheidung:

$$t_{100} \notin B_{0,05} \quad \Rightarrow \quad \textbf{keine Ablehnung von } \boldsymbol{H_0}$$

Bei einer Irrtums-Wahrscheinlichkeit von 5 % verträgt sich das Stichprobener-gebnis mit der Hypothese, dass Geschlecht und Anfangsgehalt von BWL-Absol-venten in Deutschland voneinander unabhängig verteilt sind. Dieses Ergebnis mag ein wenig überraschen, da der korrigierte Kontingenzkoeffizient (C*) in der Stichprobe immerhin 0,256 beträgt. Bei dem relativ kleinen Stichprobenumfang liegt dieser Wert jedoch noch im Rahmen der Zufallsschwankungen und ist somit **nicht signifikant**.

Für die Durchführung des Chi-Quadrat-Unabhängigkeitstests ist der **Stichproben-umfang** aber ausreichend:

$$n \geq \frac{5}{0,08} = 62,5 \; .$$

# 10.6 Aufgaben

### Aufgabe 10.1

Für die Erstellung einer neuen Marketingkonzeption möchte ein Hersteller von Damen-Parfüm folgende Hypothesen prüfen:

(1) Jeder dritte Käufer ist ein Mann (der das Parfüm für eine Frau kauft).

(2) Die Verwenderinnen sind im Durchschnitt höchstens 30 Jahre alt.

Zu diesem Zweck wird eine einfache Zufallsstichprobe von 200 Käufern bzw. Käuferinnen gezogen. Darunter befinden sich 52 Männer. Das Durchschnittsalter der Verwenderinnen betrug 32,4 [Jahre] bei einer Stichprobenvarianz von 128 [Jahre$^2$].

a) Testen Sie die Hypothese (1) mit dem Signifikanzniveau 1 %.

b) Testen Sie die Hypothese (2) mit dem Signifikanzniveau 5 %.

### Aufgabe 10.2

In der Personalabteilung eines Großunternehmens hat man den Eindruck, dass die Mitarbeiter zu lange Mittagspause machen. Deshalb soll die Hypothese getestet werden, dass die Mitarbeiter im Durchschnitt die zugestandene Mittagspause von maximal einer Stunde einhalten. Dazu werden an einem Arbeitstag die Abwesenheitszeiten von 20 zufällig ausgewählten Mitarbeitern gemessen, wobei sich ein Mittelwert von 70 [Minuten] bei einer Standardabweichung von 15 [Minuten] ergibt.

a) Welche Annahme muss hinsichtlich der Abwesenheitszeiten (X) der Mitarbeiter gemacht werden, damit der $t$-Test anwendbar ist?

b) Formulieren Sie die Nullhypothese und bestimmen Sie den kritischen Bereich für das Signifikanzniveau 5 %!

c) Berechnen Sie den empirischen Wert der Testfunktion und leiten Sie die Testentscheidung ab! Schätzen Sie mit der Tabelle A.4 das empirische Signifikanzniveau!

d) Wie kann die in Teil a) angesprochene Annahme umgangen werden?

### Aufgabe 10.3

Im Rahmen der Qualitätssicherung werden aus einer laufenden Produktion mit einer normalen Ausschussquote von 10 % regelmäßig Zufallsstichproben vom Umfang $n = 100$ entnommen, in denen jeweils die Ausschussquote festgestellt wird (vgl. Aufgabe 9.2).

a) Der Produktionsleiter benutzt die Stichproben jeweils zu einem Test, ob die Ausschussquote in der Produktion nicht über 10 % angestiegen ist. Formulieren Sie die Nullhypothese und geben Sie den kritischen Bereich bei einem Signifikanzniveau von 1 % an!

b) Bei wie vielen defekten Bauteilen in der Stichprobe ($x_{100}$) wird die Nullhypothese dann abgelehnt?

c) Tatsächlich ist die Ausschussquote auf 18 % angestiegen. Wie ist die Anzahl der Ausschuss-Stücke in einer 100er-Stichprobe ($X_{100}$) dann näherungsweise verteilt?

d) Wie groß ist die Wahrscheinlichkeit, dass man die Nullhypothese im obigen Test nicht ablehnt, wenn die Ausschussquote tatsächlich auf 18 % angestiegen ist (Fehler 2. Art)?

### Aufgabe 10.4

Ein großer Automobilhersteller führt in einem seiner Werke eine Umorganisation in der Produktion durch. Die Konzernleitung erhofft sich damit auch eine Erhöhung der Zufriedenheit der Belegschaft und lässt daher vor und nach der Umorganisation Befragungen bei jeweils 50 zufällig ausgewählten Mitarbeitern durchführen. In der ersten Stichprobe (vorher) zeigten sich dabei 37 Befragte zufrieden mit den Arbeitsbedingungen, in der zweiten Stichprobe (nachher) waren es sogar 43 Befragte.

a) Ist bei diesem Befragungsergebnis die Behauptung des Betriebsrats, dass sich die Zufriedenheit der Mitarbeiter durch die Umorganisation nicht erhöht hat, bei einem Signifikanzniveau von 1 % widerlegt? Wie hoch ist das empirische Signifikanzniveau bei diesem Test?

b) Wie groß müssten die beiden Stichproben ($m=n$) sein, damit das Ergebnis bei den obigen Zufriedenheitsanteilen in den Stichproben signifikant wäre?

c) Weil die erste Befragung bereits abgeschlossen ist, erwägt die Werksleitung, bei der zweiten Stichprobe 250 statt 50 Mitarbeiter zu befragen. Wie wäre das Testergebnis bei unverändertem Anteil der zufriedenen Mitarbeiter?

### Aufgabe 10.5

Ein Marketing-Student möchte die Hypothese überprüfen, dass männliche und weibliche Studierende im Durchschnitt gleich viel für Kleidung ausgeben. Dazu zieht er aus beiden Gruppen jeweils eine kleine Zufallsstichprobe, in der er die monatlichen Ausgaben für Kleidung erhebt und daraus die folgenden Mittelwerte und Varianzen errechnet.

| Geschlecht | $n_i$ | $\bar{x}_i$ | $s_i^2$ |
|---|---|---|---|
| Frauen | 8 | 70 [€] | 288 [€²] |
| Männer | 8 | 52 [€] | 162 [€²] |

a) Testen Sie die obige Hypothese mit dem $t$-Test beim Signifikanzniveau von 5 % !

b) Testen Sie dieselbe Hypothese mit einer Varianzanalyse und dem Signifikanzniveau von 5 % ! Welcher Zusammenhang besteht zwischen beiden Ergebnissen?

c) Unter welchen Voraussetzungen sind die beiden Hypothesentests hier anwendbar?

### Aufgabe 10.6

Ein Spezialreisebüro, das Filialen in Berlin, Hamburg und München unterhält, lässt die Kundenzufriedenheit regelmäßig erheben, indem zufällig ausgewählte Kunden teils vor Antritt der gebuchten Reise, teils nach der Rückkehr befragt werden. Dabei wird die Gesamtzufriedenheit mit der Leistung des Reisebüros auf einer Intervallskala mit den Bewertungsstufen 1 („sehr zufrieden") bis 5 („unzufrieden") gemessen. Bei der Stichprobe im letzten Monat wurden insgesamt 20 Kunden ausgewählt, bei denen sich folgende Zufriedenheitswerte ergaben.

| Berlin | | Hamburg | | München | |
|---|---|---|---|---|---|
| vorher | nachher | vorher | nachher | vorher | nachher |
| 3 | 2 | 1 | 2 | 4 | 3 |
| 1 | 3 | 3 | 4 | 2 | 5 |
| 2 | 4 | 2 | 3 | 3 | 4 |
| 3 | 2 | | | | |

Testen Sie unter der Annahme, dass die Grundgesamtheiten normalverteilt sind mit gleichen Varianzen, die folgenden Hypothesen mit einem Signifikanzniveau von 5 %:

a) Die durchschnittliche Zufriedenheit aller Kunden liegt auf der verwendeten Skala bei 2,0 oder besser.

b) Die Kunden sind nach der Reise im Mittel mindestens so zufrieden wie vor der Reise (d.h. sie werden im Mittel nicht enttäuscht).

c) Die durchschnittliche Kundenzufriedenheit hängt nicht von der Filiale ab.

## Aufgabe 10.7

Ein Hersteller bietet sein Produkt in drei Versionen A, B und C an, deren Verkaufsanteile seit Jahren 65 %, 25 % und 10 % betragen. Im Bestreben, die Attraktivität der Versionen B und C zu erhöhen, bietet der Hersteller auf einem Testmarkt die Versionen B und C mit einer leichten Modifikation an und zieht dann auf diesem Testmarkt eine Zufallsstichprobe von 150 Produktkäufen. Dabei wurde die Version A 78-mal, die Version B 45-mal und die Version C 27-mal gewählt.

a) Welcher Test eignet sich zum Prüfen der Hypothese, dass die Produktmodifikation keine Auswirkung auf die Verkaufsanteile hat?

b) Wie lautet bei diesem Test die Nullhypothese?

c) Wie groß muss die Stichprobe bei diesem Test mindestens sein?

d) Bestimmen Sie für das Signifikanzniveau 5 % den kritischen Bereich dieses Tests!

e) Welches Testergebnis erhält man beim obigen Stichprobenbefund? Schätzen Sie mit der Tabelle A.3 das empirische Signifikanzniveau!

## Aufgabe 10.8

Der Leiter eines Rechenzentrums vermutet, dass die Anzahl der Systemzusammenbrüche pro Tag näherungsweise Poisson-verteilt ist mit $\lambda = 1$. Diese Hypothese soll mit dem Chi-Quadrat-Anpassungstest anhand der Protokolle von 80 zufällig ausgewählten Geschäftstagen geprüft werden. Die Auswertung der Stichprobe ergab die folgende Häufigkeitsverteilung:

| Anzahl der Systemzusammenbrüche | Anzahl der Tage |
|---|---|
| 0 | 28 |
| 1 | 32 |
| 2 | 16 |
| 3 oder mehr | 4 |

a) Formulieren Sie die Nullhypothese!

b) Wie lautet die Testfunktion und wie ist sie verteilt, wenn die Nullhypothese stimmt?

c) Bestimmen Sie den kritischen Bereich für das Signifikanzniveau 5 %!

d) Berechnen Sie den empirischen Wert der Testfunktion und leiten Sie die Testentscheidung ab!

e) Ist der Stichprobenumfang für die Durchführung des Tests ausreichend?

## Aufgabe 10.9

Eine Werbeagentur hat einen Fernsehspot für ein Erfrischungsgetränk in drei verschiedenen Versionen A, B und C produziert. Bevor der Spot von deutschen und französischen Fernsehstationen gesendet wird, werden 200 zufällig ausgewählte Testpersonen (120 Deutsche und 80 Franzosen) befragt, welche Version ihnen am besten gefällt. Dabei sind die Präferenzen bei den Deutschen und Franzosen wie folgt verteilt:

| Präferenz für Version | A | B | C |
|---|---|---|---|
| Deutsche | 50,0 % | 15,0 % | 35,0 % |
| Franzosen | 25,0 % | 52,5 % | 22,5 % |

a) Erstellen Sie für die Stichprobe die zweidimensionale relative Häufigkeitsverteilung der Merkmale „Nationalität" ($X$) und „Präferenz" ($Y$)!

b) Testen Sie mit dem Signifikanzniveau 1 % die Hypothese, dass Deutsche und Franzosen bei dem Werbespot den gleichen Geschmack haben (d.h. $X$ und $Y$ unabhängig verteilt sind).

## Aufgabe 10.10

Bei einem Großunternehmen bewerben sich 900 männliche und 600 weibliche Schulabgänger um insgesamt 600 Ausbildungsplätze. Da zwischen den Bewerbern keine nennenswerten Qualifikationsunterschiede bestehen, will die Personalabteilung eine uneingeschränkte Zufallsauswahl aus den Bewerbern treffen.

a) Geben Sie ein 95%-Schwankungsintervall für den Anteil und die Anzahl der eingestellten Frauen an!

b) Tatsächlich werden 375 männliche und 225 weibliche Bewerber eingestellt. Wie ist der Frauenanteil bei den Einstellungen zu beurteilen, wenn man ein Signifikanzniveau von 5 % ansetzt?

c) Formulieren Sie den entsprechenden Parametertest (Nullhypothese, kritischer Bereich, empirischer Testwert, Testentscheidung) zur Prüfung der Chancengleichheit!

d) Wird mit diesem Test wirklich eine Aussage über die Grundgesamtheit geprüft?

e) In früheren Jahren waren die Bewerber im Durchschnitt 17,2 Jahre alt. Bei den 600 zufällig ausgewählten Auszubildenden des neuen Jahrgangs wurde jedoch ein Durchschnittsalter von 17,5 Jahren bei einer Standardabweichung von 1,5 Jahren festgestellt. Testen Sie die Hypothese, dass sich das Durchschnittsalter der Bewerber gegenüber früheren Jahren nicht verändert hat (Signifikanzniveau 1 %)!

f) Was ist bei diesem Test die Grundgesamtheit?

g) Wie lässt sich die Chancengleichheit bei der Einstellung mit einem nicht-parametrischen Test überprüfen? Was wäre bei diesem Test Grundgesamtheit und Stichprobe?

h) Führen Sie diesen Test mit dem Signifikanzniveau 5 % durch!

# Weiterführende Literatur

**Bamberg, G. / Baur, F. / Krapp, M.:** Statistik, 15. Auflage, Oldenbourg 2009

**Berenson, M.L. / Levine, D.M. / Krehbiel, T.C.:** Basic Business Statistics – Concepts and Applications, 11$^{th}$ Edition, Pearson Education 2008

**Berry, D.A. / Lindgren, B.W.:** Statistics – Theory and Methods, 2$^{nd}$ Edition, Duxbury Press 1996

**Bleymüller, J. / Gehlert, G. / Gülicher, H.:** Statistik für Wirtschaftswissenschaftler, 15. Auflage, Vahlen 2008

**Bortz, J.:** Statistik für Human- und Sozialwissenschaftler, 6. Auflage, Springer 2005

**Bourier, G.:** Beschreibende Statistik, 8. Auflage, Gabler 2010

**Bourier, G.:** Wahrscheinlichkeitsrechnung und schließende Statistik, 6. Auflage, Gabler 2009

**Eckey, H.-F. / Kosfeld, R. / Türck, M.:** Deskriptive Statistik, 5. Auflage, Gabler 2008

**Eckey, H.-F. / Kosfeld, R. / Türck, M.:** Wahrscheinlichkeitsrechnung und Induktive Statistik, Gabler 2005

**Fahrmeir, L. / Künstler, R. / Pigeot, I. / Tutz, G.:** Statistik – Der Weg zur Datenanalyse, 7. Auflage, Springer 2010

**Hartung, J. / Elpelt, B. / Klösener, K.-H.:** Statistik, 15. Auflage, Oldenbourg 2009

**Keller, G.:** Statistics for Management and Economics, 8$^{th}$ Edition, South-Western Cengage Learning 2008

**Levin, R.I. / Rubin, D.S.:** Statistics for Management, 7$^{th}$ Edition, Prentice Hall 1998

**Levine, D.M. / Stephan, D.F. / Krehbiel, T.C. / Berenson, M.L.:** Statistics for Managers Using Microsoft® Excel, 6$^{th}$ Edition, Prentice Hall 2010

**Rinne, H.:** Taschenbuch der Statistik, 4. Auflage, Harri Deutsch 2008

**Schira, J.:** Statistische Methoden der VWL und BWL – Theorie und Praxis, 3. Auflage, Pearson Studium 2009

**Sachs, L. / Hedderich, J.:** Angewandte Statistik – Methodensammlung mir R, 13. Auflage, Springer 2009

**Upton, G. / Cook, I.:** A Dictionary of Statistics, 2$^{nd}$ Edition, Oxford University Press 2008

**Wathen, S.A. / Lind, D.A. / Marchal, W.G.:** Statistical Techniques in Business and Economics, 14$^{th}$ Edition, McGraw-Hill 2009

# Anhang

# A Statistische Tabellen

## Tabelle A.1: Standardnormalverteilung – $\Phi(z)$

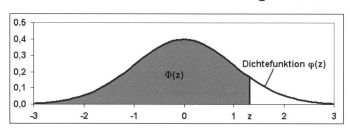

| z | .,.0 | .,.1 | .,.2 | .,.3 | .,.4 | .,.5 | .,.6 | .,.7 | .,.8 | .,.9 |
|---|------|------|------|------|------|------|------|------|------|------|
| 0,0. | 0,5000 | 0,5040 | 0,5080 | 0,5120 | 0,5160 | 0,5199 | 0,5239 | 0,5279 | 0,5319 | 0,5359 |
| 0,1. | 0,5398 | 0,5438 | 0,5478 | 0,5517 | 0,5557 | 0,5596 | 0,5636 | 0,5675 | 0,5714 | 0,5753 |
| 0,2. | 0,5793 | 0,5832 | 0,5871 | 0,5910 | 0,5948 | 0,5987 | 0,6026 | 0,6064 | 0,6103 | 0,6141 |
| 0,3. | 0,6179 | 0,6217 | 0,6255 | 0,6293 | 0,6331 | 0,6368 | 0,6406 | 0,6443 | 0,6480 | 0,6517 |
| 0,4. | 0,6554 | 0,6591 | 0,6628 | 0,6664 | 0,6700 | 0,6736 | 0,6772 | 0,6808 | 0,6844 | 0,6879 |
| 0,5. | 0,6915 | 0,6950 | 0,6985 | 0,7019 | 0,7054 | 0,7088 | 0,7123 | 0,7157 | 0,7190 | 0,7224 |
| 0,6. | 0,7257 | 0,7291 | 0,7324 | 0,7357 | 0,7389 | 0,7422 | 0,7454 | 0,7486 | 0,7517 | 0,7549 |
| 0,7. | 0,7580 | 0,7611 | 0,7642 | 0,7673 | 0,7704 | 0,7734 | 0,7764 | 0,7794 | 0,7823 | 0,7852 |
| 0,8. | 0,7881 | 0,7910 | 0,7939 | 0,7967 | 0,7995 | 0,8023 | 0,8051 | 0,8078 | 0,8106 | 0,8133 |
| 0,9. | 0,8159 | 0,8186 | 0,8212 | 0,8238 | 0,8264 | 0,8289 | 0,8315 | 0,8340 | 0,8365 | 0,8389 |
| 1,0. | 0,8413 | 0,8438 | 0,8461 | 0,8485 | 0,8508 | 0,8531 | 0,8554 | 0,8577 | 0,8599 | 0,8621 |
| 1,1. | 0,8643 | 0,8665 | 0,8686 | 0,8708 | 0,8729 | 0,8749 | 0,8770 | 0,8790 | 0,8810 | 0,8830 |
| 1,2. | 0,8849 | 0,8869 | 0,8888 | 0,8907 | 0,8925 | 0,8944 | 0,8962 | 0,8980 | 0,8997 | 0,9015 |
| 1,3. | 0,9032 | 0,9049 | 0,9066 | 0,9082 | 0,9099 | 0,9115 | 0,9131 | 0,9147 | 0,9162 | 0,9177 |
| 1,4. | 0,9192 | 0,9207 | 0,9222 | 0,9236 | 0,9251 | 0,9265 | 0,9279 | 0,9292 | 0,9306 | 0,9319 |
| 1,5. | 0,9332 | 0,9345 | 0,9357 | 0,9370 | 0,9382 | 0,9394 | 0,9406 | 0,9418 | 0,9429 | 0,9441 |
| 1,6. | 0,9452 | 0,9463 | 0,9474 | 0,9484 | 0,9495 | 0,9505 | 0,9515 | 0,9525 | 0,9535 | 0,9545 |
| 1,7. | 0,9554 | 0,9564 | 0,9573 | 0,9582 | 0,9591 | 0,9599 | 0,9608 | 0,9616 | 0,9625 | 0,9633 |
| 1,8. | 0,9641 | 0,9649 | 0,9656 | 0,9664 | 0,9671 | 0,9678 | 0,9686 | 0,9693 | 0,9699 | 0,9706 |
| 1,9. | 0,9713 | 0,9719 | 0,9726 | 0,9732 | 0,9738 | 0,9744 | 0,9750 | 0,9756 | 0,9761 | 0,9767 |
| 2,0. | 0,9772 | 0,9778 | 0,9783 | 0,9788 | 0,9793 | 0,9798 | 0,9803 | 0,9808 | 0,9812 | 0,9817 |
| 2,1. | 0,9821 | 0,9826 | 0,9830 | 0,9834 | 0,9838 | 0,9842 | 0,9846 | 0,9850 | 0,9854 | 0,9857 |
| 2,2. | 0,9861 | 0,9864 | 0,9868 | 0,9871 | 0,9875 | 0,9878 | 0,9881 | 0,9884 | 0,9887 | 0,9890 |
| 2,3. | 0,9893 | 0,9896 | 0,9898 | 0,9901 | 0,9904 | 0,9906 | 0,9909 | 0,9911 | 0,9913 | 0,9916 |
| 2,4. | 0,9918 | 0,9920 | 0,9922 | 0,9925 | 0,9927 | 0,9929 | 0,9931 | 0,9932 | 0,9934 | 0,9936 |
| 2,5. | 0,9938 | 0,9940 | 0,9941 | 0,9943 | 0,9945 | 0,9946 | 0,9948 | 0,9949 | 0,9951 | 0,9952 |
| 2,6. | 0,9953 | 0,9955 | 0,9956 | 0,9957 | 0,9959 | 0,9960 | 0,9961 | 0,9962 | 0,9963 | 0,9964 |
| 2,7. | 0,9965 | 0,9966 | 0,9967 | 0,9968 | 0,9969 | 0,9970 | 0,9971 | 0,9972 | 0,9973 | 0,9974 |
| 2,8. | 0,9974 | 0,9975 | 0,9976 | 0,9977 | 0,9977 | 0,9978 | 0,9979 | 0,9979 | 0,9980 | 0,9981 |
| 2,9. | 0,9981 | 0,9982 | 0,9982 | 0,9983 | 0,9984 | 0,9984 | 0,9985 | 0,9985 | 0,9986 | 0,9986 |
| 3,0. | 0,9987 | | | | | | | | | |

# Tabelle A.2:   Standardnormalverteilung – ψ(z)

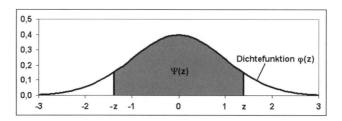

| z | .,.0 | .,.1 | .,.2 | .,.3 | .,.4 | .,.5 | .,.6 | .,.7 | .,.8 | .,.9 |
|---|---|---|---|---|---|---|---|---|---|---|
| **0,0.** | 0,0000 | 0,0080 | 0,0160 | 0,0239 | 0,0319 | 0,0399 | 0,0478 | 0,0558 | 0,0638 | 0,0717 |
| **0,1.** | 0,0797 | 0,0876 | 0,0955 | 0,1034 | 0,1113 | 0,1192 | 0,1271 | 0,1350 | 0,1428 | 0,1507 |
| **0,2.** | 0,1585 | 0,1663 | 0,1741 | 0,1819 | 0,1897 | 0,1974 | 0,2051 | 0,2128 | 0,2205 | 0,2282 |
| **0,3.** | 0,2358 | 0,2434 | 0,2510 | 0,2586 | 0,2661 | 0,2737 | 0,2812 | 0,2886 | 0,2961 | 0,3035 |
| **0,4.** | 0,3108 | 0,3182 | 0,3255 | 0,3328 | 0,3401 | 0,3473 | 0,3545 | 0,3616 | 0,3688 | 0,3759 |
| **0,5.** | 0,3829 | 0,3899 | 0,3969 | 0,4039 | 0,4108 | 0,4177 | 0,4245 | 0,4313 | 0,4381 | 0,4448 |
| **0,6.** | 0,4515 | 0,4581 | 0,4647 | 0,4713 | 0,4778 | 0,4843 | 0,4907 | 0,4971 | 0,5035 | 0,5098 |
| **0,7.** | 0,5161 | 0,5223 | 0,5285 | 0,5346 | 0,5407 | 0,5467 | 0,5527 | 0,5587 | 0,5646 | 0,5705 |
| **0,8.** | 0,5763 | 0,5821 | 0,5878 | 0,5935 | 0,5991 | 0,6047 | 0,6102 | 0,6157 | 0,6211 | 0,6265 |
| **0,9.** | 0,6319 | 0,6372 | 0,6424 | 0,6476 | 0,6528 | 0,6579 | 0,6629 | 0,6680 | 0,6729 | 0,6778 |
| **1,0.** | 0,6827 | 0,6875 | 0,6923 | 0,6970 | 0,7017 | 0,7063 | 0,7109 | 0,7154 | 0,7199 | 0,7243 |
| **1,1.** | 0,7287 | 0,7330 | 0,7373 | 0,7415 | 0,7457 | 0,7499 | 0,7540 | 0,7580 | 0,7620 | 0,7660 |
| **1,2.** | 0,7699 | 0,7737 | 0,7775 | 0,7813 | 0,7850 | 0,7887 | 0,7923 | 0,7959 | 0,7995 | 0,8029 |
| **1,3.** | 0,8064 | 0,8098 | 0,8132 | 0,8165 | 0,8198 | 0,8230 | 0,8262 | 0,8293 | 0,8324 | 0,8355 |
| **1,4.** | 0,8385 | 0,8415 | 0,8444 | 0,8473 | 0,8501 | 0,8529 | 0,8557 | 0,8584 | 0,8611 | 0,8638 |
| **1,5.** | 0,8664 | 0,8690 | 0,8715 | 0,8740 | 0,8764 | 0,8789 | 0,8812 | 0,8836 | 0,8859 | 0,8882 |
| **1,6.** | 0,8904 | 0,8926 | 0,8948 | 0,8969 | 0,8990 | 0,9011 | 0,9031 | 0,9051 | 0,9070 | 0,9090 |
| **1,7.** | 0,9109 | 0,9127 | 0,9146 | 0,9164 | 0,9181 | 0,9199 | 0,9216 | 0,9233 | 0,9249 | 0,9265 |
| **1,8.** | 0,9281 | 0,9297 | 0,9312 | 0,9328 | 0,9342 | 0,9357 | 0,9371 | 0,9385 | 0,9399 | 0,9412 |
| **1,9.** | 0,9426 | 0,9439 | 0,9451 | 0,9464 | 0,9476 | 0,9488 | 0,9500 | 0,9512 | 0,9523 | 0,9534 |
| **2,0.** | 0,9545 | 0,9556 | 0,9566 | 0,9576 | 0,9586 | 0,9596 | 0,9606 | 0,9615 | 0,9625 | 0,9634 |
| **2,1.** | 0,9643 | 0,9651 | 0,9660 | 0,9668 | 0,9676 | 0,9684 | 0,9692 | 0,9700 | 0,9707 | 0,9715 |
| **2,2.** | 0,9722 | 0,9729 | 0,9736 | 0,9743 | 0,9749 | 0,9756 | 0,9762 | 0,9768 | 0,9774 | 0,9780 |
| **2,3.** | 0,9786 | 0,9791 | 0,9797 | 0,9802 | 0,9807 | 0,9812 | 0,9817 | 0,9822 | 0,9827 | 0,9832 |
| **2,4.** | 0,9836 | 0,9840 | 0,9845 | 0,9849 | 0,9853 | 0,9857 | 0,9861 | 0,9865 | 0,9869 | 0,9872 |
| **2,5.** | 0,9876 | 0,9879 | 0,9883 | 0,9886 | 0,9889 | 0,9892 | 0,9895 | 0,9898 | 0,9901 | 0,9904 |
| **2,6.** | 0,9907 | 0,9909 | 0,9912 | 0,9915 | 0,9917 | 0,9920 | 0,9922 | 0,9924 | 0,9926 | 0,9929 |
| **2,7.** | 0,9931 | 0,9933 | 0,9935 | 0,9937 | 0,9939 | 0,9940 | 0,9942 | 0,9944 | 0,9946 | 0,9947 |
| **2,8.** | 0,9949 | 0,9950 | 0,9952 | 0,9953 | 0,9955 | 0,9956 | 0,9958 | 0,9959 | 0,9960 | 0,9961 |
| **2,9.** | 0,9963 | 0,9964 | 0,9965 | 0,9966 | 0,9967 | 0,9968 | 0,9969 | 0,9970 | 0,9971 | 0,9972 |
| **3,0.** | 0,9973 | | | | | | | | | |

# Tabelle A.3: Chi-Quadrat-Verteilung – Quantile $x_\alpha$

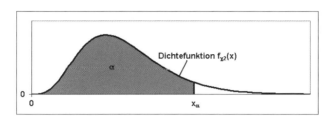

| $\alpha$ / n | 0,9 | 0,95 | 0,99 | 0,999 | $\alpha$ / n | 0,9 | 0,95 | 0,99 | 0,999 |
|---|---|---|---|---|---|---|---|---|---|
| 1 | 2,71 | 3,84 | 6,63 | 10,83 | 31 | 41,42 | 44,99 | 52,19 | 61,10 |
| 2 | 4,61 | 5,99 | 9,21 | 13,82 | 32 | 42,58 | 46,19 | 53,49 | 62,49 |
| 3 | 6,25 | 7,81 | 11,34 | 16,27 | 33 | 43,75 | 47,40 | 54,78 | 63,87 |
| 4 | 7,78 | 9,49 | 13,28 | 18,47 | 34 | 44,90 | 48,60 | 56,06 | 65,25 |
| 5 | 9,24 | 11,07 | 15,09 | 20,51 | 35 | 46,06 | 49,80 | 57,34 | 66,62 |
| 6 | 10,64 | 12,59 | 16,81 | 22,46 | 36 | 47,21 | 51,00 | 58,62 | 67,98 |
| 7 | 12,02 | 14,07 | 18,48 | 24,32 | 37 | 48,36 | 52,19 | 59,89 | 69,35 |
| 8 | 13,36 | 15,51 | 20,09 | 26,12 | 38 | 49,51 | 53,38 | 61,16 | 70,70 |
| 9 | 14,68 | 16,92 | 21,67 | 27,88 | 39 | 50,66 | 54,57 | 62,43 | 72,06 |
| 10 | 15,99 | 18,31 | 23,21 | 29,59 | 40 | 51,81 | 55,76 | 63,69 | 73,40 |
| 11 | 17,28 | 19,68 | 24,73 | 31,26 | 41 | 52,95 | 56,94 | 64,95 | 74,74 |
| 12 | 18,55 | 21,03 | 26,22 | 32,91 | 42 | 54,09 | 58,12 | 66,21 | 76,08 |
| 13 | 19,81 | 22,36 | 27,69 | 34,53 | 43 | 55,23 | 59,30 | 67,46 | 77,42 |
| 14 | 21,06 | 23,68 | 29,14 | 36,12 | 44 | 56,37 | 60,48 | 68,71 | 78,75 |
| 15 | 22,31 | 25,00 | 30,58 | 37,70 | 45 | 57,51 | 61,66 | 69,96 | 80,08 |
| 16 | 23,54 | 26,30 | 32,00 | 39,25 | 46 | 58,64 | 62,83 | 71,20 | 81,40 |
| 17 | 24,77 | 27,59 | 33,41 | 40,79 | 47 | 59,77 | 64,00 | 72,44 | 82,72 |
| 18 | 25,99 | 28,87 | 34,81 | 42,31 | 48 | 60,91 | 65,17 | 73,68 | 84,04 |
| 19 | 27,20 | 30,14 | 36,19 | 43,82 | 49 | 62,04 | 66,34 | 74,92 | 85,35 |
| 20 | 28,41 | 31,41 | 37,57 | 45,31 | 50 | 63,17 | 67,50 | 76,15 | 86,66 |
| 21 | 29,62 | 32,67 | 38,93 | 46,80 | 55 | 68,80 | 73,31 | 82,29 | 93,17 |
| 22 | 30,81 | 33,92 | 40,29 | 48,27 | 60 | 74,40 | 79,08 | 88,38 | 99,61 |
| 23 | 32,01 | 35,17 | 41,64 | 49,73 | 65 | 79,97 | 84,82 | 94,42 | 105,99 |
| 24 | 33,20 | 36,42 | 42,98 | 51,18 | 70 | 85,53 | 90,53 | 100,43 | 112,32 |
| 25 | 34,38 | 37,65 | 44,31 | 52,62 | 75 | 91,06 | 96,22 | 106,39 | 118,60 |
| 26 | 35,56 | 38,89 | 45,64 | 54,05 | 80 | 96,58 | 101,88 | 112,33 | 124,84 |
| 27 | 36,74 | 40,11 | 46,96 | 55,48 | 85 | 102,08 | 107,52 | 118,24 | 131,04 |
| 28 | 37,92 | 41,34 | 48,28 | 56,89 | 90 | 107,57 | 113,15 | 124,12 | 137,21 |
| 29 | 39,09 | 42,56 | 49,59 | 58,30 | 95 | 113,04 | 118,75 | 129,97 | 143,34 |
| 30 | 40,26 | 43,77 | 50,89 | 59,70 | 100 | 118,50 | 124,34 | 135,81 | 149,45 |

# Tabelle A.4:  *t*-Verteilung – Quantile $t_\alpha$

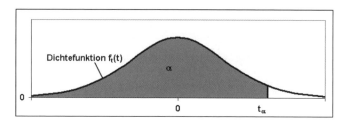

| α / n | 0,8 | 0,9 | 0,95 | 0,975 | 0,99 | 0,995 | 0,999 | 0,9995 |
|---|---|---|---|---|---|---|---|---|
| 1 | 1,376 | 3,078 | 6,314 | 12,71 | 31,82 | 63,66 | 318,3 | 636,6 |
| 2 | 1,061 | 1,886 | 2,920 | 4,303 | 6,965 | 9,925 | 22,33 | 31,60 |
| 3 | 0,978 | 1,638 | 2,353 | 3,182 | 4,541 | 5,841 | 10,21 | 12,92 |
| 4 | 0,941 | 1,533 | 2,132 | 2,776 | 3,747 | 4,604 | 7,173 | 8,610 |
| 5 | 0,920 | 1,476 | 2,015 | 2,571 | 3,365 | 4,032 | 5,894 | 6,869 |
| 6 | 0,906 | 1,440 | 1,943 | 2,447 | 3,143 | 3,707 | 5,208 | 5,959 |
| 7 | 0,896 | 1,415 | 1,895 | 2,365 | 2,998 | 3,499 | 4,785 | 5,408 |
| 8 | 0,889 | 1,397 | 1,860 | 2,306 | 2,896 | 3,355 | 4,501 | 5,041 |
| 9 | 0,883 | 1,383 | 1,833 | 2,262 | 2,821 | 3,250 | 4,297 | 4,781 |
| 10 | 0,879 | 1,372 | 1,812 | 2,228 | 2,764 | 3,169 | 4,144 | 4,587 |
| 11 | 0,876 | 1,363 | 1,796 | 2,201 | 2,718 | 3,106 | 4,025 | 4,437 |
| 12 | 0,873 | 1,356 | 1,782 | 2,179 | 2,681 | 3,055 | 3,930 | 4,318 |
| 13 | 0,870 | 1,350 | 1,771 | 2,160 | 2,650 | 3,012 | 3,852 | 4,221 |
| 14 | 0,868 | 1,345 | 1,761 | 2,145 | 2,624 | 2,977 | 3,787 | 4,140 |
| 15 | 0,866 | 1,341 | 1,753 | 2,131 | 2,602 | 2,947 | 3,733 | 4,073 |
| 16 | 0,865 | 1,337 | 1,746 | 2,120 | 2,583 | 2,921 | 3,686 | 4,015 |
| 17 | 0,863 | 1,333 | 1,740 | 2,110 | 2,567 | 2,898 | 3,646 | 3,965 |
| 18 | 0,862 | 1,330 | 1,734 | 2,101 | 2,552 | 2,878 | 3,610 | 3,922 |
| 19 | 0,861 | 1,328 | 1,729 | 2,093 | 2,539 | 2,861 | 3,579 | 3,883 |
| 20 | 0,860 | 1,325 | 1,725 | 2,086 | 2,528 | 2,845 | 3,552 | 3,850 |
| 21 | 0,859 | 1,323 | 1,721 | 2,080 | 2,518 | 2,831 | 3,527 | 3,819 |
| 22 | 0,858 | 1,321 | 1,717 | 2,074 | 2,508 | 2,819 | 3,505 | 3,792 |
| 23 | 0,858 | 1,319 | 1,714 | 2,069 | 2,500 | 2,807 | 3,485 | 3,768 |
| 24 | 0,857 | 1,318 | 1,711 | 2,064 | 2,492 | 2,797 | 3,467 | 3,745 |
| 25 | 0,856 | 1,316 | 1,708 | 2,060 | 2,485 | 2,787 | 3,450 | 3,725 |
| 26 | 0,856 | 1,315 | 1,706 | 2,056 | 2,479 | 2,779 | 3,435 | 3,707 |
| 27 | 0,855 | 1,314 | 1,703 | 2,052 | 2,473 | 2,771 | 3,421 | 3,689 |
| 28 | 0,855 | 1,313 | 1,701 | 2,048 | 2,467 | 2,763 | 3,408 | 3,674 |
| 29 | 0,854 | 1,311 | 1,699 | 2,045 | 2,462 | 2,756 | 3,396 | 3,660 |
| 30 | 0,854 | 1,310 | 1,697 | 2,042 | 2,457 | 2,750 | 3,385 | 3,646 |
| ∞[1] | 0,842 | 1,282 | 1,645 | 1,960 | 2,326 | 2,576 | 3,090 | 3,291 |

1) Standardnormalverteilung – Quantile $z_\alpha$

# Tabelle A.5: *F*-Verteilung – Quantile $F_\alpha$

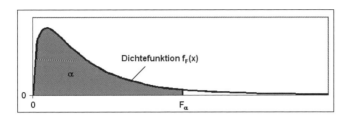

| α | | 0,95 | | | | α | | 0,99 | | | |
|---|---|---|---|---|---|---|---|---|---|---|---|
| m<br>n | 1 | 2 | 3 | 4 | 5 | m<br>n | 1 | 2 | 3 | 4 | 5 |
| 1 | 161,4 | 199,5 | 215,7 | 224,6 | 230,2 | 1 | 4052 | 4999 | 5404 | 5624 | 5764 |
| 2 | 18,51 | 19,00 | 19,16 | 19,25 | 19,30 | 2 | 98,50 | 99,00 | 99,16 | 99,25 | 99,30 |
| 3 | 10,13 | 9,552 | 9,277 | 9,117 | 9,013 | 3 | 34,12 | 30,82 | 29,46 | 28,71 | 28,24 |
| 4 | 7,709 | 6,944 | 6,591 | 6,388 | 6,256 | 4 | 21,20 | 18,00 | 16,69 | 15,98 | 15,52 |
| 5 | 6,608 | 5,786 | 5,409 | 5,192 | 5,050 | 5 | 16,26 | 13,27 | 12,06 | 11,39 | 10,97 |
| 6 | 5,987 | 5,143 | 4,757 | 4,534 | 4,387 | 6 | 13,75 | 10,92 | 9,780 | 9,148 | 8,746 |
| 7 | 5,591 | 4,737 | 4,347 | 4,120 | 3,972 | 7 | 12,25 | 9,547 | 8,451 | 7,847 | 7,460 |
| 8 | 5,318 | 4,459 | 4,066 | 3,838 | 3,688 | 8 | 11,26 | 8,649 | 7,591 | 7,006 | 6,632 |
| 9 | 5,117 | 4,256 | 3,863 | 3,633 | 3,482 | 9 | 10,56 | 8,022 | 6,992 | 6,422 | 6,057 |
| 10 | 4,965 | 4,103 | 3,708 | 3,478 | 3,326 | 10 | 10,04 | 7,559 | 6,552 | 5,994 | 5,636 |
| 11 | 4,844 | 3,982 | 3,587 | 3,357 | 3,204 | 11 | 9,646 | 7,206 | 6,217 | 5,668 | 5,316 |
| 12 | 4,747 | 3,885 | 3,490 | 3,259 | 3,106 | 12 | 9,330 | 6,927 | 5,953 | 5,412 | 5,064 |
| 13 | 4,667 | 3,806 | 3,411 | 3,179 | 3,025 | 13 | 9,074 | 6,701 | 5,739 | 5,205 | 4,862 |
| 14 | 4,600 | 3,739 | 3,344 | 3,112 | 2,958 | 14 | 8,862 | 6,515 | 5,564 | 5,035 | 4,695 |
| 15 | 4,543 | 3,682 | 3,287 | 3,056 | 2,901 | 15 | 8,683 | 6,359 | 5,417 | 4,893 | 4,556 |
| 16 | 4,494 | 3,634 | 3,239 | 3,007 | 2,852 | 16 | 8,531 | 6,226 | 5,292 | 4,773 | 4,437 |
| 17 | 4,451 | 3,592 | 3,197 | 2,965 | 2,810 | 17 | 8,400 | 6,112 | 5,185 | 4,669 | 4,336 |
| 18 | 4,414 | 3,555 | 3,160 | 2,928 | 2,773 | 18 | 8,285 | 6,013 | 5,092 | 4,579 | 4,248 |
| 19 | 4,381 | 3,522 | 3,127 | 2,895 | 2,740 | 19 | 8,185 | 5,926 | 5,010 | 4,500 | 4,171 |
| 20 | 4,351 | 3,493 | 3,098 | 2,866 | 2,711 | 20 | 8,096 | 5,849 | 4,938 | 4,431 | 4,103 |
| 40 | 4,085 | 3,232 | 2,839 | 2,606 | 2,449 | 40 | 7,314 | 5,178 | 4,313 | 3,828 | 3,514 |
| 60 | 4,001 | 3,150 | 2,758 | 2,525 | 2,368 | 60 | 7,077 | 4,977 | 4,126 | 3,649 | 3,339 |
| 80 | 3,960 | 3,111 | 2,719 | 2,486 | 2,329 | 80 | 6,963 | 4,881 | 4,036 | 3,563 | 3,255 |
| 100 | 3,936 | 3,087 | 2,696 | 2,463 | 2,305 | 100 | 6,895 | 4,824 | 3,984 | 3,513 | 3,206 |
| 200 | 3,888 | 3,041 | 2,650 | 2,417 | 2,259 | 200 | 6,763 | 4,713 | 3,881 | 3,414 | 3,110 |
| 300 | 3,873 | 3,026 | 2,635 | 2,402 | 2,244 | 300 | 6,720 | 4,677 | 3,848 | 3,382 | 3,079 |
| 400 | 3,865 | 3,018 | 2,627 | 2,394 | 2,237 | 400 | 6,699 | 4,659 | 3,831 | 3,366 | 3,063 |
| 600 | 3,857 | 3,011 | 2,620 | 2,387 | 2,229 | 600 | 6,677 | 4,641 | 3,814 | 3,351 | 3,048 |
| 800 | 3,853 | 3,007 | 2,616 | 2,383 | 2,225 | 800 | 6,667 | 4,632 | 3,806 | 3,343 | 3,040 |
| 1000 | 3,851 | 3,005 | 2,614 | 2,381 | 2,223 | 1000 | 6,660 | 4,626 | 3,801 | 3,338 | 3,036 |
| ∞ | 3,841 | 2,996 | 2,605 | 2,372 | 2,214 | ∞ | 6,635 | 4,605 | 3,782 | 3,319 | 3,017 |

# B   Lösungen zu den Aufgaben

## B.0   Kapitel 0

### Aufgabe 0.1

a) Studierende

b) Noten für die verschiedenen Lehrveranstaltungen; ordinalskaliert

c) 1 (sehr gut), 2 (gut), 3 (befriedigend), ..., 6 (ungenügend)

d) 300 (so viele wie Studierende)

### Aufgabe 0.2

a) Lehrveranstaltungen

b) 20

c) als klassierte Verteilung (wegen der vielen Merkmalsausprägungen)

### Aufgabe 0.3

a) Kunden, die in einer bestimmten Woche (zeitliche Abgrenzung) in der Werkstatt (räumlich) einen Auftrag im Wert von mindestens 50 € (sachlich) ausführen lassen.

b) Ordinalskala (sehr zufrieden, zufrieden, ..., überhaupt nicht zufrieden)

c) Fahrzeugtyp: diskret, nominalskaliert – Baujahr: diskret, intervallskaliert – Kilometerstand: stetig, verhältnisskaliert – Art der Dienstleistung: diskret, nominalskaliert

### Aufgabe 0.4

a) nominalskaliert: Standort, Rechtsform, Branche – ordinalskaliert: kein Merkmal – intervallskaliert: Gründungsjahr – verhältnisskaliert: Beschäftigtenzahl, Umsatz

b) Standort, Branche

c) Gründungsjahr, Beschäftigtenzahl, Umsatz

## B.1   Kapitel 1

### Aufgabe 1.1

a) Merkmalsträger: Betrieb     Merkmal: Anzahl der Beschäftigten

b) $\bar{x}_D = 2$ [Beschäftigte]     $\bar{x}_Z = 2$ [Beschäftigte]     $x = 2,5$ [Beschäftigte] multimodal

c) $\sigma^2 = 2,75$ [Beschäftigte$^2$]     $V = 0,6633$     $R = 0,334$

d) Die Verteilung der Beschäftigten auf die Betriebe weist eine mäßig starke Konzentration auf.

## Aufgabe 1.2

a) Merkmal: Anzahl der Taxis – Merkmalsträger: 20 Taxiunternehmen – Beobachtungswerte: jeweilige Taxianzahl in den Unternehmen – Merkmalsausprägungen: alle denkbaren Taxianzahlen (1 Taxi, 2 Taxis, 3 Taxis etc.)

b)

| $x_i$ | $h_i$ | $H_i$ |
|-------|-------|-------|
| 1 | 0,4 | 0,4 |
| 2 | 0,2 | 0,6 |
| 3 | 0,1 | 0,7 |
| 4 | 0,1 | 0,8 |
| 5 | 0,1 | 0,9 |
| 6 | 0,1 | 1,0 |

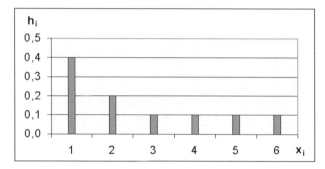

c) $\bar{x} = 2,6$ [Taxis]     $\bar{x}_D = 1$ [Taxi]     $\bar{x}_Z = 2$ [Taxis]
   $x_{Q1} = 1$ [Taxi]     $x_{Q3} = 4$ [Taxis]

d) unimodal linkssteil

e) $Q = 3$ [Taxis]     $d_{\bar{x}_Z} = 1,4$ [Taxis]     $\sigma^2 = 3,04$ [Taxis$^2$]

f) 9,6 % bzw. 50 %

## Aufgabe 1.3

a) Merkmalsträger: 500 Vorstellungen     Merkmal: Anzahl der verkauften Karten

b) $x_{Q1} = 575$ [Karten]     $x_{Q2} = 850$ [Karten]     $x_{Q3} = 975$ [Karten]     $\bar{x} = 800$ [Karten]

c) 300 Vorstellungen

d) 200 Vorstellungen

e) $X = 400000$ [Karten]

f) $d_{\bar{x}} = 280$ [Karten]     $\sigma^2 = 137\ 333$ [Karten$^2$]     $V = 0,4632$

## Aufgabe 1.4

a) $x_{Q1} = 600$ [€]     $x_{Q2} = 1200$ [€]     $x_{Q3} = 4500$ [€]
   $\bar{x}_D = 600$ [€]     $\bar{x} = 2520$ [€]

b) unimodal linkssteil

c) nur das arithmetische Mittel

d) $\sigma = 2430,56$ [€]     $V = 0,9645$

e) $R = 0,4845$     d.h. starke Konzentration

f) $\sigma$ und $R$ werden größer.

g) $\sigma$ ändert sich nicht und $R$ wird kleiner.

**Aufgabe 1.5**

a)

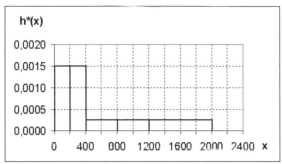

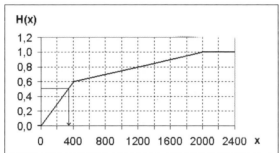

unimodal linkssteil

b) $\overline{x}_\Sigma = 333,33$ [€]

c) $\overline{x} = 600$ [€]     $X = 1200000$ [€]

d) $\sigma^2 = 333333$ [€²]     $\sigma = 577,35$ [€]     $V = 0,9623$
V ist dimensionslos und daher am besten geeignet.

e) $R = 0,5111$     d.h. starke Konzentration

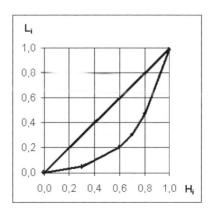

## Aufgabe 1.6

a) 1000 Fahrzeuge

b) stetiges Merkmal (sehr viele Merkmalsausprägungen)

c) $X = 14800000$ [€]

d) $\sigma^2 = 130{,}29$ [$10^6$ €$^2$]      $V = 0{,}7713$

e) Fahrzeuganteil: 25 %      Wertanteil: 30,57 %

| Fahrzeugwert [€] | Anzahl der Fahrzeuge |
|---|---|
| 0 – 10000 | 490 |
| 10000 – 20000 | 360 |
| 20000 – 50000 | 150 |

## Aufgabe 1.7

a) $\overline{x}_H = 19{,}2$ [Einwohner/km$^2$]

b) $\overline{r} = 1{,}02$ %

c) 61,7 [Einwohner/km$^2$]

## Aufgabe 1.8

a) Unternehmensumsätze: $\overline{r} = 6{,}12$ %    Branchenumsatz: $\overline{r} = 5{,}38$ %

b) $r_{gesamt} = -2{,}07$ %

c) $\overline{x}_H = 51{,}02$ [$10^6$ €]

## Aufgabe 1.9

a) $P = 0{,}9867$      $D = 0{,}76$

b) Verteilung hat Ähnlichkeit mit einer diskreten Gleichverteilung (starke Dispersion), aber nicht mit einer extremen Zweipunkt-Verteilung (daher nur mittlere Diversität).

c) Falls es sich bei den Merkmalsausprägungen um Qualitätsstufen (mit eindeutiger Rangfolge) handelt, ist $D$ sinnvoller; anderenfalls $P$.

## Aufgabe 1.10

a) $P = 0{,}9768$                    d.h. starke Dispersion
   Merkmal: Herkunftsland        Merkmalsträger: Diamanten (jeweils ein Karat)

b) $R = 0{,}1663$                    d.h. geringe Konzentration
   Merkmal: Diamantenproduktion   Merkmalsträger: Länder

c) Sehr starke Konzentration, da ca. 85 % der Weltproduktion auf nur 5 von rund 200 Ländern entfallen.

## Aufgabe 1.11

a) unimodal linkssteil      275 Anfragen

b) $\overline{x}_Z = 52{,}5$ [Minuten]    $X = 550$ [Stunden]

c) $R = 0{,}3909$              Mittlere bis starke Konzentration, d.h. die Gesamtbearbeitungszeit verteilt sich eher ungleich auf die einzelnen Anfragen.

d) 190000 [€]

e) 31,8 %            35,5 %

## Aufgabe 1.12

a) $\bar{x} = 62\ [10^6\ €]$    $d_{\bar{x}} = 64{,}59\ [10^6\ €]$

b)

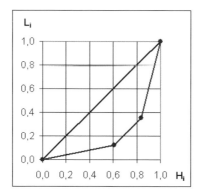

starke Konzentration (große Abweichung der Lorenzkurve von der Winkelhalbierenden)

c) $12000\ [10^6\ €]$ bzw. $157{,}38\ [10^6\ €]$

# B.2    Kapitel 2

## Aufgabe 2.1

a) 15 %

b) 57 %

c) $C^* = 0{,}25$    d.h. schwacher Zusammenhang

## Aufgabe 2.2

a) 42,9 %    20 %

b) 50 %    37,5 %

c) Männer:    $x_{Q1} = 3000\ [€]$    $x_{Q2} = 5000\ [€]$    $x_{Q3} = 7000\ [€]$

   Frauen:    $x_{Q1} = 3000\ [€]$    $x_{Q2} = 4500\ [€]$    $x_{Q3} = 5500\ [€]$

d) $Q_M = 4000\ [€] > Q_F = 2500\ [€]$

e) $C^* = 0{,}36$    d.h. mäßig starker Zusammenhang

## Aufgabe 2.3

a)

| $y_j$ $x_i$ | 0 | 1 | 2 |
|---|---|---|---|
| 1 | 2 | 6 | 0 |
| 2 | 1 | 4 | 1 |
| 3 | 0 | 1 | 3 |
| 4 | 1 | 1 | 0 |

| $y_j$ $x_i$ | 0 | 1 | 2 |
|---|---|---|---|
| 1 | 0,10 | 0,30 | 0 |
| 2 | 0,05 | 0,20 | 0,05 |
| 3 | 0 | 0,05 | 0,15 |
| 4 | 0,05 | 0,05 | 0 |

b) 20 % (60 %, 20 %)    25 %    35 %    31,25 %    65 %

c) $\bar{x} = 2$ [Personen]    $\sigma_x^2 = 1$ [Person$^2$]    $\bar{y} = 1$ [PKW]    $\sigma_y^2 = 0,4$ [PKW$^2$]

d) $\sigma_{xy} = 0,15$ [Personen·PKW]    $r = 0,2372$    d.h. schwache positive Korrelation

### Aufgabe 2.4

a)

| $y_j$ $x_i$ | 0 | 1 | 2 | 3 | 4 | $h_{i.}$ ↓ |
|---|---|---|---|---|---|---|
| **15 – 35 Jahre** | 0,04 | 0,12 | 0,10 | 0,052 | 0,008 | 0,32 |
| **35 – 45 Jahre** | 0,12 | 0,20 | 0,08 | 0,028 | 0,012 | 0,44 |
| **45 – 75 Jahre** | 0,10 | 0,08 | 0,06 | 0 | 0 | 0,24 |
| $h_{.j}$ → | 0,26 | 0,40 | 0,24 | 0,08 | 0,02 | 1,00 |

b) $\bar{x} = 40$ [Jahre]    $\sigma_{x,ext}^2 = 168$ [Jahre$^2$]

c) $\bar{y} = 1,2$ [PCs]    $\sigma_y^2 = 0,96$ [PCs$^2$]

d) 300 [PCs]    16,7 %    0,83 [PCs]    41,7 %    14 %

e) $r = -0,285$    d.h. schwache negative Korrelation

### Aufgabe 2.5

a) Universitäten bzw. Fakultäten

   $x_{Q1} = 3,0$    $x_{Q2} = 3,1$    $x_{Q3} = 3,1$    $y_{Q1} = 2,1$    $y_{Q2} = 2,4$    $y_{Q3} = 2,6$

b) $r_{Sp} = -0,5385$    d.h. mäßige negative Korrelation

## B.3    Kapitel 3

### Aufgabe 3.1

a) $\sigma_x = 4$ [10$^3$ Arbeitslose]
   $\sigma_y = 5$ [10$^2$ Krankmeldungen]
   $\sigma_{xy} = -18$ [10$^5$ Arbeitslose · Krankmeldungen]

   $r = -0,9$        d.h. starke negative Korrelation

b) $\hat{y}_t = 20,25 - 1,125\, x_t$

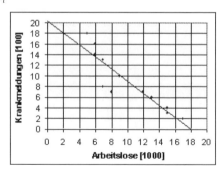

c) $r^2 = 0,81$

   D.h. die Varianz der Krankmeldungen kann zu 81 % durch die Varianz der Arbeitslosenzahl erklärt werden (stark ausgeprägter linearer Zusammenhang).

## Aufgabe 3.2

a) $\bar{x} = 3 \quad \bar{y} = 2,3 \quad \sigma_x^2 = 1 \quad \sigma_y^2 = 0,71 \quad \sigma_{xy} = 0,35$

b) $\hat{y}_t = 1,25 + 0,35\, x_t$

c) $r^2 = 0,1725 \qquad$ d.h. vermutlich kein linearer Zusammenhang

Mathematiknoten-Streuung erklärt nur zu 17,25 % die Examensnoten-Streuung.

d) $\sigma_{\hat{y}}^2 = 0,1225 \qquad \sigma_{\hat{u}}^2 = 0,5875$

e) $\hat{y}(1) - 1,6 \approx 2 \qquad$ bzw. $\dot{y}(4) = 2,65 \approx 3$

## Aufgabe 3.3

a) $\hat{y}_t = 12,78 - 0,099\, x_t$

b) $r^2 = 0,9075 \qquad\qquad$ d.h. stark ausgeprägter linearer Zusammenhang

c) $\hat{y}(40) = 8,82\,[1000\,€] \qquad$ d.h. schlechtes Angebot (überhöhter Preis)

## Aufgabe 3.4

a) $\hat{g}_t = 36 - 2\,t \qquad r_g^2 = 0,9763$

D.h. die Varianz der Absatzzahlen kann zu 97,63 % durch einen linearen Trend erklärt werden (sehr gute Erklärung).

b) $\hat{s}_1 = \hat{s}_3 = \hat{s}_5 = \ldots = -0,4\,[10^3\text{ Stück}] \qquad \hat{s}_2 = \hat{s}_4 = \hat{s}_6 = \ldots = 0,4\,[10^3\text{ Stück}] \qquad r_s^2 = 0,0047$

d.h. sehr geringer Erklärungsbeitrag

c) $\hat{g}_{11} = 14\,[10^3\text{ Stück}] \qquad \hat{g}_{12} = 12\,[10^3\text{ Stück}]$

$\hat{y}_{11} = 13,6\,[10^3\text{ Stück}] \qquad \hat{y}_{12} = 12,4\,[10^3\text{ Stück}]$

d) Nein, da kein nennenswerter Saisoneinfluss vorhanden.

## Aufgabe 3.5

a) $\bar{y} = 190\,[\text{Beschäftigte}] \qquad \sigma_y = 33,44\,[\text{Beschäftigte}]$

b) $\hat{g}_t = 151 + 6\,t \qquad\qquad r_g^2 = 0,3837$

D.h. die Varianz der Beschäftigtenzahl kann zu 38,37 % durch einen linearen Trend erklärt werden (mäßiger Erklärungsanteil).

c) $\hat{s}_1 = \hat{s}_5 = \hat{s}_9 = -34\,[\text{Beschäftigte}] \qquad \hat{s}_2 = \hat{s}_6 = \hat{s}_{10} = -1,67 \approx -2\,[\text{Beschäftigte}]$

$\hat{s}_3 = \hat{s}_7 = \hat{s}_{11} = 36\,[\text{Beschäftigte}] \qquad \hat{s}_4 = \hat{s}_8 = \hat{s}_{12} = -0,33 \approx 0\,[\text{Beschäftigte}]$

$r_s^2 = 0,5489$

D.h. die Varianz der Beschäftigtenzahl kann zu 54,89 % durch die Saisonfigur erklärt werden (hoher Erklärungsanteil).

d) $\hat{y}_{13} = 195\,[\text{Beschäftigte}] \qquad \hat{y}_{14} = 233\,[\text{Beschäftigte}]$

$\hat{y}_{15} = 277\,[\text{Beschäftigte}] \qquad \hat{y}_{16} = 247\,[\text{Beschäftigte}]$

## Aufgabe 3.6

a) $\hat{g}_t = 140 + 5\,t \qquad$ D.h. der Umsatz steigt trendbedingt um 5000 € pro Quartal.

b) $\hat{s}_1 = -8\,[10^3\,€] \qquad \hat{s}_2 = -12,5\,[10^3\,€] \qquad \hat{s}_3 = -7\,[10^3\,€] \qquad \hat{s}_4 = 27,5\,[10^3\,€]$

c) Die Erklärungsgüte des Modells ist hoch, da insgesamt 88,7 % der Streuung des Umsatzes erklärt werden, wobei die Saisonfigur mit 58,7 % einen deutlich größeren Beitrag leistet als der Trend mit 30 %.

d) 3 %

e) 160375 [€]    161875 [€]    163250 [€]    164750 [€]

**Aufgabe 3.7**

a) $\hat{g}_t = 93 - 4t$ [Teilnehmer]    $r_{\hat{g}}^2 = 0,4864$

b) $\hat{s}_{Mo} = 3$ [Teilnehmer]    $\hat{s}_{Mi} = 15$ [Teilnehmer]    $\hat{s}_{Fr} = -18$ [Teilnehmer]

c) $r_{\hat{g}+\hat{s}}^2 = 0,9609$    d.h. sehr hohe Erklärungsgüte

d) 78; 74; 72; 67; 63; 59; 58; 55; 54 [Teilnehmer]

e) 44; 52; 15 [Teilnehmer]

# B.4    Kapitel 4

**Aufgabe 4.1**

a) $W_{2000,2010} = 2$

b) $P_{2000,2010}^L = 1,159$    $P_{2000,2010}^P = 1,173$

c) $Q_{2000,2010}^L = 1,705$    $Q_{2000,2010}^P = 1,726$

**Aufgabe 4.2**

a) $P_{2000,2004}^L = 1,162$    $P_{2000,2008}^L = 1,284$    $P_{2000,2004}^P = 1,168$    $P_{2000,2008}^P = 1,297$

$Q_{2000,2004}^L = 0,965$    $Q_{2000,2008}^L = 1,165$    $Q_{2000,2004}^P = 0,97$    $Q_{2000,2008}^P = 1,177$

$W_{2000,2004} = 1,127$    $W_{2000,2008} = 1,511$

b) Warenkorb bei Laspeyres-Indizes identisch, bei Paasche-Indizes nicht!

c) $\overline{r}_{gesamt} = 5,3\%$    $\overline{r}_1 = 4,6\%$    $\overline{r}_2 = 10,7\%$    $\overline{r}_3 = 2,9\%$

d) $\tilde{Q}_{2000,2008} = 1,164$

**Aufgabe 4.3**

a) $P_{2000,2006}^L = 1,22$    $Q_{2000,2006}^L = 1,5$    $W_{2000,2006} = 1,8$

$P_{2000,2006}^P = 1,2$    $Q_{2000,2006}^P = 1,4754$

b) $\overline{r}_1 = 13,16\%$    $\overline{r}_2 = 10,29\%$    $\overline{r}_3 = 8,37\%$    $\overline{r}_{gesamt} = 10,3\%$

c) $g_{1,2006} = 35\%$    $g_{2,2006} = 20\%$    $g_{3,2006} = 45\%$

**Aufgabe 4.4**

a) 2004 (um 11,4 %)    2005 (13,8 Mrd. € in Preisen von 2000)

b) 13,7 %

| Jahr | 2000 | 2001 | 2002 | 2003 | 2004 | 2005 | 2006 | 2007 |
|---|---|---|---|---|---|---|---|---|
| **Baupreisindex** (2005=100) | 67,6 | 68,9 | 73,8 | 81,0 | 90,3 | 100,0 | 108,2 | 116,1 |

**Aufgabe 4.5**

a) $Y_{2005}^n = 800$  $\qquad$ $Y_{2006}^n = 855$  $\qquad$ $Y_{2007}^n = 912$  $\qquad$ $Y_{2008}^n = 1020$

$W_{2005,2005} = 1,000$  $\quad$ $W_{2005,2006} = 1,069$  $\quad$ $W_{2005,2007} = 1,140$  $\quad$ $W_{2005,2008} = 1,275$

b) $Y_{2005}^r = 800$  $\qquad$ $Y_{2006}^r = 845$  $\qquad$ $Y_{2007}^r = 880$  $\qquad$ $Y_{2008}^r = 975$

$Q_{2005,2005}^L = 1,000$  $\quad$ $Q_{2005,2006}^L = 1,056$  $\quad$ $Q_{2005,2007}^L = 1,100$  $\quad$ $Q_{2005,2008}^L = 1,219$

$P_{2005,2005}^P = 1,000$  $\quad$ $P_{2005,2006}^P = 1,012$  $\quad$ $P_{2005,2007}^P = 1,036$  $\quad$ $P_{2005,2008}^P = 1,046$

c) $\tilde{Q}_{2005,2005}^L = 1,000$  $\quad$ $\tilde{Q}_{2005,2006}^L = 1,056$  $\quad$ $\tilde{Q}_{2005,2007}^L = 1,087$  $\quad$ $\tilde{Q}_{2005,2008}^L = 1,198$

$\tilde{P}_{2005,2005}^P = 1,000$  $\quad$ $\tilde{P}_{2005,2006}^P = 1,012$  $\quad$ $\tilde{P}_{2005,2007}^P = 1,049$  $\quad$ $\tilde{P}_{2005,2008}^P = 1,064$

$Y_{2005}^r = 800$  $\qquad$ $Y_{2006}^r = 845$  $\qquad$ $Y_{2007}^r = 869,7$  $\qquad$ $Y_{2008}^r = 958,4$

# B.5 Kapitel 5

**Aufgabe 5.1**

a) ja, denn: $P(\{(G, G)\}) = P(\{(G, U)\}) = P(\{(U, G)\}) = P(\{(U, U)\}) = 0,25$

b) $Z(\Omega_1) = \{\ \{\ \}, \{(G, G)\}, \{(G, U)\}, \{(U, G)\}, \{(U, U)\}, \{(G, G), (G, U)\}, \{(G, G), (U, G)\},$
$\{(G, G), (U, U)\}, \{(G, U), (U, G)\}, \{(G, U), (U, U)\}, \{(U, G), (U, U)\},$
$\{(G, G), (G, U), (U, G)\}, \{(G, G), (G, U), (U, U)\}, \{(G, G), (U, G), (U, U)\},$
$\{(G, U), (U, G), (U, U)\}, \Omega_3\}$

c) $A = \{(1, 6), (2, 6), (3, 6), (4, 6), (5, 6), (6, 1), (6, 2), (6, 3), (6, 4), (6, 5), (6, 6)\}$

$P(A) = \dfrac{11}{36}$

$B = \{(1, 1), (2, 2), (3, 3), (4, 4), (5, 5), (6,6)\}$  $\qquad\qquad$ $P(B) = \dfrac{1}{6}$

$C = \{(1, 1), (1, 3), (1, 5), (3, 1), (3, 3), (3, 5), (5, 1), (5, 3), (5, 5)\}$  $\quad$ $P(C) = \dfrac{1}{4}$

Kein Würfel zeigt eine Sechs:

$\overline{A} = \{(1, 1), (1, 2), ..., (1, 5), (2, 1), (2, 2), ..., (2, 5), ... , (5, 1), (5, 2), ..., (5, 5)\}$

$P(\overline{A}) = \dfrac{25}{36}$

Mindestens ein Würfel zeigt eine gerade Augenzahl:
$\overline{C} = \{(1, 2), (1, 4), (1, 6), (2, 1), (2, 2), ..., (2, 6), (3, 2), (3, 4), (3, 6),$
$\quad (4, 1), (4, 2), ..., (4, 6), (5, 2), (5, 4), (5, 6), (6, 1) ,(6, 2), ..., (6,6)\}$

$P(\overline{C}) = \dfrac{3}{4}$

Beide Würfel haben gleiche oder ungerade Augenzahl:
$B \cup C = \{(1, 1), (1, 3), (1, 5), (2, 2), (3, 1), (3, 3), (3, 5), (4, 4), (5, 1), (5, 3), (5, 5), (6, 6)\}$

$P(B \cup C) = \dfrac{1}{3}$

Beide Würfel haben gleiche und ungerade Augenzahl:
$B \cap C = \{(1, 1), (3, 3), (5, 5)\}$

$$P(B \cap C) = \frac{1}{12}$$

Beide Würfel haben gleiche, aber nicht ungerade Augenzahl:
$B \backslash C = \{(2, 2), (4, 4), (6, 6)\}$

$$P(B \backslash C) = \frac{1}{12}$$

Beide Würfel haben ungerade, aber nicht gleiche Augenzahl:
$C \backslash B = \{(1, 3), (1, 5), (3, 1), (3, 5), (5, 1), (5, 3)\}$

$$P(C \backslash B) = \frac{1}{6}$$

Kein Würfel zeigt eine Sechs und mindestens ein Würfel gerade Augenzahl:
$\overline{A \cup C} = \{(1, 2), (1, 4), (2, 1), (2, 2), ..., (2, 5), (3, 2), (3, 4), (4, 1), (4, 2), ..., (4, 5),$
$\qquad\qquad (5, 2), (5, 4)\}$

$$P(\overline{A \cup C}) = \frac{4}{9}$$

Die Würfel zeigen verschiedene Augenzahl, wobei mindestens eine gerade ist und keine Sechs vorkommt:
$\overline{A} \cap \overline{B} \cap \overline{C} = \{(1, 2), (1, 4), (2, 1), (2, 3), (2, 4), (2, 5), (3, 2), (3, 4),$
$\qquad\qquad\quad (4, 1), (4, 2), (4, 3), (4, 5), (5, 2), (5, 4)\}$

$$P(\overline{A} \cap \overline{B} \cap \overline{C}) = \frac{7}{18}$$

## Aufgabe 5.2

a) 0,5177

b) 0,4914

## Aufgabe 5.3

a)   $P_0(G_A) = 0,56$    $P_0(G_B) = 0,08$    $P_0(G_C) = 0,18$    $P_0(L) = 0,18$

    $P_0(S_A) = 0,62$    $P_0(S_B) = 0,14$    $P_0(S_C) = 0,24$

b)   $P_1(G_A) = 0$      $P_1(G_B) = 0,4$     $P_1(G_C) = 0,18$    $P_1(L) = 0,42$

    $P_1(S_A) = 0,14$    $P_1(S_B) = 0,54$    $P_1(S_C) = 0,32$

## Aufgabe 5.4

a) 40 %

b) 0,15    0,55    0,3

## Aufgabe 5.5

a)   $P(L) = 0,6$     $P(B|L) = 0,95$       $P(\overline{B}) = 0,25$

    $P(T) = 0,7$     $P(\overline{B}|T) = P(\overline{B}|\overline{T}) - 0,1$     $P(T \cap L) = 0,42$

    $L$ und $T$ sind stochastisch unabhängig.

b) 0,78 (bzw. 0,68)

c) 0,57           0,03          0,18          0,22

d) 0,45

**Aufgabe 5.6**

a) 0,05    0,64 bzw. 0,36

b) 0,912

c) 2 %

**Aufgabe 5.7**

$$\frac{14}{33} \quad \frac{19}{33} \quad \frac{1}{11} \quad \frac{1}{3}$$

**Aufgabe 5.8**

0,027    0,27    0,01    0,72

**Aufgabe 5.9**

0,3399    0,3966    0,2635    0,0061

**Aufgabe 5.10**

$n_\sigma = 23$

# B.6    Kapitel 6

**Aufgabe 6.1**

a)

| $x_i$ | 0 | 1 | 2 | 3 | 4 | 5 | 6 | 7 |
|-------|------|------|------|------|------|------|------|------|
| $p(x_i)$ | 0,05 | 0,10 | 0,15 | 0,20 | 0,20 | 0,15 | 0,10 | 0,05 |

b) 0,15    0,7    0,55

c) $E[X] = 3,5$ [Tage]    $V[X] = 3,25$ [Tage$^2$]

d) 182 [Tage]

e) 0,09    0,15    0,0875

**Aufgabe 6.2**

a)

| $x_i$ | 500 | 800 | 1200 | 1500 | 2000 |
|-------|------|------|------|------|------|
| $p(x_i)$ | 0,04 | 0,06 | 0,26 | 0,24 | 0,40 |
| $F(x_i)$ | 0,04 | 0,10 | 0,36 | 0,60 | 1,00 |

b) 0,64    $x_{0,8} = 2000$ [Kugeln]

c) $E[X] = 1540$ [Kugeln]    $V[X] = 191200$ [Kugeln$^2$]

d) $Y = 0,3\,X - 150$

e) $E[Y] = 312$ [€]        $V[X] = 17208$ [€$^2$]

## Aufgabe 6.3

a) $f_X(x) = \begin{cases} \dfrac{1}{3} & \text{für} \quad 2 \le x \le 5 \\ 0 & \text{sonst} \end{cases}$
   $\qquad F_X(x) = \begin{cases} 0 & \text{für} \quad x < 2 \\ \dfrac{x-2}{3} & \text{für} \quad 2 \le x \le 5 \\ 1 & \text{für} \quad x > 5 \end{cases}$

b) $Y = 80\,X + 20$

c) $f_Y(y) = \begin{cases} \dfrac{1}{240} & \text{für} \quad 180 \le y \le 420 \\ 0 & \text{sonst} \end{cases}$
   $\qquad F_Y(y) = \begin{cases} 0 & \text{für} \quad x < 180 \\ \dfrac{y-180}{240} & \text{für} \quad 180 \le x \le 420 \\ 1 & \text{für} \quad x > 420 \end{cases}$

d) $E[Y] = 300\ [\text{€}] \qquad V[Y] = 4800\ [\text{€}^2]$

e) $0{,}3333 \qquad\qquad 0{,}2917$

f) $272\ [\text{€}] \qquad\qquad 0{,}3625$

## Aufgabe 6.4

a) $f_X(x) = 12x^2 - 12x + 3$

b)

| $x$ | 0 | 0,2 | 0,5 | 0,8 | 1 |
|---|---|---|---|---|---|
| $f_X(x)$ | 3 | 1,08 | 0 | 1,08 | 3 |
| $F_X(x)$ | 0 | 0,392 | 0,5 | 0,608 | 1 |

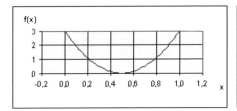
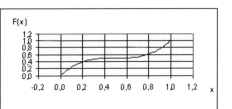

c) $E[X] = 0{,}5 \qquad V[X] = 0{,}15$

d) $0{,}504 \qquad 0{,}216$

e) $Y = 2\,X - 1 \qquad (\text{oder:}\quad Y = 1 - 2\,X)$

f) $f_Y(y) = 1{,}5\,y^2 \qquad F_Y(y) = 0{,}5\,y^3 + 0{,}5 \qquad E[Y] = 0 \qquad V[Y] = 0{,}6$

## Aufgabe 6.5

a) $W_G = \{-2, -1, 0, 1, 2, 3\} \qquad W_{H_4} = \{-8, -7, -6, \dots, 12\}$

b)

| $g_i$ | $-2$ | $-1$ | $0$ | $1$ | $2$ | $3$ |
|---|---|---|---|---|---|---|
| $p_G(g_i)$ | $\dfrac{11}{36}$ | $\dfrac{9}{36}$ | $\dfrac{7}{36}$ | $\dfrac{5}{36}$ | $\dfrac{3}{36}$ | $\dfrac{1}{36}$ |
| $F_G(g_i)$ | $\dfrac{11}{36}$ | $\dfrac{20}{36}$ | $\dfrac{27}{36}$ | $\dfrac{32}{36}$ | $\dfrac{35}{36}$ | $1$ |

c) $E[G] = -\dfrac{17}{36} = -0{,}4722$ [€]    $V[G] = \dfrac{2555}{1296} = 1{,}9715$ [€²]

d) $H_4 = G_1 + G_2 + G_3 + G_4$

e) $E[H_4] = -1{,}8889$ [€]        $V[H_4] = 7{,}8858$ [€²]

f)  0,0087                0,0285

## Aufgabe 6.6

a)  0,8                0,7                0,15

b)  $W = \left\{ -5, 5, 15, 30, 40 \right\}$

c)

| $x_i$ | -5 | 5 | 15 | 30 | 40 |
|---|---|---|---|---|---|
| $p(x_i)$ | 0,5 | 0,2 | 0,15 | 0,1 | 0,15 |
| $F(x_i)$ | 0,5 | 0,7 | 0,85 | 0,95 | 1 |

d)  $E[X] = 5{,}75$ [€]        $V[X] = 188{,}19$ [€²]

e)  $E\left[ \tilde{X} \right] = 16{,}50$ [€]        Varianz wird kleiner, da der „Randwert" −5 entfällt.

# B.7    Kapitel 7

## Aufgabe 7.1

a)  0,3085    0,6827    0,5328

b)  0,2119    0,6006    0,7119

c)  $x = -6$    $\delta = 2$

## Aufgabe 7.2

a)  $H_{72} \sim N(-34;\ 141{,}94)$    $K_{72} \sim B(72;\ 0{,}25) \approx N(18;\ 13{,}5)$

b)  0,248    0,871

## Aufgabe 7.3

a)  $p(x) = \dbinom{3}{X} (0{,}4)^x (0{,}6)^{3-x}$

b)  $E[X] = 1{,}2$ [Wochen]    $V[X] = 0{,}72$ [Wochen²]

c)  0,216    0,352

d)  $Y \sim H(71; 100; 250)$

e)  $E[Y] = 28{,}4$ [Zimmer]    $V[Y] = 12{,}25$ [Zimmer²]

f)  0,25    0,4375    0,5781

## Aufgabe 7.4

a)  $X \sim P(0{,}3)$

b)  0,0036

c)  1,314 mal        277,8 [Tage]

d)  0,0445

e)  $T \sim E(1{,}314)$    0,28

## Aufgabe 7.5

a) $W = [4,8; 7,2]$      $F(x) = \dfrac{5}{12}x - 2$

b) $0,5$    $0,4167$    $0,0833$

c) $Y \sim N(450; 36)$      $\overline{X} \sim N(6; 0,0064)$

d) $0,8413$    $0,6171$    $0,4938$

e) $B(75; 0,02) \approx P(1,5)$    $0,4422$

## Aufgabe 7.6

a) $X_A \sim B(216; 0,1) \approx N(21,6; 19,44)$    $X_B \sim B(225; 0,08) \approx N(18; 16,56)$

b) $X_A + X_B \approx N(39,6; 36)$

c) $0,0495$

## Aufgabe 7.7

a) $X_T \sim B(6; 0,2)$    $X_W \sim B(30; 0,2)$    $X_M \sim B(126; 0,2) \approx N(25,2; 20,16)$

b) $0,3932$          $0,9011$          $0,1723$
   $0,0094$          $0,0017$          $0,9846$

c) $X_{Fr} \sim H(6; 5; 30)$ oder $H(5; 6; 30)$      $0,4474$

## Aufgabe 7.8

a) $X_7 \sim B(7; 0,08)$      $X_{30} \sim B(30; 0,08) \approx P(2,4)$

b) $E[X_7] = 0,56$ [Tage]      $V[X_7] = 0,5152$ [Tage$^2$]

c) $0,5578$    $0,014$    $0,5697$

d) $Y_{30} \sim N(300; 324)$      $\overline{Y}_{30} \sim N(10; 0,36)$

e) $0,048$

## Aufgabe 7.9

a) $0,352$    $0,544$    $0,104$

b) $E[T] = 15$ [Minuten]      $V[T] = 5$ [Minuten$^2$]

c) $T_{Los} \sim N(1200; 400)$      $\overline{T} \sim N(15; 0,0625)$

d) $0,2119$             $0,2119$             (identische Ereignisse!)

e) $1233$ [Minuten]       $15,4$ [Minuten]       (identische Ereignisse!)

f) $X \sim P(0,008)$         $Y \sim E(0,008)$

g) $0,8521$             $0,8521$             (identische Ereignisse!)

## Aufgabe 7.10

a) $X_5 \sim B(5; 0,1)$             nein (sehr große Grundgesamtheit!)

b) $0,4095$

c) $X_{50} \sim B(50; 0,1) \approx P(5)$      $X_{100} \sim B(100; 0,1) \approx N(10; 9)$

d) $0,1334$             $0,0668$

e) $Y \sim H(5; 2; 20)$        $0,5526$

**Aufgabe 7.11**

a) $N(15; 15)$

b) $F_P(7) = 0,018$ $\qquad$ $F_N(7,5) = 0,026$

c) $T \sim E(0,25)$

d) $E[T] = 4$ [Minuten] $\qquad$ $V[T] = 16$ [Minuten$^2$]

e) $0,7135$ $\qquad$ $0,2044$

f) $12$ [Minuten]

g) $T_{50} \sim N(200; 800)$ $\qquad$ $0,921$

**Aufgabe 7.12**

a) $E[K_1] = 70,81$ [€] $\qquad$ $\sqrt{V[K_1]} = 25,28$ [€] $\qquad$ $r = -3\%$

b) $0,3974$ $\qquad$ $0,8827$

c) $[52,79 ; 84,24]$ [€]

# B.8 Kapitel 8

**Aufgabe 8.1**

a) ja; $N = 6$, $n = 3$, gleiche Auswahl Wahrscheinlichkeiten, stochastische Unabhängigkeit

b) nein: $N = 32$, $n = 10$, kein Zurücklegen und hoher Auswahlsatz (31,25 %)

c) nein: ungleiche Auswahl-Wahrscheinlichkeiten (hängt vom Spieleinsatz ab)

d) ja: ungefähr gleiche Auswahl-Wahrscheinlichkeiten, kleiner Auswahlsatz (0,274 %)

e) nein: ungleiche Auswahl-Wahrscheinlichkeiten

**Aufgabe 8.2**

a) $0,35$

b) $P_{70} \sim N(0,44; 0,0023)$ $\qquad$ $70\,P_{70} \sim N(30,8; 11,27)$

c) $0,536$

d) $\bar{X}_{70} \sim N(750000; 140000000)$

e) $\bar{X}_{70} \sim N(750000; 214300000)$

**Aufgabe 8.3**

a) $P(A_1) = P(C_1) = P(D_1) = \dfrac{1}{4} = 0,25$ $\qquad$ $P(B_1) = P(E_1) = \dfrac{1}{8} = 0,125$

b)

| $x_{1i}$ | 600 | 700 | 800 | 900 |
|---|---|---|---|---|
| $p(x_{1i})$ | 0,125 | 0,125 | 0,5 | 0,25 |

c) $E[X_1] = 787,50$ [€] $\qquad$ $V[X_1] = 8593,75$ [€$^2$]

d) $P(A_2) = P(C_2) = P(D_2) = \dfrac{5}{21} = 0,2381$ $\quad$ $P(B_2) = P(E_2) = \dfrac{1}{7} = 0,1429$

e) $P(A) = P(C) = P(D) = \dfrac{41}{84} = 0,4881$ $\qquad$ $P(B) = P(E) = \dfrac{15}{56} = 0,2679$

### Aufgabe 8.4

a) nein: Mitglieder sind nicht alle gleich häufig anwesend

b) nein: Zurücklegen wäre wegen hohem Auswahlsatz notwendig, aber nicht sinnvoll!

c) $S_{0,99}(P_{M,80}) = [0,1748;\ 0,4252]$      $S_{0,99}(80\ P_{M,80}) = [14;\ 34]$

    $S_{0,99}(P_{F,80}) = [0,5748;\ 0,8252]$      $S_{0,99}(80\ P_{F,80}) = [46;\ 66]$

d) $S_{0,95}(\bar{X}_{80}) = [98;\ 130]$ [Minuten]

e) Mit 95%iger Wahrscheinlichkeit liegt die mittlere Trainingszeit der 80 ausgewählten Testpersonen zwischen 98 und 130 Minuten.

## B.9    Kapitel 9

### Aufgabe 9.1

a) $\tilde{n}_{min} = 251$

b) $K_{0,95}(\mu) = [9,64;\ 10,36]$ [Stunden]      $K_{0,95}(4000\mu) = [38560;\ 41440]$ [Stunden]

### Aufgabe 9.2

a) $S_{0,99}(P_{100}) = [0,0227;\ 0,1773]$

b) Wenn die Anlage normal arbeitet, liegt die Ausschussquote in einer einfachen Zufallsstichprobe vom Umfang 100 mit 99%iger Wahrscheinlichkeit zwischen 2,27 % und 17,73 %.

c) $K_{0,99}(\pi) = [0,0576;\ 0,2424]$

d) Nach dem Stichprobenbefund zu urteilen, liegt die Ausschussquote in der gesamten Produktion mit 99%iger Wahrscheinlichkeit nunmehr zwischen 5,76 % und 24,24 %.

### Aufgabe 9.3

a) $n_{min} = 865$

b) nein: $n_{min} = 1068$

c) $K_{0,95}(\mu) = [3210;\ 3350]$ [€]

d) In Anbetracht des Stichprobenergebnisses liegt das mittlere Bruttoeinkommen aller Lehrer des Landes mit 95%iger Wahrscheinlichkeit zwischen 3210 und 3350 [€].

e) $K_{0,95}(\pi) = [0,0814;\ 0,1186]$

f) $n_{min} = 683$ (statt 1068)      wegen      $\sigma^2_{max} = 0,2 \cdot 0,8 = 0,16$ (statt 0,25)

### Aufgabe 9.4

a) $\tilde{n}_{min} = 2521$

b) $K_{0,99}(\mu) = [12,52;\ 12,68]$ [€/m$^2$]

c) $K_{0,95}(50000\ \pi) = [6400;\ 7600]$ [Wohnungen]

### Aufgabe 9.5

a) $\bar{x}_{10} = 58$ [Punkte]      $\tilde{s}^2_{10} = 323,84$ [Punkte$^2$] $\approx s^2_{10} = 324$ [Punkte$^2$]

b) $K_{0,95}(\mu) = [45,1;\ 70,9]$ [Punkte]

c) $\tilde{n}_{min} = 92$    ($n_{min} = 97$)

# B.10 Kapitel 10

**Aufgabe 10.1**

a) $H_0 : \pi = \frac{1}{3}$  $\qquad$ $B_{0,01} = \left\{ t \in \mathbb{R} \mid |t| > 2{,}576 \right\}$

$\quad$ $t_{200} = -2{,}2$  $\qquad$ keine Ablehnung von $H_0$

b) $H_0 : \mu \leq 30$ [Jahre]  $\qquad$ $B_{0,05} = \left\{ t \in \mathbb{R} \mid t > 1{,}645 \right\}$

$\quad$ $t_{200} = 3$  $\qquad$ Ablehnung von $H_0$

**Aufgabe 10.2**

a) Normalverteilung der Abwesenheitszeit in der Grundgesamtheit (d.h. an allen Tagen und bei allen Mitarbeitern)

b) $H_0 : \mu \leq 60$ [Minuten]  $\quad$ $B_{0,05} = \left\{ t \in \mathbb{R} \mid t > 1{,}729 \right\}$

c) $t_{20} = 2{,}98$  $\qquad$ Ablehnung von $H_0$  $\qquad$ $\alpha(t_{20}) \approx 0{,}004$

d) größere Stichprobe ($n \geq 50$)

**Aufgabe 10.3**

a) $H_0 : \pi \leq 0{,}1$  $\qquad$ $B_{0,01} = \left\{ t \in \mathbb{R} \mid t > 2{,}326 \right\}$

b) $x_{100} \geq 17$

c) $X_{100} \sim B(100; 0{,}18) \approx N(18 ; 14{,}76)$

d) $0{,}348$

**Aufgabe 10.4**

a) $H_0 : \pi_1 \geq \pi_2$  $\qquad$ $B_{0,01} = \left\{ t \in \mathbb{R} \mid t < -2{,}326 \right\}$

$\quad$ $t_{50,50} = -1{,}5$  $\qquad$ keine Ablehnung von $H_0$

b) $m = n \geq 121$

c) $t_{50,250} = -2{,}113$  $\qquad$ keine Ablehnung von $H_0$

**Aufgabe 10.5**

a) $H_0 : \mu_1 = \mu_2$  $\qquad$ $B_{0,05} = \left\{ t \in \mathbb{R} \mid |t| > 2{,}145 \right\}$

$\quad$ $t_{8,8} = 2{,}4$  $\qquad$ Ablehnung von $H_0$

b) $H_0 : \mu_1 = \mu_2$  $\qquad$ $B_{0,05} = \left\{ F \in \mathbb{R} \mid F > 4{,}6 \right\}$

$\quad$ $F = 5{,}76$  $\qquad$ Ablehnung von $H_0$

$\quad$ Die Ergebnisse beider Tests sind identisch ($\sqrt{4{,}6} = 2{,}145$ und $\sqrt{5{,}76} = 2{,}4$).

c) Normalverteilung und gleiche Varianz der Ausgaben in beiden Grundgesamtheiten

**Aufgabe 10.6**

a) $H_0 : \mu \leq 2$  $\qquad$ $B_{0,05} = \left\{ t \in \mathbb{R} \mid t > 1{,}729 \right\}$

$\quad$ $t_{20} = 3{,}387$  $\qquad$ Ablehnung von $H_0$

b) $H_0 : \mu_v \geq \mu_n$  $\qquad$ $B_{0,05} = \left\{ t \in \mathbb{R} \mid t < -1{,}734 \right\}$

$\quad$ $t_{10,10} = -1{,}789$  $\qquad$ Ablehnung von $H_0$

c) $H_0 : \mu_B = \mu_H = \mu_M$  $\quad$ $B_{0,05} = \left\{ F \in \mathbb{R} \mid F > 3{,}592 \right\}$

$\quad$ $F = 2{,}1$  $\qquad$ keine Ablehnung von $H_0$

**Aufgabe 10.7**

a) Chi-Quadrat-Anpassungstest

b) $H_0:$   $h_1^{GG} = 0,65;$   $h_2^{GG} = 0,25;$   $h_3^{GG} = 0,1$

c) $n \geq 50$

d) $B_{0,05} = \left\{ t \in \mathbb{R} \mid t > 5,99 \right\}$

e) $t_{150} = 15$        Ablehnung von $H_0$        $\alpha(t_{150}) \leq 0,001$

**Aufgabe 10.8**

a) $H_0:$   $X \sim P(1)$   d.h.   $h_1^{GG} = h_2^{GG} = 0,3679;$   $h_3^{GG} = 0,1839;$   $h_4^{GG} = 0,0803$

b) $T_{80} = 80 \sum\limits_{i=1}^{4} \dfrac{(h_i - \tilde{h}_i)^2}{\tilde{h}_i}$ : $\chi^2(3)$

c) $B_{0,05} = \left\{ t \in \mathbb{R} \mid t > 7,81 \right\}$

d) $t_{80} = 1,32$        keine Ablehnung von $H_0$

e) ja: $n_{\min} = 63$

**Aufgabe 10.9**

a)

| $y_j$ $x_i$ | A | B | C | $h_{i.}$ $\downarrow$ |
|---|---|---|---|---|
| **Deutsche** | 0,30 | 0,09 | 0,21 | 0,6 |
| **Franzosen** | 0,10 | | 0,09 | 0,4 |
| | | 0,21 | | |
| $h_{.j} \rightarrow$ | 0,4 | 0,3 | 0,3 | 1,0 |

b) $H_0:$   $h_{ij}^{GG} = h_{i.}^{GG} \cdot h_{.j}^{GG}$ für $i=1,2$ und $j=1,2$        $B_{0,01} = \left\{ t \in \mathbb{R} \mid t > 9,21 \right\}$

$t_{200} = 32,5$        Ablehnung von $H_0$

**Aufgabe 10.10**

a) $S_{0,95}(P_{600}) = [0,3696; 0,4304]$    $S_{0,95}(600\, P_{600}) = [222; 258]$

b) Der Frauenanteil $p_{600} = 0,375$ weicht nicht signifikant von $\pi = 0,4$ ab, da er noch innerhalb des 95%-Schwankungsintervalls liegt.

c) $H_0 : \pi = 0,4$        $B_{0,05} = \left\{ t \in \mathbb{R} \mid |t| > 1,96 \right\}$

$\tilde{t}_{600} = -1,614$        keine Ablehnung von $H_0$

d) Nein: In der Grundgesamtheit gilt bekanntermaßen $\pi = 0,4$. Geprüft wird daher, ob es sich bei der Stichprobenziehung um uneingeschränkte Zufallsauswahl handelt.

e) $H_0 : \mu = 17,2$ [Jahre]        $B_{0,01} = \left\{ t \in \mathbb{R} \mid |t| > 2,576 \right\}$

$\tilde{t}_{600} = 6,325$        Ablehnung von $H_0$

f) $N = 1500$ [aktuelle Bewerber]

g) Chi-Quadrat-Unabhängigkeitstest für die Merkmale „Erfolg bei der Bewerbung" und „Geschlecht" – Grundgesamtheit: Bewerber aller Jahrgänge – Stichprobe: aktuelle Bewerber ($n = 1500$)

h) $H_0:$   $h_{ij}^{GG} = h_{i.}^{GG} \cdot h_{.j}^{GG}$ für $i=1,2$ und $j=1,2$        $B_{0,05} = \left\{ t \in \mathbb{R} \mid t > 3,84 \right\}$

$t_{1500} = 2,604$        keine Ablehnung von $H_0$

# Register

**wi**
wirtschaft

# WIRTSCHAFT

Peter Bofinger

**Grundzüge der Volkswirt-
schaftslehre**
ISBN 978-3-8273-7354-0
39.95 EUR [D], 41.10 EUR [A], 53.20 sFr*
656 Seiten

## Grundzüge der Volkswirtschaftslehre

### BESONDERHEITEN

Dieses Buch bietet eine „Volkswirtschaftslehre zum Anfassen". Anhand von lebens-
nahen Beispielen wird gezeigt, wie Märkte im Großen und Kleinen funktionieren. Die
CD-ROM mit Simulationen ermöglicht es, Marktprozesse aktiv nachzuvollziehen. In 28
Kapiteln wird ein umfassender Überblick über die moderne Volkswirtschaft geboten.
Schaubilder und Tabellen geben Informationen über aktuelle Daten und historische
Entwicklungen. Das begleitende Übungsbuch (ISBN 978-3-8273-7355-7) ist optimal
auf das Lehrbuch abgestimmt und enthält zahlreiche Übungen, die das Verständnis
der Studierenden für die Sachverhalte schärfen. Beide Bücher zusammen sind als Value
Pack (ISBN 978-3-8273-7356-4) mit einem Preisvorteil von EUR 5,00 erschienen.

### KOSTENLOSE ZUSATZMATERIALIEN

Für Dozenten
• Foliensatz zum Einsatz in der Lehre
• Alle Abbildungen aus dem Buch

Für Studenten
• Lösungen zu Aufgaben im Buch

*unverbindliche Preisempfehlung

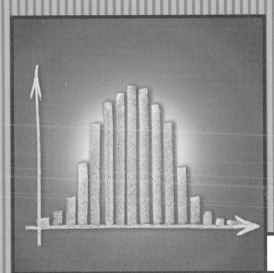

Max C. Wewel

# Statistik im Bachelor-Studium der BWL und VWL

## Methoden, Anwendung, Interpretation

2., erweiterte Auflage

**Formelsammlung**

ALWAYS LEARNING

**PEARSON**

Max C. Wewel

# Statistik im Bachelor-Studium der BWL und VWL

**Methoden, Anwendung, Interpretation**

**2., erweiterte Auflage**

Formelsammlung

PEARSON

Higher Education
München • Harlow • Amsterdam • Madrid • Boston
San Francisco • Don Mills • Mexico City • Sydney
a part of Pearson plc worldwide

Bibliografische Information der Deutschen Nationalbibliothek
Die Deutsche Nationalbibliothek verzeichnet diese Publikation in der Deutschen Nationalbiblio-
grafie; detaillierte bibliografische Daten sind im Internet über http://dnb.d-nb.de abrufbar.

10  9  8  7  6  5  4  3  2

13  12

ISBN 978-3-86894-054-1 (Formelsammlung)


© 2011 by Pearson Deutschland GmbH
Martin-Kollar-Straße 10-12, D-81829 München
Alle Rechte vorbehalten
www.pearson.de
A part of Pearson plc worldwide

Lektorat: Martin Milbradt, mmilbradt@pearson.de
         Alice Kachnij, akachnij@pearson.de
Korrektorat: Barbara Decker, München
Einbandgestaltung: Thomas Arlt, tarlt@adesso21.net
Herstellung: Elisabeth Prümm, epruemm@pearson.de
Satz: mediaService, Siegen (www.media-service.tv)
Druck und Verarbeitung: Drukarnia Dimograf, Bielsko-Biała

Printed in Poland

# Inhaltsverzeichnis

# TEIL I

## Beschreibende Statistik

# 1   Eindimensionale Häufigkeitsverteilungen

Die mit ( . *) bezeichneten Formeln gelten nur für **klassierte** Häufigkeitsverteilungen.

## Bezeichnungen

■ Beobachtungswerte:     $x_t$   $(t = 1, ..., n)$

■ Merkmalsausprägungen:     $x_i$   $(i = 1, ..., m)$

## 1.1   Merkmalsarten und Skalierungen

| Merkmalsart | Relation zwischen den Merkmalsausprägungen | Skalierung | Beispiele |
|---|---|---|---|
| **qualitatives Merkmal** | Verschiedenheit $x_i \neq x_j$ | Nominalskala | Familienstand, Geschlecht, Beruf, Postleitzahl |
| **komparatives Merkmal** | Rangfolge $x_i < x_j$ | Ordinalskala | Handelsklasse, Schulnoten, Rating-Urteile |
| **quantitatives Merkmal** | Abstände $(x_i - x_j)$ sinnvoll | Intervallskala | Temperatur in $^{\circ}$C, Geburtsjahrgang |
| | Verhältnisse $(x_i : x_j)$ sinnvoll | Verhältnisskala | Preis, Umsatz, Einkommen, Alter |

## 1.2   Häufigkeiten

(1.1)   absolute Häufigkeiten:     $n_i$   $(i = 1, ..., m)$   *mit*   $\displaystyle\sum_{i=1}^{m} n_i = n$

(1.2)   relative Häufigkeiten:     $h_i = \dfrac{n_i}{n}$   $(i = 1, ..., m)$   *mit*   $\displaystyle\sum_{i=1}^{m} h_i = 1$

(1.3)   kumulierte absolute Häufigkeiten:     $N_i = \displaystyle\sum_{k=1}^{i} n_k = N_{i-1} + n_i$   $(i = 1, ..., m)$   $(N_0 = 0)$

(1.4)   kumulierte relative Häufigkeiten:     $H_i = \displaystyle\sum_{k=1}^{i} h_k = H_{i-1} + h_i$   $(i = 1, ..., m)$   $(H_0 = 0)$

(1.5)   Stabdiagramm-Funktion:     $h(x) = \begin{cases} h_i & \text{für} \quad x = x_i \quad (i = 1, ..., m) \\ 0 & \text{sonst} \end{cases}$

(1.6)   symmetrische Verteilung:

$$es \; gibt \; ein \; \bar{x} \in \mathbb{R} \; mit$$
$$h(\bar{x} + \delta) = h(\bar{x} - \delta) \; \text{für alle} \; \delta \in \mathbb{R}^+$$

## Spezialfall Klassierung

(1.7*)  Klassen von
Merkmalsausprägungen: $K_i = \left[ a_i; b_i \right[$  $(i = 1, ..., m)$  mit  $a_{i+1} = b_i$

(1.8*)  Klassenmitten: $x_i^* = \dfrac{a_i + b_i}{2}$  $(i = 1, ..., m)$

(1.9*)  Klassenbreiten: $w_i = b_i - a_i$  $(i = 1, ..., m)$

(1.10*)  normierte relative
Häufigkeiten: $h_i^* = \dfrac{h_i}{w_i}$  $(i = 1, ..., m)$

(1.11*)  Histogramm-Funktion: $h*(x) = \begin{cases} h_i^* & \text{für} \quad a_i \leq x < b_i \;\; (i = 1, ..., m) \\ 0 & \text{sonst} \end{cases}$

(1.12*)  klassierte empirische
Verteilungsfunktion: $H(x) = \begin{cases} 0 & \text{für} \quad x < a_1 \\ H_i - h_i^*(h_i \quad x) & \text{für} \quad a_i < x < b_i \\ & \qquad (i = 1, ..., m) \\ 1 & \text{für} \quad x \geq b_m \end{cases}$

## 1.3   Eindimensionale Darstellungs- und Analysemöglichkeiten

| Darstellung bzw. Statistische Maßzahl | Skalierung des Merkmals | | | |
|---|---|---|---|---|
| | Nominal-skala | Ordinal-skala | Intervall-skala | Verhältnis-skala |
| **Grafiken** | | | | |
| Kreisdiagramm | x | | | |
| Balkendiagramm [1] | x | x | x | x |
| Histogramm [2] | | | x | x |
| Empirische Verteilungsfunktion | | | x | x |
| Lorenz-Kurve | | | | x |
| Boxplot | | | x | x |
| **Mittelwerte** | | | | |
| Dichtester Wert | x | x | x | x |
| Zentralwert (Quartile) | | x | x | x |
| Arithmetisches Mittel | | | x | x |
| Geometrisches Mittel | | | | x |
| Harmonisches Mittel | | | | x |
| **Streuungsmaße** | | | | |
| Dispersionsindex | x | | | |
| Diversität | | x | | |
| Quartilsabstand | | | x | x |
| Mittlere absolute Abweichung | | | x | x |
| Varianz | | | x | x |
| Standardabweichung | | | x | x |
| Variationskoeffizient | | | | x |
| Gini-Koeffizient | | | | x |

1) nur bei diskreten Merkmalen – 2) nur bei stetigen Merkmalen

## 1.4    Mittelwerte

(1.13)    arithmetisches Mittel:    $\bar{x} = \dfrac{1}{n}\sum\limits_{t=1}^{n} x_t = \sum\limits_{i=1}^{m} h_i x_i$

(1.14)    Modus (dichtester Wert):    $\bar{x}_D = x_k \quad mit \quad h_k = \max\limits_i h_i$

(1.15)    Median (Zentralwert):    $\bar{x}_Z = x_k \quad mit \quad H_k \geq 0,5 \quad und \quad H_{k-1} < 0,5$

(1.16)    1. Quartil:    $x_{Q1} = x_k \quad mit \quad H_k \geq 0,25 \quad und \quad H_{k-1} < 0,25$

(1.17)    3. Quartil:    $x_{Q3} = x_k \quad mit \quad H_k \geq 0,75 \quad und \quad H_{k-1} < 0,75$

### Spezialfall Klassierung

(1.18*)    arithmetisches Mittel:    $\bar{x} = \sum\limits_{i=1}^{m} h_i x_i^*$

(1.19*)    Modus (dichtester Wert):    $\bar{x}_D = x_k^* \quad mit \quad h_k^* = \max\limits_i h_i^*$

(1.20*)    Median (Zentralwert):    $\bar{x}_Z = b_k - \dfrac{H_k - 0,5}{h_k^*}$

$mit \quad H_k > 0,5 \quad und \quad H_{k-1} \leq 0,5$

### Lageregeln

(1.21)    ■ symmetrische
Verteilung    $\Rightarrow \bar{x}_Z = \dfrac{x_{Q1} + x_{Q3}}{2}$

■ linkssteile uni-
modale Verteilung    $\Rightarrow \bar{x}_Z < \dfrac{x_{Q1} + x_{Q3}}{2}$

■ rechtssteile uni-
modale Verteilung    $\Rightarrow \bar{x}_Z > \dfrac{x_{Q1} + x_{Q3}}{2}$

(1.22)    ■ symmetrische uni-
modale Verteilung    $\Rightarrow \bar{x}_D = \bar{x}_Z = \bar{x}$

■ linkssteile uni-
modale Verteilung    $\Rightarrow \bar{x}_D \leq \bar{x}_Z \leq \bar{x}$

■ rechtssteile uni-
modale Verteilung    $\Rightarrow \bar{x}_D \geq \bar{x}_Z \geq \bar{x}$

### Spezialmittelwerte

(1.23)    geometrisches Mittel:    $\bar{x}_G = \sqrt[n]{\prod\limits_{t=1}^{n} x_t} \quad \left(= \prod\limits_{i=1}^{m} x_i^{h_i}\right)$

(1.24)    harmonisches Mittel:    $\bar{x}_H = \dfrac{n}{\sum\limits_{t=1}^{n} \dfrac{1}{x_t}} = \dfrac{1}{\sum\limits_{i=1}^{m} \dfrac{h_i}{x_i}}$

(1.25)    Mittelwert-Ungleichung:    $\bar{x}_H \leq \bar{x}_G \leq \bar{x}$

## 1.5 Streuungsmaße für quantitative Merkmale

(1.26) Quartilsabstand: $Q = x_{Q3} - x_{Q1}$

(1.27) mittlere absolute
Abweichung von $\bar{x}_{(Z)}$ : $\quad d_{\bar{x}_{(Z)}} = \frac{1}{n} \sum\limits_{t=1}^{n} \left| x_t - \bar{x}_{(Z)} \right| = \sum\limits_{i=1}^{m} h_i \left| x_i - \bar{x}_{(Z)} \right|$

(1.28) Varianz: $\quad \sigma^2 = \frac{1}{n} \sum\limits_{t=1}^{n} (x_t - \bar{x})^2 = \sum\limits_{i=1}^{m} h_i (x_i - \bar{x})^2$

(1.29) Verschiebungssatz: $\quad \sigma^2 = \frac{1}{n} \sum\limits_{t=1}^{n} x_t^2 - \bar{x}^2 = \sum\limits_{i=1}^{m} h_i x_i^2 - \bar{x}^2$

(1.30) Standardabweichung: $\quad \sigma = \sqrt{\sigma^2}$

(1.31) Variationskoeffizient: $\quad V = \dfrac{\sigma}{\bar{x}}$

(1.32*) Varianz bei klassierter
Verteilung: $\quad \sigma^2 = \underbrace{\sum\limits_{i=1}^{m} h_i (x_i^* - \bar{x})^2}_{\sigma_{\text{ext}}^2} + \underbrace{\frac{1}{12} \sum\limits_{i=1}^{m} h_i w_i^2}_{\sigma_{\text{int}}^2}$

## 1.6 Streuungsmaße für qualitative und komparative Merkmale

(1.33) Dispersionsindex: $\quad P = \dfrac{m}{m-1}(1 - \sum\limits_{i=1}^{m} h_i^2) = \dfrac{m}{m-1} \sum\limits_{i=1}^{m} h_i(1 - h_i) \quad (m \geq 2)$

(1.34) es gilt: $\quad 0 \leq P \leq 1$

(1.35) Diversität: $\quad D = \dfrac{4}{m-1} \sum\limits_{i=1}^{m-1} H_i(1 - H_i) \quad (m \geq 2)$

(1.36) es gilt: $\quad 0 \leq D \leq 1$

## 1.7 Konzentrationsanalyse

(1.37) absolute Merkmals-
summen: $\quad X_i = n_i \, x_i^{(*)} \quad (i = 1, ..., m)$

(1.38) totale Merkmalssumme: $\quad X = \sum\limits_{i=1}^{m} X_i = n \, \bar{x} = \sum\limits_{t=1}^{n} x_t$

(1.39) relative Merkmals-
summen: $\quad l_i = \dfrac{X_i}{X} = \dfrac{h_i \, x_i^{(*)}}{\bar{x}} \quad (i = 1, ..., m)$

(1.40) kumulierte relative
Merkmalssummen: $\quad L_i = \sum\limits_{k=1}^{i} l_k = L_{i-1} + l_i \quad (i = 1, ..., m)$

$( L_0 = 0 )$

(1.41) Gini-Koeffizient: $\quad R = 1 - \sum\limits_{i=1}^{m} h_i (L_i + L_{i-1})$

(1.42*) interne Konzentration bei
klassierter Verteilung: $\quad R_{\text{int}} = \dfrac{1}{6\bar{x}} \sum\limits_{i=1}^{m} h_i^2 w_i$

(1.43) es gilt: $\quad 0 \leq R < 1$

# 2    Zweidimensionale Häufigkeitsverteilungen

## 2.1    Häufigkeiten

(2.1)    zweidimensionale
Beobachtungswerte:    $(x_t, y_t)$    $(t = 1, ..., n)$

(2.2)    zweidimensionale
Merkmalsausprägungen:    $(x_i, y_j)$    $(i = 1, ..., p\,;\, j = 1, ..., q)$

(2.3)    absolute Häufigkeiten:    $n_{ij}$    $(i = 1, ..., p\,;\, j = 1, ..., q)$

(2.4)    relative Häufigkeiten:    $h_{ij} = \dfrac{n_{ij}}{n}$    $(i = 1, ..., p\,;\, j = 1, ..., q)$

(2.5)    absolute Randhäufigkeiten ...

■   des Merkmals X:    $n_{i.} = \sum\limits_{j=1}^{q} n_{ij}$    $(i = 1, ..., p)$

■   des Merkmals Y:    $n_{.j} = \sum\limits_{i=1}^{p} n_{ij}$    $(j = 1, ..., q)$

(2.6)    relative Randhäufigkeiten ...

■   des Merkmals X:    $h_{i.} = \sum\limits_{j=1}^{q} h_{ij}$    $(i = 1, ..., p)$

■   des Merkmals Y:    $h_{.j} = \sum\limits_{i=1}^{p} h_{ij}$    $(j = 1, ..., q)$

(2.7)    bedingte Häufigkeiten ...

■   des Merkmals X
(bei festem $y_j$):    $h_{i(j)} = \dfrac{n_{ij}}{n_{.j}} = \dfrac{h_{ij}}{h_{.j}}$    $(i = 1, ..., p)$

■   des Merkmals Y
(bei festem $x_i$):    $h_{(i)j} = \dfrac{n_{ij}}{n_{i.}} = \dfrac{h_{ij}}{h_{i.}}$    $(j = 1, ..., q)$

(2.8)    Unabhängigkeit
von X und Y:    $h_{ij} = h_{i.} \cdot h_{.j}$    *für alle i und j*

## 2.2 Kontingenzmaße

(2.9) mittlere quadratische
Kontingenz: $$C = \sum_{i=1}^{p} \sum_{j=1}^{q} \frac{(h_{ij} - h_{i.} h_{.j})^2}{h_{i.} h_{.j}}$$

(2.10) es gilt: $0 \leq C \leq C_{max} := \min\{ p, q \} - 1$

(2.11) korrigierter
Kontingenzkoeffizient: $$C^* = \sqrt{1 + \frac{1}{C_{max}}} \cdot \sqrt{\frac{C}{1+C}}$$

(2.12) es gilt: $0 \leq C^* \leq 1$

(2.13) X und Y unabhängig
verteilt $\Leftrightarrow C = C^* = 0$

## 2.3 Korrelationsmaße

(2.14) Kovarianz: $$\sigma_{xy} = \frac{1}{n} \sum_{t=1}^{n} (x_t - \bar{x})(y_t - \bar{y})$$

$$= \sum_{i=1}^{p} \sum_{j=1}^{q} h_{ij} (x_i - \bar{x})(y_j - \bar{y})$$

(2.15) Verschiebungssätze: $$\sigma_{xy} = \frac{1}{n} \sum_{t=1}^{n} x_t y_t - \bar{x}\,\bar{y} = \sum_{i=1}^{p} \sum_{j=1}^{q} h_{ij} x_i y_j - \bar{x}\,\bar{y}$$

$$= \frac{1}{n} \sum_{t=1}^{n} x_t (y_t - \bar{y}) = \sum_{i=1}^{p} \sum_{j=1}^{q} h_{ij} x_i (y_j - \bar{y})$$

$$= \frac{1}{n} \sum_{t=1}^{n} (x_t - \bar{x}) y_t = \sum_{i=1}^{p} \sum_{j=1}^{q} h_{ij} (x_i - x) y_j$$

(2.16) Korrelationskoeffizient
nach Bravais/Pearson: $$r = \frac{\sigma_{xy}}{\sigma_x \sigma_y}$$

(2.17) es gilt: $-1 \leq r \leq 1$

(2.18) X und Y unabhängig
verteilt $\Rightarrow \sigma_{xy} = r = 0$

(2.19) Rangzahlen der
Beobachtungswerte: $R(x_t)$ bzw. $R(y_t)$

(2.20) Rangkorrelations-
koeffizient nach
Spearman: $$r_{Sp} = \frac{\sigma_{R(x)\,R(y)}}{\sigma_{R(x)}\,\sigma_{R(y)}}$$

(2.21) Spezialfall ohne
Bindungen: $$r_{Sp} = 1 - \frac{6 \sum_{t=1}^{n} (R(x_t) - R(y_t))^2}{n(n^2 - 1)}$$

(2.22) es gilt: $-1 \leq r_{Sp} \leq 1$

11

# 3　Prognoseverfahren

## 3.1　Regressionsanalyse

(3.1)　Beobachtungswerte:　$(x_t, y_t)$　$(\underbrace{t = 1, \dots, n}_{Sch\ddot{a}tzbereich}$ , $\underbrace{n+1, n+2, \dots}_{Prognosebereich})$

(3.2)　allgemeines
　　　　Regressionsmodell:　$y_t = f(x_t) + u_t$

(3.3)　lineares
　　　　Regressionsmodell:　$y_t = a + b\,x_t + u_t$

(3.4)　Kleinst-Quadrate-
　　　　Prinzip:　$\sum_{t=1}^{n} u_t^2 = q(a, b) \rightarrow min!$

(3.5)　geschätzte
　　　　Regressionsgerade:　$\hat{y}_t = \hat{a} + \hat{b}\,x_t$

(3.6)　■ Anstieg:　$\hat{b} = \dfrac{\sigma_{xy}}{\sigma_x^2}$

(3.7)　■ Ordinatenabschnitt:　$\hat{a} = \bar{y} - \hat{b}\,\bar{x}$

(3.8)　Residuen (Ex-post-
　　　　Prognosefehler):　$\hat{u}_t = y_t - \hat{y}_t$　$(t = 1, \dots, n)$

(3.9)　Streuungszerlegung:　$\sigma_y^2 = \sigma_{\hat{y}}^2 + \sigma_{\hat{u}}^2$

(3.10)　Bestimmtheitsmaß:　$r^2 = \dfrac{\sigma_{\hat{y}}^2}{\sigma_y^2} = \dfrac{\sigma_{xy}^2}{\sigma_x^2 \cdot \sigma_y^2} = 1 - \dfrac{\sigma_{\hat{u}}^2}{\sigma_y^2}$

(3.11)　es gilt:　$0 \le r^2 \le 1$

## 3.2　Zeitreihenanalyse

(3.12)　Beobachtungswerte:　$y_t$　$(\underbrace{t = 1, \dots, n}_{Sch\ddot{a}tzbereich}$ , $\underbrace{n+1, n+2, \dots}_{Prognosebereich})$

(3.13)　Komponentenzerlegung:　$y_t = \underbrace{g_t}_{Trend} + \underbrace{s_t}_{Saisonfigur} + \underbrace{r_t}_{Restkomponente}$

(3.14) geschätzte lineare
Trendfunktion: $\hat{g}_t = \hat{a} + \hat{b}\,t$

(3.15) ■ Anstieg: $\hat{b} = \dfrac{\sigma_{ty}}{\sigma_t^2}$

(3.16) ■ Ordinatenabschnitt: $\hat{a} = \bar{y} - \hat{b}\,\dfrac{n+1}{2}$

(3.17) es gilt: $\sigma_t^2 = \dfrac{n^2-1}{12}$

(3.18) $\sigma_{ty} = \dfrac{1}{n}\sum\limits_{t=1}^{n} t\,(y_t - \bar{y}) = \dfrac{1}{n}\sum\limits_{t=1}^{n} t\,y_t - \dfrac{n+1}{2}\,\bar{y}$

(3.19) geschätzte Saisonfigur: $\hat{s}_t = \hat{s}_{t+k} = \hat{s}_{t+2k} = \ldots = \dfrac{1}{m}\sum\limits_{j=0}^{m-1}(y_{t+jk} - \hat{g}_{t+jk})$

wobei: Periodenzahl
je Zyklus: $k$ (Teiler von $n$)

Anzahl der
Zyklen: $m = \dfrac{n}{k}$

(3.20) geschätzte
Restkomponente: $\hat{r}_t = y_t - \hat{g}_t - \hat{s}_t \qquad (t = 1,\ldots,n)$

(3.21) Prognosegleichung: $\hat{y}_t = \hat{g}_t + \hat{s}_t$

(3.22) Streuungszerlegung: $\sigma_y^2 = \sigma_g^2 + \sigma_s^2 + \sigma_r^2$

(3.23) Bestimmtheitsmaß
ohne Saisonfigur: $r_g^2 = \dfrac{\sigma_g^2}{\sigma_y^2} = \dfrac{\sigma_{ty}^2}{\sigma_t^2 \cdot \sigma_y^2}$

(3.24) Bestimmtheitsmaß
mit Saisonfigur: $r_{g+s}^2 = \dfrac{\sigma_g^2 + \sigma_s^2}{\sigma_y^2}$

(3.25) Saisonbereinigung: $\hat{y}_t^s = y_t - \hat{s}_t \qquad (t = 1,\ldots,n)$

(3.26) nachlaufende gleitende
Durchschnitte: $\bar{y}_t^{(k)} = \dfrac{1}{k}\sum\limits_{j=0}^{k-1} y_{t-j} \qquad (t = k,\ldots,n)$

(3.27) zentrierte gleitende
Durchschnitte: $\ddot{y}_t^{(k)} = \begin{cases} \dfrac{1}{k}\displaystyle\sum\limits_{j=-\frac{k-1}{2}}^{\frac{k-1}{2}} y_{t+j} & \text{falls } k \text{ ungerade} \\[4mm] \dfrac{1}{k}\left(\dfrac{1}{2}y_{t-\frac{k}{2}} + \displaystyle\sum\limits_{j=-\frac{k-2}{2}}^{\frac{k-2}{2}} y_{t+j} + \dfrac{1}{2}y_{t+\frac{k}{2}}\right) & \text{falls } k \text{ gerade} \end{cases}$

13

# 4    Indexzahlen

## Bezeichnungen

(4.1)   Messzahl einer
        Zeitreihe:
$$m_{0t} = \frac{y_t}{y_0} \qquad \begin{array}{l} t: \quad Berichtsperiode \\ 0: \quad Basisperiode \end{array}$$

(4.2)   Indexzahl:
$$I_{0t} = \bar{m}_{0t} \qquad (\, z.B. \quad I_{0t} = \sum_{i=1}^{n} g_i \, m_{i0t} \,)$$

■ Güterpreise:       $p_{i0}$   bzw.   $p_{it}$   $(i = 1, ..., n)$

■ Gütermengen:       $q_{i0}$   bzw.   $q_{it}$   $(i = 1, ..., n)$

## 4.1    Preisindex

### „Warenkorb-Formeln"

(4.3)   Preisindex
        nach Laspeyres:
$$P_{0t}^{L} = \frac{\sum\limits_{i=1}^{n} p_{it} q_{i0}}{\sum\limits_{i=1}^{n} p_{i0} q_{i0}}$$

(4.4)   Preisindex
        nach Paasche:
$$P_{0t}^{P} = \frac{\sum\limits_{i=1}^{n} p_{it} q_{it}}{\sum\limits_{i=1}^{n} p_{i0} q_{it}}$$

### „Mittelwert-Formeln"

(4.5)   Preisindex
        nach Laspeyres:
$$P_{0t}^{L} = \sum_{i=1}^{n} g_i^{L} \frac{p_{it}}{p_{i0}}$$

(4.6)   Preisindex
        nach Paasche:
$$P_{0t}^{P} = \frac{1}{\sum\limits_{i=1}^{n} g_i^{P} \dfrac{p_{i0}}{p_{it}}}$$

(4.7)   Gewichte im
        Laspeyres-Index:
$$g_i^{L} = \frac{p_{i0} q_{i0}}{\sum\limits_{i=1}^{n} p_{i0} q_{i0}}$$

(4.8)   Gewichte im
        Paasche-Index:
$$g_i^{P} = \frac{p_{it} q_{it}}{\sum\limits_{i=1}^{n} p_{it} q_{it}}$$

(4.9)   Preisindex
        nach Fisher:
$$P_{0t}^{F} = \sqrt{P_{0t}^{L} \cdot P_{0t}^{P}}$$

## 4.2 Mengenindex

(4.10) Mengenindex
nach Laspeyres:
$$Q_{0t}^L = \frac{\sum\limits_{i=1}^{n} p_{i0}q_{it}}{\sum\limits_{i=1}^{n} p_{i0}q_{i0}} = \sum_{i=1}^{n} g_i^L \frac{q_{it}}{q_{i0}}$$

(4.11) Mengenindex
nach Paasche:
$$Q_{0t}^P = \frac{\sum\limits_{i=1}^{n} p_{it}q_{it}}{\sum\limits_{i=1}^{n} p_{it}q_{i0}} = \frac{1}{\sum\limits_{i=1}^{n} g_i^P \frac{q_{i0}}{q_{it}}}$$

(4.12) Mengenindex
nach Fisher:
$$Q_{0t}^F = \sqrt{Q_{0t}^L \cdot Q_{0t}^P}$$

## 4.3 Wertindex (Umsatzindex)

(4.13) „Warenkorb-Formel":
$$W_{0t} = \frac{\sum\limits_{i=1}^{n} p_{it}q_{it}}{\sum\limits_{i=1}^{n} p_{i0}q_{i0}}$$

(4.14) „Mittelwert-Formeln":
$$W_{0t} = \sum_{i=1}^{n} g_i^L \frac{p_{it}q_{it}}{p_{i0}q_{i0}} = \frac{1}{\sum\limits_{i=1}^{n} g_i^P \frac{p_{i0}q_{i0}}{p_{it}q_{it}}}$$

(4.15) Zusammenhang der
Indizes:
$$W_{0t} = P_{0t}^L \cdot Q_{0t}^P = P_{0t}^P \cdot Q_{0t}^L = P_{0t}^F \cdot Q_{0t}^F$$

## 4.4 Index-Anwendungen

(4.16) Deflationierung:
$$Y_t^r = \frac{Y_t^n}{P_{0t}}$$

(4.17) Umbasierung:
$$\tilde{I}_{\tau t} = \frac{I_{0t}}{I_{0\tau}}$$

(4.18) Verkettung:
$$\tilde{I}_{0t} = \begin{cases} I_{0t}^{alt} & \text{für } t \le \tau \\ I_{0\tau}^{alt} \cdot I_{\tau t}^{neu} & \text{für } t > \tau \end{cases}$$

(4.19) Kettenindex auf der
Basis von Vorjahres-
vergleichen:
$$\tilde{I}_{0t} = \tilde{I}_{0,t-1} \cdot I_{t-1,t} = \prod_{\tau=1}^{t} I_{\tau-1,\tau}$$

(4.20) für den Wertindex gilt:
$$W_{0t} = W_{0,t-1} \cdot W_{t-1,t} = \prod_{\tau=1}^{t} W_{\tau-1,\tau}$$

15

# TEIL II

# Wahrscheinlichkeitsrechnung

# 5 Grundlagen der Wahrscheinlichkeitsrechnung

## 5.1 Ereignisse

(5.1) Ergebnismenge: $\Omega = \{ e_1, e_2, ... \}$

(5.2) (zufälliges) Ereignis: $A \quad (\subseteq \Omega)$

(5.3) Elementarereignisse: $E_i = \{ e_i \} \quad (i = 1, 2, ...)$

(5.4) Ereignissystem: $Z(\Omega) = \{ A \mid A \subseteq \Omega \}$

(5.5) Gegenereignis zu A: $\overline{A} = \{ e_i \in \Omega \mid e_i \notin A \}$

(5.6) Vereinigung von A und B: $A \cup B = \{ e_i \in \Omega \mid e_i \in A \ \textbf{oder} \ e_i \in B \}$

(5.7) Durchschnitt von A und B: $A \cap B = \{ e_i \in \Omega \mid e_i \in A \ \textbf{und} \ e_i \in B \}$

(5.8) A und B unvereinbar: $A \cap B = \{ \ \}$

(5.9) Differenz zwischen A und B: $A \backslash B = \{ e_i \in \Omega \mid e_i \in A \ \textbf{und} \ e_i \notin B \} = A \cap \overline{B}$

## 5.2 Wahrscheinlichkeiten

### Elementare Wahrscheinlichkeitsrechnung

(5.10) Wahrscheinlichkeitsmaß: $P : \ Z(\Omega) \to \mathbb{R} \quad mit$

(5.11) ◼ Axiom I (Nicht-Negativität): $P(A) \geq 0 \quad \text{für alle} \ A \in Z(\Omega)$

(5.12) ◼ Axiom II (Normierung): $P(\Omega) = 1$

(5.13) ◼ Axiom III (Additivität): $P(A \cup B) = P(A) + P(B)$
für alle $A, B \in Z(\Omega) \ \text{mit} \ A \cap B = \{ \ \}$

(5.14) Folgerungen: $P(\overline{A}) = 1 - P(A)$

(5.15) $P(\{ \ \}) = 0$

(5.16) $P(A \backslash B) = P(A) - P(A \cap B)$

(5.17) Additionssätze: $P(A \cup B) = P(A) + P(B) - P(A \cap B)$
$P(A \cap B) = P(A) + P(B) - P(A \cup B)$

(5.18) $A \subseteq B \ \Rightarrow \ P(A) \leq P(B)$

## Bedingte Wahrscheinlichkeiten

(5.19)   Zerlegung der Ergebnismenge $\Omega$:     *Mengen $B_1$, $B_2$, ... mit*

$$\bigcup_i B_i = \Omega \quad und \quad B_i \cap B_j = \{\ \} \quad \text{für alle } i \neq j$$

(5.20)   bedingte Wahrscheinlichkeit:

$$P(A\mid B) = \frac{P(A \cap B)}{P(B)}$$

(5.21)   allgemeiner Multiplikationssatz:

$$P(A \cap B) = P(A) \cdot P(B\mid A) = P(B) \cdot P(A\mid B)$$

(5.22)   stochastische Unabhängigkeit (spezieller Multiplikationssatz):

$$P(A \cap B) = P(A) \cdot P(B)$$

(5.23)   Satz über die totale Wahrscheinlichkeit:

$$P(A) = \sum_i P(B_i) \cdot P(A\mid B_i)$$

(5.24)   Satz von Bayes:

$$P(B_k \mid A) = \frac{P(B_k) \cdot P(A\mid B_k)}{\sum_i P(B_i) \cdot P(A\mid B_i)}$$

## Laplace-Wahrscheinlichkeiten

(5.25)   Laplace-Prozess:     *Zufallsprozess mit* $P(E_i) = \dfrac{1}{\mid \Omega \mid}$ *für alle* $E_i \in Z(\Omega)$

(5.26)   Folgerung (Laplace-Formel):

$$P(A) = \frac{\mid A \mid}{\mid \Omega \mid} \qquad \begin{array}{l} A = \textit{Anzahl der günstigen Fälle} \\ \Omega = \textit{Anzahl der möglichen Fälle} \end{array}$$

## 5.3   Kombinatorik

(5.27)   Fakultät:     $N! = 1 \cdot 2 \cdot \ldots \cdot N \qquad (0! = 1)$

(5.28)   Binomialkoeffizient:     $\dbinom{N}{n} = \dfrac{N!}{n! \cdot (N-n)!} \quad (n \leq N)$

| | **Variationen** (Stichproben **mit** Berücksichtigung der Reihenfolge) | **Kombinationen** (Stichproben **ohne** Berücksichtigung der Reihenfolge) |
|---|---|---|
| **Stichprobe mit Zurücklegen** | (5.29)   $V_n^N = N^n$ | (5.32)   $K_n^N = \dbinom{N+n-1}{n}$ <br><br> **Stichproben sind nicht gleich wahrscheinlich!** |
| **Stichprobe ohne Zurücklegen** $(n \leq N)$ | (5.30)   $\tilde{V}_n^N = \dfrac{N!}{(N-n)!}$ | (5.33)   $\tilde{K}_n^N = \dbinom{N}{n}$ |
| **Sonderfall:** $n = N$ | (5.31)   $P^N = \tilde{V}_N^N = N!$ <br><br> **(Permutationen)** | $\tilde{K}_N^N = 1$ |

# 6 Zufallsvariablen und Wahrscheinlichkeitsverteilungen

**Bezeichnungen**

(6.1) Zufallsvariable: $X: \ \Omega \to W \subseteq \mathbb{R}$

■ diskret: $W$ abzählbar

■ stetig: $W$ überabzählbar

## 6.1 Diskrete Zufallsvariablen

(6.2) Wahrscheinlichkeits-
funktion: $p: \ \mathbb{R} \to [0;1] \quad mit$

$$p(x) = \begin{cases} P(X=x_i) & \text{für} \quad x = x_i \in W \\ 0 & \text{für} \quad x \notin W \end{cases}$$

(6.3) Folgerung: $\sum_i p(x_i) = 1$

(6.4) Verteilungsfunktion: $F: \ \mathbb{R} \to [0;1] \quad mit \ F(x) = P(X \le x) = \sum_{x_i \le x} p(x_i)$

(6.5) Intervall-Wahrschein-
lichkeiten: $P(a < X \le b) = F(b) - F(a) = \sum_{a < x_i \le b} p(x_i)$

(6.6) Erwartungswert: $E[X] = \sum_i x_i \, p(x_i)$

(6.7) Varianz: $V[X] = \sum_i (x_i - E[X])^2 \, p(x_i)$

(6.8) Verschiebungssatz: $V[X] = \sum_i x_i^2 \, p(x_i) - (E[X])^2$

## 6.2 Stetige Zufallsvariablen

(6.9) Dichtefunktion: $f: \ \mathbb{R} \to \mathbb{R}_0^+ \quad mit \ P(a \le X \le b) = \int_a^b f(x) \, dx$

(6.10) Folgerung: $\int_{-\infty}^{+\infty} f(x) \, dx = 1$

(6.11) Verteilungsfunktion: $F: \ \mathbb{R} \to [0;1] \quad mit \ F(x) = P(X \le x) = \int_{-\infty}^{x} f(u) \, du$

(6.12) Intervall-Wahrschein-
lichkeiten: $P(a \le X \le b) = F(b) - F(a) = \int_a^b f(x) \, dx$

(6.13) $\alpha$-Quantil $(\alpha \in \, ]0;1[)$ : $x_\alpha = F^{-1}(\alpha) \qquad (d.h. \ P(X \le x_\alpha) = \alpha)$

(6.14) Erwartungswert: $E[X] = \int_{-\infty}^{+\infty} x \, f(x) \, dx$

(6.15) Varianz: $V[X] = \int_{-\infty}^{+\infty} (x - E[X])^2 \, f(x) \, dx$

(6.16) Verschiebungssatz: $V[X] = \int_{-\infty}^{+\infty} x^2 \, f(x) \, dx - (E[X])^2$

## 6.3    Lineare Transformation von Zufallsvariablen

(6.17)    lineare Transformation
von X:                  $Y = c + d\,X \quad (d \neq 0)$

(6.18)    Wertebereich:          $W_Y = \left\{ y = c + d\,x \mid x \in W_X \right\}$

$$\text{bzw. } W_X = \left\{ x = \tfrac{y-c}{d} \mid y \in W_Y \right\}$$

(6.19)    Wahrscheinlich-
keitsfunktion:         $p_Y(y) = p_X\left( \dfrac{y-c}{d} \right)$

(6.20)    Dichtefunktion:        $f_Y(y) = \dfrac{1}{|d|}\, f_X\left( \dfrac{y-c}{d} \right)$

(6.21)    Verteilungsfunktion
(stetiger Fall):        $F_Y(y) = \begin{cases} F_X\left( \dfrac{y-c}{d} \right) & \text{für } \ d > 0 \\[2mm] 1 - F_X\left( \dfrac{y-c}{d} \right) & \text{für } \ d < 0 \end{cases}$

(6.22)    Erwartungswert:        $E\left[ Y \right] = c + d\,E[X]$

(6.23)    Varianz:             $V\left[ Y \right] = d^2\,V[X]$

### Standardisierung

(6.24)    Standardisierung:      $Z = \dfrac{X - E[X]}{\sqrt{V[X]}}$

(6.25)    Folgerung:           $E\left[ Z \right] = \mathbf{0} \qquad V\left[ Z \right] = \mathbf{1}$

## 6.4    Zweidimensionale Zufallsvariablen

(6.26)  Wahrscheinlich-
keitsfunktion:         $p(x, y) = P(X = x \text{ und } Y = y)$

(6.27)  Dichtefunktion:      $f(x, y)$ mit

$$P(a \leq X \leq b \text{ und } c \leq Y \leq d) = \int_a^b \int_c^d f(x, y)\, dy\, dx$$

(6.28)  Verteilungsfunktion:   $F(x, y) = P(X \leq x \text{ und } Y \leq y)$

### Stochastische Unabhängigkeit

(6.29)  ▣  im diskreten
und stetigen Fall    $\Leftrightarrow F(x, y) = F_X(x) \cdot F_Y(y)$   für alle $(x, y) \in \mathbb{R}^2$

(6.30)  ▣  im diskreten Fall    $\Leftrightarrow p(x, y) = p_X(x) \cdot p_Y(y)$   für alle $(x, y) \in \mathbb{R}^2$

(6.31)  ▣  im stetigen Fall    $\Leftrightarrow f(x, y) = f_X(x) \cdot f_Y(y)$   für alle $(x, y) \in \mathbb{R}^2$

(6.32)  X und Y stochastisch
unabhängig          $\Rightarrow E\big[ X \cdot Y \big] = E[X] \cdot E\big[ Y \big]$

## 6.5    Summen von Zufallsvariablen

(6.33)  Summe von
Zufallsvariablen:     $Y_n = \sum_{t=1}^{n} X_t$

(6.34)  Erwartungswert:     $E\big[ Y_n \big] = \sum_{t=1}^{n} E\big[ X_t \big]$

(6.35)  Varianz (bei stochasti-
scher Unabhängigkeit):   $V\big[ Y_n \big] = \sum_{t=1}^{n} V\big[ X_t \big]$

# 7 Spezielle Wahrscheinlichkeitsverteilungen

## 7.1 Gleichverteilungen

(7.1) diskrete
Gleichverteilung: $X \sim G(x_1;...;x_m)$ $\quad ( x_i \in \mathbb{R} )$

(7.2) Wertebereich: $W = \{ x_1,...,x_m \}$

(7.3) Wahrscheinlichkeitsfunktion: $p_G(x_i) = \dfrac{1}{m}$

(7.4) Rechteck-Verteilung
(stetige Gleichverteilung): $X \sim R(a;b)$ $\quad ( a,b \in \mathbb{R} ; a < b )$

(7.5) Wertebereich: $W = [a;b]$

(7.6) Dichtefunktion: $f_R(x \,|\, a;b) = \dfrac{1}{b-a}$

(7.7) Verteilungsfunktion: $F_R(x \,|\, a;b) = \dfrac{x-a}{b-a}$

(7.8) Erwartungswert
und Varianz: $E[X] = \dfrac{a+b}{2} \qquad V[X] = \dfrac{(b-a)^2}{12}$

## 7.2 Binomialverteilung

### Spezialfall Bernoulli-Verteilung

(7.9) Schreibweise: $X \sim B(1;\pi)$ $\quad ( \pi \in \,]0;1[ \,)$

(7.10) Wertebereich: $W = \{ 0,1 \}$

(7.11) Wahrscheinlichkeits-
funktion: $p_B(x \,|\, 1;\pi) = \begin{pmatrix} 1 \\ x \end{pmatrix} \pi^x \, (1-\pi)^{1-x}$

$$= \begin{cases} 1-\pi & \text{für } x = 0 \\ \pi & \text{für } x = 1 \end{cases}$$

(7.12) Erwartungswert
und Varianz: $E[X] = \pi \qquad V[X] = \pi \cdot (1-\pi)$

**Allgemeine Binomialverteilung**

(7.13)  Schreibweise:  $X \sim B(n;\pi)$   $( n \in \mathbb{N}, \pi \in \, ]0;1[ \, )$

(7.14)  Wertebereich:  $W = \{ 0,1,...,n \}$

(7.15)  Wahrscheinlichkeits-
funktion:  $p_B(x \mid n;\pi) = \binom{n}{x} \pi^x (1-\pi)^{n-x}$

(7.16)  Erwartungswert
und Varianz:  $E[X] = n \cdot \pi$    $V[X] = n \cdot \pi \cdot (1-\pi)$

(7.17)  Reproduktivität:  $X_t \sim B(n_t;\pi)$, *stochastisch unabhängig*

$\Rightarrow \sum_t X_t \sim B(\sum_t n_t;\pi)$

**Zusammenhang zwischen B(n; $\pi$) und B(n; 1–$\pi$)**

(7.18)      für alle  $x \in W$  gilt:   $p_B(x \mid n;\pi) = p_B(n-x \mid n;1-\pi)$

(7.19)      $F_B(x \mid n;\pi) = 1 - F_B(n-x-1 \mid n;1-\pi)$

# 7.3  Hypergeometrische Verteilung

(7.20)  Schreibweise:  $X \sim H(n;M;N)$   $( n,M,N \in \mathbb{N} ; n \leq N ; M \leq N )$

(7.21)  Wertebereich:  $W = \{ max(0,n-(N-M)),..., min(n,M) \}$

(7.22)  Wahrscheinlichkeits-
funktion:  $p_H(x \mid n;M;N) = \dfrac{\binom{M}{x} \cdot \binom{N-M}{n-x}}{\binom{N}{n}}$

(7.23)  Erwartungswert
und Varianz:  $E[X] = n \cdot \dfrac{M}{N}$    $V[X] = n \cdot \dfrac{M}{N} \cdot \left(1-\dfrac{M}{N}\right) \cdot \dfrac{N-n}{N-1}$

(7.24)  Approximation durch
Binomialverteilung:  $H(n;M;N) \approx B(n;\dfrac{M}{N})$  *für*  $\dfrac{n}{N} \leq 0,05$

**Zusammenhang zwischen H(n; M; N) und H(n; N–M; N)**

(7.25)      für alle  $x \in W$  gilt:   $p_H(x \mid n;M;N) = p_H(n-x \mid n;N-M;N)$

(7.26)      $F_H(x \mid n;M;N) = 1 - F_H(n-x-1 \mid n;N-M;N)$

## 7.4  Poisson-Verteilung

(7.27)  Schreibweise:  $X \sim P(\lambda)$  $(\lambda \in \mathbb{R}^+)$

(7.28)  Wertebereich:  $W = \mathbb{N}_0 = \{0,1,2,...\}$

(7.29)  Wahrscheinlichkeits-
funktion:  $p_P(x \mid \lambda) = \dfrac{e^{-\lambda} \lambda^x}{x!}$

(7.30)  Erwartungswert
und Varianz:  $E[X] = \lambda = V[X]$

(7.31)  Reproduktivität:  $X_t \sim P(\lambda_t)$, *stochastisch unabhängig*

$\Rightarrow \sum\limits_t X_t \sim P(\sum\limits_t \lambda_t)$

(7.32)  Approximation der
Binomialverteilung:  $B(n;\pi) \approx P(n \cdot \pi)$  *für*  $n \geq 30$  *und*  $\pi \leq 0,1$

## 7.5  Exponentialverteilung

(7.33)  Schreibweise:  $X \sim E(\lambda)$  $(\lambda \in \mathbb{R}^+)$

(7.34)  Wertebereich:  $W = \mathbb{R}_0^+ = [0;\infty[$

(7.35)  Dichtefunktion:  $f_E(x \mid \lambda) = \lambda e^{-\lambda x}$

(7.36)  Verteilungsfunktion:  $F_E(x \mid \lambda) = 1 - e^{-\lambda x}$

(7.37)  Erwartungswert
und Varianz:  $E[X] = \dfrac{1}{\lambda}$  $V[X] = \dfrac{1}{\lambda^2}$

# 7.6 Normalverteilung

(7.38) Schreibweise: $X \sim N(\mu;\sigma^2)$ ( $\mu \in \mathbb{R}$, $\sigma^2 \in \mathbb{R}^+$ )

(7.39) Erwartungswert
und Varianz: $E[X] = \mu \qquad V[X] = \sigma^2$

## Spezialfall Standardnormalverteilung

(7.40) Schreibweise: $Z \sim N(0;1)$

(7.41) Wertebereich: $W = \mathbb{R}$

(7.42) Dichtefunktion: $\varphi(z) = \dfrac{1}{\sqrt{2\pi}} e^{-\frac{z^2}{2}}$

(7.43) Verteilungsfunktion: $\Phi(z) = \dfrac{1}{\sqrt{2\pi}} \int\limits_{-\infty}^{z} e^{-\frac{u^2}{2}} \, du$

(7.44) Symmetrie: $\Phi(-z) = 1 - \Phi(z) \quad \textit{für alle } z \in \mathbb{R}$

(7.45) Symmetrie der Quantile: $z_\alpha = -z_{1-\alpha} \quad \textit{für alle } \alpha \in \,]0;1[$

(7.46) Funktion der symmetrischen Intervall-
Wahrscheinlichkeiten: $\Psi(z) = P(-z \le Z \le z) = P(\,|Z| \le z\,)$
$= 2\,\Phi(z) - 1 \quad \textit{für alle } z \in \mathbb{R}_0^+$

## Allgemeine Normalverteilung (Standardisierung)

(7.47) lineare Transformation
der Standardnormal-
verteilung: $Z \sim N(0;1) \;\Rightarrow\; X = \mu + \sigma \cdot Z \sim N(\mu;\sigma^2)$

(7.48) Standardisierung: $X \sim N(\mu;\sigma^2) \;\Rightarrow\; Z = \dfrac{X-\mu}{\sigma} \sim N(0;1)$

(7.49) Dichtefunktion: $f_N(x\,|\,\mu;\sigma^2) = \dfrac{1}{\sigma} \cdot \varphi\!\left(\dfrac{x-\mu}{\sigma}\right)$

(7.50) Verteilungsfunktion: $F_N(x\,|\,\mu;\sigma^2) = \Phi\!\left(\dfrac{x-\mu}{\sigma}\right)$

(7.51) symmetrische Intervall-
Wahrscheinlichkeit: $P(\mu-\delta \le X \le \mu+\delta) = P(\,|X-\mu| \le \delta\,) = \Psi\!\left(\dfrac{\delta}{\sigma}\right)$

(7.52) $\alpha$-Quantil: $x_\alpha = \mu + \sigma \cdot z_\alpha$

(7.53) Reproduktivität: $X_t \sim N(\mu_t;\sigma_t^2)$, *stochastisch unabhängig*
$\Rightarrow \sum\limits_{t} X_t \sim N(\sum\limits_{t}\mu_t; \sum\limits_{t}\sigma_t^2)$

## 7.7   Lognormalverteilung

(7.54)   Schreibweise:   $X \sim LN(\mu;\sigma^2)$   ($\mu \in \mathbb{R}$, $\sigma^2 \in \mathbb{R}^+$)

(7.55)   Zusammenhang mit der
Normalverteilung:   $Y \sim N(\mu;\sigma^2) \Rightarrow X = e^Y \sim LN(\mu;\sigma^2)$

(7.56)   Wertebereich:   $W = \mathbb{R}^+ = \,]0;\infty[$

(7.57)   Dichtefunktion:   $f_{LN}(x \mid \mu;\sigma^2) = \dfrac{1}{\sigma x} \cdot \varphi\left(\dfrac{\ln(x)-\mu}{\sigma}\right)$

(7.58)   Verteilungsfunktion:   $F_{LN}(x \mid \mu;\sigma^2) = \Phi\left(\dfrac{\ln(x)-\mu}{\sigma}\right)$

(7.59)   $\alpha$-Quantil:   $x_\alpha = e^{\mu+\sigma \cdot z_\alpha}$   ($z_\alpha$ von $N(0;1)$)

(7.60)   Erwartungswert und
Varianz:   $E[X] = e^{\mu+\frac{\sigma^2}{2}}$   $V[X] = e^{2\mu+\sigma^2}(e^{\sigma^2}-1)$

## 7.8   Chi-Quadrat-Verteilung

(7.61)   Schreibweise:   $X \sim \chi^2(n)$   ($n \in \mathbb{N}$)

(7.62)   Zusammenhang mit der
Standardnormal-
verteilung:   $Z_t \sim N(0;1)$, *stochastisch unabhängig*

$\Rightarrow X = \sum\limits_{t=1}^{n} Z_t^2 \sim \chi^2(n)$

(7.63)   Wertebereich:   $W = \mathbb{R}_0^+ = \left[0;\infty\right[$

(7.64)   Erwartungswert
und Varianz:   $E[X] = n$   $V[X] = 2n$

(7.65)   Reproduktivität:   $X_t \sim \chi^2(n_t)$, *stochastisch unabhängig*

$\Rightarrow \sum\limits_t X_t \sim \chi^2(\sum\limits_t n_t)$

## 7.9 $t$-Verteilung

(7.66) Schreibweise: $T \sim t(n)$ $(n \in \mathbb{N})$

(7.67) Zusammenhang mit der
Standardnormal-
verteilung: $Z \sim N(0;1)$ und $X \sim \chi^2(n)$,
stochastisch unabhängig

$$\Rightarrow T = \frac{Z}{\sqrt{\frac{1}{n}X}} \sim t(n)$$

(7.68) Wertebereich: $W = \mathbb{R}$

(7.69) Erwartungswert
und Varianz: $E[T] = 0$ $V[T] = \dfrac{n}{n-2}$ $(n > 2)$

(7.70) Symmetrie der Quantile: $t_\alpha = -t_{1-\alpha}$ für alle $\alpha \in \;]0;1[$

(7.71) Approximation
durch Standard-
normalverteilung: $t(n) \approx N(0;1)$ für $n \geq 30$

## 7.10 $F$-Verteilung

(7.72) Schreibweise: $F \sim F(m;n)$ $(m, n \in \mathbb{N})$

(7.73) Zusammenhang mit der
Chi-Quadrat-Verteilung: $X \sim \chi^2(m)$ und $Y \sim \chi^2(n)$,
stochastisch unabhängig

$$\Rightarrow F = \frac{\frac{1}{m}X}{\frac{1}{n}Y} \sim F(m;n)$$

(7.74) Zusammenhang mit der
t-Verteilung: $T \sim t(n)$ $\Rightarrow$ $F = T^2 \sim F(1;n)$

(7.75) Wertebereich: $W = \mathbb{R}_0^+ = [\,0;\infty\,[$

(7.76) Erwartungswert und
Varianz:
$$E[F] = \frac{n}{n-2} \qquad (n > 2)$$
$$V[F] = \frac{2\,(m+n-2)\,n^2}{m\,(n-4)\,(n-2)^2} \qquad (n > 4)$$

27

## 7.11    Zentraler Grenzwertsatz (Fassung von Lindeberg/Lévy)

**Voraussetzungen über $X_t$ ($t = 1, ..., n$)**

(7.77)    identische Verteilung:    $F_t(x_t) \equiv F(x_t)$    für alle $t$

mit $\mu := E[X_t]$ und $\sigma^2 := V[X_t]$

(7.78)    stochastische
Unabhängigkeit:    $F(x_1, ..., x_n) \equiv \prod\limits_{t=1}^{n} F_t(x_t)$

**Aussage des Zentralen Grenzwertsatzes**

(7.79)    für $Y_n = \sum\limits_{t=1}^{n} X_t$ gilt:    $\dfrac{Y_n - n \cdot \mu}{\sqrt{n} \cdot \sigma} \xrightarrow{n \to \infty} Z \sim N(0;1)$

(7.80)    für $\overline{X}_n = \dfrac{1}{n}\sum\limits_{t=1}^{n} X_t$ gilt:    $\dfrac{\overline{X}_n - \mu}{\sigma / \sqrt{n}} \xrightarrow{n \to \infty} Z \sim N(0;1)$

(7.81)    Approximation
für $n \geq 50$ :    $Y_n = \sum\limits_{t=1}^{n} X_t \sim N(n\mu; n\sigma^2)$

(7.82)    $\overline{X}_n = \dfrac{1}{n}\sum\limits_{t=1}^{n} X_t \sim N(\mu; \dfrac{\sigma^2}{n})$

(7.83)    Gesetz der großen Zahl:    $\lim\limits_{n \to \infty} P(|\overline{X}_n - \mu| \leq \delta) = 1$    für alle $\delta > 0$
bzw. stochastische
Konvergenz:    $p\lim\limits_{n \to \infty} \overline{X}_n = \mu$

**Approximation durch die Normalverteilung**

(7.84)    Binomialverteilung:    $B(n; \pi) \approx N(n\pi; n\pi(1 - \pi))$    für    $n\pi(1 - \pi) \geq 9$

(7.85)    Hypergeometrische
Verteilung:    $H(n; M; N) \approx N(n\dfrac{M}{N}; n\dfrac{M}{N}(1 - \dfrac{M}{N})\dfrac{N - n}{N - 1})$

für    $n\dfrac{M}{N}(1 - \dfrac{M}{N}) \geq 9$    und    $\dfrac{n}{N} \leq 0,5$

(7.86)    Poisson-Verteilung:    $P(\lambda) \approx N(\lambda; \lambda)$    für    $\lambda \geq 9$

(7.87)    Chi-Quadrat-Verteilung:    $\chi^2(n) \approx N(n; 2n)$    für    $n \geq 30$

(7.88)    Stetigkeitskorrektur
bei der Approximation
diskreter Verteilungen:    $P(X \leq x_i) = F(x_i) \approx F_N(x_i + 0,5)$
$P(X < x_i) = F(x_i - 1) \approx F_N(x_i - 0,5)$

## 7.12 Zusammenhänge zwischen wichtigen Wahrscheinlichkeitsverteilungen

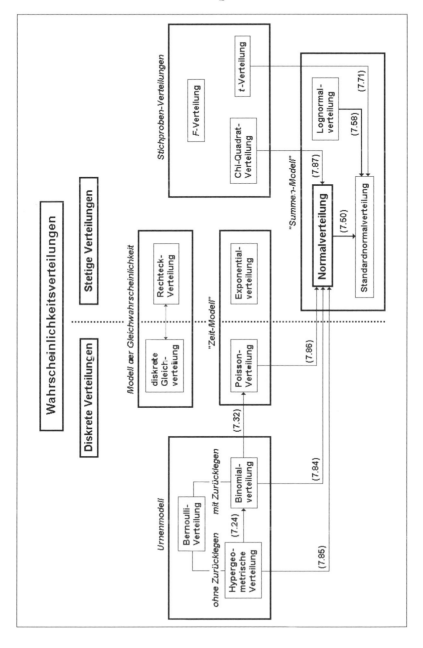

# TEIL III

## Schließende Statistik

# 8 Einführung in die Schließende Statistik

## 8.1 Einfache Zufallsstichprobe

■ uneingeschränkte Zufallsauswahl:  *gleiche Auswahl-Wahrscheinlichkeit für alle Elemente der Grundgesamtheit bei jedem Stichprobenzug*

■ stochastische Unabhängigkeit:  *Ergebnisse der Stichprobenzüge $(X_t)$ beeinflussen sich nicht gegenseitig*

## 8.2 Verteilung von Stichprobenfunktionen

### Stichproben mit Zurücklegen  $(n \geq 50)$

(8.1)  Merkmalssumme in
der Stichprobe:  $\qquad Y_n = \sum_{t=1}^{n} X_t \ \sim \ N(n\mu; n\sigma^2)$

(8.2)  Stichprobenmittelwert:  $\qquad \overline{X}_n = \frac{1}{n}\sum_{t=1}^{n} X_t \ \sim \ N(\mu; \frac{\sigma^2}{n})$

(8.3)  Stichprobenanteilssatz
$(X_t \sim B(1;\pi))$ :  $\qquad P_n = \frac{1}{n}\sum_{t=1}^{n} X_t \ \sim \ N(\pi; \frac{\pi(1-\pi)}{n})$

### Stichproben ohne Zurücklegen  $(n \geq 50)$

(8.4)  Merkmalssumme in
der Stichprobe:  $\qquad Y_n = \sum_{t=1}^{n} X_t \ \sim \ N(n\mu; n\sigma^2 \cdot \frac{N-n}{N-1})$

(8.5)  Stichprobenmittelwert:  $\qquad \overline{X}_n = \frac{1}{n}\sum_{t=1}^{n} X_t \ \sim \ N(\mu; \frac{\sigma^2}{n} \cdot \frac{N-n}{N-1})$

(8.6)  Stichprobenanteilssatz
$(X_t \sim B(1;\pi))$ :  $\qquad P_n = \frac{1}{n}\sum_{t=1}^{n} X_t \ \sim \ N(\pi; \frac{\pi(1-\pi)}{n} \cdot \frac{N-n}{N-1})$

## 8.3 Schwankungsintervalle

(8.7)  $(1-\alpha)$-Schwankungs-
intervall für $X$ :  $\qquad S_{1-\alpha}(X) = \left[ \ x_{\alpha/2} \, ; x_{1-\alpha/2} \ \right]$

(8.8)  ■ für $X \sim N(\mu;\sigma^2)$ :  $\qquad S_{1-\alpha}(X) = \left[ \ \mu - z_{1-\alpha/2}\,\sigma \, ; \mu + z_{1-\alpha/2}\sigma \ \right]$

(8.9)  ■ für Stichprobenmittelwert:  $\qquad S_{1-\alpha}(\overline{X}_n) = \left[ \ \mu - \delta_S \, ; \mu + \delta_S \ \right]$

$\qquad$ mit $\delta_S = z_{1-\alpha/2} \dfrac{\sigma}{\sqrt{n}}$

(8.10)  ■ für den Stichprobenanteilssatz:  $\qquad S_{1-\alpha}(P_n) = \left[ \ \pi - \delta_S \, ; \pi + \delta_S \ \right]$

$\qquad$ mit $\delta_S = z_{1-\alpha/2}\sqrt{\dfrac{\pi(1-\pi)}{n}}$

(8.11)  Korrektur für Stichproben ohne
Zurücklegen (und $\frac{n}{N} > 0,05$ ):  $\qquad \tilde{\delta}_S = \left( \sqrt{\dfrac{N-n}{N-1}}\,\delta_S \approx \right) \ \sqrt{1-\dfrac{n}{N}}\,\delta_S$

31

# 9    Schätzung unbekannter Parameter

## 9.1    Schätzfunktionen

(9.1)  Schätzfunktion für $\theta$:

$$\hat{\theta}_n(X_1,...,X_n)$$

(9.2)  Erwartungstreue von $\hat{\theta}_n$:

$$E\left[\,\hat{\theta}_n\,\right] = \theta$$

(9.3)  Konsistenz von $\hat{\theta}_n$:

$$\operatorname*{plim}_{n\to\infty}\hat{\theta}_n = \theta$$

(9.4)  Stichprobenmittelwert
(heterograder Fall):

$$\bar{X}_n = \frac{1}{n}\sum_{t=1}^{n}X_t \quad (=\hat{\mu}_n)$$

(9.5)  Stichprobenanteilssatz
(homograder Fall; $X_t \sim B(1;\pi)$):

$$P_n = \frac{1}{n}\sum_{t=1}^{n}X_t \quad (=\hat{\pi}_n)$$

(9.6)  Stichprobenvarianz:

$$S_n^2 = \frac{1}{n-1}\sum_{t=1}^{n}(X_t-\bar{X}_n)^2$$

$$= \frac{1}{n-1}\left(\sum_{t=1}^{n}X_t^2 - n\,\bar{X}_n^2\right) \quad (=\hat{\sigma}_n^2)$$

(9.7)    Spezialfall $X_t : B(1;\pi)$:

$$S_n^2 = \frac{n}{n-1}P_n(1-P_n) \quad (=\widehat{\pi(1-\pi)})$$

(9.8)  Korrektur für Stichproben
ohne Zurücklegen:

$$\tilde{S}_n^2 = \frac{N-1}{N}S_n^2$$

## 9.2    Konfidenzintervalle

(9.9)  $(1-\alpha)$-Konfidenzintervall für $\theta$:

$$K_{1-\alpha}(\theta) = \left[\,\hat{\theta}_n-\delta_K\,;\hat{\theta}_n+\delta_K\,\right]$$

(9.10)  Konfidenzniveau:

$$1-\alpha = P(\,\theta\in K_{1-\alpha}(\theta)\,)$$

### Schätzung des Mittelwerts (heterograder Fall)

(9.11)  Konfidenzintervall für $\mu$:

$$K_{1-\alpha}(\mu) = \left[\,\bar{X}_n-\delta_K\,;\bar{X}_n+\delta_K\,\right]$$

(9.12)  ■ falls $\sigma^2$ bekannt:

$$\delta_K = z_{1-\alpha/2}\frac{\sigma}{\sqrt{n}}$$

(9.13)  ■ falls $\sigma^2$ unbekannt und
Verteilung von $X$ in der
Grundgesamtheit unbekannt:

$$\delta_K = z_{1-\alpha/2}\frac{S_n}{\sqrt{n}}$$

(9.14)  ■ falls $\sigma^2$ unbekannt und
Merkmal $X$ in der Grund-
gesamtheit normalverteilt:

$$\delta_K = t(n-1)_{1-\alpha/2}\frac{S_n}{\sqrt{n}}$$

(9.15)  Hochrechnung auf die
Merkmalssumme ($N\mu$):

$$K_{1-\alpha}(N\mu) = N\cdot K_{1-\alpha}(\mu)$$

## Schätzung des Anteilssatzes (homograder Fall)

(9.16)   Konfidenzintervall für $\pi$:

$$K_{1-\alpha}(\pi) = \left[ \; P_n - \delta_K \; ; P_n + \delta_K \; \right]$$

$$mit \quad \delta_K = z_{1-\alpha/2} \sqrt{\frac{P_n(1-P_n)}{n-1}}$$

(9.17)   Hochrechnung auf die
Anzahl ($N\pi$):

$$K_{1-\alpha}(N\pi) = N \cdot K_{1-\alpha}(\pi)$$

## Stichproben ohne Zurücklegen

(9.18)   Korrektur:

$$\tilde{\delta}_K = \sqrt{1 - \frac{n}{N}} \; \delta_K$$

## 9.3   Notwendiger Stichprobenumfang

(9.19)   ■ bei der Schätzung von $\mu$,
falls $\sigma^2$ bekannt:

$$n \geq \left( \frac{z_{1-\alpha/2}}{\delta_{max}} \right)^2 \sigma^2$$

(9.20)   ■ bei der Schätzung von $\mu$,
falls $\sigma^2$ unbekannt:

$$n > \left( \frac{z_{1-\alpha/2}}{\delta_{max}} \right)^2 \sigma_{max}^2$$

(9.21)   ■ bei der Schätzung von $\pi$:

$$n \geq \frac{1}{4} \left( \frac{z_{1-\alpha/2}}{\delta_{max}} \right)^2$$

(9.22)   Korrektur für Stichproben
ohne Zurücklegen:

$$\tilde{n}_{min} = \frac{n_{min}}{1 + \frac{n_{min}}{N}}$$

33

# 10   Statistische Hypothesentests

## 10.1   Signifikanztests

### Grundbegriffe

(10.1)   Nullhypothese:                                   $H_0$

(10.2)   Testfunktion:                                    $T_n(X_1, ..., X_n)$

(10.3)   kritischer Bereich:                              $B_\alpha$

(10.4)   (vorgegebenes) Signifikanzniveau:   $\alpha = P(T_n \in B_\alpha \mid H_0)$

### Testentscheidung

(10.5)   empirischer Wert der Testfunktion:   $t_n(x_1, ..., x_n)$

(10.6)        Ablehnung von $H_0$, falls:   $t_n \in B_\alpha$

(10.7)   empirisches Signifikanzniveau:   $\alpha(t_n) = \min\limits_{t_n \in B_\alpha} \alpha$

(10.8)        Ablehnung von $H_0$, falls:   $\alpha(t_n) < \alpha$

### Einseitige und zweiseitige parametrische Tests

(10.9)   Nullhypothese beim
             zweiseitigen Test:          $H_0: \quad \theta = \theta_0$

(10.10) $\Rightarrow$ kritischer Bereich bei standard-
             normalverteilter Testfunktion:   $B_\alpha = \left\{ t \in \mathbb{R} \mid |t| > z_{1-\alpha/2} \right\}$

(10.11) Nullhypothese beim
             rechtsseitigen Test:        $H_0: \quad \theta \leq \theta_0$

(10.12) $\Rightarrow$ kritischer Bereich bei standard-
             normalverteilter Testfunktion:   $B_\alpha = \left\{ t \in \mathbb{R} \mid t > z_{1-\alpha} \right\}$

(10.13) Nullhypothese beim
             linksseitigen Test:         $H_0: \quad \theta \geq \theta_0$

(10.14) $\Rightarrow$ kritischer Bereich bei standard-
             normalverteilter Testfunktion:   $B_\alpha = \left\{ t \in \mathbb{R} \mid t < -z_{1-\alpha} \right\}$

## 10.2 Parametrische Ein-Stichproben-Tests

**Test des Mittelwerts (heterograder Fall)**

(10.15) Nullhypothese: $\qquad H_0: \quad \mu = \mu_0 \quad (bzw. \ \mu \leq \mu_0 \ bzw. \ \mu \geq \mu_0)$

(10.16) ■ Testfunktion bei bekanntem $\sigma^2$: $\quad T_n = \dfrac{\bar{X}_n - \mu_0}{\sigma / \sqrt{n}} \quad \sim \quad N(0;1) \quad (n \geq 50)$

(10.17) ■ Testfunktion bei unbekanntem
$\sigma^2$ und unbekannter Verteilung
von $X$ in der Grundgesamtheit: $\quad T_n = \dfrac{\bar{X}_n - \mu_0}{S_n / \sqrt{n}} \quad \sim \quad N(0;1) \quad (n \geq 50)$

(10.18) ■ Testfunktion bei unbekanntem
$\sigma^2$ und Normalverteilung von $X$
in der Grundgesamtheit: $\quad T_n = \dfrac{\bar{X}_n - \mu_0}{S_n / \sqrt{n}} \quad \sim \quad t(n-1)$

**Test des Anteilssatzes (homograder Fall)**

(10.19) Nullhypothese: $\qquad H_0: \quad \pi = \pi_0 \quad (bzw. \ \pi \leq \pi_0 \ bzw. \ \pi \geq \pi_0)$

(10.20) Testfunktion: $\qquad T_n = \dfrac{P_n - \pi_0}{\sqrt{\dfrac{\pi_0(1 - \pi_0)}{n}}} \quad \sim \quad N(0;1) \quad (n \geq 50)$

**Stichproben ohne Zurücklegen**

(10.21) Korrektur: $\qquad \tilde{T}_n = \dfrac{T_n}{\sqrt{1 - \dfrac{n}{N}}}$

## 10.3   Parametrische Zwei-Stichproben-Tests

**Test auf Gleichheit zweier Mittelwerte**

(10.22) Nullhypothese:

$$H_0 : \quad \mu_1 = \mu_2 \quad (bzw. \ \mu_1 \le \mu_2 \quad bzw. \ \mu_1 \ge \mu_2)$$

(10.23) ■ Testfunktion bei bekannten Varianzen:

$$T_{m,n} = \frac{\bar{X}_{1m} - \bar{X}_{2n}}{\sqrt{\dfrac{\sigma_1^2}{m} + \dfrac{\sigma_2^2}{n}}} \quad \sim \quad N(0;1) \quad (m,n \ge 50)$$

(10.24) ■ Testfunktion bei unbekannten Varianzen:

$$T_{m,n} = \frac{\bar{X}_{1m} - \bar{X}_{2n}}{\sqrt{\dfrac{S_1^2}{m} + \dfrac{S_2^2}{n}}} \quad \sim \quad N(0;1) \quad (m,n \ge 50)$$

(10.25) ■ Testfunktion bei unbekannten, aber gleichen Varianzen und Normalverteilung von $X$ in den Grundgesamtheiten:

$$T_{m,n} = \frac{\bar{X}_{1m} - \bar{X}_{2n}}{S_{m+n}\sqrt{\dfrac{1}{m} + \dfrac{1}{n}}} \quad \sim \quad t(m+n-2)$$

mit gepoolter Stichprobenvarianz:

$$S_{m+n}^2 = \frac{(m-1)\,S_{1m}^2 + (n-1)\,S_{2n}^2}{m+n-2}$$

**Test auf Gleichheit zweier Anteilssätze**

(10.26) Nullhypothese:

$$H_0 : \quad \pi_1 = \pi_2 \quad (bzw. \ \pi_1 \le \pi_2 \quad bzw. \ \pi_1 \ge \pi_2)$$

(10.27) Testfunktion:

$$T_{m,n} = \frac{P_{1m} - P_{2n}}{\sqrt{P_{m+n}\,(1 - P_{m+n})} \cdot \sqrt{\dfrac{1}{m} + \dfrac{1}{n}}}$$

$$\sim \quad N(0;1) \quad (m,n \ge 50)$$

mit gepooltem Stichprobenanteilssatz:

$$P_{m+n} = \frac{m\,P_{1m} + n\,P_{2n}}{m+n}$$

## 10.4 Varianzanalyse (ANOVA)

(10.28) Modell der Varianzanalyse: $X_{it} = \mu_i + U_{it}$ für alle $i=1,\ldots,m$ (Faktorstufen)
und alle $t$ (Beobachtungen)

(10.29) Annahme: $U_{it} \sim N(0;\sigma^2)$, stochastisch unabhängig

(10.30) Folgerung: $X_{it} \sim N(\mu_i;\sigma^2)$, stochastisch unabhängig

(10.31) Stichprobenumfänge
in den Faktorstufen: $n_i \quad (i=1,\ldots,m)$

(10.32) Gesamtstichprobenumfang: $n = \sum\limits_{i=1}^{m} n_i$

(10.33) Stichprobenmittelwerte
in den Faktorstufen: $\overline{X}_i = \dfrac{1}{n_i}\sum\limits_{t=1}^{n_i} X_{it} \quad (i=1,\ldots,m)$

(10.34) Gesamtstichprobenmittelwert: $\overline{X} = \dfrac{1}{n}\sum\limits_{i=1}^{m}\sum\limits_{t=1}^{n_i} X_{it} = \dfrac{1}{n}\sum\limits_{i=1}^{m} n_i\,\overline{X}_i$

(10.35) Schätzung der
Faktorstufen-Effekte: $\hat{\delta}_i = \overline{X}_i - \overline{X} \quad (i=1,\ldots,m)$

(10.36) Nullhypothese: $H_0:\ \mu_1 = \ldots = \mu_m$

(10.37) Gesamtstichprobenvarianz: $S^2 = \dfrac{1}{n-1}\sum\limits_{i=1}^{m}\sum\limits_{t=1}^{n_i}(X_{it}-\overline{X})^2$

(10.38) Streuungszerlegung: $S^2 = S_{ext}^2 + S_{int}^2$

(10.39) ■ externe (erklärte)
Stichprobenvarianz: $S_{ext}^2 = \dfrac{1}{n-1}\sum\limits_{i=1}^{m} n_i\,(\overline{X}_i-\overline{X})^2$

(10.40) ■ interne (unerklärte)
Stichprobenvarianz: $S_{int}^2 = \dfrac{1}{n-1}\sum\limits_{i=1}^{m}\sum\limits_{t=1}^{n_i}(X_{it}-\overline{X}_i)^2$

$= \dfrac{1}{n-1}\sum\limits_{i=1}^{m}(n_i-1)\,S_i^2$

(10.41) Stichprobenvarianzen
in den Faktorstufen: $S_i^2 = \dfrac{1}{n_i-1}\sum\limits_{t=1}^{n_i}(X_{it}-\overline{X}_i)^2 \quad (i=1,\ldots,m)$

(10.42) Testfunktion: $F = \dfrac{\frac{1}{m-1}S_{ext}^2}{\frac{1}{n-m}S_{int}^2} \sim F(m-1;n-m)$

(10.43) kritischer Bereich: $B_\alpha = \left\{ F\in\mathbb{R}\ \middle|\ F > F_{1-\alpha}\right\}$

## 10.5 Nicht-parametrische Tests

### Chi-Quadrat-Anpassungstest

(10.44) Nullhypothese:

$$H_0 : \quad h_i^{GG} = \tilde{h}_i \quad \text{für} \quad i = 1, \ldots, m$$

(10.45) empirische Häufigkeiten:

$$h_i \quad (i = 1, \ldots, m)$$

(10.46) hypothetische Häufigkeiten:

$$\tilde{h}_i \quad (i = 1, \ldots, m)$$

(10.47) Testfunktion (bei vollständig spezifizierter Nullhypothese):

$$T_n = n \sum_{i=1}^{m} \frac{(h_i - \tilde{h}_i)^2}{\tilde{h}_i} \quad \sim \quad \chi^2(m-1)$$

(10.48) kritischer Bereich:

$$B_\alpha = \left\{ t \in \mathbb{R} \mid t > x_{1-\alpha} \right\}$$

(10.49) Mindeststichprobenumfang:

$$n \geq \frac{5}{\min_i \tilde{h}_i}$$

(10.50) Testfunktion bei konsistenter Schätzung von $k$ Parametern:

$$T_n = n \sum_{i=1}^{m} \frac{(h_i - \tilde{h}_i)^2}{\tilde{h}_i} \quad \sim \quad \chi^2(m-k-1)$$

### Chi-Quadrat-Unabhängigkeitstest

(10.51) Nullhypothese:

$$H_0 : \quad h_{ij}^{GG} = h_{i.}^{GG} \cdot h_{.j}^{GG} \quad \text{für alle} \quad i \text{ und } j$$

(10.52) empirische Häufigkeiten:

$$h_{ij} \quad (i = 1, \ldots, p ; j = 1, \ldots, q)$$

(10.53) hypothetische Häufigkeiten:

$$\tilde{h}_{ij} = h_{i.} \cdot h_{.j} \quad (i = 1, \ldots, p ; j = 1, \ldots, q)$$

(10.54) Testfunktion:

$$T_n = n \sum_{i=1}^{p} \sum_{j=1}^{q} \frac{(h_{ij} - \tilde{h}_{ij})^2}{\tilde{h}_{ij}}$$

$$\sim \quad \chi^2((p-1)(q-1))$$

(10.55) kritischer Bereich:

$$B_\alpha = \left\{ t \in \mathbb{R} \mid t > x_{1-\alpha} \right\}$$

(10.56) Mindeststichprobenumfang:

$$n \geq \frac{5}{\min_{i,j} \tilde{h}_{ij}}$$

# Anhang: Statistische Tabellen

## Tabelle A.1: Standardnormalverteilung – $\Phi(z)$

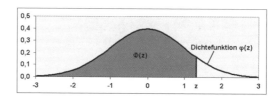

| z | .,.0 | .,.1 | .,.2 | .,.3 | .,.4 | .,.5 | .,.6 | .,.7 | .,.8 | .,.9 |
|------|--------|--------|--------|--------|--------|--------|--------|--------|--------|--------|
| 0,0. | 0,5000 | 0,5040 | 0,5080 | 0,5120 | 0,5160 | 0,5199 | 0,5239 | 0,5279 | 0,5319 | 0,5359 |
| 0,1. | 0,5398 | 0,5438 | 0,5478 | 0,5517 | 0,5557 | 0,5596 | 0,5636 | 0,5675 | 0,5714 | 0,5753 |
| 0,2. | 0,5793 | 0,5832 | 0,5871 | 0,5910 | 0,5948 | 0,5987 | 0,6026 | 0,6064 | 0,6103 | 0,6141 |
| 0,3. | 0,6179 | 0,6217 | 0,6255 | 0,6293 | 0,6331 | 0,6368 | 0,6406 | 0,6443 | 0,6480 | 0,6517 |
| 0,4. | 0,6554 | 0,6591 | 0,6628 | 0,6664 | 0,6700 | 0,6736 | 0,6772 | 0,6808 | 0,6844 | 0,6879 |
| 0,5. | 0,6915 | 0,6950 | 0,6985 | 0,7019 | 0,7054 | 0,7088 | 0,7123 | 0,7157 | 0,7190 | 0,7224 |
| 0,6. | 0,7257 | 0,7291 | 0,7324 | 0,7357 | 0,7389 | 0,7422 | 0,7454 | 0,7486 | 0,7517 | 0,7549 |
| 0,7. | 0,7580 | 0,7611 | 0,7642 | 0,7673 | 0,7704 | 0,7734 | 0,7764 | 0,7794 | 0,7823 | 0,7852 |
| 0,8. | 0,7881 | 0,7910 | 0,7939 | 0,7967 | 0,7995 | 0,8023 | 0,8051 | 0,8078 | 0,8106 | 0,8133 |
| 0,9. | 0,8159 | 0,8186 | 0,8212 | 0,8238 | 0,8264 | 0,8289 | 0,8315 | 0,8340 | 0,8365 | 0,8389 |
| 1,0. | 0,8413 | 0,8438 | 0,8461 | 0,8485 | 0,8508 | 0,8531 | 0,8554 | 0,8577 | 0,8599 | 0,8621 |
| 1,1. | 0,8643 | 0,8665 | 0,8686 | 0,8708 | 0,8729 | 0,8749 | 0,8770 | 0,8790 | 0,8810 | 0,8830 |
| 1,2. | 0,8849 | 0,8869 | 0,8888 | 0,8907 | 0,8925 | 0,8944 | 0,8962 | 0,8980 | 0,8997 | 0,9015 |
| 1,3. | 0,9032 | 0,9049 | 0,9066 | 0,9082 | 0,9099 | 0,9115 | 0,9131 | 0,9147 | 0,9162 | 0,9177 |
| 1,4. | 0,9192 | 0,9207 | 0,9222 | 0,9236 | 0,9251 | 0,9265 | 0,9279 | 0,9292 | 0,9306 | 0,9319 |
| 1,5. | 0,9332 | 0,9345 | 0,9357 | 0,9370 | 0,9382 | 0,9394 | 0,9406 | 0,9418 | 0,9429 | 0,9441 |
| 1,6. | 0,9452 | 0,9463 | 0,9474 | 0,9484 | 0,9495 | 0,9505 | 0,9515 | 0,9525 | 0,9535 | 0,9545 |
| 1,7. | 0,9554 | 0,9564 | 0,9573 | 0,9582 | 0,9591 | 0,9599 | 0,9608 | 0,9616 | 0,9625 | 0,9633 |
| 1,8. | 0,9641 | 0,9649 | 0,9656 | 0,9664 | 0,9671 | 0,9678 | 0,9686 | 0,9693 | 0,9699 | 0,9706 |
| 1,9. | 0,9713 | 0,9719 | 0,9726 | 0,9732 | 0,9738 | 0,9744 | 0,9750 | 0,9756 | 0,9761 | 0,9767 |
| 2,0. | 0,9772 | 0,9778 | 0,9783 | 0,9788 | 0,9793 | 0,9798 | 0,9803 | 0,9808 | 0,9812 | 0,9817 |
| 2,1. | 0,9821 | 0,9826 | 0,9830 | 0,9834 | 0,9838 | 0,9842 | 0,9846 | 0,9850 | 0,9854 | 0,9857 |
| 2,2. | 0,9861 | 0,9864 | 0,9868 | 0,9871 | 0,9875 | 0,9878 | 0,9881 | 0,9884 | 0,9887 | 0,9890 |
| 2,3. | 0,9893 | 0,9896 | 0,9898 | 0,9901 | 0,9904 | 0,9906 | 0,9909 | 0,9911 | 0,9913 | 0,9916 |
| 2,4. | 0,9918 | 0,9920 | 0,9922 | 0,9925 | 0,9927 | 0,9929 | 0,9931 | 0,9932 | 0,9934 | 0,9936 |
| 2,5. | 0,9938 | 0,9940 | 0,9941 | 0,9943 | 0,9945 | 0,9946 | 0,9948 | 0,9949 | 0,9951 | 0,9952 |
| 2,6. | 0,9953 | 0,9955 | 0,9956 | 0,9957 | 0,9959 | 0,9960 | 0,9961 | 0,9962 | 0,9963 | 0,9964 |
| 2,7. | 0,9965 | 0,9966 | 0,9967 | 0,9968 | 0,9969 | 0,9970 | 0,9971 | 0,9972 | 0,9973 | 0,9974 |
| 2,8. | 0,9974 | 0,9975 | 0,9976 | 0,9977 | 0,9977 | 0,9978 | 0,9979 | 0,9979 | 0,9980 | 0,9981 |
| 2,9. | 0,9981 | 0,9982 | 0,9982 | 0,9983 | 0,9984 | 0,9984 | 0,9985 | 0,9985 | 0,9986 | 0,9986 |
| 3,0. | 0,9987 | | | | | | | | | |

## Tabelle A.2: Standardnormalverteilung – $\Psi(z)$

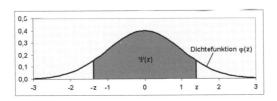

| z | .,.0 | .,.1 | .,.2 | .,.3 | .,.4 | .,.5 | .,.6 | .,.7 | .,.8 | .,.9 |
|---|------|------|------|------|------|------|------|------|------|------|
| 0,0. | 0,0000 | 0,0080 | 0,0160 | 0,0239 | 0,0319 | 0,0399 | 0,0478 | 0,0558 | 0,0638 | 0,0717 |
| 0,1. | 0,0797 | 0,0876 | 0,0955 | 0,1034 | 0,1113 | 0,1192 | 0,1271 | 0,1350 | 0,1428 | 0,1507 |
| 0,2. | 0,1585 | 0,1663 | 0,1741 | 0,1819 | 0,1897 | 0,1974 | 0,2051 | 0,2128 | 0,2205 | 0,2282 |
| 0,3. | 0,2358 | 0,2434 | 0,2510 | 0,2586 | 0,2661 | 0,2737 | 0,2812 | 0,2886 | 0,2961 | 0,3035 |
| 0,4. | 0,3108 | 0,3182 | 0,3255 | 0,3328 | 0,3401 | 0,3473 | 0,3545 | 0,3616 | 0,3688 | 0,3759 |
| 0,5. | 0,3829 | 0,3899 | 0,3969 | 0,4039 | 0,4108 | 0,4177 | 0,4245 | 0,4313 | 0,4381 | 0,4448 |
| 0,6. | 0,4515 | 0,4581 | 0,4647 | 0,4713 | 0,4778 | 0,4843 | 0,4907 | 0,4971 | 0,5035 | 0,5098 |
| 0,7. | 0,5161 | 0,5223 | 0,5285 | 0,5346 | 0,5407 | 0,5467 | 0,5527 | 0,5587 | 0,5646 | 0,5705 |
| 0,8. | 0,5763 | 0,5821 | 0,5878 | 0,5935 | 0,5991 | 0,6047 | 0,6102 | 0,6157 | 0,6211 | 0,6265 |
| 0,9. | 0,6319 | 0,6372 | 0,6424 | 0,6476 | 0,6528 | 0,6579 | 0,6629 | 0,6680 | 0,6729 | 0,6778 |
| 1,0. | 0,6827 | 0,6875 | 0,6923 | 0,6970 | 0,7017 | 0,7063 | 0,7109 | 0,7154 | 0,7199 | 0,7243 |
| 1,1. | 0,7287 | 0,7330 | 0,7373 | 0,7415 | 0,7457 | 0,7499 | 0,7540 | 0,7580 | 0,7620 | 0,7660 |
| 1,2. | 0,7699 | 0,7737 | 0,7775 | 0,7813 | 0,7850 | 0,7887 | 0,7923 | 0,7959 | 0,7995 | 0,8029 |
| 1,3. | 0,8064 | 0,8098 | 0,8132 | 0,8165 | 0,8198 | 0,8230 | 0,8262 | 0,8293 | 0,8324 | 0,8355 |
| 1,4. | 0,8385 | 0,8415 | 0,8444 | 0,8473 | 0,8501 | 0,8529 | 0,8557 | 0,8584 | 0,8611 | 0,8638 |
| 1,5. | 0,8664 | 0,8690 | 0,8715 | 0,8740 | 0,8764 | 0,8789 | 0,8812 | 0,8836 | 0,8859 | 0,8882 |
| 1,6. | 0,8904 | 0,8926 | 0,8948 | 0,8969 | 0,8990 | 0,9011 | 0,9031 | 0,9051 | 0,9070 | 0,9090 |
| 1,7. | 0,9109 | 0,9127 | 0,9146 | 0,9164 | 0,9181 | 0,9199 | 0,9216 | 0,9233 | 0,9249 | 0,9265 |
| 1,8. | 0,9281 | 0,9297 | 0,9312 | 0,9328 | 0,9342 | 0,9357 | 0,9371 | 0,9385 | 0,9399 | 0,9412 |
| 1,9. | 0,9426 | 0,9439 | 0,9451 | 0,9464 | 0,9476 | 0,9488 | 0,9500 | 0,9512 | 0,9523 | 0,9534 |
| 2,0. | 0,9545 | 0,9556 | 0,9566 | 0,9576 | 0,9586 | 0,9596 | 0,9606 | 0,9615 | 0,9625 | 0,9634 |
| 2,1. | 0,9643 | 0,9651 | 0,9660 | 0,9668 | 0,9676 | 0,9684 | 0,9692 | 0,9700 | 0,9707 | 0,9715 |
| 2,2. | 0,9722 | 0,9729 | 0,9736 | 0,9743 | 0,9749 | 0,9756 | 0,9762 | 0,9768 | 0,9774 | 0,9780 |
| 2,3. | 0,9786 | 0,9791 | 0,9797 | 0,9802 | 0,9807 | 0,9812 | 0,9817 | 0,9822 | 0,9827 | 0,9832 |
| 2,4. | 0,9836 | 0,9840 | 0,9845 | 0,9849 | 0,9853 | 0,9857 | 0,9861 | 0,9865 | 0,9869 | 0,9872 |
| 2,5. | 0,9876 | 0,9879 | 0,9883 | 0,9886 | 0,9889 | 0,9892 | 0,9895 | 0,9898 | 0,9901 | 0,9904 |
| 2,6. | 0,9907 | 0,9909 | 0,9912 | 0,9915 | 0,9917 | 0,9920 | 0,9922 | 0,9924 | 0,9926 | 0,9929 |
| 2,7. | 0,9931 | 0,9933 | 0,9935 | 0,9937 | 0,9939 | 0,9940 | 0,9942 | 0,9944 | 0,9946 | 0,9947 |
| 2,8. | 0,9949 | 0,9950 | 0,9952 | 0,9953 | 0,9955 | 0,9956 | 0,9958 | 0,9959 | 0,9960 | 0,9961 |
| 2,9. | 0,9963 | 0,9964 | 0,9965 | 0,9966 | 0,9967 | 0,9968 | 0,9969 | 0,9970 | 0,9971 | 0,9972 |
| 3,0. | 0,9973 | | | | | | | | | |

## Tabelle A.3: Chi-Quadrat-Verteilung – Quantile $x_\alpha$

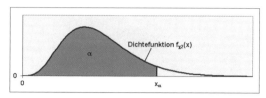

| $\alpha$ n | 0,9 | 0,95 | 0,99 | 0,999 | $\alpha$ n | 0,9 | 0,95 | 0,99 | 0,999 |
|---|---|---|---|---|---|---|---|---|---|
| 1 | 2,71 | 3,84 | 6,63 | 10,83 | 31 | 41,42 | 44,99 | 52,19 | 61,10 |
| 2 | 4,61 | 5,99 | 9,21 | 13,82 | 32 | 42,58 | 46,19 | 53,49 | 62,49 |
| 3 | 6,25 | 7,81 | 11,34 | 16,27 | 33 | 43,75 | 47,40 | 54,78 | 63,87 |
| 4 | 7,78 | 9,49 | 13,28 | 18,47 | 34 | 44,90 | 48,60 | 56,06 | 65,25 |
| 5 | 9,24 | 11,07 | 15,09 | 20,51 | 35 | 46,06 | 49,80 | 57,34 | 66,62 |
| 6 | 10,64 | 12,59 | 16,81 | 22,46 | 36 | 47,21 | 51,00 | 58,62 | 67,98 |
| 7 | 12,02 | 14,07 | 18,48 | 24,32 | 37 | 48,36 | 52,19 | 59,89 | 69,35 |
| 8 | 13,36 | 15,51 | 20,09 | 26,12 | 38 | 49,51 | 53,38 | 61,16 | 70,70 |
| 9 | 14,68 | 16,92 | 21,67 | 27,88 | 39 | 50,66 | 54,57 | 62,43 | 72,06 |
| 10 | 15,99 | 18,31 | 23,21 | 29,59 | 40 | 51,81 | 55,76 | 63,69 | 73,40 |
| 11 | 17,28 | 19,68 | 24,73 | 31,26 | 41 | 52,95 | 56,94 | 64,95 | 74,74 |
| 12 | 18,55 | 21,03 | 26,22 | 32,91 | 42 | 54,09 | 58,12 | 66,21 | 76,08 |
| 13 | 19,81 | 22,36 | 27,69 | 34,53 | 43 | 55,23 | 59,30 | 67,46 | 77,42 |
| 14 | 21,06 | 23,68 | 29,14 | 36,12 | 44 | 56,37 | 60,48 | 68,71 | 78,75 |
| 15 | 22,31 | 25,00 | 30,58 | 37,70 | 45 | 57,51 | 61,66 | 69,96 | 80,08 |
| 16 | 23,54 | 26,30 | 32,00 | 39,25 | 46 | 58,64 | 62,83 | 71,20 | 81,40 |
| 17 | 24,77 | 27,59 | 33,41 | 40,79 | 47 | 59,77 | 64,00 | 72,44 | 82,72 |
| 18 | 25,99 | 28,87 | 34,81 | 42,31 | 48 | 60,91 | 65,17 | 73,68 | 84,04 |
| 19 | 27,20 | 30,14 | 36,19 | 43,82 | 49 | 62,04 | 66,34 | 74,92 | 85,35 |
| 20 | 28,41 | 31,41 | 37,57 | 45,31 | 50 | 63,17 | 67,50 | 76,15 | 86,66 |
| 21 | 29,62 | 32,67 | 38,93 | 46,80 | 55 | 68,80 | 73,31 | 82,29 | 93,17 |
| 22 | 30,81 | 33,92 | 40,29 | 48,27 | 60 | 74,40 | 79,08 | 88,38 | 99,61 |
| 23 | 32,01 | 35,17 | 41,64 | 49,73 | 65 | 79,97 | 84,82 | 94,42 | 105,99 |
| 24 | 33,20 | 36,42 | 42,98 | 51,18 | 70 | 85,53 | 90,53 | 100,43 | 112,32 |
| 25 | 34,38 | 37,65 | 44,31 | 52,62 | 75 | 91,06 | 96,22 | 106,39 | 118,60 |
| 26 | 35,56 | 38,89 | 45,64 | 54,05 | 80 | 96,58 | 101,88 | 112,33 | 124,84 |
| 27 | 36,74 | 40,11 | 46,96 | 55,48 | 85 | 102,08 | 107,52 | 118,24 | 131,04 |
| 28 | 37,92 | 41,34 | 48,28 | 56,89 | 90 | 107,57 | 113,15 | 124,12 | 137,21 |
| 29 | 39,09 | 42,56 | 49,59 | 58,30 | 95 | 113,04 | 118,75 | 129,97 | 143,34 |
| 30 | 40,26 | 43,77 | 50,89 | 59,70 | 100 | 118,50 | 124,34 | 135,81 | 149,45 |

# Tabelle A.4: $t$-Verteilung – Quantile $t_\alpha$

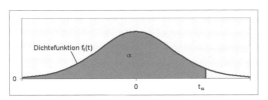

| $\alpha$ \\ n | 0,8 | 0,9 | 0,95 | 0,975 | 0,99 | 0,995 | 0,999 | 0,9995 |
|---|---|---|---|---|---|---|---|---|
| 1 | 1,376 | 3,078 | 6,314 | 12,71 | 31,82 | 63,66 | 318,3 | 636,6 |
| 2 | 1,061 | 1,886 | 2,920 | 4,303 | 6,965 | 9,925 | 22,33 | 31,60 |
| 3 | 0,978 | 1,638 | 2,353 | 3,102 | 4,541 | 5,841 | 10,21 | 12,92 |
| 4 | 0,941 | 1,533 | 2,132 | 2,776 | 3,747 | 4,604 | 7,173 | 8,610 |
| 5 | 0,920 | 1,476 | 2,015 | 2,571 | 3,365 | 4,032 | 5,894 | 6,869 |
| 6 | 0,906 | 1,440 | 1,943 | 2,447 | 3,143 | 3,707 | 5,208 | 5,959 |
| 7 | 0,896 | 1,415 | 1,895 | 2,365 | 2,998 | 3,499 | 4,785 | 5,408 |
| 8 | 0,889 | 1,397 | 1,860 | 2,306 | 2,896 | 3,355 | 4,501 | 5,041 |
| 9 | 0,883 | 1,383 | 1,833 | 2,262 | 2,821 | 3,250 | 4,297 | 4,781 |
| 10 | 0,879 | 1,372 | 1,812 | 2,228 | 2,764 | 3,169 | 4,144 | 4,587 |
| 11 | 0,876 | 1,363 | 1,796 | 2,201 | 2,718 | 3,106 | 4,025 | 4,437 |
| 12 | 0,873 | 1,356 | 1,782 | 2,179 | 2,681 | 3,055 | 3,930 | 4,318 |
| 13 | 0,870 | 1,350 | 1,771 | 2,160 | 2,650 | 3,012 | 3,852 | 4,221 |
| 14 | 0,868 | 1,345 | 1,761 | 2,145 | 2,624 | 2,977 | 3,787 | 4,140 |
| 15 | 0,866 | 1,341 | 1,753 | 2,131 | 2,602 | 2,947 | 3,733 | 4,073 |
| 16 | 0,865 | 1,337 | 1,746 | 2,120 | 2,583 | 2,921 | 3,686 | 4,015 |
| 17 | 0,863 | 1,333 | 1,740 | 2,110 | 2,567 | 2,898 | 3,646 | 3,965 |
| 18 | 0,862 | 1,330 | 1,734 | 2,101 | 2,552 | 2,878 | 3,610 | 3,922 |
| 19 | 0,861 | 1,328 | 1,729 | 2,093 | 2,539 | 2,861 | 3,579 | 3,883 |
| 20 | 0,860 | 1,325 | 1,725 | 2,086 | 2,528 | 2,845 | 3,552 | 3,850 |
| 21 | 0,859 | 1,323 | 1,721 | 2,080 | 2,518 | 2,831 | 3,527 | 3,819 |
| 22 | 0,858 | 1,321 | 1,717 | 2,074 | 2,508 | 2,819 | 3,505 | 3,792 |
| 23 | 0,858 | 1,319 | 1,714 | 2,069 | 2,500 | 2,807 | 3,485 | 3,768 |
| 24 | 0,857 | 1,318 | 1,711 | 2,064 | 2,492 | 2,797 | 3,467 | 3,745 |
| 25 | 0,856 | 1,316 | 1,708 | 2,060 | 2,485 | 2,787 | 3,450 | 3,725 |
| 26 | 0,856 | 1,315 | 1,706 | 2,056 | 2,479 | 2,779 | 3,435 | 3,707 |
| 27 | 0,855 | 1,314 | 1,703 | 2,052 | 2,473 | 2,771 | 3,421 | 3,689 |
| 28 | 0,855 | 1,313 | 1,701 | 2,048 | 2,467 | 2,763 | 3,408 | 3,674 |
| 29 | 0,854 | 1,311 | 1,699 | 2,045 | 2,462 | 2,756 | 3,396 | 3,660 |
| 30 | 0,854 | 1,310 | 1,697 | 2,042 | 2,457 | 2,750 | 3,385 | 3,646 |
| $\infty^{1)}$ | 0,842 | 1,282 | 1,645 | 1,960 | 2,326 | 2,576 | 3,090 | 3,291 |

1) Standardnormalverteilung – Quantile $z_\alpha$

## Tabelle A.5: *F*-Verteilung – Quantile $F_\alpha$

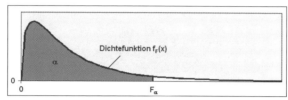

| α | | 0,95 | | | |
|---|---|---|---|---|---|
| **m**<br>**n** | **1** | **2** | **3** | **4** | **5** |
| **1** | 161,4 | 199,5 | 215,7 | 224,6 | 230,2 |
| **2** | 18,51 | 19,00 | 19,16 | 19,25 | 19,30 |
| **3** | 10,13 | 9,552 | 9,277 | 9,117 | 9,013 |
| **4** | 7,709 | 6,944 | 6,591 | 6,388 | 6,256 |
| **5** | 6,608 | 5,786 | 5,409 | 5,192 | 5,050 |
| **6** | 5,987 | 5,143 | 4,757 | 4,534 | 4,387 |
| **7** | 5,591 | 4,737 | 4,347 | 4,120 | 3,972 |
| **8** | 5,318 | 4,459 | 4,066 | 3,838 | 3,688 |
| **9** | 5,117 | 4,256 | 3,863 | 3,633 | 3,482 |
| **10** | 4,965 | 4,103 | 3,708 | 3,478 | 3,326 |
| **11** | 4,844 | 3,982 | 3,587 | 3,357 | 3,204 |
| **12** | 4,747 | 3,885 | 3,490 | 3,259 | 3,106 |
| **13** | 4,667 | 3,806 | 3,411 | 3,179 | 3,025 |
| **14** | 4,600 | 3,739 | 3,344 | 3,112 | 2,958 |
| **15** | 4,543 | 3,682 | 3,287 | 3,056 | 2,901 |
| **16** | 4,494 | 3,634 | 3,239 | 3,007 | 2,852 |
| **17** | 4,451 | 3,592 | 3,197 | 2,965 | 2,810 |
| **18** | 4,414 | 3,555 | 3,160 | 2,928 | 2,773 |
| **19** | 4,381 | 3,522 | 3,127 | 2,895 | 2,740 |
| **20** | 4,351 | 3,493 | 3,098 | 2,866 | 2,711 |
| **40** | 4,085 | 3,232 | 2,839 | 2,606 | 2,449 |
| **60** | 4,001 | 3,150 | 2,758 | 2,525 | 2,368 |
| **80** | 3,960 | 3,111 | 2,719 | 2,486 | 2,329 |
| **100** | 3,936 | 3,087 | 2,696 | 2,463 | 2,305 |
| **200** | 3,888 | 3,041 | 2,650 | 2,417 | 2,259 |
| **300** | 3,873 | 3,026 | 2,635 | 2,402 | 2,244 |
| **400** | 3,865 | 3,018 | 2,627 | 2,394 | 2,237 |
| **600** | 3,857 | 3,011 | 2,620 | 2,387 | 2,229 |
| **800** | 3,853 | 3,007 | 2,616 | 2,383 | 2,225 |
| **1000** | 3,851 | 3,005 | 2,614 | 2,381 | 2,223 |
| **∞** | 3,841 | 2,996 | 2,605 | 2,372 | 2,214 |

| α | | 0,99 | | | |
|---|---|---|---|---|---|
| **m**<br>**n** | **1** | **2** | **3** | **4** | **5** |
| **1** | 4052 | 4999 | 5404 | 5624 | 5764 |
| **2** | 98,50 | 99,00 | 99,16 | 99,25 | 99,30 |
| **3** | 34,12 | 30,82 | 29,46 | 28,71 | 28,24 |
| **4** | 21,20 | 18,00 | 16,69 | 15,98 | 15,52 |
| **5** | 16,26 | 13,27 | 12,06 | 11,39 | 10,97 |
| **6** | 13,75 | 10,92 | 9,780 | 9,148 | 8,746 |
| **7** | 12,25 | 9,547 | 8,451 | 7,847 | 7,460 |
| **8** | 11,26 | 8,649 | 7,591 | 7,006 | 6,632 |
| **9** | 10,56 | 8,022 | 6,992 | 6,422 | 6,057 |
| **10** | 10,04 | 7,559 | 6,552 | 5,994 | 5,636 |
| **11** | 9,646 | 7,206 | 6,217 | 5,668 | 5,316 |
| **12** | 9,330 | 6,927 | 5,953 | 5,412 | 5,064 |
| **13** | 9,074 | 6,701 | 5,739 | 5,205 | 4,862 |
| **14** | 8,862 | 6,515 | 5,564 | 5,035 | 4,695 |
| **15** | 8,683 | 6,359 | 5,417 | 4,893 | 4,556 |
| **16** | 8,531 | 6,226 | 5,292 | 4,773 | 4,437 |
| **17** | 8,400 | 6,112 | 5,185 | 4,669 | 4,336 |
| **18** | 8,285 | 6,013 | 5,092 | 4,579 | 4,248 |
| **19** | 8,185 | 5,926 | 5,010 | 4,500 | 4,171 |
| **20** | 8,096 | 5,849 | 4,938 | 4,431 | 4,103 |
| **40** | 7,314 | 5,178 | 4,313 | 3,828 | 3,514 |
| **60** | 7,077 | 4,977 | 4,126 | 3,649 | 3,339 |
| **80** | 6,963 | 4,881 | 4,036 | 3,563 | 3,255 |
| **100** | 6,895 | 4,824 | 3,984 | 3,513 | 3,206 |
| **200** | 6,763 | 4,713 | 3,881 | 3,414 | 3,110 |
| **300** | 6,720 | 4,677 | 3,848 | 3,382 | 3,079 |
| **400** | 6,699 | 4,659 | 3,831 | 3,366 | 3,063 |
| **600** | 6,677 | 4,641 | 3,814 | 3,351 | 3,048 |
| **800** | 6,667 | 4,632 | 3,806 | 3,343 | 3,040 |
| **1000** | 6,660 | 4,626 | 3,801 | 3,338 | 3,036 |
| **∞** | 6,635 | 4,605 | 3,782 | 3,319 | 3,017 |

# Symbolverzeichnis

| Symbol | Sprechweise | Bedeutung |
|--------|-------------|-----------|
| $\alpha$ | Alpha | Signifikanzniveau; (i.d.R. kleine) Wahrscheinlichkeit |
| $\delta$ | Delta | Abstand (z.B. vom Mittelwert) |
| $\theta$ | Theta | Parameter in der Grundgesamtheit |
| $\lambda$ | Lambda | Parameter der Poisson-Verteilung |
| $\mu$ | My | (1) Mittelwert in der Grundgesamtheit<br>(2) Parameter der Normalverteilung |
| $\Pi$ | (großes) Pi | Produktzeichen |
| $\pi$ | Pi | (1) Parameter der Binomialverteilung<br>(2) Kreiskonstante ($\approx 3{,}1416$) |
| $\Sigma$ | (großes) Sigma | Summenzeichen |
| $\sigma$ | Sigma | Standardabweichung |
| $\sigma^2$ | Sigma-Quadrat | Varianz; Parameter der Normalverteilung |
| $\tau$ | Tau | neue Basisperiode bei Umbasierung |
| $\Phi$ | (großes) Phi | Verteilungsfunktion der Standardnormalverteilung |
| $\varphi$ | Phi | Dichtefunktion der Standardnormalverteilung |
| $\chi^2$ | Chi-Quadrat | Verteilung bei nichtparametrischen Tests |
| $\Psi$ | (großes) Psi | Funktion der symmetrischen Intervall-Wahrscheinlichkeit |
| $\Omega$ | (großes) Omega | Ergebnismenge |
| $\mathbb{N}_{(0)}$ | N(-null) | Menge der natürlichen Zahlen (einschließlich 0) |
| $\mathbb{R}^{(+)}$ | R(-plus) | Menge der (positiven) reellen Zahlen |
| $\approx$ | ungefähr gleich | Approximation |
| $\equiv$ | identisch | Übereinstimmung von Funktionen |
| $\Leftrightarrow$ | äquivalent | logische Relation zwischen Aussagen |
| $\Rightarrow$ | impliziert | logische Relation zwischen Aussagen |
| $\cap$ | geschnitten | Mengenoperation „Durchschnitt" |
| $\cup$ | vereinigt | Mengenoperation „Vereinigung" |
| $\subseteq$ | ist Teilmenge von | Relation zwischen zwei Mengen |
| $\in$ | ist Element von | Relation zwischen Element und Menge |
| $\lvert x \rvert$ | Betrag von x | Abstand zwischen x und 0 |
| $\lvert A \rvert$ | Mächtigkeit von A | Anzahl der Elemente einer Menge |
| $\times$ | Kreuz | kartesisches (Kreuz-)Produkt von Mengen |
| $\int$ | Integral | Integral (Fläche unter einer Kurve) |
| $\infty$ | unendlich | bei Grenzwerten |